產業分析與創新

徐作聖、林葳均、王仁聖　編著

全華圖書股份有限公司

作者序

在全球政經局勢急速變化的衝擊下，臺灣目前產業結構面臨了空前的嚴峻考驗，產業轉型也成爲社會各界的共識。在開放創新及全球化的趨勢中，臺灣產業如何以「無爲無不爲」策略，集中全力來發展某些特定產業，在眾多新興產業中挑選合適對象，全力達成產業轉型的目標？而「產業分析及創新」正扮演著關鍵的角色，前者提供策略規劃者產業競爭情勢的現況，而後者則爲產業未來發展提供了重要藍圖，都是規劃未來產業發展的重要工具，而這正是本書主要探討的議題及內容。

產業分析的目的在於對產業結構、市場與技術生命週期、競爭情勢、未來發展趨勢、以及產業關鍵成功要素的瞭解，企業領導人可藉產業分析的結果，研判本身實力現況，推衍出未來的競爭策略。然產業範圍廣大，市場區隔眾多，在經費、時效的限制下，企業領導人在全球競爭、專業化的需求下，針對本身市場區隔的現況及未來趨勢，研擬出「量身訂作」的產業分析。換言之，產業分析的目的在於針對企業策略的需求而設計，雖然其資訊可假手別人：如政府提供的次級資料等，但重點分析結構的設計必須由企業本身來完成，如此才能有效的「量身訂作」出企業本身所需的「策略」資訊。

對於發展中的高科技產業而言，其目的在於發展新興科技之技術能量，知識的強化、擴散與整合；對於應用廣泛、具潛力性的新興科技尤其關鍵，其具有整合研發能量、加速產業聚落形成、降低市場風險之功用。相對的，對於已成熟的產業而言，產業中不確定性較低，應用面與互補資源的掌握性較爲明確，但若產業競爭中具有產業升級之壓力時，創新密集服務業便可起關鍵作用。台灣產業現今正處於產業外移、高科技產業具產業升級壓力的階段；而下一階段的產業發展重點，包括複雜度高之製造業、新興科技產業（奈米、生技產業）及軟體產業等。

根據 OECD 定義：知識密集產業爲技術及人力資本投入密集度較高的產業，其區分爲兩大類：1. 知識密集製造業，包括中、高科技製造業；2. 知識密集服務業兩大類，涵蓋一些專業性的個人和生產性服務業。並於 2001 年的定義，知識密集商業服務（KIBS，Knowledge Intensive Business Service）視爲知識密集產業之一種，是指「那些技術及人力資本投入較高的產業」，涵蓋運輸倉儲及通訊、金融保險不動產、工商服務、社會及個人服務業。根據世界銀行所公佈的資料顯示，21 世紀的新興產業包括：雲端運算、物聯網及生產性服務業、生技及醫療、電動車輛及電池材料技術、新興能源及智慧型電網、汙染防治等。其中前三項產業屬創新密集服務業的內涵，而其他則爲知識密集的製造業。

本書根據此趨勢，主要以二套產業分析模式進行探討：「產業組合規劃」（Industrial Portfolio）分析模式及「創新密集服務平台分析模式（Innovation Intensive Service，IIS）」；此二模式分析的重點在從企業、產業、國家層級，系統性地分析產業現況及未來發展趨勢，提供產業規劃者重要工具。本書與一般坊間同名書籍最大的不同，在於本書的寫作是以產業層級的角度，針對台灣的產業發展現況，配合產業理論探討產業界實務，是研究台灣產業研究中，極具參考價值的書籍。

「產業組合規劃」是針對產業技術相對成熟，應用市場穩定式長，其競爭優勢主要源自於產業群聚（Clustering）、市場佔有率、規模及成本優勢等條件，如太陽能電池、LED 照明等產業；而 IIS 模式主要分析的對象爲產業結構未定，技術及應用領域持續演進，是典型生產型服務業的應用，其競爭力主要源自於基礎建設、市場規模及商業模式等條件，包括智慧電網、電動車、物聯網等產業。

書中首先以全球產業鏈的角度，系統性介紹產業分析方法，包括：產業分析理論與方法、產業技術預測與前瞻、製造業與服務業分析觀點、產業創新政策等四大項目。書中定義產品的分類，並將產品應用的市場加以區隔。其次，應用價值鏈解析全產業的結構，讓同學們瞭解全產業的分布的情形，並將大廠所生產的產品加以分類。在全球產業特性上，分析全球產業發展的現況，及所需要的支援要素。全球產業技術特性上，說明發展產業所需要的技術條件，讓同學們瞭解產品目前的發展，及產品未來的趨勢。在全球產競爭情勢上，說明由技術商品化的結果，在市場上競爭的情勢，並介紹領導廠商的概況。在介紹完全球技術與市場發展概況後，透過分析台灣產業目前的情況，並對廠商未來發展策略做出建議。最後，個案分析包括了智慧電網產業創新政策比較、電動車與動力系統產業個案、太陽能產業個案、LED 照明產業個案、物聯網產業等五大個案。

本書之得以完成，除筆者在投入「國家創新系統」、「國家及產業之組合分析」、「創新策略及管理」、「知識密集服務業」、「高科技經營策略」等方面的研究，以及多年來在「科技政策」與「新興產業」方面的心得。這裡，筆者希望感謝交通大學科技管理研究所同仁的協助，及筆者所指導的研究生的努力。另外，母親徐張靜如女士的的養育與悉心照顧更是激發我積極從事的動力，在此獻上我最深的謝意。

本書的讀者可包含任何對產業轉型策略有興趣的人士，如果實務界、政府界、研究機構、及學術界的先知與朋友能因閱讀本書而激發出一些策略性的思考，進而致力於產業策略的研究與競爭優勢的提升，這也是筆者爲書的最大心願。

本書倉促成書，疏漏之處在所難免，希望各界能不吝予以指教，筆者將感謝不已。

徐作聖　林蔵均　王仁聖

2015 年 2 月

目錄

Chapter 1 產業分析概論

Chapter 2 產業分析理論與方法

Chapter 3 產業技術預測與前瞻

Chapter 4 科技製造業與服務業分析觀點

Chapter 5 科技產業政策

Chapter 6 智慧電網產業創新政策比較

Chapter 7 電動車產業創新系統與政策分析

Chapter 8 台灣太陽光電產業之組合分析

目錄

Chapter 9 LED照明產業之策略研究

Chapter 10 物聯網服務聯盟策略

1 產業分析概論

學習目標

★ 介紹產業分析與科技管理之關係
★ 介紹產業分析的背景和目的
★ 介紹產業分析的範疇與基本概念

1-1 簡介

1-1-1 前言

產業分析是綜合行銷、策略、企業研究方法、統計學和科技管理等領域知識而形成的學科。產業分析也是現今企管教育極爲重要的一環，因爲產業分析所傳遞的不僅是知識，也培養了學習者的分析和決策能力，並協助讀者深入瞭解產業的管理方法與實務。深切明瞭產業分析之於管理教育的價值，本書特意闡述產業分析常用之理論、方法和工具，並予以廣泛介紹。希望讀者透過本書可以瞭解常用的產業分析方法，並對其有完整概念。

此外，本書特地著重科技產業之產業分析，內容包含科技製造產業和科技服務產業。用意在於，科技產業瞬息萬變，科技產業運作管理方式、有其特定的技術發展脈絡與科技產品特性，有別於傳統產業或成熟產業之發展進程，故透過本書協助讀者，了解產業發展所面臨的科技管理議題與挑戰，由淺入深地理解目前科技產業動態。因此，本書內容除了說明常用的產業分析方法外，另將列舉豐富的實際產業案例討論與相關實證研究，期望可以透過產業分析方法加速科技開發、運用與創新，爲產業或公司帶來最大的利潤。

首先，將介紹科技的定義，何謂科技管理，科技管理與產業分析的關係：

一、科技的定義

「科技」（Science & Technology）：廣義而言，即指科學與技術的統稱簡稱，「科學」（Science）：指的是「有組織、有系統且明確陳述自然現象的知識」；「技術」（Technology）：指的是「有系統性的、有目的性地將科學研究的成果應用於生產製造，以解決實務問題的方法及工具」；狹義而言，則是強調利用創新而引發技術層面之應用。

科技產業的特性與類型與傳統產業不同，由於科技存在於不同的產品載具，科技變遷與技術替代快速，具模糊性、累積性、複雜性和隱形智慧的特色。因此各公司通常會採取不同的策略創新與科技管理方法，促使產業界成長並且獲利。「科技產業」與時俱進、產業環境快速變動、研發技術創新快、產品生命週期較短，以及潛在競爭者與技術變革難以預測的特性，所面臨的競爭環境不同於過去的產業模式，使得科技管理成為一種新興的領域，在管理方法上與傳統的企業管理也有所不同。

科技管理（Management of Technology）是一門跨領域整合知識，包括科學、工程學、管理知識、法學，且是理論與實務並重的學問，而其重點在於科技乃為價值創造過程中最重要的因素。

＊ 圖 1-1　科技管理範疇

資料來源：本研究整理

二、科技管理與產業分析

「科技管理（Management of Technology）」應用探討的領域範圍可以透過產業分析來落實，可涵蓋國家層面、產業層面與企業層面；

國家/政府層次（整體面）：科技管理提供合適的政府政策。例如國家科技政策形成與執行、國家創新系統、產業群聚、科技創業育成、技術預測與前瞻。

產業層次主要在探討新興技術與高科技產業之演化過程與模式，透過建立技術與產業發展模式，可進一步預測未來技術與產業之發展軌跡。例如科技產業政策、產業分析、高科技產業發展、創新與研發管理、技術創新模式等。

企業層次（個體面）：科技管理幫助組織建立和維持競爭優勢，主要有科技鑑價/評價、科技移轉、創新科技應用與商業模式、專利分析與智慧財產權管理、高科技行銷、科技服務創新等。

三、本書重點與範圍

有鑑於上述科技管理方法的效益與產業需求，本書「產業分析與創新」主要有兩大部分：(一)產業分析與創新方法；(二)產業分析與創新個案，共分為10個章節。

- 第一部分的產業分析與創新_分析方法，有五個章節，「產業分析概論」、「產業分析理論與方法」、「產業技術預測與前瞻」、「科技製造業與服務業分析觀點」、「產業政策」，說明不同產業分析與創新的定義說明與方法簡介。
- 第二部分的產業分析與創新個案研究，共有五個章節，「智慧電網產業創新政策比較」、「電動車產業創新系統與政策分析」、「台灣太陽光電產業之組合分析」、「LED照明產業之策略研究」、「物聯網服務聯盟策略」，綜整各種產業分析方法在實務上的應用實例。

1-1-2 產業分析的背景

在全球以國家為主體的競爭環境下，產業發展對於國家競爭優勢影響甚鉅，不但主宰一國經濟成長的軸心工程，也是國力的基礎。故產業發展一向就被視為國家優勢的泉源，世界各國均十分重視產業發展，積極運用技術、生產、市場、人力、原料、制度等層面的創新，提昇產業的競爭能力，延續產業的競爭利益。另外，廠商及公司為了有效提升公司績效並展現符合投資者期待之經營成果，近年來積極引進許多的產業管理方法與工具，且過去許多文獻指出，實施產業分析有助於分析產業現況、未來及策略之達成。

產業分析的目的在於對產業結構、市場與技術生命週期、競爭情勢、未來發展趨勢、上下游相關產業與價值鏈、成本結構與附加價值分配、以及產業關鍵成功要素的瞭解，而企業領導人藉產業分析的結果，研判本身實力現況，推衍未來的競爭策略（徐作聖、陳仁帥，2006）。

然而根據組織目標，可以客製化設定不同的產業分析目標。例如：對公司而言，產業分析最重要的目的是為了解決產業問題，因此如果需要跨入新興市場，則必須事先了解新市場生態，了解新市場目前的產品種類為何，競爭對手與廠商是誰，市場規模與廠商的市占率分佈狀態，然後才能決定是否跨入這個市場？再思考如果跨入市場後，如何決定公司產品的定位和定價。由此可知，產業分析必須廣泛地閱讀和蒐集資料，經過多元面的觀察歸納分析，最後才能有實證依據，進而描繪出產業現有與未來形貌。

1-2 產業分析之基本定義

本節首先就產業之範疇與定義進行介紹，讓讀者可以對何謂產業，特別是科技產業能有初步的了解。

1-2-1 產業定義

一、產業分析

產業分析（Industry Analysis）目的主要用於辨認產業技術和產品特色所形塑的產業競爭生態，根據產業的特色，分析不同產業特色對公司獲利與經濟績效所造成的影響，再據之勾勒企業的未來策略。產業分析亦是一種錯綜複雜的分析，因爲影響產業競爭的因素衆多，所以不同產業的競爭生態和關鍵成功要素也不同，因應策略也會不同。然而產業分析的第一步就是瞭解產業定義，界定分析對象。

二、產業定義

產業（Industry）可定義爲，一群提供可相互替代的產品或服務的公司，亦即其產品或服務可以滿足相同基本顧客的需要；或可以定義爲擁有相同產品功能的公司，而這些公司可透過改變產品的價值與價格，影響可生產替代產品的公司，即可界定爲同一產業。產業中產品的替代性是一個關注的重點，因此撰寫產業定義時，建議可進階描述產業裡有哪些替代性產品。

由於不同產業的緣起、技術及經濟發展條件等狀況有所差異，因此對於產業的定義方法可從不同角度切入，如技術面、政府機關分類（如行政院主計處中華民國行業標準分類，經濟部工業產品分類）等。此外，前瞻性產業常因爲技術尚未具備商業規模，因此進行產業定義時，很難在政府機關的標準分類裡找到相對應的產品分類標準，所以大多數前瞻產業都會從技術面詮釋產業定義。範例如下所示：

機車製造產業定義：機車產業是一個成熟型產業，根據行政院主計處中華民國行業標準分類之定義，機車製造業係指從事二輪、三輪機車與電動機車製造之行業。二輪及三輪機車依定義爲裝有往復式內燃引擎之機器腳踏車。依其汽缸容量不同，二輪機車尚可細分爲輕型機車（未滿50c.c.）、中型機車（50c.c.～250c.c.）及重型機車（250c.c.以上）；三輪機車則包含三輪或四輪機車。電動機車依定義爲以電動馬達爲主要動力源之機器腳踏車，包含輸出馬力在5馬力（hp）以下之輕型機車與5馬力（hp）以上之重型機車。

超級電容器產業定義：超級電容器產業屬於前瞻科技的行列，這是一種功能介於二次電池與傳統電容器之間的新興電能儲存裝置。其構造與二次電池及傳統電容器均十分相似，然而卻改進了二次電池與傳統電容器的主要缺點；在能量密度的性能上高於二次電池，充放電循環使用壽命也較二次電池長；另外，其功率密度爲傳統電容器的數千倍，壽命長和高比電容量。這樣的儲能元件提供了原來二次電池與傳統電容器都難以達到的性能，超級電容的應用版圖可望擴展到電力和動力系統等的儲能元件上。

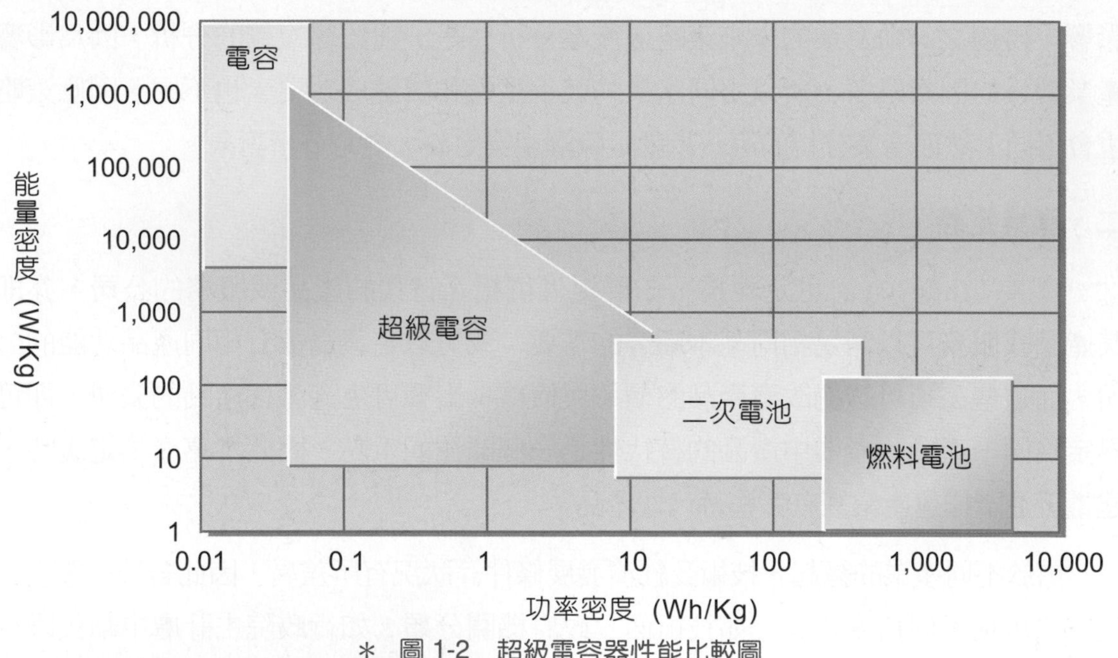

＊ 圖 1-2 超級電容器性能比較圖

資料來源：美國能源部（2006）；黃琮瑜（2010）

1-2-2 科技產業定義

何謂科技產業，政府單位與學術機構並無明確規定，端賴使用者的目地及資訊取得的難易度作爲取捨的標準。政府統計單位往往爲了方便蒐集比較資料，通常以行業別定義製造業的範圍。

譬如、行政院主計處的行業分類， 將製造業區分爲「傳統產業」、「基礎產業」和「技術密集產業」。其中，「傳統產業」包括食品業、菸草業、紡織業、成衣及服飾業、皮革毛皮及其製品業、木竹 製品業、家具及裝設品業、紙漿紙及紙製品業、印刷及有關事業、非金屬礦物製 品業和雜項工業；「基礎產業」包括化學材料業、化學製品業、石油及煤製品業、 橡膠製品業、塑膠製品業、金屬基本業、金屬製品業等；「技術密集產業」包括 機械業、電力及電子器材業、運輸工具業、精密器械業，只有補充機屬機電化學。

科技業相對於傳統製造業而言，意指製造業不斷吸收電子資訊、電腦、機械、材料以及現代管理技術等方面的先進前瞻技術成果，並將這些先進製造技術綜合應用於製造業產品的研發設計、生產製造、品質驗證、經營行銷服務和管理過程，實現優質、高效、低耗、清潔、靈活生產，即實現資訊化、自動化、智能化、綠能生態化的生產方式，促進社會進步的製造業總稱。科技產業具體表現範例如下：

1. 微電子、電腦、資訊、生物、新材料、航空航太等高新技術產業，廣泛應用先進製造科技，包括精密與超精密加工技術、奈米加工技術、特種加工技術、成形工藝和材料改進等先進製造技術和工藝。

2. 機械裝備工業、汽車工業、造船工業、化工、輕紡等傳統產業採用先進製造技術，特別是用資訊技術進行改造，給傳統製造業帶來了重大變革，促進生產技術精進與更新，例如，資訊技術、設計方法、加工工藝、加工裝備、測量監控、質量保證和企業經營管理等現代生產全過程都蘊含資訊技術的蹤跡，舉例如下：設備工業走向機電一體化、人機一體化、一機多能、檢測集成一體化，機器人化機床、精密設備電子化和智慧化，智慧化加工產業和工業4.0等趨勢。

3. 在環保意識的帶動下，促進綠色能源產業發展，新能源產業是指包括新能源技術和新產品的科技研發、實驗、推廣、應用及其生產製造、經營行銷活動等，它是將太陽能、地熱能、風能、海洋能、生質能等非傳統能源實現產業化的一種高新技術產業。

1-2-3 技術定義

一般對於技術（Technology）的定義，多限於生產技術之範疇，亦即技術係生產要素之一。然而，有些學者認爲現今技術不只存在於產品或製程等硬體知識，更存在於組織的管理制度與市場的開拓方法等軟體知識當中。本節首先釐清技術的定義，並進一步探討如何衡量技術能力。

一、廣義的技術定義

Sharif（1988）同樣認爲將特定投入資源轉化爲所欲產出間的所有主要活動，都可稱爲技術，因此技術不僅可包含轉換過程中所需使用的有形工具、設備，亦包含爲有效使用這些工具、設備所需具備的相關知識。Sharif更提出評估技術能量可從四部份來看：

1. 生產工具及設備（Technoware）：包含全部實體設施，如儀器、機器設備與廠房等。
2. 生產技術與經驗（Humanware）：包含所有將投入轉換爲產出的必要能力，如專家知識、熟練程度、創造力與智慧等。
3. 生產事實與資訊（Inforware）：包含所有過去累積的經驗與資訊，如設計、客戶資料、規格、觀察、方程式、圖表與理論等。
4. 生產的安排及關聯（Orgaware）：包含轉換過程中所有必要的安排，如分組、分派、系統化、組織、網路、管理與行銷等。

二、狹義的技術定義

此外、Souder（1987）則認爲技術可以不同程度的形態存在，如產品、製程、型式、樣式或概念存在，或可以在技術應用、發展或基礎等不同階段，所以技術可包含機器、工具、設備、指導說明書、規則、配方、專利、器械、概念及其他知識等。因此他認爲任何可增加人們知識或Know-how者，均可稱爲技術。範例列舉如下：

以電動車產業技術爲例：電動車輛依其驅動馬達的動力來源，大致可分爲：純電車（Battery Powered Electric Vehicles，BEV）、混合動力車（Hybrid Electric Vehicles，HEV）、燃料電池車（Fuel Cell Electric Vehicle，FCEV）。另外補充說明：(1)PHEV爲Plug-in HEV，插電式混合動力車，意即HEV車具有Plug-in的功能；(2)REEV爲Range-Extended EV，增程式電動車，意即純電動車具有增程功能（金屬中心MII，2012）。

HEV在動力上，結合內燃機引擎及電動馬達兩種動力來源，採並聯式架構。藉由儲能電池之調節，輔助發揮馬達低速及引擎中高速性能， 並運轉於高效率輸出達到省能效益。

- BEV與HEV最主要的差別在於，純電車採全電力能源，即電動機向變速箱傳動能量，而不需要使用石油能源。
- PHEV和HEV的動力系統相近，均為結合內燃機引擎及電動馬達兩種動力來源，採並聯式架構。
- REEV運作方式，是由電動機向變速箱傳動能量，而石油發動機並不直接驅動車輛，而僅用於為電動車追加動力。

三、主要產品的關鍵技術

瞭解「主要產品的關鍵技術」也是技術分析的一大重點，可以從技術分析得知發展關鍵項目和次項目。而這些技術項目也是企業發展與佈局的重點所在。另外也可用以瞭解，目前所發展的技術項目在產品項目中是否為重要的關鍵技術？所以執行產業分析時，也會常需要再深入探討，進一步展開解析「產品的成本結構」，預估主要產品生產成本，作為未來產品開發量產之依據。

描述「產品的關鍵技術」範例如下，發光二極體（LED，Light Emitting Diodes）價值鏈可分為上游晶粒、磊晶；中游封測、以及下游終端應用（如下圖1- 3產業魚骨圖）。

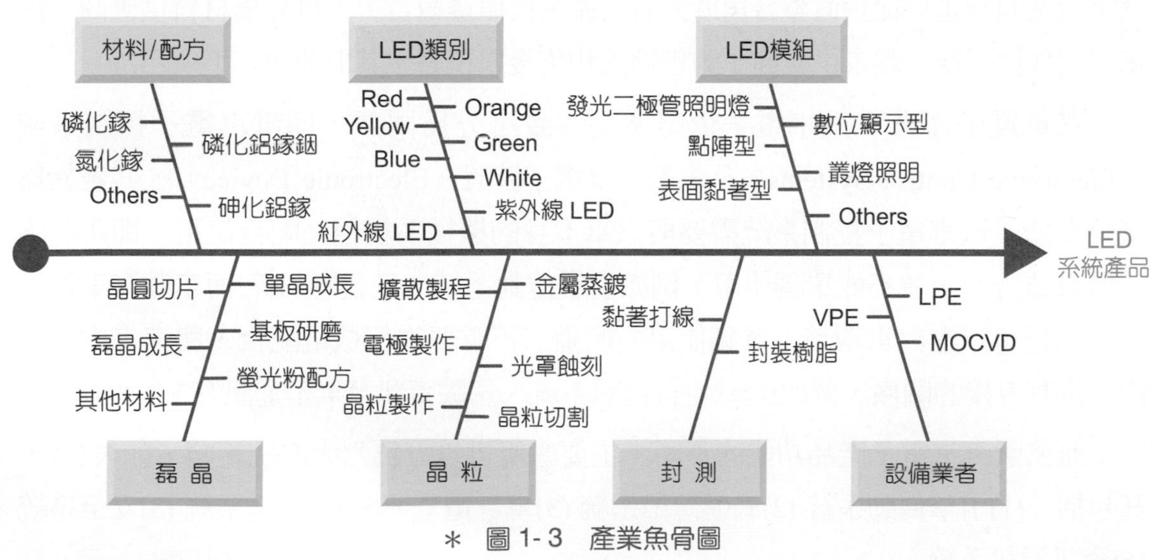

＊ 圖 1- 3 產業魚骨圖

資料來源：黃智苓（2011）

1-2-4 產業範圍

界定產業範圍（Industry Field）是一件重要的事，這將有助於進行產業分析，更有助於策略規劃，設定事業單位的範圍。劃分產業範圍是一個藉由發掘產業內各種結構差異性，同時加以歸類的過程。產業區塊和經營單位間較廣泛的交互關係則會創造出較大的產業範圍。

描述產業範圍目的在於準確分析產業競爭生態與範疇，並界定出誰是競爭對手，誰是上下游業者和何處是競爭地理範圍。界定產業範圍需因應產業特色，從不同角度出發。所以一個產業的產業範圍可能不限於一種描述方式，需從多元化角度進行評估。

本段落提供三個歸納產業範圍的參考，一、「產品或服務的範圍」；二、「地理範圍」；三、「相關產業的範圍」。

第一個面向「產品或服務的範圍」：例如：製程技術主導了鋼鐵業的發展，因此需從產品製程來描述鋼鐵產業範圍；例如：紡織業可由產業加工程序來看（垂直整合），可分爲紡紗→織布→染整→設計→成衣→銷售。例如：汽車產業如果由水平多角化程度來看（產品線組合），可分爲乘用車、商用車、巴士或特殊用途車輛等；但汽車產業同時也可從垂直整合角度來看（產業價值鏈組合），可分爲材料供應商、汽車零組件供應商、整車供應商、銷售物流和售後服務等。其他範例如下所示：

汽車電子產業：汽車電子依照產品大致可分爲兩類，即汽車電子控制系統（Electronic Control Systems）及車載汽車電子裝置（Electronic Device）。其差異爲區分在於，汽車電子控制系統需要與汽車本身的機械系統相互配合使用，即所謂的「機電結合」，並不能單獨使用，例如引擎傳動系統、底盤懸吊等;而車載汽車電子裝置則是可以在汽車環境下單獨使用的配備，不需要進行機電配合，與汽車本身性能並沒有直接的關係，例如:全球定位導航系統、駕駛資訊及車用通訊等。

而依照汽車電子產品功能的不同，主要應用可以分爲六大系統範疇，如表1-1，其包括：(1)引擎傳動系統 (2)底盤懸吊系統 (3)車身電子系統 (4)保全系統 (5)安全系統 (6)資訊通訊系統。

＊ 表 1-1 汽車電子產品分類表

類別	主系統	子系統	功能
電子控制系統	引擎傳動系統	電子節氣門、電子點火系統、電子燃料噴射系統、自動變速箱，定速巡航系統、Steer-by-wire	環保、動力表現、安全性、駕駛舒適性
	底盤懸吊系統	懸吊系統、動力方向盤、底盤控制、電池控制煞車系統、循跡控制系統、動態穩定控制系統、動態防傾斜操控系統	操控性、加速性、穩定性
	車身電子系統	自動空調系統、照明系統、智慧型後試鏡、電動窗、電動椅、電動車門、自動雨刷	舒適方便性
	保全系統	安全氣囊、胎壓監測器、防碰撞警示系統、停車輔助系統	防盜性
	安全系統	智慧型啟閉系統、晶片防盜系統、警報器、無鑰匙系統	行車安全性
車載電子裝置	資訊通訊系統	導航系統、車用行動通訊系統	外部連絡通信
		行車電腦、電子儀表板	監控汽車狀況
		影音娛樂設備	娛樂性

資料來源：石育賢（2005），張婷（2006）

第二個面向「地理範圍」：雖然多數產業在全球都有據點或生產基地，但不是所有的產業都具有全球化的特質，因此需進一步界定產業競爭地理範圍，在單一固定，或特定區域，亦或全球市場，例如：根據2001年到2010年全球前十大機車產量排名（如表1-2），從數量比較機車產業規模，台灣的機車產量位居全世界第七名。前三名的國家分別爲中國大陸、印度和印尼。在前十名中，除了巴西和義大利外，其他都爲在亞洲國家，由此可以得知，全球機車產區都高度集中亞洲地區，台灣機車產業的產業競爭地理範圍主要在亞洲。

第三個面向「相關產業的範圍」：進行產業分析時，需要進一步剖析該產業的相關產業範圍，協助讀者了解該產業與其他產業的關聯性，哪些產業是進行生產製造時的上下游供應商？哪些產業群聚有相互密切競爭關係？哪些產業可以生產相同產品或具有類似生產技術？

＊ 表 1-2　2001 ～ 2010 全球前十大機車產量排名

2001 ～ 2010 全球前十大機車產量排名 單位：萬輛										
國家	2001	2002	2003	2004	2005	2006	2007	2008	2009	2010
1. 中國大陸	1,237	1,292	1,472	1,719	1,916	2,193	2,545	2,750	2,543	2,669
2. 印度	432	511	562	653	760	838	816	841	980	1,260
3. 印尼	165	232	281	390	511	446	472	626	588	740
4. 越南			4						220	245
5. 巴西	75	86	95	106	121	141	173	214	200	238
6. 泰國	95	155	238	287	293	263	165	191	163	195
7. 台灣	99	112	134	160	145	141	151	156	102	103
8. 菲律賓	20	19	24	36	38	38	58	61	68	81
9. 義大利	77	75	71	69	70	72	69	64	70	70
10. 日本	233	212	183	174	179	177	168	123	64	66
小計	2,433	2,694	3,060	3,594	4,033	4,309	4,617	5,026	4,998	5,667
全球總產量	2,514	2,700	3,200	3,700	4,100	4,484	4,956	5.400	5,250	5.900

資料來源：台灣區車輛同業公會；金屬中心 MII 整理（2012）

以智慧型能源管理系統平台產業爲例，（IEMS Platform，Intelligent Energy Management System Platform），在能源產業體系中，主要在於提供用戶互動與通訊的中介，以及資訊處理應用軟體的服務平台（IEMS platform develops a service platform which facilitates dynamic interactions of users and providers of systems applications）。

因爲智慧型能源管理系統平台產業是新興產業，缺乏明確的產業範圍說明，因此進行產業分析時，需釐清樣貌，方能有助於勾勒產業的藍圖。

智慧型能源管理系統平台產業範圍廣泛，不只包括硬體的電網、電錶、資通訊設備，還包含軟體、系統、服務平台等，需同時具備才滿足消費者的需求，達到智慧用電的目的。其服務對象則涵蓋(1)電源供應端產業，例如電力供應商、分散式能源供應商、輸配電服務業、能源設備供應商；(2)用電需求端產業，例如能源服務業（ESCO，Energy Services COmpany），家庭能源管理系統產業 （HEM/DEM，Home/Domestic Energy Management）；(3)基礎網路服務供應商，例如能源資通訊產業（EICT）、雲端服務平台供應商、物聯網供應商等等。

小結：科技產業的產業範圍，常隨著新科技的發明、顧客的創新需求或科技聚合（Convergence），使得原先不在相關產業的公司，以新的產品或服務來滿足未來顧客的需求，進而使得產業範圍有所改變。因此，界定產業範圍時，需留意科技如何改變產業的範圍。例如，手機和數位相機原本被視爲不同的實體產品，然而隨著3C產品的智慧整合，手機和數位相機間的產業界限已經日漸模糊。進行前瞻產業範圍界定時可從新設計、新材料、新技術、新應用等構面進行定義。

1-2-5 產品應用範圍

產品應用（Product Application Engineer）是了解產業技術應用或產品如何應用在不同的公司或產業。產業分析中，除核心技術攸關獲利表現之外，產品應用是否能搭上產業成長趨勢，也是影響產業競爭力的關鍵。對於每一個產品市場而言，普遍都會包含數個市場區隔（Market Segment），每一個市場區隔都會聚集偏好類似的消費者，每一個市場區隔的大小、成長率和獲利能力也不盡相同。建議進行產業分析時，可針對不同價值或價格的產品進行描述，以利銷售不同的市場區隔。

以IC設計產業爲例，IC設計業的興起，主要來自於終端產品的多元與複雜化，例如，手機與3G手機的興起，因此、造成上游晶片設計的分眾化，使得許多新興設計公司都能在特定的產品應用上，發揮個別公司的技術優勢，搶佔特定的利基市場；此趨勢說明，其實IC設計業的產品分類是極爲複雜的，不同類型晶片所運用的設計流程與營運模式、甚至發展策略，均可能有極大差異，所需搭配的技術系統亦將大相逕庭。如圖1-4所示之分類表，至少即包括有記憶體IC、微元件、類比IC與邏輯IC等四大差異甚大之分類。

＊ 圖 1-4 半導體產品類別

資料來源：徐作聖、陳仁帥（2006）；林蔵均等（2009）

1-2-6 市場概況

市場概況是閱讀產業分析報告的讀者，最想看到的其中一部分，希望可以了解該產業的主要產品之「現有市場規模分析」和「未來市場分析」。

協助組織再訂定策略時，必須根據現有資料，對未來市場的方向作推演與預測，才能因應市場變化，掌握市場脈動，提出高品質的決策。也是提高競爭優勢不可或缺的技能。

市場概況最常透過市場調查（Market Research）來取得資訊，市場調查是一種運用科學的方法，有目的、有系統地搜集、記錄、整理相關的市場行銷資訊，分析市場現況，及其發展趨勢，爲市場預測和行銷決策提供客觀正確的資料。

第一、「現有市場規模分析」

本段落概述市場調查的的建構程序可分爲下列步驟：

(一) 決定市場調查的專案目標及其市場量測工具：

不同研究目標，會有不同的市場問卷調查內容與範圍。例如，台北市建築公會想要了解2015年大台北地區的建築業市場概況，就需要根據2014年的各種不同建案銷售狀況與金額（衡量標準為銷售數量和金額）、估計一年後的市場概況（預測時間範圍為一年）。

目前市場常見的市場量測工具（即衡量工具與參數），列舉如下：

- 生產線資訊：產品規格和相關產品規格比較、互補性產品、替代性產品、價格性能比（性價比）、產品使用量分析、產業供應鏈現況和定價。
- 市場資訊：市場規模、市場占有率、市場飽和度、市場成熟度、市場成長率、市場潛量、市場/產品生命週期和市場集中度。
- 客戶資訊：客戶類型分析、消費者行為分析、顧客滿意度查表、目標客戶分析、顧客購買意願和銷售通路分析等。
- 技術資訊：專利佈局狀況、專利技術地圖分析、技術研發成果和產業目前技術發展藍圖等。

(二) 設計市場調查方案，決定市場調查的方法與模型：

取得市場調查資料主要有兩種方法，(1)委託或購買專業市場調查公司或專業組織的次級資料，優點在於節省預算與人力，具有經濟效益；(2)自行進行市場調查研究，設立市場研究部門或團隊，主要方式有問卷調查法和觀察法。

問卷調查是將所要調查的事項，根據調查問卷以當面、書面紙本或電話的方式，向被調查者提出詢問，以便獲取所需要的資料，它是市場調查中最常見的一種方法，主要可分為(1)面談調查，(2)電話調查，(3)郵寄問卷調查，(4)留置詢問表調查等四種，這四種方法有各自的優缺點，(1)面談調查能直接聽取對方眞實意見，富有靈活性，但成本較高，結果容易受調查人員技術水平的影響；(2)電話調查速度快，成本最低，但只限於在有電話的用戶中調查，整體性不高；(3)郵寄調查速度快，成本底，但回收率較低；(4)留置詢問表則是透過調查人員當面交給被調查人員問卷，說明方法，由受訪者自行塡寫，再由調查人員定期收回。

觀察法，指調查者在調查現場有目的，有計劃，有系統地對調查對象的行為、言辭、表情進行觀察記錄，以取得第一手資料。例如、透過網站用戶人數的流量和點擊數，推估這個網站的購買客戶規模有多少人；例如，企業在幾種報紙、雜誌上做廣告時，在廣告下面附有一張表格或條子，請讀者閱讀後剪下寄回公司，企業就可從回收表格中瞭解哪種報紙雜誌上刊登廣告最為有效，作為今後選擇廣告媒介和測定廣告效果的可靠參考資料。

(三) 製定市場調查工作計畫與實際調查

調查地區範圍應與企業產品銷售範圍相一致；但受限於調查樣本數量有限，調查範圍不可能遍及城市的每一個地方，一般可根據城市的人口分佈情況，主要考慮人口特徵中平均收入、文化程度等因素，在城市中劃定若干個小範圍調查區域，這樣可相對縮小調查範圍，減少實地訪問工作量，提高調查工作效率，減少費用。

調查樣本要在調查對象中抽取，由於調查對象分佈範圍較廣，應設計一個統計抽樣方案，以保證抽取的樣本能有效反映總體情況。按調查項目的要求不同，可選擇200～1000個樣本，樣本的抽取可參考統計學中的抽樣方法。具體抽樣時，要控制抽取樣本的人口特徵因素，以保證抽取樣本的人口特徵分佈，與調查對象總體的人口特徵分佈相一致。

另外，為了節省費用和時間，次級資料目前已經成為市場研究資訊的重要來源。目前次級資料的來源相當廣泛，主要來源可分國內外兩種。台灣數據部分，例如、市場研究資料服務公司、政府機構、公協會、現成市場研究報告、產業顧問公司、商業期刊、公司財報和網際網路、政府委辦計畫網站（ITIS ）和工業區/科學園區/公協會統計資料等可供查詢。國外數據部分，例如、國際組織或官方統計數據（產值、進出口值）；國外管理公司的各類型產業報告。

(四) 市場調查資料的整理分析

市場調查資料整理分析，是指運用科學的方法，對調查所取得的各種原始資料進行訊息資料的加工整理過程，使之成為系統化、條理化、標準化地反映調查物件的總體全貌特徵，進而撰寫市場調查報告。主要的內容有以下三個部分：資料確認、資料處理和資料顯示。內容說明如下：

1. 資料確認：是指對原始資料或二手資料進行審核，查找問題、採取補救措施、確保資料品質。確認問卷的「齊備性」。檢查回收的問卷的份數是否齊全，是否達到樣本量的要求；確認問卷的「完整性和準確性」。檢查問卷填答的專案是否完整，是否存在填答錯誤，並確認眞實性；確認問卷的「時效性」，檢查調查存取時間和資料的時效性。

2. 資料處理：是指針對問卷或調查表，提供的原始資料進行分類和匯總，或者對二手資料進行再分類和調整。將經過審核的資料，分別歸納入適當的類別，並製作成有關的統計表或統計圖，以便於觀察分析運用。

3. 資料分析與圖表：是指對加工整理後的資料，透過統計表、統計圖（如直方圖、長條圖、圓餅圖和折線圖）等形式表現出來。統計圖表是一種最常被使用的方法，他主要是以縱橫交叉的線條所繪製表格來表現資料的一種形式。幫助讀者閱讀時一目了然，合理地、科學地組織資料數據。統計圖通常會透過圓點的多少、直線長短、曲線起伏、條形長短、柱狀高低、圓餅面積、體積大小、實物形象大小、地圖分佈等多元化的圖形來具體呈現資料。

(五) 市場調查資料的範例說明

例如：讀者欲進行台灣工具機產業的市場調查計畫，常見的相關數據分析包括國內外工具機產業的產值，工具機產量的趨勢分析，產業下各個相關產品之市場規模大小與發展趨勢，台灣工具機產業的進出口概況，標竿廠商在工具機產業的市占率分佈圖和產品生命週期等。用以分析瞭解哪些應用產品是未來發展主流，哪些產品會逐漸成長？哪些產品是屬於逐漸衰退市場？哪些產品會維持一定市場規模等。

第二、「未來市場分析」

主要包含未來短中長期的市場需求預測、市場機會評估和銷售預測分析等。一般市場預測的數據資料來源主要有銷售值、銷售量、價格、市場占有率、市場趨勢和市場成熟度等。目前常見的市場預測方法有如下說明

1. 判斷式預測（如專家意見法、德菲法和銷售人員預測）
2. 時間序列（簡單移動平均法、加權移動平均法、指數平滑法和季節趨勢預測法等），主要評估趨勢變動、景氣變動等
3. 因果預測（如迴歸模型、投入產出分析和經濟計量模型）
4. 技術趨勢預測（如情境分析與模擬、數學模擬軟體進行預測推估、成長曲線法等）

預測市場與技術趨勢是進行產業分析的重要步驟，然而市場預測往往無法十分精準預測，可視為市場與技術趨勢預測的瓶頸與挑戰。然而高效率、方向正確、準確率高的預測仍對於產業分析人員有很大的幫助，有助於提早了解市場的脈動與大方向，仍有其重要性與正面效益。

第三、分析示範案例

本文提供一個美國家具產業的「現有市場」規模分析案例，提供參考如下：美國家具產業2013年產值達245億美元（如圖1-5）；產業廠商家數共有4,906家，就業人口約13萬；廠商分佈全美各地，以加州占10～20%最大，近期有大者恆大趨勢。

進出口市場部分如圖1-6所示。進口部分：中國大陸是最大進口國，佔比64.0%，越南10.2%次之。美國家具製造商工廠外移至相對成本低廉的海外國家，製造成品後再進口回美國，間接促使進口額逐年提高，預計美國家具產業未來進口額年增率將達7.1%。

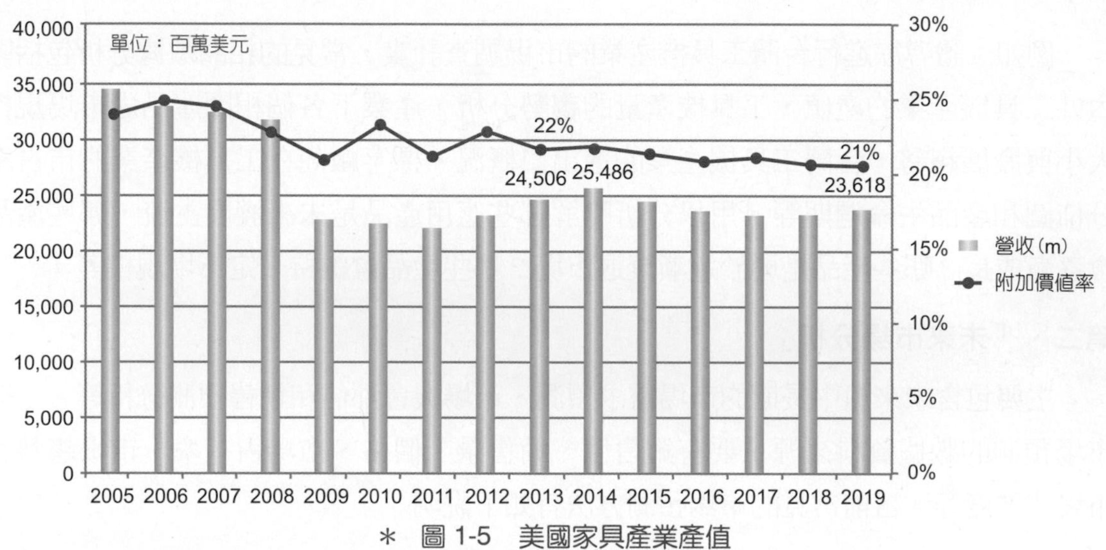

＊ 圖 1-5　美國家具產業產值

資料來源：IBISWorld industry report （2014）/ 金屬中心 MII 整理

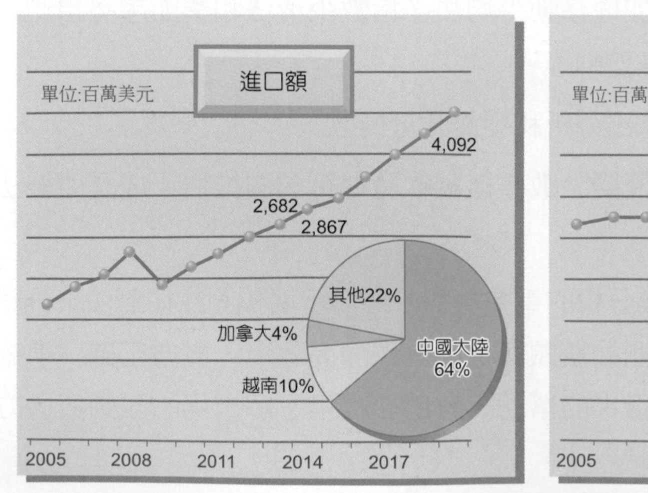

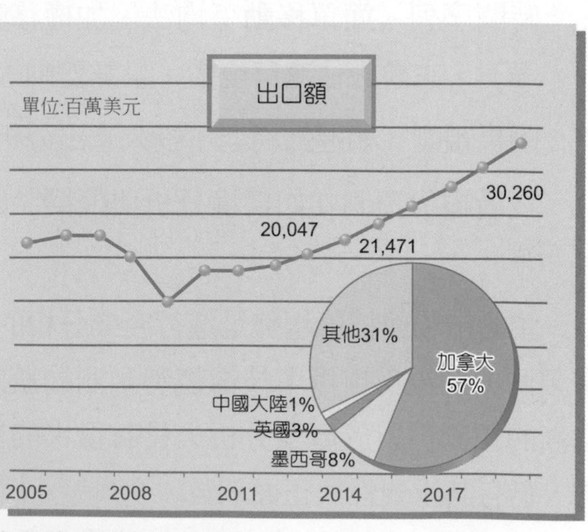

＊ 圖 1-6　美國家具產業進出口分析

資料來源：IBISWorld industry report （2014）/ 金屬中心 MII 整理

出口部分：加拿大跟墨西哥因爲跟美國有簽屬自由貿易協定（FTA），享受貿易條件優勢，因此出口佔比分別爲加拿大56.8%（最大）與墨西哥7.9%。中國大陸以及英國因經濟條件開始好轉，當地消費者願意採買高品質美製家具，因此預估未來出口中國英國市場年增率將有機會達7.4%。

布面家具與櫥櫃家具，佔美國家具業總營收比重69.2%最大，也是市場最競爭的品項。金屬家用家具，包括的金屬製家具，有鍛鐵家具、戶外金屬家具、床架、凳子、電視櫃、桌子和衣櫥等。2009到2014年的這五年，金屬家用家具的營收明顯下滑，主因是鋼鐵的成本價格驟升，造成產品價格上升，減少消費者購買意願。

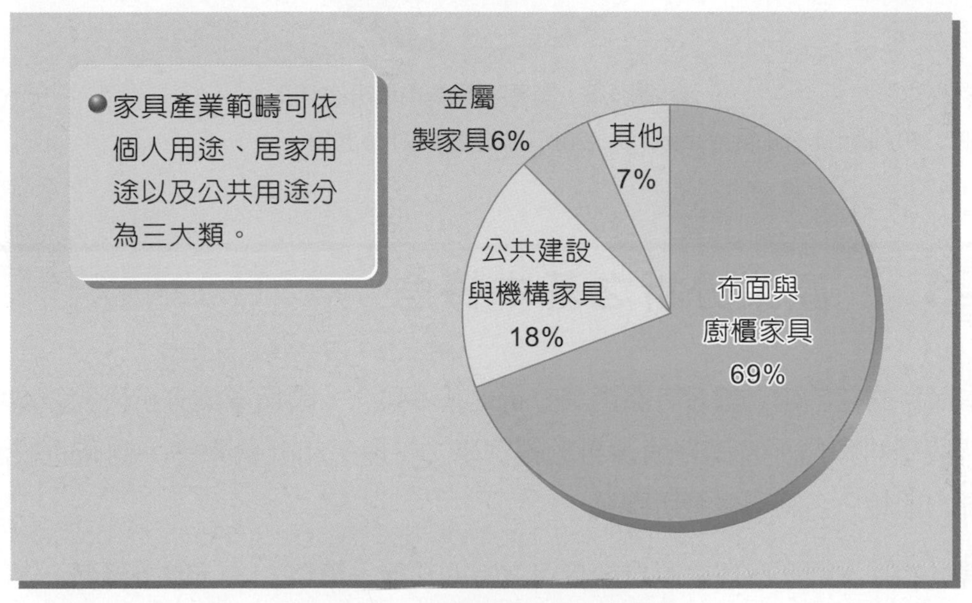

＊ 圖 1-7 美國家具產業品項分析

資料來源：IBISWorld industry report (2014) / 金屬中心 MII 整理

美國家具業市場分布：美國家具業最大的市場是家具零售商，佔比42.4%，且比重不斷提高。家具批發商是第二大市場，佔比30.9%。值得注意的是，美國家具批發商積極拓展跨國市場，家具的國際貿易日益熱絡。

家具承包商是第3大市場，主要的客戶來源是大型機構、工廠或是企業等，可依顧客的需求提供客製化服務。過去五年家具承包商市場佔比有下降的趨勢。

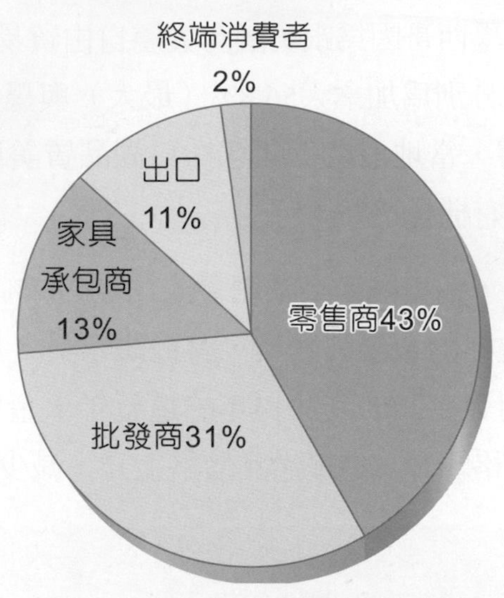

＊ 圖 1-8　美國家具業市場分布情形

資料來源：IBISWorld industry report （2014）/ 金屬中心 MII 整理

1-3 產業分析之基本概念

本節目的在於建立讀者有關產業分析之基本觀念，因爲產業分析研究領域橫跨不同學門與學科領域，基礎理論源自於經濟學、管理學和社會學等，同時也被許多相互關聯的理論、名詞和概念所圍繞。

常見的基本觀念與理論源自於麥可波特的「競爭策略」、「競爭優勢」、「國家競爭優勢」等策略理論，與經濟學、管理學和社會學等理論，因此，產業分析是一個概括性的指稱，且涵蓋衆多學科，其常見相關理論基礎衆多。因此，本章節將內容概略介紹產業分析的相關重要理論，包含「比較利益」、「競爭優勢」、「價值鏈」、「國家競爭優勢」、「產業群聚」等。

1-3-1 絕對利益/比較利益

一、絕對利益與比較優勢的異同

在進入競爭優勢的討論之前，須先瞭解兩項重要的經濟理論：絕對利益及比較利益（也稱爲絕對優勢與比較優勢）。

• 絕對利益

絕對利益理論（Absolute Advantage）是由英國古典經濟學家亞當史密斯提出，是指在某種產品的生產上，一個經濟體在勞動生產率占有絕對優勢，或其生產所耗費的成本絕對低於另一個經濟體。絕對利益用來解釋國際貿易之所以發生，其基礎在於各國生產成本存在絕對差異。

• 比較利益

比較利益（Comparative Advantage）爲古典經濟學家李嘉圖1817年提出的法則。此理論是比較不同國家之間，其各自內部不同產品間的生產成本之相對效率差異。

當一個國家的生產成本較另一國爲高時，會選擇劣勢相對較小的物品來生產與出口；當一國家在各種物品之生產上都具有絕對利益（也就是生產成本皆較他國低）之國家，應選擇利益相對較高之物品來生產與出口。

產業分析也經常引用比較利益理論，認爲比較利益高，競爭優勢也就越高，且當一個企業的利潤高於產業平均水準時，稱之爲競爭優勢。而當它能維持高利潤率達數年之久時，稱之爲具有持續性的競爭優勢；例如，台灣半導體產業較其他國家具有比較利益（如人力資源充沛，產業聚落完整等），故台灣較其他國家半導體產業較具競爭優勢。

麥克波特的競爭優勢理論，從企業參與國際競爭的角度來解釋國際貿易現象，正好彌補了比較優勢論的不足。現實經濟中我們觀察到，發展中國家的比較優勢難以實現。以下提出四點比較利益與競爭優勢的相異處：

1. 比較利益也是一種價格競爭優勢；
2. 比較利益與競爭優勢都受到資源稀少性的約束，一個國家不可能在所有產業都具有國際競爭優勢；
3. 比較利益的執行需仰賴競爭優勢；
4. 比較利益與競爭優勢，研究的部分重點是相同的，如關注知識與技術創新、規模經濟對貿易的影響等。

二、運用比較利益於產業分析

經濟學比較利益的範例如下：美國與韓國簽訂自由貿易協定以後，韓國出口到美國的產品的關稅障礙將被消除，產品訂價會比台灣出口到美國的產品價格低，具有低關稅優勢。台韓兩國消費性電子產品輸往美國的關稅差異化，將有可能使韓國該產業的比較利益大於台灣產業。此外由於韓國與台灣經濟的重點產業發展方向具有中高度相關性，且台韓產業競爭優勢相近，比較利益相似，常互爲競爭對手。例如：面板產業、手機產業、LED產業（發光二極體；Light Emitting Diode；LED）、DRAM產業（動態隨機存取記憶體；Dynamic Random Access Memory；DRAM）。

1-3-2 競爭優勢

一、競爭優勢源起

競爭優勢思想最早來自於三十年代的產業組織理論，六十年代後得到迅速發展。之後，學者把它引入策略管理領域，認爲競爭優勢就是一個組織通過其資源的整合，而獲得相對於其競爭對手的較優市場位勢。當一個企業能夠實施某種價值創造性戰略，而其他任何現有競爭者和潛在的競爭者不能同時實施時，就可以說企業擁有競爭優勢。

1980年，麥克波特（Michael Porter）在『競爭策略』（Comparative Strategy）書中，以產業組織理論爲基礎提出了市場「定位」理論（Positioning），介紹如何在產業中創造對自己有利的競爭方式，以及一般性策略（Generic Strategies）；1985年，在『競爭優勢』（Comparative Advantage）一書中，提出價值鏈（Value Chain）的概念，強調企業的任務就是不斷創造價值。但在一個企業衆多的價值活動中，並不是每一個環節都創造價值。企業所創造的價值，實際上來自企業價值鏈上的某些特定的價值活動，這些眞正創造價值的經營活動，就是企業價值鏈的「策略環節」。企業在競爭中的優勢，主要來自於能夠長期保持的優勢，也是企業在價值鏈某些特定的策略環節上的優勢。 價值鏈理論認爲，企業的競爭優勢來自該企業某些特定環節的競爭優勢，把握關鍵環節，也就把握住價值鏈。因此，價值鏈活動亦是競爭優勢的來源。 在變革的時代，能否保持競爭優勢已成爲企業長期生存與高速發展的核心策略要求，並成爲企業成敗的關鍵。企業要獲取有利的競爭優勢，就要實施基於價值鏈的策略。

二、企業競爭優勢的定義

瞭解企業競爭優勢早已成爲策略管理的主要議題，近年來許多學者已陸續定義與分析競爭優勢和公司策略管理的關係，並且探討其在企業中所扮演角色。競爭優勢最早可追溯到Penrose（1959）的研究，他首先定義，獨特差異能力（Distinctive Competence）爲企業有效分配與使用資源以獲取經濟租（Economic Rent）之能量。

爾後、學者相繼提出相當類似的名詞，如資源/ 資產（Resources/Assets）、能力（Capability）、競爭力/能耐（Competence）、核心競爭力（Core Competence）、能耐、比較優勢（Competitive Advantage ）、絕對優勢（Absolute Advantage）等名詞。而理論上，針對企業競爭優勢概念，尚無統一唯一的定義，所以上述概念，都可解釋爲，企業相較於其他企業較優秀，或市場上相較少有之特殊能力。

競爭優勢的緣起，在於1965年由Ansoff首先定義，競爭優勢是個別產品/市場中，企業所具備且能賦予本身強勢競爭地位的資產。1984年，Aaker提出實質競爭優勢（Sustainable Competitive Advantage）觀念，並列舉出其特徵條件：一、此優勢需包含該市場之關鍵成功因素；二、形成實質價值，使其在市場形成差異；三、可承受環境變動與競爭者攻擊之有利條件。

相關研究大多認爲，企業所擁有的競爭優勢，能對績效產生正面影響。且有助於企業執行其他企業未能執行的價值創造策略時，較易獲得超額利潤。後續，也有許多學者，根據產業的差異性與特性，提出關於競爭優勢的實證研究輔以佐證；另外，提出競爭優勢策略時，若能把產業特性考慮因素，將更爲完備。

競爭優勢理論在近期蓬勃發展下，主要理論或觀點有三種（Rumelt，1994），分別是資源基礎觀點（Resource-Based View，RBV）、競爭力基礎觀點（Competencebased View，CBV）、以及動態能力觀點（Dynamic Capability View，DCV）。這三種理論，具有某種程度彼此關聯的理論推演。

第一種理論，資源基礎理論的競爭優勢思考架構，建立在兩大基本假設前提之上，假設一：「在同一產業或策略群組中，若企業所掌控的策略性資源不同，也會影響到企業間競爭力的差異；假設二：競爭力的差異源主要來自於策略性資源，其不易被其他企業模仿延續，將可持續維持企業之競爭優勢。資源基礎理論認爲，若延續上述假設前提來進行研究，將可以找出使公司之競爭優勢可以持續的原由。

第二種理論，能耐基礎理論的競爭優勢思考架構，主要強調與企業長期成功有關之正確能耐的發展。能耐的來源，是企業所整合而成的一群有形與無形資產的組合，如科技技術、整體資產、組織的法則和能力，主要由資產和能力集合而成，透過學習過程的漸進系統，以流量的概念來累積能耐的存量。能耐優點在於能夠維持有效率的技術，且使他們能夠資本化達到經濟規模；換句話說，能耐是關鍵構成要素和技術的根源並提升組織學習，使得構成要素和技術能夠應用在下游市場的其他領域。

第三種理論，動態能力基礎理論的競爭優勢思考架構，主要是經由持續重新安排其資源和管理程序所塑造的系統，延伸企業管理和組織程序而產生的核心能耐，逐漸發展鑲嵌於企業能耐的動態能力，以符合變動的經營環境。換句話說，動態能力的培養，可以透過組織的學習機制來取得，因此動態能力也呈現多元複雜的面貌。

上述三理論，從不同角度詮釋競爭優勢，可見在變化劇烈的商業環境中，競爭優勢常隨著時代需求，定義有所更迭，但理論間並無優劣之分。但如果以廣義而言，三種理論的競爭優勢的組成，皆包含三大部分，有形資產，無形資產和廠商支配資源的能力。

三、運用競爭優勢於產業分析

因競爭優勢具有價值性，獨特性和集合性。故運用競爭優勢運用於產業分析的優點在於，分析企業如何建構競爭優勢，以獲得超額利潤，且持續保有這項競爭優勢。例如，IKEA家具具有成本面的競爭優勢，即生產營運成本比競爭者更低；認爲「成本考量永遠是IKEA生產鏈的核心」。主張「有意義的低價」。以人爲本的不斷創新。主要設計目標基於高貴不貴、經久耐用、設計感不退流行和功能佳。

有些公司來自於差異化的優勢，例如，戴爾電腦提供筆記型電腦客製化的服務，即企業針對購買者所需產品創造獨特的價值。因此，企業需要透過效率、創新、高品質、抓住正確時機與滿足顧客需要來實踐競爭優勢，並產生持續的競爭優勢。

1-3-3 價值鏈

一、價值鏈的定義

「價值鏈」運用於產業分析的策略性意義在於，解構企業的經營模式（流程），分析企業活動一系列的增值過程，如何爲商品及服務創造更高附加價值。

而此一連串的增值流程，就是「價值鏈」。「價值鏈」這個概念，主要是將企業的活動劃分爲經濟性（亦稱主要性）和技術性（亦稱輔助性）的活動，這些活動則稱爲「價值活動」（Value Acitivity）。

Porter（1985）提出價值鏈分析方式來檢視企業內所有活動及活動間相互關係，價值鏈是指企業爲顧客創造有價值的產品或服務的一連串過程，描述產品或服務活動提供顧客價值累積之情況。

價值鏈如同競爭優勢和關鍵成功要素，都是分析企業競爭優勢來源的其中一項工具。價值鏈的優點在於，將企業依其策略性相關活動加以分解，藉以瞭解其成本特性，現有差異化來源和潛在差異化來源，進而以比競爭者較低的成本或更高的效益，達到企業經營目標。價值活動區分爲經濟性活動與技術性活動兩大項。經濟性活動乃指對最後產品組合有直接貢獻者，包括進料後勤、生產、出貨後勤、市場行銷、服務等五項。技術性活動指在企業中對價值的創造有助益性的活動，包括採購、技術發展、人力資源管理、企業基本設施等四項，輔助活動通常支援整個企業價值鏈，而非支援個別價值活動，價值鏈示意圖如圖1-9所示。

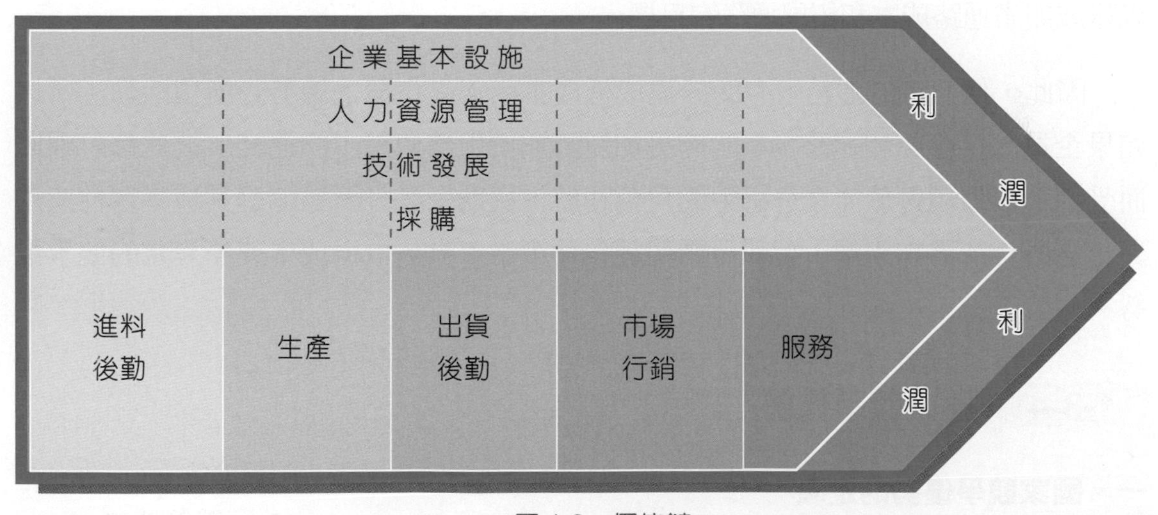

＊ 圖 1-9 價值鏈

資料來源：Porter （1980）

價值鏈爲總價值之表現，主要由價值作業活動及利潤兩者構成。每個企業都是一連串活動的集合，故每一個活動均稱爲價值作業活動。企業在界定價值鏈時，可從一般價值鏈著手，從中辨別出個別價值活動，而每一類活動都可再細分成許多獨立的活動，可依據產業分析個案需求而做更動。而區隔價值活動的基本原則爲：

1. 該活動具有不同的經濟效益。
2. 該活動對差異化的影響具有高度潛在力。
3. 該活動佔有相當重要的成本比例或其成本比例持續成長。

二、運用價值鏈於產業分析

在特定產業中，企業的價值鏈深藏於一個更大的活動集群當中，麥克波特稱之爲「價值系統」（Value System），價值系統中包含了上中下游的價值鏈（亦可說爲包含供應商的價值鏈、企業內部的價值鏈、物流通路的價值鏈與顧客的價值鏈）。因此、價值鏈不止連結企業內部的價值活動，也創造企業的價值鏈與供應商、物流通路間的依存關係。所以，企業也可透過價值鏈創造競爭優勢。

例如，2000年網路書店博客來與7-ELEVEN合作，首先引進「到店取貨付款」的服務，進而於2001年加入統一超商集團，獲得7-ELEVEN的零售經驗與財務投資，利用統一超商的物流系統，增加了強大的通路優勢與節省郵資成本。透過集團的資源整合，讓博客來更專注在原本擅長的網路行銷，後端工作交給更專業的機構，便可以達成節省通路成本和拓展通路的目標。

因此，價值鏈的連結可有助於達成低成本或差異化競爭優勢的價值活動。所以如果企業、供應商和通路，都能夠更加認清和使用價值鍊中的連結，彼此都可因此而受惠。故價值鏈於產業分析中的角色在於，協助企業分析並瞭解其成本習性或差異化之既存或潛在來源，並利用價值鏈作爲策略工具，取得成本或差異化的競爭優勢。

1-3-4 國家競爭優勢

一、國家競爭優勢的定義

在此，先回顧麥可波特的一系列的學術理論，協助讀者了解國家競爭優勢理論的前後脈絡。從學術理論著眼，波特教授在八零年代發表了其著名的三部曲，即「競爭策略」（1980年）、「競爭優勢」（1985年）、「國家競爭優勢」（1990年），系統性地提出了自己的競爭優勢理論，理論層級更從企業層級延伸到國家層級，與「競爭論」（On Competition）等書，他書中的鑽石理論或稱五力（Five Forces）、價值鏈（Value Chain）、市場定位（Market Positioning）、競爭策略（Competitive Strategies）等理論，將策略管理帶入另一個新領域，也從相關理論延伸強調產業分析的新視野。

他在「競爭論」中提出了企業獲取競爭優勢的三種策略，即成本領先策略、差異化策略、目標集中化戰略。在「競爭優勢」中，他創立了價值鏈理論，認爲企業競爭優勢的關鍵來源是價值鏈的不同。在「國家競爭優勢」一書中，波特把他的國內競爭優勢理論運用到國際競爭領域，提出了著名的鑽石理論。

「國家競爭優勢」（The Competitive Advantage of Nations），這個理論專注於討論國家、州省與其他地區的競爭力，大多數有關競爭力的描述，著重於總體經濟政策（預算赤字、貨幣政策等），和重視勞動力、天然資源和資本等要素稟賦（Factor Endowment）。波特的觀點，強調國家競爭優勢，主要植基於商業環境的本質。能夠取得勞動力、資本和天然資源，並無法決定競爭優勢。因爲取得這些要素稟賦並非難事。重點在於如何善用當地資源，生產出更具價值的商品與服務的生產力。因此，在國家競爭力優勢一書中提出，在國家層級上競爭力唯一的意義就是「生產力」。生產力代表的是國民平均所得的根源，也是決定一國長期生活水準的關鍵因素。而且他認爲影響國家競爭力的高低變化，取決於國內企業經營環境之良窳。

「國家競爭優勢」一書中所提出之鑽石理論模型（圖1-10），認爲國家是企業最基本的競爭優勢，因爲他能創造並持續企業的競爭條件，政府不但影響企業所做的決策，也是創造並延續生產與技術發展的核心。一個國家內的某些產業爲什麼能在激烈的國際競爭中嶄露頭角，必須從每個國家都有的四項環境因素（生產要素、需求條件、相關與支援性產業及企業策略、企業結構和競爭程度）來討論。這些因素是可能會加強本國企業創造競爭優勢的速度，也可能造成企業發展遲滯不前的原因。

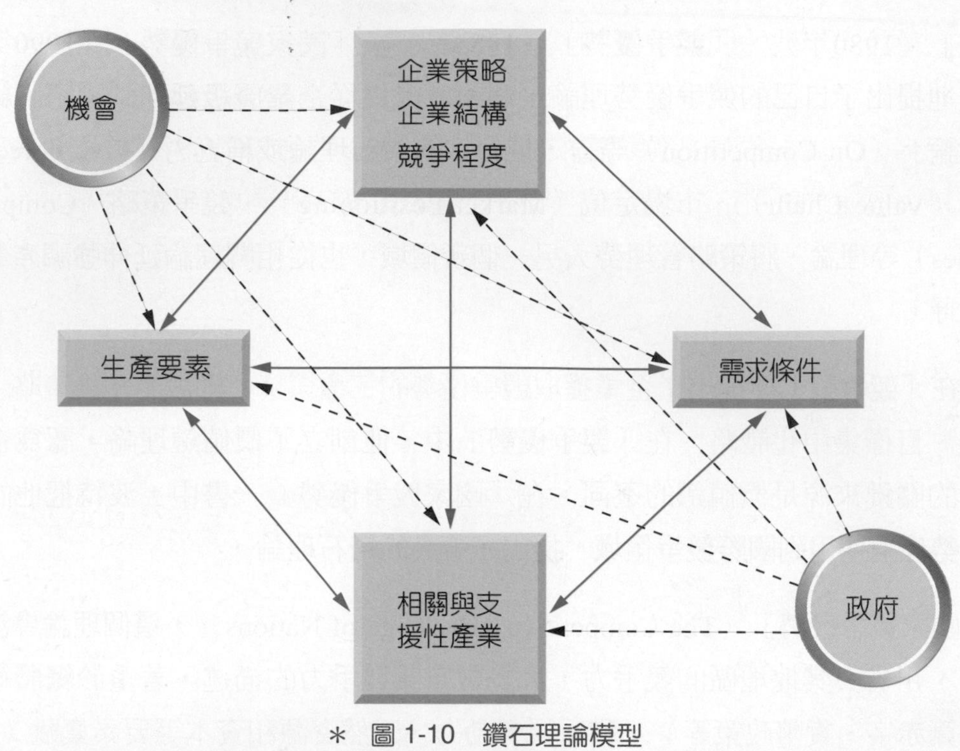

＊ 圖 1-10 鑽石理論模型

資料來源：Porter （1990）

二、運用鑽石模型於產業分析

企管教授許士軍在「國家競爭優勢」中文版的導讀中曾提及「國家競爭優勢」似應指此主體為國家，但事實上並非如此。「鑽石體系」理論中的適用主體，並非「國家」而已，因為一國經濟乃由不同產業所構成，產業不同，所需之條件或環境也會有差異。自此而言，一國條件或環境未必適合所有產業。「鑽石體系」，乃針對某一特定產業何以在某特定國家擁有競爭優勢，嘗試提出一具有普遍解釋能力的理論架構。

例如韓國的鋼鐵業和半導體產業初期，就是以「低成本競爭優勢」，雇用低工資、高生產力的勞工，加上國外供應商的先進技術，生產出具有競爭力的產品。而德國的工具機業，則是採取「差異化競爭策略」，強調優異的產品性能，可靠度和滿意服務，與競爭者抗衡（刁明芳，2004）。同理可證，都可以運用「鑽石體系」去觀察不同國家的競爭優勢。例如：為什麼表面看起來浪漫隨興的義大利，會是全球家具和流行服飾的中心？和台灣一樣大的歐洲小國瑞士，如何能成為世界頂尖的的鐘錶重鎮，如何創造國際稱羨的高國民所得？

在此理論中，波特強調產業的優勢在於基本條件的互相影響，藉由這些關鍵條件，可以評估產業環境的變化與改變的效果。因此鑽石模型可提供國家一個全面且系統性思考的方式，根據各個國家的特有資源條件與優勢，並經分析及評估，提供有用資料，促使政府制定、執行、控制與規劃最有利於企業的相關政策。

1-3-5 產業群聚

一、產業群聚的定義

群聚名詞最早出現於生物學領域，主要用來解釋及描述在一個特定區位中，同種、異種生物群集的現象及共生關係。相對於自然界中不同物種的群聚關係，人類社會中也有各種不同形態與性質的組織，這些組織彼此間關係密切，存在相互依賴、競爭與合作的互動關係，進而形成一個共生共存的社會系統。

企業間的生態系統則是以企業為分析對象，將企業比喻為物種，不同產業的企業族群集合起來則稱為「產業群聚」。產業學者亦稱廠商和產業活動集中在一個特定區位，或是不同群體和產業活動在不同地方群聚的現象為「產業群聚」。近年來致力於研究產業群聚的麥可波特，將原本著重市場結構、內部組織管理與生產效率的產業經濟分析，加入了空間區位、廠商間互動關係、外部環境與產業上下游的整體思考，以一種代表國家競爭、區域競爭以及城市經濟體的新方式來重新思考產業群聚的現象。

1890 年學者Marshall最早提出產業群聚（Industrial Cluster）的概念，其概念指出產業內的廠商在一區域上的集中，將有助於外部經濟的產生。他提出產業及經濟活動在空間上的群聚， 歸因於技術性外部效益（Technology Externalities）及成本性外部效益（Pecuniary Externalities）。

學者Dahmen（1950）以產業發展特區（Industrial Development Blocks）的觀念來探討產業的成長與演進歷程，其概念指出成功的產業群聚，最主要是產業複合體中，前項與後項生產鏈內部的有效鏈結；另外1995年Cruz 等學者，則將這種產業或企業緊密連結在一起的現象，稱之為策略群聚（Strategic Cluster），其概念指出每個群聚中包含一個或少數的旗艦級廠商（Flagship Firm），透過與其他廠商的合作與網路系統的建立，扮演著主導性的地位。綜整以上，產業群聚的規模，可以從單一城市、整個州、一個國家、甚至到一些鄰國所連繫成的網絡。產業群聚具有許多不同的形式，端視其縱深程度和複雜性而定。

產業群聚的基本條件有，高品質的人力資源、技術知識、基礎建設及資本資源四項。從產業群聚的垂直關係來說，產業群聚包括提供專業化投入的上游企業，如零部件、機械設備、服務、以及下游的分銷管道與顧客。從橫向關係來看，包括提供互補產品的製造商，或有相關技能、技術和共同投入的屬於其他產業的公司。此外產業群聚還包括政府和其他提供專業化培訓、教育、研究與技術支持的機構，如大學、品質標準機構、思想庫、短期培訓機構及貿易協會。這些機構共同組成產業群聚，競爭又相互合作的關係，有助於協助企業與產業取得國際競爭優勢。產業群聚這種新的空間產業組織形式，獲取競爭優勢的主要來源表現在3個方面：

1. 外部經濟效應：群聚區域內企業數量衆多，從個別企業來看規模並不大，但產業群聚區內的企業彼此實行高度的分工協作，提高生產率與大量出口產品到國際市場，使得整個產業群聚區域獲得外部規模經濟。

2. 節約空間交易成本：空間交易成本包括運輸成本、資訊成本、尋找成本、合約的談判成本與執行成本。產業群聚區內的企業地理鄰近，容易建立信譽機制和相互信賴關係。因此、產業群聚區的企業之間保持一種充滿活力和靈活性的非正式關係。在一個環境快速變化的動態競爭環境裡，這種企業合作網絡相對於垂直一體化安排和遠距離的企業聯盟安排，更加有效率。

3. 學習與創新效應：產業群聚是培育企業學習能力與創新能力的溫床。企業彼此接近且競爭激烈的壓力，迫使企業不斷進行技術創新和組織管理創新。這種創新的外部效應也是產業群聚獲得競爭優勢的一個重要原因。

二、產業群聚的類型

近年來產業群聚的成功案例與現象，吸引了許多國內外學者的探討。主因是群聚除了強調空間集中的要素外，更包括了空間規模、產業規模與產業間各種競爭及合作行為等優勢與成功因素。根據Markusen（1996）定義四種群聚的型態，有以下四種類型

1. 新馬歇爾產業集群（The Marshallian New Industrial District（NID）with its recent "Italianate form"）：只著重區域廠商間的合作，中小企業居多，專業化程度強，競爭激烈；
2. 中心輻射式產業集群（Hub-and-spoke district）：群聚被一間或數間大廠所控制，周圍廠商成爲這些大廠供應商 ，這些小公司或是創建時和它們有過聯繫，或是之後一直與它們保持著交流。中心公司通常規模較大，擁有全球視野，與本地或地區之外的分廠、供應商、客戶及競爭對手都保持著聯繫。
3. 衛星式產業集群（Districts based on satellite industrial platforms）：群聚內交易合作少，多與群聚外廠商合作，大規模地方企業和中小企業居多，成本優勢。
4. 政府主導群聚（State-anchored districts）：由一間或數間政府大型機構主導。

三、運用產業群聚於產業分析

近年來許多產業研究分析，常會運用產業群聚之觀念與分析方法，評估產業所在區域間資源豐富程度、區域競爭優勢和產業競爭優勢。故產業群聚可提供產業分析一個有效率之區域規劃觀念與方法來協助思考區域產業間的內部關係、有限資源的分配、及區域產業政策的擬定。以瑞士爲例，瑞士三家最大的製藥公司都集聚在巴塞爾（Basel）。三大醫藥集團分別爲：Novartis（諾華藥廠），Roche（羅氏藥廠）和Serono（雪蘭諾藥廠），前兩者主攻常見疾病治療領域，皆爲全球前10 大藥廠。瑞士生技醫藥產業現已具國際競爭優勢。

另外須注意產業聚落是會隨環境變動的有機體，會形成產業聚落間形成國際連結。因此任何一個國家的產業聚落都有可能會隨著所屬產業的國際產業變遷而產生變化，在不同時期呈現不同的風貌。例如，美國矽谷廠商的合作生產型態已經超越與美國當地廠商之間的跨廠連結關係，顯示矽谷做爲產業聚落已經跨越國家的區域特性，與其他國產業聚落產生連結。例如，台灣竹科的技術發展與市場連結仍須與美國矽谷做緊密的聯繫（陳信宏、劉孟俊，2004）。

問題與討論

習題一
問題：請簡單敘述「科技」的定義。

習題二
問題：請說明科技產業與傳統產業的相異之處。

習題三
問題：科技管理中的產業分析可以透過哪三個層面來進行探討？

習題四
問題：請說明產業分析的目的及其重要性。

習題五
問題：進行產業範疇定義時，可以運用哪三個準則來歸納，請簡單說明。

習題六
問題：試比較分析產業發展中比較利益與競爭優勢理論兩者的相異處。

習題七
問題：競爭優勢理論主要有哪三種觀點？請簡單敘述。

習題八
問題：運用價值鏈理論來進行產業分析時，有哪幾個基本原則？

習題九
問題：請劃出國家競爭優勢之鑽石模型，並簡單介紹其構面？

參考文獻

英文部分

1. Aaker, D.（1984）. Developing Business Strategies. N.Y.: John Wiley & Sons Inc.
2. Ansoff, H.I.（1965）. Corporate strategy. New York: McGraw-Hill.
3. Dahmen, E.（1950）. Entrepreneurial Activity and the Development of Swedish Industry 1919-1939. Homewood: American Economic Association Translation Series.
4. D’Cruz, J.R., Rugman, A., & Verbeke, A.（1995）. Internalization and De-Internalization: Will Business Networks Replace Multinationals? In: Gavin Boyd （ed） Competitive and Cooperative Macromanagement. Edward Elgar, 107-128
5. Markusen, A.（1996）. Sticky Places in Slippery Space: A Typology of Industrial Districts. Economic Geography, 72, 293-314.
6. Marshall, A.（1890）. Principles of Economics: An Introductory. London: Macmillan.
7. Penrose, E.T.（1959）. The Theory of the Growth of the Firm. New York, NY: John Wiley.
8. Porter, M.E.（1980）. Competitive Strategy. New York: Free Press.
9. Porter, M.E.（1985）. Competitive Advantage. New York: Free Press.
10. Porter, M.E.（1990）. Competitive advantages of nations. New York: Free Press.
11. Ricardo, D.（1817）. The Principles of Political Economy and Taxation.
12. Sharif, M.N.（1988）. Basis for Techno-Economic Policy Analysis. Science and Public Policy, 15（4）, 217-229.
13. Smith, A.（1776）. The Wealth of Nations.
14. Souder, W.E.（1987）. Managing New Product Innovations. Toronto: Lexington Books.
15. Pavitt K. （1988）, Uses and Abuses of Patent Statistics, in Handbook of Quantitative Studies of Science and Technology （edited by Raan V.）, Amsterdam: Elsevier Science Publishers.
16. Mogee, M. E. （1991）, “Using patent data for technology analysis and planning,” Research Technology Management, Vol. 34, pp. 43-49.
17. Breitzman, A.（2003）.Patent and Market Value Forecasting.International Conference of the Society of Competitive Intelligence Professionals.
18. Szabolcs Toergyekes （2012）, Innovation Trends in Patent Applications for Electric Vehicles （Europe, Asia, USA）, EVS26 Los Angeles, California, May 6-9, 2012.
19. Household Furniture Manufacturing in the US （2014）, IBISWorld industry report.

中文部分

1. 石育賢（2005）。汽車電子科技日新月異開啓資訊技術應用商機。車輛工業月刊，第135期，頁29-34。
2. 林葳均、唐迎華、楊佳翰、徐作聖（2009）。台灣IC設計產業之技術系統分析。產業與管理論壇，第11卷第4期，頁42-54。
3. 金屬中心MII產業研究組（2012）。台灣機車市場研究報告。經濟部101年度科技研究發展專案計畫。
4. 金屬中心MII產業研究組（2012）。增程式電動車市場研究報告。經濟部101年度科技研究發展專案計畫。
5. 徐作聖、陳仁帥（2006）。產業分析，二版。台北：全華科技，頁8-70。
6. 張婷（2006）。台灣車載資通訊系統產業組合與創新政策之研究。國立交通大學科技管理研究所碩士論文，未出版，新竹市。
7. 陳信宏、劉孟俊（2004）。如何維護台灣產業聚落的優勢。科技發展政策報導SR9312，頁973-992。
8. 黃琮瑜（2010）。超級電容器產業之策略分析。國立交通大學科技管理研究所碩士論文，未出版，新竹市。
9. 黃智苓（2011），高亮度LED系統產品競爭力之分析，國立交通大學科技管理研究所碩士論文。
10. 陳漢榮（2011），智慧型電網管理系統之策略定位，國立交通大學科技管理研究所碩士論文。
11. 林葳均（2012），增程式電動車專利分析，金屬中心。
12. 刁明芳（2004），No.1與Only 1，遠見雜誌2004年7月號第217期。
13. 資策會MIC（2010），贏在未來：產業分析12堂課：協助企業擬定最佳化營運策略，資策會產業情報研究所。

網站部分

1. 台灣區車輛同業公會，http://www.ttvma.org.tw/
2. 美國能源局（DOE）（http://www.energy.gov/news2009/7749.htm
3. MIC ASIP產業情報顧問服務網站

Chapter 2

科技產業分析理論與方法

學習目標

★ 了解產業分析的重要性
★ 介紹產業分析的相關理論
★ 介紹產業分析的相關方法

2-1 產業分析相關理論

2-1-1 前言

產業範圍廣大，市場區隔眾多，產業分析在專業化需求下，需要針對本身市場區隔的現況及未來趨勢，研擬出「量身訂作」的產業分析。換句話說，產業分析需要根據產業別進行分析，如此才能有效的「量身訂作」出企業本身所需的「策略」資訊。過去的產業分析實例中，充分顯示科技業具有顯著的產業分工，產業群聚，產業供應鏈，仰賴產業基礎建設等的產業組織特性。因此，本節將就產業分析常見使用的一些理論進行介紹，讓讀者可以對產業分析所涉及到的理論能有初步的了解，以供進行產業分析時之參考。

2-1-2 SWOT分析

一、SWOT分析

Ansoff 於1965 年提出SWOT 分析，認爲策略擬定著重於策略的分析，SWOT分析主要目的是評估企業所處環境之內部優勢（Strengths）、內部劣勢（Weakness）、外部機會（Opportunities）與外部威脅（Threats），進而擬定一系列的策略方案。經過SWOT 分析所擬定的策略方案，應該是在企業原有的優勢上，利用有利的機會、對抗威脅，並且改善劣勢，使企業資源獲得有效分配與發展定位的策略。應用SWOT分析於產業分析主要原因在於SWOT分析是一種相當有效率的的分析方式，它能迅速幫助決策者釐清狀況做出因應策略，

1982年Weihrich提出將內部優勢（Strengths）、劣勢（Weakness）與外部機會（Opportunities）及威脅（Threats）相互做一合理的配對，將原有的優勢與可能的機會結合至最大化，將劣勢與威脅削弱至最小化，進而研擬出適當的因應對策。此種策略的形成步驟：

步驟一：進行企業環境描述。

步驟二：確認影響企業外部因素。

步驟三：預測與評估未來之外部因素。

步驟四：檢視企業內部之強勢與弱勢。

步驟五：利用SWOT分析架構研擬可行策略。

步驟六：進行策略選擇。

在步驟五利用SWOT分析架構，將企業之S、W、O、T四項因素進行配對，可得到2×2項策略型態，茲說明如下：

1. 使用強勢利用機會（SO: Maxi-Maxi）策略：此種策略是最佳策略，企業內外環境恰能密切配合，企業能充分利用資源，取得利潤並擴充發展。
2. 使用強勢減少威脅（ST: Maxi-Mini）策略：此種策略是在企業面對威脅時，利用本身的強勢來克服威脅。
3. 減少弱勢利用機會（WO: Mini-Maxi）策略：此種策略是在企業利用外部機會，來克服本身的弱勢。
4. 減少弱勢減少威脅（WT: Mini-Mini）策略：此種策略是使企業的威脅與弱勢　達到最小，此種策略常是企業面臨困境所使用，需進行合併或縮減規模等。

＊ 表 2-1　SWOT 分析策略分析表

內部因素 / 外部因素	列出內部強勢（S）	列出內部弱勢（W）
列出外部機會（O）	SO:Maxi-Maxi 策略	WO:Mini-Maxi 策略
列出外部威脅（T）	ST:Maxi-Mini 策略	WT:Mini-Mini 策略

二、運用SWOT分析於產業分析

SWOT分析是企業管理理論中相當有名的策略性規劃，主要是針對企業內部優勢與劣勢，以及外部環境的機會與威脅來進行分析，而除了可用來作爲企業策略擬定的重要參考之外，亦可用於產業分析，作爲分析產業競爭力與規劃的基礎架構，這是一個相當有效率，且幫助做決策者快速釐清狀況的輔助投資工具。列舉台灣業者在增程式電動車發展上的SWOT策略矩陣如表2-2所示。

＊ 表2-2　台灣增程式電動車產業的SWOT分析策略分析表

<table>
<tr><td rowspan="3" colspan="2">SWOT矩陣分析</td><td colspan="2">內部分析</td></tr>
<tr><td>優勢 S</td><td>劣勢 W</td></tr>
<tr><td>• 自主品牌已建置，有助於帶動協力廠商投入進行技術整合。
• 部份廠商已具備實績。
• 國內具備ICT產業厚實基盤。</td><td>• 內需小，須仰賴海外訂單或整車廠帶動市場。
• 國企投資無法與海外大廠相比。
• 自主平台少、系統整合能量偏弱。
• 國內充電基礎建設建置佈點有限。</td></tr>
<tr><td rowspan="4">外部分析</td><td>機會 O</td><td rowspan="2">SO策略：國內汽車產業供應鏈環境建置完整，未來在發展EV化技術上，應高度結合國內既有在ICT與電子產業的基礎，發揮異業結盟的優勢。</td><td rowspan="2">WO策略：國內企業投資規模小，在研發初期需面對新設備資本投入、電動車量產後需提供零組件保固服務或需通過汽車製造商繁瑣的規範認證等問題，建議企業可透過政府資源降低業者的高風險投資。</td></tr>
<tr><td>• 全球供應鏈體系往亞洲移動。
• 排放法規加速EV化發展。
• 增程式電動車具增程功能，前景看好。</td></tr>
<tr><td>威脅 T</td><td rowspan="2">ST策略：建議應持續掌握國外標竿業者對於增程式電動車的開發動向；並透過國內具自主能量之平台載具，加速進行增程式電動車輛的開發。</td><td rowspan="2">WT策略：國內中小企業多，經營資源較不足，加上電動車技術相關的設備投資投入門檻高，難與國外大廠相比。建議政府與產業資源集中在少數關鍵設備的建置，以達到資源共享。</td></tr>
<tr><td>• 除了歐美外，包括中國大陸、韓國等均已有REEV概念車款產出。
• 國際大廠均以大規模研發資源直接投入自主品牌廠商與大型零組件廠。</td></tr>
</table>

資料來源：金屬中心MII（2012）

2-1-3　關鍵成功因素

一、關鍵成功因素

關鍵成功因素（Key Success Factors）的觀念最初由組織經濟學者Commons（1934）提出，當時他提出了「限制因素（Limited Factor）」的觀念，並將之應用於經濟體系中管理及談判的運作。

後來Barnard（1948）將其應用於管理決策理論上，認爲決策所需的分析工作，事實上就是在找尋「策略因素（Strategic Factor）」。後來Daniel（1961）以管理資訊系統（MIS）的觀點闡釋關鍵成功因素。

關鍵成功因素此一術語，是由Chunk Hofer and Dan Schendel（1977）所提出，關鍵成功要素一詞發展至今，已成爲策略管理及資訊管理上的重要理念，應用的範圍廣泛，早期各學者的研究領域或探討對象、主題不同影響所使用的名詞極爲分歧，例如「限制因素（Limited Factor）」、「策略因素（Strategic Factor）」、「成功要素（Success Factor）」、「關鍵領域（Key Result Areas）」、「策略變數（Strategic Variable）」等，自1979年以後，無論在名詞的使用上或意義上卻有趨於一致的現象。Rockart（1979）提及確認關鍵成功因素與組織目標配合的3個步驟，即：

1. 一般成功因素：即先詢問組織的高階管理者關於企業成功的考量因素，結果可得到一系列的成功因素。
2. 重新萃取成功因素使其與目標連結：盡可能將成功因素縮減成7個至10個最關鍵的因素。
3. 確認績效衡量的指標：亦即尋找出衡量關鍵成功因素的績效指標，加以驗證此企業是否已獲得。

綜合上述，可將關鍵成功因素定義爲：「關鍵成功因素是企業獨特且優勢的條件中之重要區域，亦即是企業擁有的競爭優勢資源中，使企業能生存下去或生存得更好的關鍵性有形或無形資源與能力」。

二、運用關鍵成功因素於產業分析

吳思華（1988）在「產業政策與企業策略」一書中指出，找出產業關鍵成功因素，最簡單的方法就是分析產業完成最終產品的服務過程中，各階段的附加價值何者重要，各階段的附加價值，如原料、技術、製造、通路、品牌等。企業活動各階段的附加價值比例是找出關鍵成功因素的最佳指標。在企業各階段的價值鏈中，附加價值高且具有相對優勢的活動，對企業來說，就可以作爲關鍵成功因素的來源。若附加價值高，但對各企業在取得上沒有障礙，取得這些資源並不具有優勢，亦不足以構成關鍵成功因素的來源。舉例如下：爲輔助台灣太陽光電逆變器（PV Inverter）產業成長，政府需要優先加強的關鍵成功因素有：持「政府對產業政策的制定」、「具整合能力之研究單位」、「國家基礎建設」、「產品技術與規格的規範」等。

2-1-4 BCG矩陣

波士頓顧問團（Boston Consulting Group）在1970 年所提出的波士頓矩陣（Boston Consulting Group Matrix，BCG 矩陣），以矩陣形式分析何種事業單位深具潛力、何種事業耗損組織資源，再決定企業之投資組合策略。以橫軸代表市場佔有率、縱軸代表預期的市場成長率，再將產品群或事業部劃分成四種事業群。將企業依其市場成長率與市場佔有率劃分爲問題事業、前景可期明星事業、保持獲利的金牛事業與苟延殘喘的事業，並建議各類型企業應採取不同的策略，如圖2-1所示。

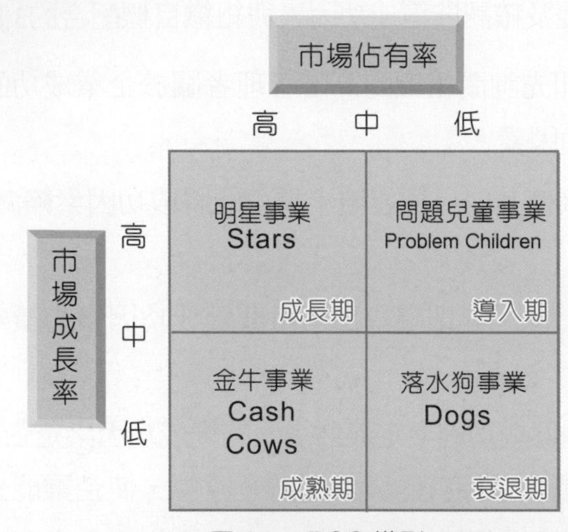

＊ 圖 2-1　BCG 模型

BCG（Boston Consultant Group）的成長佔有率矩陣（Growth-Share Matrix），縱座標是該產品市場的成長率，橫座標則是相對於最大競爭者的市場佔有率，市場成長率，即銷售產品的市場年度成長率，用以衡量市場擴張的速度。市場佔有率，用以衡量企業在市場上的強度。成長佔有率可分爲四個方格，每一個方格代表不同類型的事業：

1. 問題事業（Question Marks）：係指公司中高成長率，低市場佔有率的事業。落這個區域的產品，通常在市場上是對的，但是定位不正確，因此歸類於「問題」事業。
2. 明星事業（Stars）：這塊是「明星」事業，指的是市場成長快、市佔率高的產品。
3. 金牛事業（Cash Cow）：當市場年成長率降至10%，而公司仍擁有最大的相對市場佔有率，則該明星事業將變成金牛事業；因爲它可爲公司產生許多收入來源。但是這些產品多屬成長率很低的市場，且特點是現金流量高，公司可以有利潤。
4. 苟延殘喘事業（Dogs）：係指公司在成長率低的市場且相對市場佔有率低的市場。公司應考慮是否有好的理由去繼續此苟延殘喘事業。

二、運用BCG矩陣於產業分析

BCG矩陣以兩個因素（市場成長率與市場佔有率）、高低兩尺度分類爲四個事業狀態 ，這是一個簡單又清楚的靜態分析模式，優點在於BCG矩陣能融合產品生命週期、規模經濟及最適經濟規模，並且考慮內外部經濟情勢後，呈現出事業單位目前的狀態，此分析也常被用於產品競爭分析。值得注意的是，現有事業單位的分析模式，並不能預期未來的發展優劣。例如，衰退型事業並不一定需要退出市場或毫無發展性，有可能因爲研發創新，技術進步或市場需求的改變，會幫助事業單位再進入新的生命週期。因此，產業分析者可根據各項事業單位是否必須遵循此種成功路逕而發展，再加以思考各事業單位未來的發展策略。列舉聯發科公司的過去產品開發歷史，提供BCG矩陣分析範例如下：

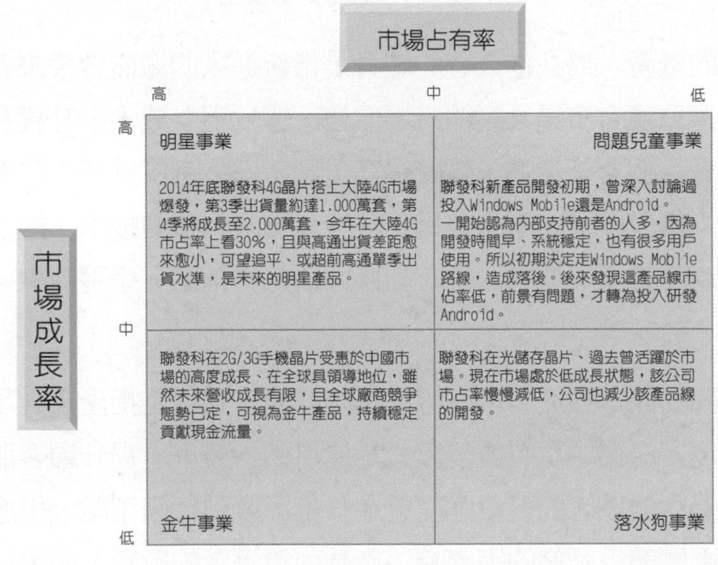

＊ 圖 2-2　聯發科 BCG 矩陣分析

2-1-5　五力分析模型

Porter（1985）於「競爭優勢」一書中所提出之五力分析模型，說明企業與環境間的互動關係，並影響一個產業競爭強度的主要因素。所謂五力包括「潛在進入者的威脅」、「購買者（客戶）的議價力量」、「替代品的威脅」、「供應商的議價力量」及「現有競爭者之競爭態勢」。這五種競爭作用力加總起來，可以決定產業競爭的激烈程度及獲利狀況，影響企業在未來競爭方式與發展策略。

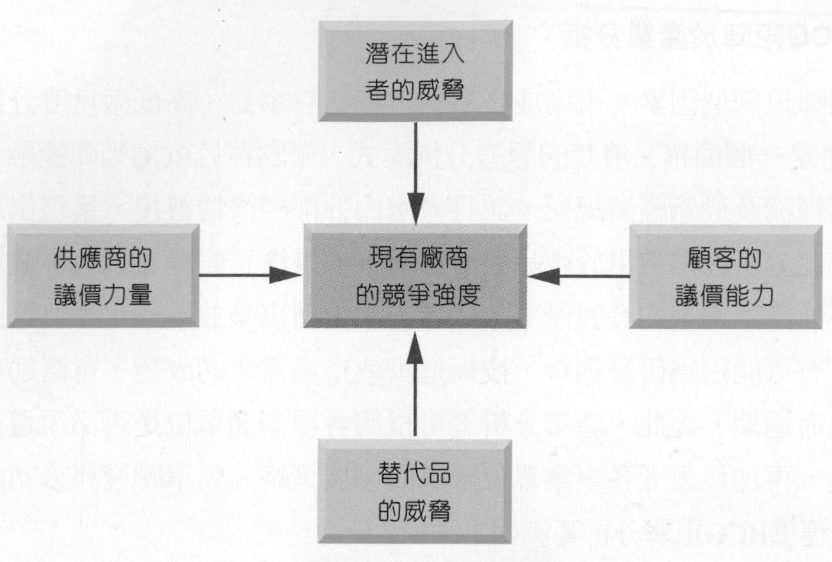

＊ 圖 2-3　五力分析模型

(一) 潛在進入者的威脅：潛在進入者的威脅是指新進入的廠商會帶來新產能及可觀的資源，不僅攫取現有市場，壓縮市場價格，導致現存成本上升獲利減少，對現存企業造成威脅。倘若產業進入障礙很高，則新進入者的威脅性將會降低。進入障礙來源包括：規模經濟、產品差異化、資本需求、移轉成本、配消通路、品牌知名度、獨家產品技術、原料取得有利條件政府的補貼、學習曲線、原有廠商的報復行動等。

(二) 現有廠商之間的競爭強度：現有廠商之間的競爭強度是指產業內現存廠商彼此競爭對抗的程度。產業中現有競爭模式是運用價格競爭、提升顧客服務或產品品質等方式。產業內競爭者的競爭強度會進一步影響到行銷策略、供應成本以及公司的獲利率。影響競爭強度的因素有：產業內競爭者的家數、產業成長率的高低、競爭者之固定成本、顧客的轉換成本、產能大幅增加、多元化的競爭者、高風險策略、退出障礙高低等。若產業內競爭者家數衆多、產業成長趨緩、競爭者固定成本高、顧客轉換成本低、競爭者策略多元化以及產業退出障礙高，則產業內現存廠商之間的競爭強度便會較高。

(三) 替代品的威脅：所謂替代品的威脅是指產業中產品替代功能或性質相近的產品，對產業內現有產品的替代威脅性大小。替代品的威脅來自於替代品有較低相對價格、替代品有較強的功能、購買者面臨較低的轉換成本、產品形式替代性與地理區位替代性的衡量。

(四) 購買者的議價力量：所謂購買者的議價力量是指顧客與產業內廠商議價能力的大小。顧客對抗產業的競爭方式是設法壓低價格、爭取更高的品質或更佳之服務，例如團購。消費者集體影響購買者議價力量的因素包括：購買者群體集中度高低、購買成本、產品差異性、移轉成本、獲利程度、購買者向後整合的能力、影響產品品質的程度、客戶掌握情報的程度等。若集中度高、採購產品佔成本相當重要比例、買方所購買的產品差異性低、移轉成本低、獲利不高、買方具向後整合能力、買方所生產產品的品質受賣方產品之影響小，或是買方資訊充足，則買方之議價能力較大。

(五) 供應商的議價力量：所謂供應商的議價力量是指供應商對於產業內廠商議價能力大小。供應商可藉由調高售價或降低產品品質對產業內成員施展議價力量，影響供應商議價力量之因素計有：供應商的集中度、替代品的多寡、買方對供應商的重要性、供應商的產品對買方的重要性、移轉成本以及供應商向前整合的能力等。若是由少數供應商控制市場、替代品的數量少、買方不是供應商主要客戶、供應商的產品是買方的重要投入、顧客的轉換成本高，或是供應商具有向前整合的能力，則供應商的議價力量較大。

二、運用五力分析於產業分析

五力分析是最常被使用的產業分析工具之一。麥可波特所提出的五力分析，重點不僅在於判定產業是否具有吸引力，更重要的是了解競爭的基礎和獲利原因，協助投資人在產業結構的變化尚不明顯之前，就能洞燭先機觀察產業長期的結構變化與短期波動。五力分析的優點在於，此分析模式可同時兼顧量化與質化分析。量化分析的部份例如：產業的產品佔買方總成本的比重（可以說是買方的價格敏感度）；需要多少百分比的產業銷售額，可以使得公司產能滿載，或者維持物流網路能有效運作（用以量化進入者障礙）；買方的轉換成本（決定新進廠商須提供顧客多少誘因）。因此，五力分析的每個環節與產業內業者的資產負債表和損益表，都有直接或間接的關連。

因此，運用五力分析於產業分析，除了可以從質化方式列舉出影響因素與優缺點，也可以輔以量化指標的方式來觀察產業。例如，五力分析的哪一部份，支持或阻礙現有產業的目前獲利能力？五力分析的哪一部分變化，可能會導致其他作用力的正向或負向反應？若能仔細探索上述問題，將可以有助於我們更了解產業的發展脈絡與現況。

2-1-6 產業生命週期

「生命週期（Life Cycle）」是企業管理領域一個有趣、重要且運用極為廣泛的概念。生命週期將原本靜態的技術、產品與市場狀態，賦予了動態與時間概念，讓原本僅針對某一特定時間之論述有了生命律動之意義。因此，企管學界亦根據研究目標不同，而定義了個別化的生命週期的範圍與意義（亦即壽命）和組合完成生命的各階段為何（亦即流程）。在產業分析中，我們常可看見下述相關理論：如產業生命週期（Industry Life Cycle）、技術生命週期（Technology Life Cycle）、產品生命週期（Product Life Cycle）。

一、產品生命週期

產品生命周期指的是一個新產品研發製造成功後，從進入市場到退出市場的整個時間過程，一般對於產品生命週期的討論，以市場銷售的觀點可分為四階段

(一) 導入期（Development Stage）：指產品剛推出市場，銷售成長緩慢的時期。

(二) 成長期（Growth Stage）：指產品逐漸被市場接受，銷售成長迅速的時期。

(三) 成熟期（Maturity Stage）：指產品已為多數的購買者接受，銷售成長緩和且呈現穩定狀態的時期。

(四) 衰退期（Decline Stage）：指產品銷售急速下降，終至被其他替代性產品所取而代之（Robbins & DeCenzo, 2004）。

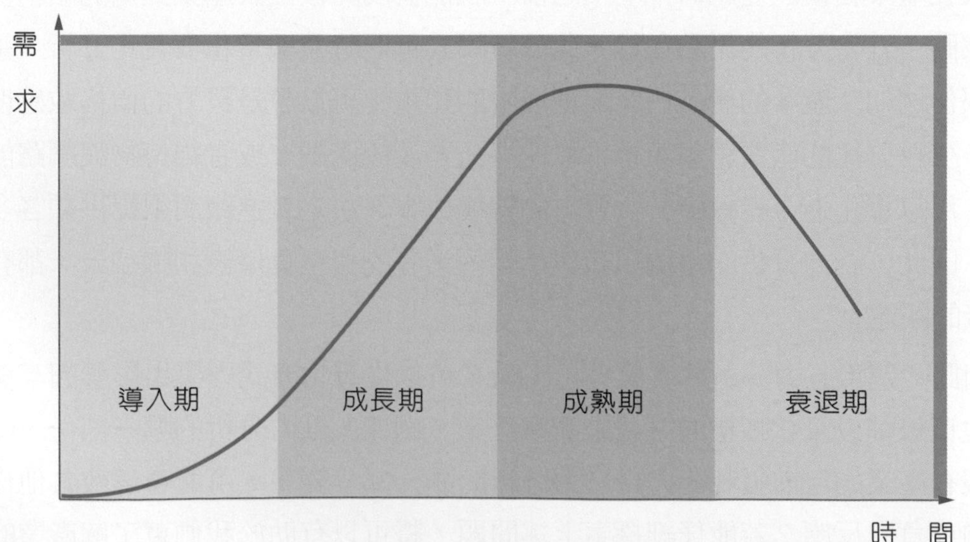

＊ 圖 2-4 產品生命週期

二、產業生命週期

大多數產業隨著時間經歷不同階段從萌芽、成長、成熟到衰退，這些階段的競爭型態各有不同的涵意。Porter的五種競爭力中的本質和強度都會隨著產業發展而發生改變。特別是潛在競爭者和對手部分，這些力量的本質和強度的改變，在產業發展的每個階段，會產生不同的機會和威脅。管理者所需面對的任務是預先處理，預先瞭解產業發展階段中的每一個力量將會發生什麼改變，以及研擬策略，以及利用機會和應付發生的威脅。

產業生命週期模式（Industrial Life Cycle Model）是一項用於分析產業發展在競爭力影響之工具，採用生命週期模型，分析各種產業環境與產業發展各不同階段（如圖2-5），包含以下幾種階段與情況：

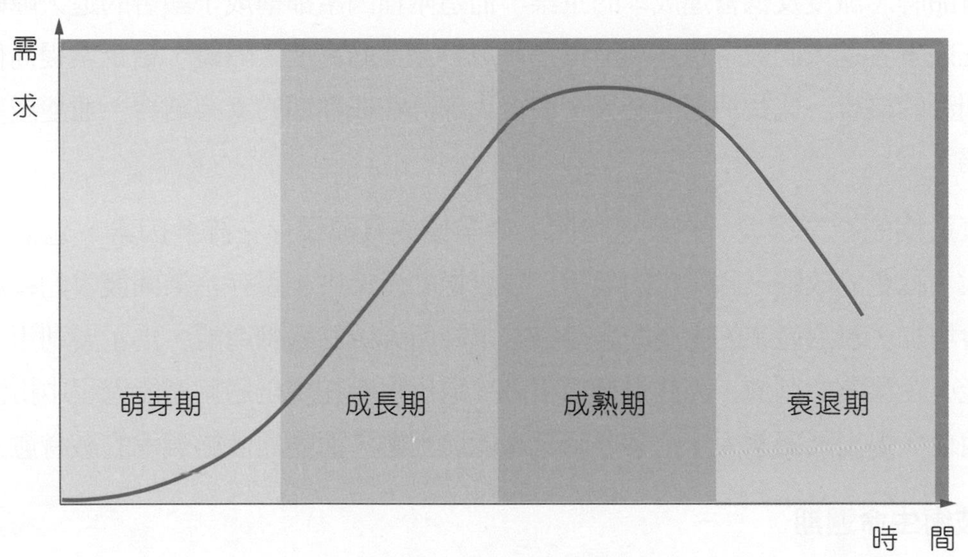

＊　圖 2-5　產業生命週期

(一) 萌芽期產業環境：萌芽期產業是指剛起步的產業，通常產品價格高，這個階段的成長緩慢，因爲購買者對此產業並不熟悉。高價格的特性是因爲企業尚未獲得顯著的規模經濟效益，以及尚未取得良好的經銷通路等。這個產業發展階段的進入障礙，是在取得關鍵技術的專業技能，而不是成本經濟效益或品牌忠誠。通常在此產業競爭時所需的核心專業技能是複雜且以難取得，則進入障礙就相當高。

(二) 成長期產業環境：一旦此產業產品需求開始發生，這個產業即迅速發展成爲成長期產業。在成長的產業中，許多新的消費者進入這個市場，造成需求快速的擴張。一般而言，當消費者熟悉產品、價格後，企業會因爲經驗及規模經濟效益的取得而下降，以及經銷通路的發展等因素成熟時，產業會迅速成長。一般來說當產業進入成長時期，控制技術知識以做爲進入障礙的重要性開始消失，因爲此時很少有企業已達到顯著的規模經濟效益，或是產品差異化到足夠保障其品牌忠誠度，而且其他的進入障礙也很低，因此，來自潛在競爭者的威脅在此時最高。在產業成長階段，競爭程度較低，需求的快速成長使得企業可以不用從競爭者手上奪取市場佔有率而擴張營收及利潤。

(三) 成熟期產業環境：當產業進入成熟期，進入障礙高，而潛在競爭者進入的威脅降低。在成熟期的產業，市場完全飽和僅限於替換需求。由於需求的減緩，使得企業無法維持現有市場佔有率，亦無法保持原有成長率，因此爲了提高市場佔有率，企業常會降低價格，通常結果是價格戰。產業成熟後，存活下來的企業都是有品牌忠誠度及低營運成本的企業，而這兩種因素都構成了顯著的進入障礙，潛在競爭者進入的威脅也逐漸消失了。成熟產業的高進入障礙，給企業提高價格和利潤的機會。成長消退的結果，使得大部分在成熟期的產業結合，並變成寡佔市場。

(四) 衰退期的產業環境：在衰退階段，產業變成負成長存在許多因素，包括技術替代、社會的改變、國際化的競爭。在衰退的產業中，現存企業間競爭的程度通常會增加，衰退產業的主要問題是需求下降所導致的過剩產能，爲了要利用這些產能，企業開始削價，因此引發價格戰。退出障礙在矯正過剩產能過程中扮演重要角色，退出障礙愈大，企業要降低產能愈困難，而劇烈價格競爭的威脅愈大。

三、技術生命週期

經濟成長的基礎是建立在不斷的技術進步之上，技術改變是影響產業演進的重要因素之一，依一般理論而言，技術的變化會造成產業結構與形態的改變，因此進行產業分析時，需要從技術變化的動態過程來了解產業的演化。一般有關技術演進的研究大致可歸納三類，分別是技術進步的S-curve、技術成熟度與技術生命週期。

(一) 技術進步曲線：有關技術變化，Williams（1975）所提出技術發展呈現S-curve，並分爲三階段的主張，分別爲早期探索階段、中介發展階段及成熟階段；其認爲以在技術上投入的經費、參與研發工作的人數、設備的專業分工程度來做衡量技術進步的指標。而Foster（1986）提出，S-curve可應用於決定產業對於技術之研發強度及由舊有技術轉換爲新技術的時機，使企業在競爭上獲得成功。因此企業應利用S-curve進行核心技術轉換，並利用技術生命週期曲線的概念來協助企業了解產業環境在曲線上所處的位置，並探討如何應用R&D來縮短技術差距與解決技術上的問題。

(二) 技術成熟度：在技術成熟度方面，Foster（1986）則依技術績效指標達到飽和的程度，將技術成熟階段分爲萌芽期、成長期、成熟期與老化期等四階段，其認爲技術成熟度可決定產業成熟度、科技政策與產品差異化的機會。而Sood & Tellis（2005）提出當技術達到一定純熟度時，將透過創新活動來提高技術的層次及競爭力。

(三) 技術生命週期：有關技術生命週期的觀念，可依照技術滲透的狀況，亦即技術被應用於生產之普遍程度，將技術分爲技術發展、技術應用、應用上市、應用成長、技術成熟與技術衰退等六階段，做爲技術發展的指引，探討在技術生命週期不同階段，產品發展與技術發展的關係，促使管理者建立技術組合來發展企業合適的策略。

＊ 表 2-3　技術演進特徵表

技術發展	此階段主要是指對於明顯價值的基礎研究，開始進行應用研究
技術應用	此階段主要是將技術具體應用在產品上，也就是一般所謂的萌芽期。
應用上市	此階段主要是指產品開始出現在市場上。
應用成長	產品開始依市場的需求做局部性或漸進性的改變。
技術成熟	在眾多廠商的競爭下，市場趨於成熟，技術的價值開始下降，企業的競爭重點在於利用製程來降低產品成本。
技術衰退	在此階段，產品本身已成為陳舊式樣，銷售量成長衰退，技術與產品僅有少部份的改變。

四、其他相關產業生命週期理論

1978年，Abernathy & Utterback從技術創新過程觀點來分析產業生命週期（Industry Life Cycle），其認爲產業及企業在技術演化的動態過程是由浮動期（Fluid Pattern）經變遷期（Transitional Pattern）至專業期（Specific Pattern）。在產品生命週期不同階段，製造技術與產品開發技術具有不同的重要性。

(一) 浮動期：在此時期爲新產業興起階段，產品的標準沒有訂定，競爭者對於產品的性質屬於實驗的性質，產品能否成形的重要性高，因此具創新功能的產品不斷被開發出來，此時比較重要的是產品開發技術，製造效率比較不受重視。故產品研發頻率比製程研發的頻率爲高。

(二) 變遷期：在此時期市場的標準產品已經成形，因此產品的研發主要著重功能強、品質佳、能符合顧客的需求、能被市場接受而成爲標準的產品。由於市場已經打開，利潤極高，因此許多企業加入，市場上會有許多新產品出現加入競爭。爲滿足對產品快速成長的需求，產量的提昇便成爲競爭的優勢，故企業加入更多投資在實體設備、增加生產的效率與產能。

(三) 專業期：此時期市場已經飽和。對現有的產品需求減低，創新的可能性減少，產品與製程的研發便只注重細部的改善。此時產業已達到過剩產能的階段，並開始削減勞工與人力。企業的競爭重點在於成本，市場行銷方式與策略較製造或技術重要，先進國家的企業即常常在此階段開始往國外發展，以尋求較低成本的製造地點。

基本上，技術演變的過程，在導入期時，主要著重於產品的開發，後來逐漸進入成熟期時，則依賴製程上不斷的改良，而其間隨著階段的演變，技術的不確定性降低，且因技術的模彷與擴散，造成技術效益的衰退，從而需有新技術的導入，而這過程便是因技術改變而形成的生命週期。

2-1-7 產業經濟學

產業經濟學是經濟學的一支，經濟學旨在瞭解人類集體及個別的經濟活動。產業經濟學有關總體的分析，旨在瞭解一個產業的消長及產業與經濟發展的關連。產業經濟學有關個體分析的重點，旨在瞭解一個產業的動向，分析產業結構與競爭行爲，主要研究對象有三：「結構」（Structure）、「行爲」（Conduct）、及「績效」（Performance）。運用固有的理論觀念如規模經濟、進入障礙、產業結構等，歸納企業合法創造超額利潤的原則。

本書所提及的產業經濟分析偏重於個體層面，以分析產業結構爲主要依歸，用以解釋產業間的競爭關係。產業內，市場結構（Market Structure）：市場是買賣雙方進行交易特定商品的集合體，由買方（需求者）、賣方（供給者）與商品

（財貨勞務）所組成。市場結構指市場組織之組成特性，如買賣方參與數量、需求者對商品同質性之認知、供給者進出市場的難易等，一般依市場的競爭程度，可分爲獨占（Monopoly）市場、獨占性競爭（Monopolistic Competition）市場、寡占（Oligopoly）市場和完全競爭（Perfect Competition）市場等四大市場結構。四種市場結構的特性比較與詳細敘述，如表2-4所示。

＊ 表 2-4 市場結構特性介紹與比較

市場結構	廠商人數	商品差異性	進出市場障礙	代表性產業	價格決定能力
完全競爭	眾多	同質	不存在	農產品、證券市場	價格接受者
獨占性競爭	眾多	異質	不存在	餐飲業、成衣業	稍具影響力
寡占	少數	同質或異質	小	電信業、汽車業、家電業	頗具影響力
獨占	一家	同質	大	自來水、家用天然氣	價格決定者

一、各類市場介紹

(一) 完全競爭市場的特性：完全競爭（Perfect Competition）：市場參與者之買賣雙方數量衆多、有完全訊息、交易的商品具同質性、廠商進出市場幾無障礙，而爲價格接受者。每一需求者的購買量與供給者的生產量，在整體市場中所占比例極低，均無決定性影響力，完全依市場機能運行。

(二) 獨占性競爭市場的特性：又稱爲壟斷性競爭市場，具有部分壟斷性的競爭市場，其基本特性及條件與完全競爭市場雷同，均爲市場參與者買賣雙方數量衆多，且廠商進出市場容易；惟壟斷性競爭市場交易的商品具異質性，而不能完全彼此替代，因此廠商有部分價格決定權。壟斷性競爭廠商必須不斷研發商品特性並促銷推廣，爭取消費者認同表現在消費行爲上；壟斷性競爭市場中資訊流通自由，但廠商間及消費者對各種異質商品特性不易了解，因此並非完全資訊。難以負擔成本來突出商品異質性的廠商具有市場進入障礙，因此壟斷性競爭市場中，資源流動並非完全自由。

(三) 寡占市場的特性：完全競爭市場與獨占市場均是市場結構的兩個極端類型，在現實經濟裏並不多見，反而是市場中的廠商家數不是很多，每家廠商對於市場價格均有某種程度的影響力，且彼此具有互相牽制能力的情況較爲常見。 寡占市場的定義是指市場上只有少數幾家廠商；每家廠商的產品相似或相同。例如網球和電腦。因市場上只有少數幾家廠商，廠商間的合作及謀取自我利益是相互衝突的。廠商數少，相互牽制等特色，是寡占介於完全競爭與（完全）獨占之間的市場型態。經濟學分析生產者行爲時，依各該市場生產者人數多寡，區分爲完全競爭市場（人數很多，多到個別廠商不能影響價格）到獨占市場（少到只有一家生產），其間還有兩類「不完全競爭市場」：獨占性競爭市場與寡占市場的差異在於，獨占性競爭市場的生產者人數較多。寡占市場生產人數較少，少到會相互牽制，寡佔市場的廠商會彼此做價格或銷售量的競爭。

(四) 獨占市場的特性：獨占市場意謂在該市場中僅有一家廠商從事生產或銷售，故廠商對市場價格具有完全的影響力，其爲價格決定者（Price-Maker）的角色，不容置疑。該廠商的產量即爲市場的總產量，當然消費者也無法與其它廠商或不同產品來比較，消費者能作出的抉擇，僅是買或不買，而無法選擇其它廠商的產品來買。市場特色有以下四點。

1. 產業中有許多家廠商
2. 每家廠商生產類似卻異質的產品
3. 某些廠商對產品價格多少具有影響力
4. 產品具有替代性，故以非價格競爭方式來增加市場占有率

二、運用產業經濟之市場結構於產業分析

市場結構分析，從產業結構的視野來探討產業裡廠商的交互關係，分析產業間廠商的比例關係及其變化，與產業間廠商的資源佔有關係，以及產業間廠商的競爭行爲，用以協助企業在複雜的產業結構中進行產業定位中。

2-2 產業分析方法

2-2-1 產業定位：策略矩陣分析法

策略矩陣分析方法是一種常見的產業分析手法，目的在於建議透過產業定位矩陣圖，定義國內產業的過去/現在/未來的發展趨勢。

一、方法簡介：

策略矩陣的構成是經由兩個不同的「管理理論」或「管理實務」所架構而成，經交叉分析由分析結果看到策略意義。在此分析模式中，區隔變數的選擇是最重要的部分，結合具有意義的「管理理論」或「管理實務」概念於同一矩陣（X軸和Y軸），利用具體化的方法與程序將任何策略構想，以模組化方式表現在策略矩陣的圖形上，更明確地表達出對過去、現在和未來策略的描述。

優點在於協助分析者可依此架構逐步分析評估決策，另一方面也能夠在此整合性架構之下，根據分析者的需求，將許多不同有價值的策略理論與觀念加以模組化之後，有系統地與實務融合。

二、策略矩陣-範例說明：

如圖2-6「太陽能光電產業」產業分析矩陣所示，本文結合「產業生命週期」和「產業價值鏈」於策略矩陣上的兩軸。去檢視太陽能光電產業現在發展到哪一個階段（萌芽/成長/成熟）？未來產業的建議發展定位？

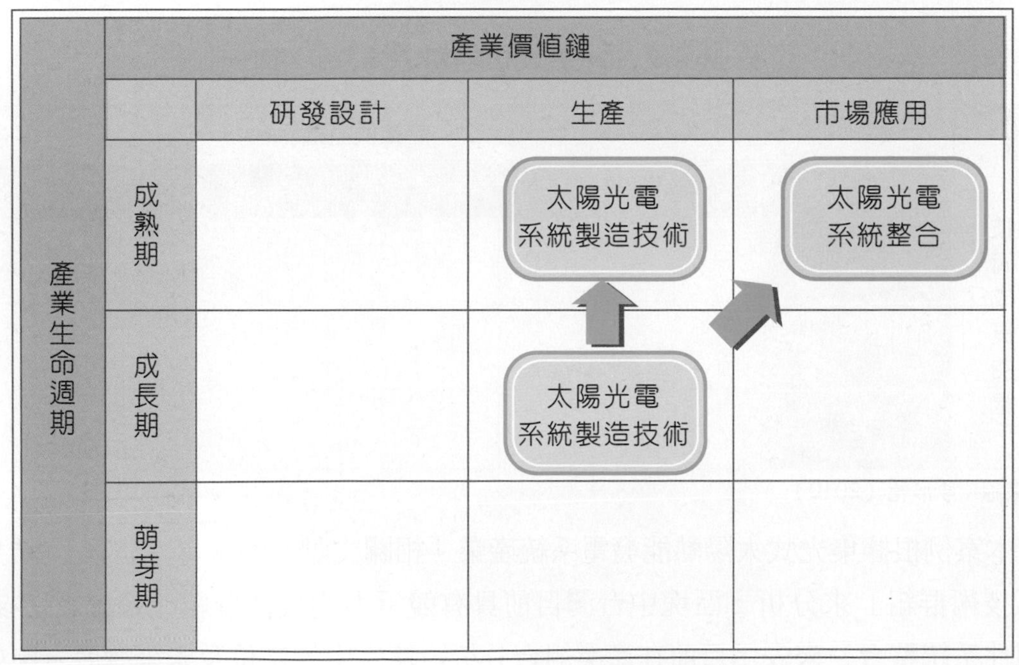

＊ 圖2-6　太陽能光電產業策略矩陣分析

資料來源：李欣怡（2010）

三、製造業-產業分析範例：

本範例適合「製造業」產業分析，區隔變數的選擇是本研究所用產業組合分析模式的最大特色，其中產業供需的配合與競爭能力是區隔變數選擇的重要依據，而產業領先重點與產業競爭優勢來源是選擇供需面變數的準則。在供給（X軸）方面，產業之價值鏈或供應鏈是主要的選擇，它代表了在知識經濟時代產業垂直分工與水平整合的趨勢，同時兼顧產業分析的系統性；在需求（Y軸）方面，對於已形成的產業與產業結構還在發展中的產業有不同的選擇，前者以策略群組的定位爲主，而後者是以產業（市場）生命週期爲主，而這兩種選擇代表了市場結構之競爭情勢與競優勢爭選擇之考量。

對全球競爭態勢爲寡佔且尚未成熟的產業（如：集光式太陽能發電產業），由於產業領先重點來自企業的策略選擇以及技術發展，加上產業結構位於萌芽期，因此技術的突破與供應鏈相互配合，將能有效影響產業的發展，故區隔變數以「全球產業之價值鏈x市場（技術）成長曲線」爲主，其中前者代表產業技術的供應面，而後者代表了企業競爭優勢的來源，分析矩陣如表2-5所示。

＊ 表 2-5　集光式太陽能發電產業分析矩陣

		產業價值鏈		
技術成長曲線		研發設計	生產	市場應用
	成熟期			
	成長期			
	萌芽期			

資料來源：李欣怡（2010）

本案例根據集光式太陽熱能發電系統產業「相關文獻」和「專家訪談」 結果，以「技術群組」來分析，區塊中台灣目前具有競爭力的技術群組（系統製造技術/零組件系統整合）來表示目前在產業組合分析矩陣表中的定位及未來發展方向如圖2-7。本研究結果得知，目前國內研究或從事集光式太陽熱能發電系統製造技術的單位或產業界皆仍有限，學界或政府研究單位仍處於技術開發的過程，僅有少數企業已開始少數量產集光式太陽熱能發電系統設備零組件，但產能處於改善發展中，所以產業現行定位仍處於萌芽期及研發設計的階段。這些開發的設備零組件，未來仍以提供研究和開發使用。然而未來五年，將視政府的支持朝向零組件系統整合邁進，將走向介於萌芽與成長期之間的生產方向。如圖2-7中箭頭所指的方向。

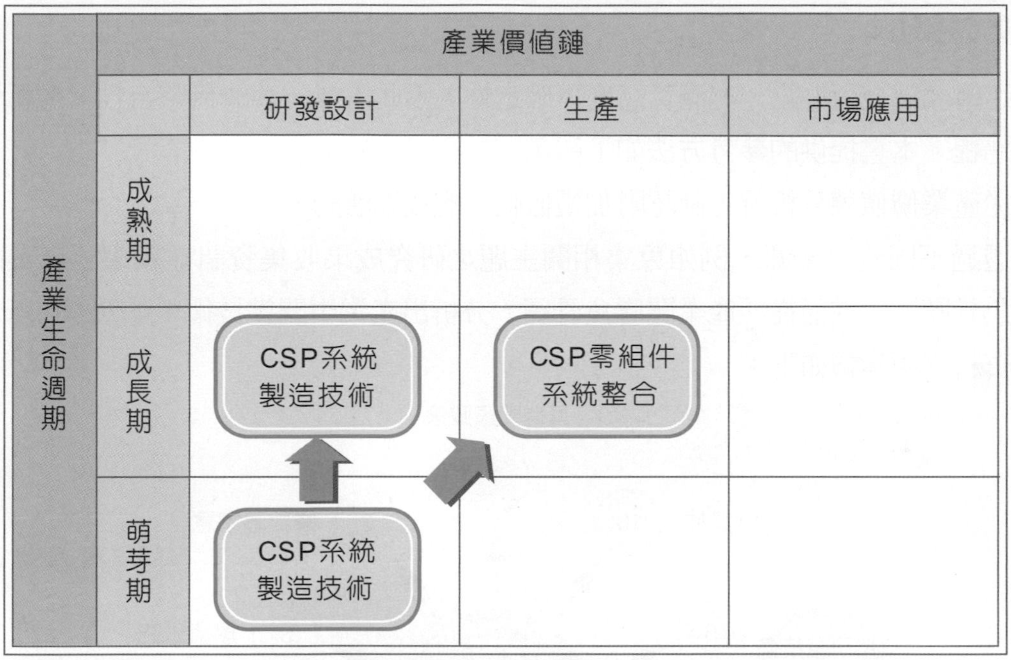

產業生命週期		產業價值鏈		
		研發設計	生產	市場應用
	成熟期			
	成長期	CSP系統製造技術	CSP零組件系統整合	
	萌芽期	CSP系統製造技術		

（CSP：Concentration Solar Power，太陽熱能產業）

＊ 圖 2-7　集光式太陽能發電產業之產業定位與未來發展方向

資料來源：李欣怡（2010）；集光式太陽熱能（Concentrating Solar Power, CSP）產業

2-2-2　關鍵技術定位：技術路線圖（Technology Roadmap）

技術路線圖是一種有效的科技管理的工具，他提供了一種結構化和圖示化的方法，有效地規劃出一段時間內不斷發展變化的市場、產品和關鍵技術之間的關係。科技產業分析研究中，發現關鍵技術在產業分析研究中是一個不可或缺的工作，目的在於以未來願景爲主，佐以外部環境變化，未來社會需求和科技變革的趨勢脈絡中，找出未來關鍵性技術項目的候選名單，並逐步歸納篩選出對應未來環境變化且具有潛力的關鍵技術，建構技術群組，繪製技術路線圖。

技術路線圖是指應用簡單的圖形、表格、文字等方式，描述技術變化的步驟與過程或技術相關環節之間的邏輯關係。最常用的是圖表形式。它能夠有助於幫助使用者了解該技術領域的發展方向和實現目標所需的關鍵技術，釐清產品和技術之間的關係。技術路線圖具有高度整合性和前瞻性的基本特色。

根據技術路線圖的不同應用目的和構建方法，有不同的分類形式。例如：產品技術路線圖、問題導向的技術路線圖、科學技術路線圖、工業技術路線圖。這些不同種類的技術路線圖目前已經被廣泛地應用於技術前瞻、技術預測和其他科技管理領域。

一、方法簡介

建構關鍵技術群組，充滿著高度不確定性，因此需要一套兼具整合性、邏輯性的決策過程。本書提供的參考方法如下所示

1. 從產業價值鍊分析首先確認附加價值較高的技術活動。
2. 透過不同資料來源，例如蒐集相關主題之研究成果收集資訊並繪製「產業關聯魚骨圖」，進而從「產業關聯魚骨圖」分析出產業中關鍵技術，如圖2-12所示。資料來源建議如下：

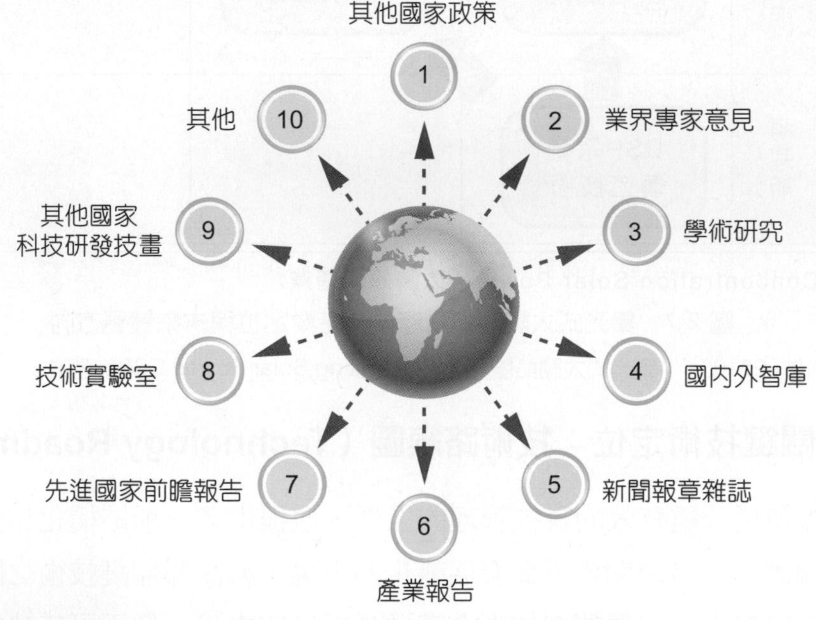

＊ 圖 2-8 關鍵技術資料來源示意圖

3. 探討關鍵技術在策略矩陣中的定位，深入了解各關鍵技術在技術成長曲線中所佔位置，藉此明瞭產業之發展重點。
4. 繪製關鍵技術發展趨勢及技術地圖：根據時間序，勾勒未來技術發展的優先發展順序，將市場、產品及技術的演變資訊在圖像化的表格中呈現出來，使參與者了解 未來技術成長的的方式與架構。繪製過程需要經過數次迭代（Iteration），有可能是從技術→產品→市場（技術推動規劃/Technology Push），或是市場→產品→技術（市場拉動規劃/Market Pull）開始，範例如圖2-9所示：

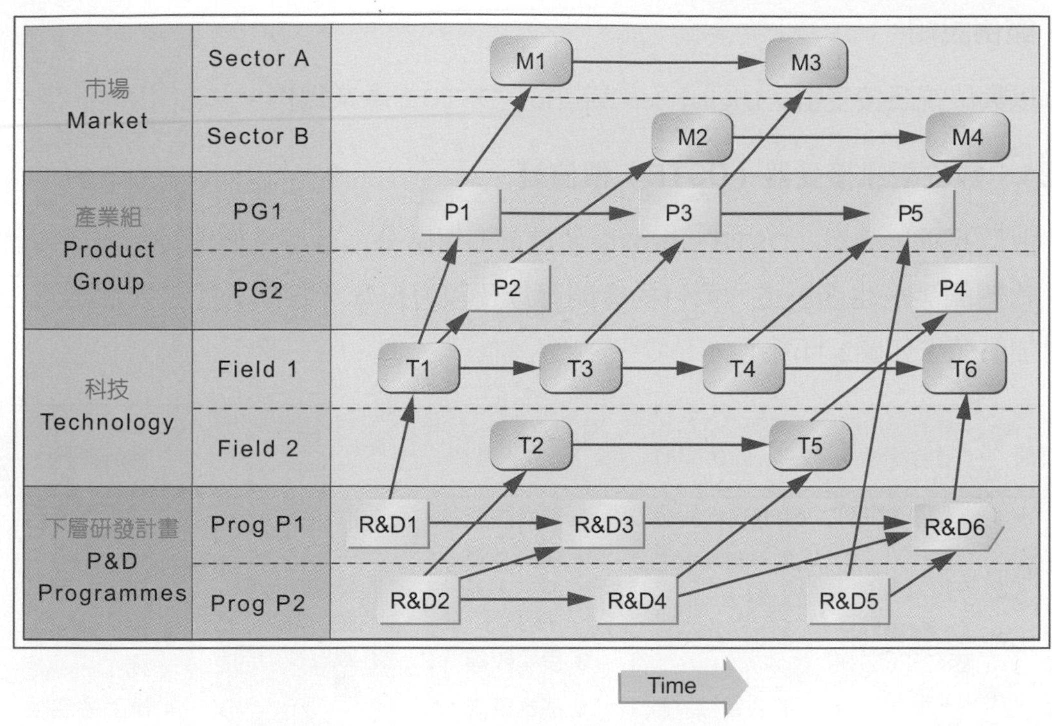

＊ 圖 2-9　技術地圖典型架構

資料來源：Gindy et al.（2006）

另外，技術路線圖也有可能單純只討論技術和產品未來的發展方向，範例如圖2-10：2007～2017年歐洲微型車底盤技術路線圖。這些方法都需要經過重複的收斂操作。

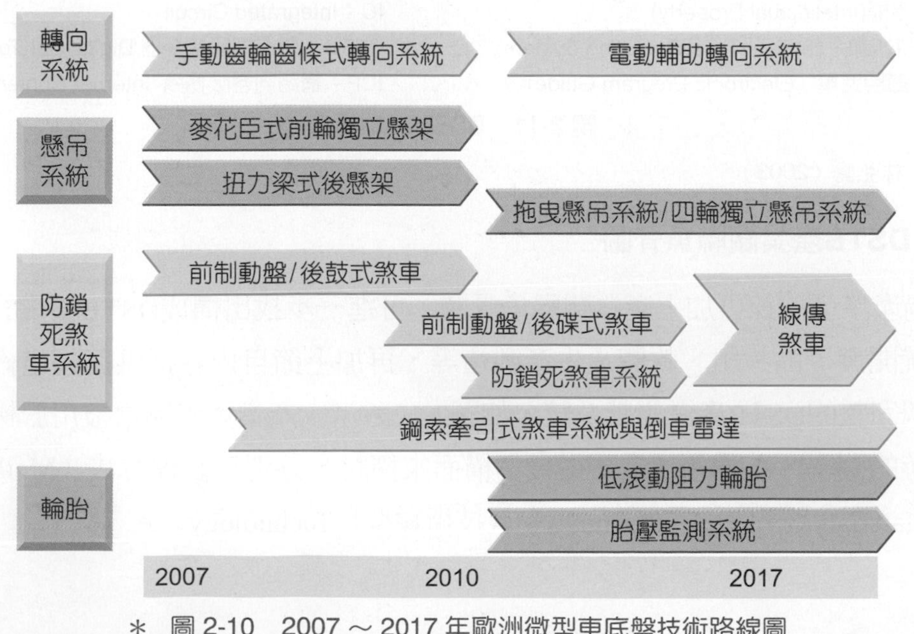

＊ 圖 2-10　2007～2017 年歐洲微型車底盤技術路線圖

二、範例說明

以數位視訊接受器（Digital Set-Top-Box /DSTB）產業為例：

步驟1：數位視訊接受器（DSTB）價值鏈

數位視訊接受器（DSTB）產業價值鏈可簡單區分為五個主要部分，包括硬體開發、軟體開發、生產製造、節目內容開發以及頻道經營，各部分的主要活動及相對之附加價值，如圖2-11所示。

價值鍊	硬體開發	軟體開發	生產製造	節目內容開發	頻道經營
主要活動	1. 系統架構制訂 2. IP設計開發 3. A/D技術開發 (Analog-to-digital converter, A/D or A to D) 4. 規格制訂參與 5. IC設計能力提升	1. RTOS開發 2. 軟體架構制訂 3. EPG開發 4. 收費機制軟體開發 5. 加解密軟體開發	1. 軟硬體整合 2. BOX生產（數位視訊接受器） 3. 良率改善 4. 成本降低 5. 模組製造	1. 開發電視節目 2. 網路節目開發 3. 數位技術開發 4. ICP的運作（網絡內容服務商）	1. 架設實體網路 2. 提供節目 3. 線上購物服務 4. 線上金融服務 5. 保密及收費機制運作 6. 客戶關係經營
附加價值	高	中	低	中	高

IP：智慧財產權(Intellectual Property)
RTOS：即時作業系統(Reul-Time Operating System)
EPG：電子節目選單（Electronic Program Guide)
IC：Integrated Circuit
DSTB：數位視訊接受器 Digital Set-Top-Box
ICP：網路內容服務商 Internet Content Provider

＊ 圖 2-11　DSTB 產業價值鏈

資料來源：林弘堯（2003）

步驟2：DSTB產業關聯魚骨圖

透過產業價值鍊再加上產業關聯魚骨圖，可進一步找出構成DSTB產業的重要元素為系統開發、晶片組、軟體及生產製造等，再加上節目內容提供與頻道經營，就形成一個完整的DSTB產業經營系統，如圖2-12所示。產業魚骨圖常被用於檢視產業上中下游的關聯，魚骨圖通常可從幾個構面來探討，分別為製程方法（Method）、材料（Materials）、設備（Machines）或技術類型（Technology）。

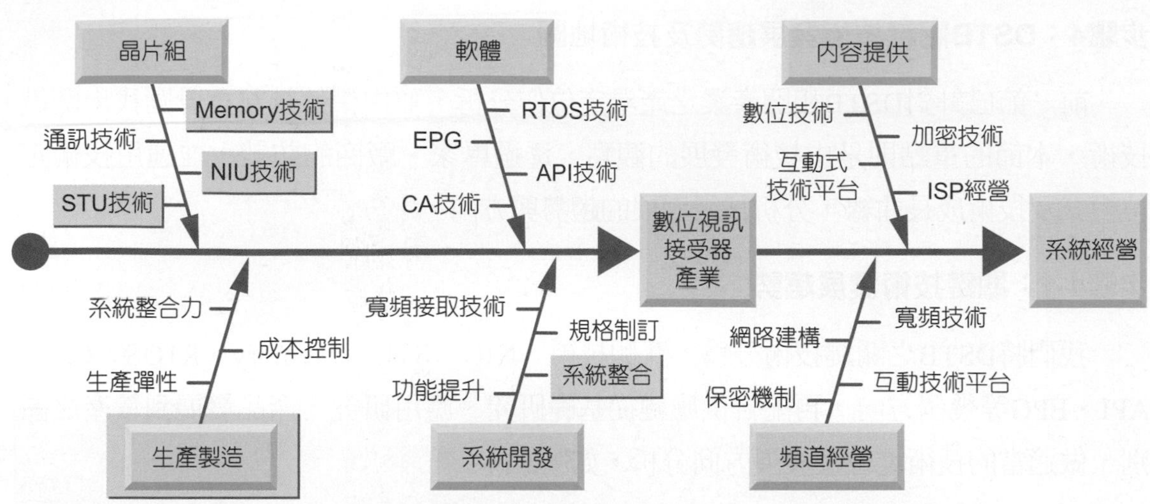

註：加灰底部分為台灣目前已涉入經營部分

＊ 圖 2-12 DSTB 產業關聯魚骨圖

資料來源：林弘堯（2003）

步驟3：DSTB產業價值鍊中的技術定位

透過價值鍊與魚骨圖的分析，我們確認了DSTB產業的組成功能及相對之技術重點後，接著將這些價值鍊中的產業，進一步依照供應練及市場成長曲線之相對位置，再給予適當的定位，如圖2-13所示，並探討其相對之策略與發展重點。

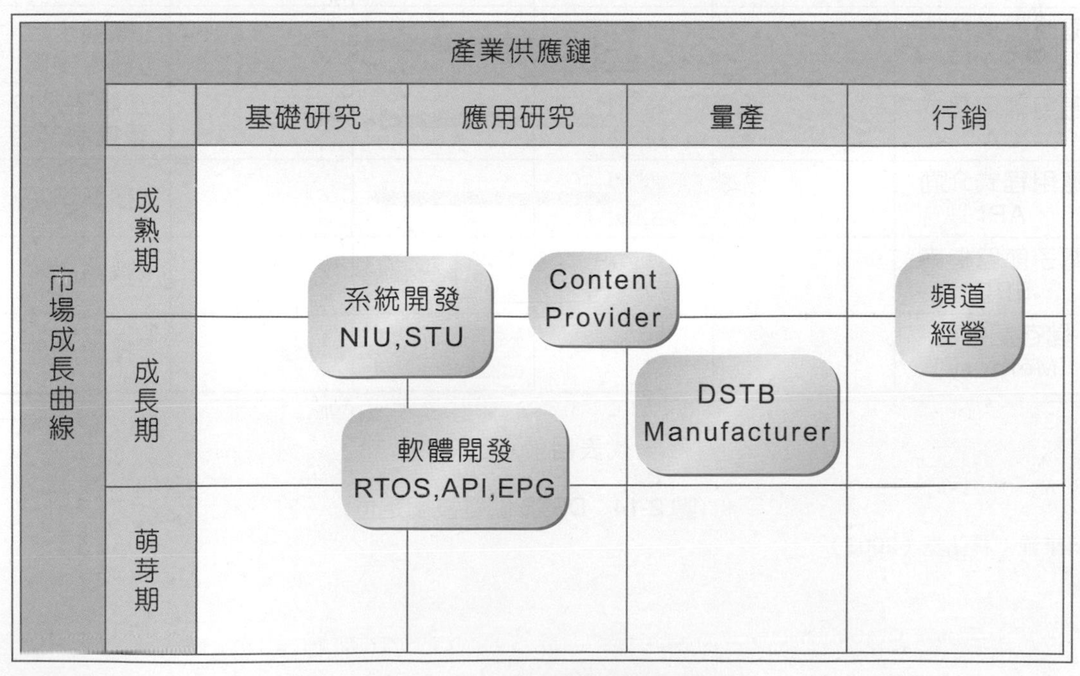

＊ 圖 2-13 DSTB 價值鏈的產業定位

資料來源：林弘堯（2003）

步驟4：DSTB關鍵技術發展趨勢及技術地圖

前一節已針對DSTB相關產業之產業定位作分析，並由價值鍊及魚骨圖找出關鍵技術，本節的重點則是由技術發展的觀點，透過專家、廠商的訪談，並運用技術定位模式及技術成長曲線，分析技術發展的趨勢與方向。

步驟4-1：關鍵技術發展趨勢

我們將DSTB之關鍵技術分為：寬頻技術、NIU、STU、Memory、RTOS、CA、API、EPG等幾個方向，再配合供應鏈從基礎研究、應用研究、產品發展到量產之區別，做適當的技術地位及發展方向分析，如圖2-14。

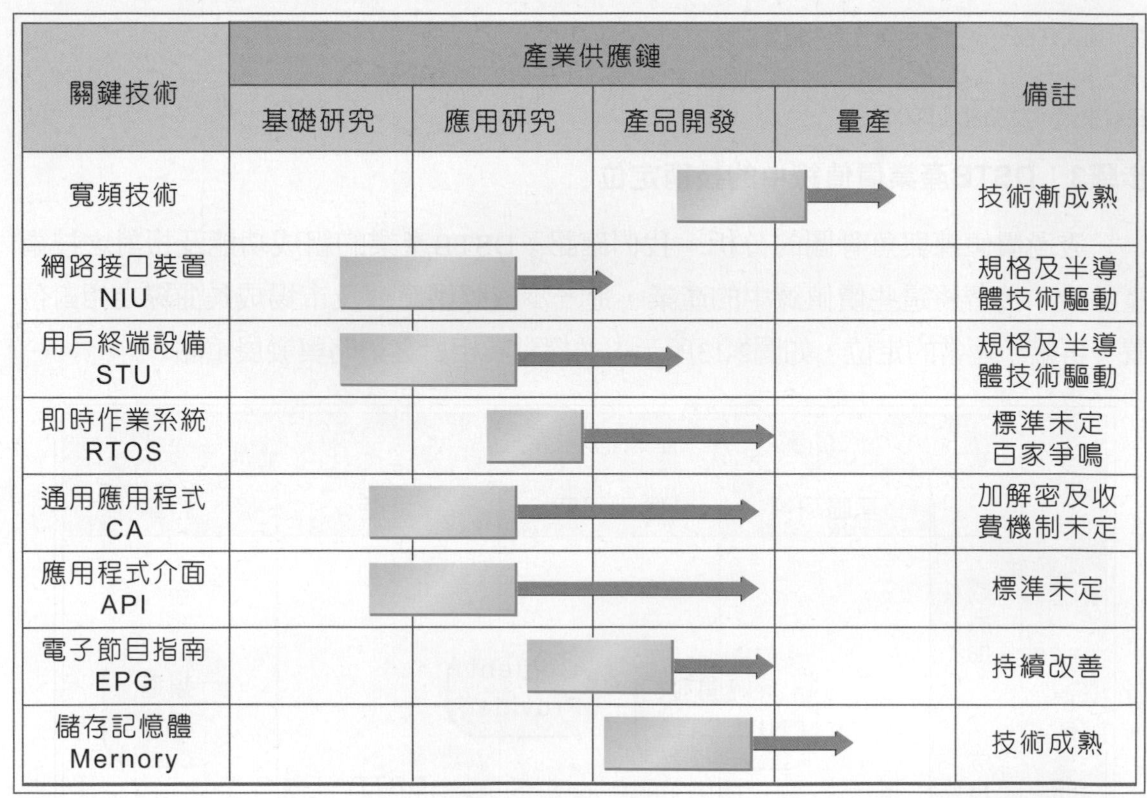

＊ 圖 2-14 DSTB 關鍵技術定位

資料來源：林弘堯（2003）

步驟4-2：技術地圖

建構關鍵技術群組後，研究結果最常透過技術地圖（Roadmapping）呈現，進而勾勒出一條由現在到未來的產品與技術的發展「路徑」，將企業的市場策略、滿足目標市場的產品、該產品所需的關鍵技術，整合在技術地圖中，使讀者清楚地掌握未來幾年內預計要開發的市場、發展的產品、以及所需的關鍵技術。

技術地圖通常先對其所處的技術生命週期做討論，以做爲後續技術發展策略之參考，利用S曲線概念進行分析，S曲線是代表一個產品或技術從發展初期到最終階段的曲線，共分爲技術發明、快速成長、技術成熟及衰退等四個階段，因此我們可將前述之DSTB關鍵技術透過專家意見調查後，以技術地圖表達，如圖2-15所示。

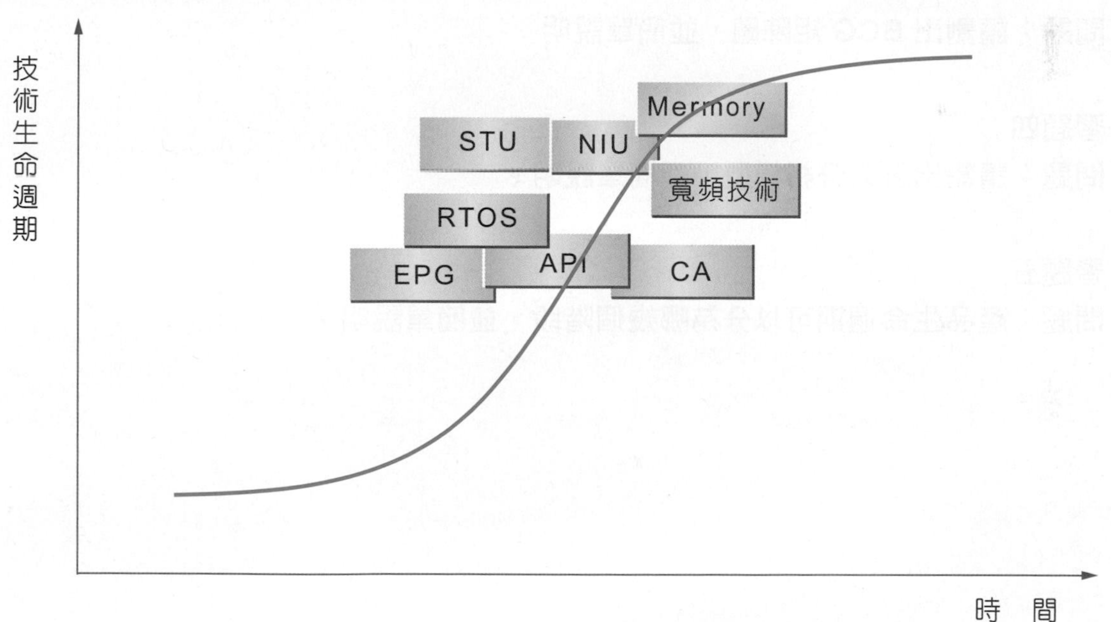

＊ 圖 2-15　DSTB 關鍵技術 S 曲線示意圖

資料來源：林弘堯（2003）

從技術地圖示意圖來看，DSTB之關鍵技術大略都處於技術成長至技術成熟期爲主，而整體技術的發展亦處在成長階段，目前技術成長S曲線理論中所提的技術尚未達到成熟期及本身的限制時，因此DSTB產業仍可運用目前的技術獲得相對的報酬。

問題與討論

習題一

問題：何謂 SWOT 分析，並簡單舉出一例進行說明。

習題二

問題：請簡單說明「關鍵成功因素」。

習題三

問題：請劃出 BCG 矩陣圖，並簡單說明

習題四

問題：請劃出五力分析模型，並簡單說明。

習題五

問題：產品生命週期可以分為哪幾個階段，並簡單說明。

參考文獻

英文部分

1. Abernathy, W. & Utterback, J.（1978）. Patterns of industrial innovation. Technology Review, 80（7）, 40-47.

2. Ansoff, I.（1965）. Corporate strategy. New York: McGraw Hill.

3. Barnard, C.I.（1948）. Organization and Management: Selected Papers. Cambridge, MA: Harvard University Press.

4. Boston Consulting Group（1970）. Growth Share Matrix. www.business-tools-templates.com

5. Commons, J. R.（1934）. Institutional Economics. In Political Economy Vols. 2. New Brunswick and London: Transactions Publishers（Reprinted in 1990）.

6. Commons, J.R.（1974）. The Economics of Collective, New York: Macmillan.

7. Daniel, D.R.（1961）. Management Information Crisis. Harvard Business Review, 39（5）, 111-121.

8. Foster, J. & Utterback, M.（1994）. Mastering the Dynamics of Innovation. Boston: Harvard Business School Press.

9. Gindy, N.Z.N., Cerit, B., & Hodgson, A.（2006）. Technology roadmapping for the next generation manufacturing enterprise. Journal of Manufacturing Technology Management, 17, 404 – 416

10. Porter, M.E.（1985）. Competitive Advantage. New York: Free Press.

11. Sood, A. & Tellis, J.G.（2005）. Technological Evolution and Radical Innovation. Journal of Marketing, 69(3), 152-168.

12. Weihrich, H.（1982）. The TOWS matrix: a tool for situational analysis. Long Range Planning, 15(2), 54-66.

13. Williamson, E.O.（1975）. Markets and Hierarchies: Analysis and Anti-Trust Implications: A Study in the Economics of Internal Organization. New York: Free Press.

中文部分

1. 李欣怡 （2010）。集光式太陽熱能產業分析。國立交通大學管理科學研究所碩士論文，未出版，新竹市。

2. 林弘堯（2003），數位視訊接收器產業發展關鍵成功要素研究。國立交通大學高階管理碩士學程論文，未出版，新竹市。

3. 金屬中心MII產業研究組 （2012）。增程式電動車市場研究報告。經濟部101年度科技研究發展專案計畫。

Chapter 3

產業技術預測與前瞻

學習目標

★ 技術規畫、技術預測和技術前瞻的異同

★ 認識技術預測的背景、理論與方法、和應用實例

★ 認識科技前瞻的背景、理論與方法、和應用實例

3-1 簡介

技術規劃（Technology Plan）、技術預測（Technology Forecast）、技術前瞻（Technology Foresight）三者息息相關，密不可分；技術規劃（Technology Plan）是一個結構性的評估流程，用以整合資訊和具體化策略，確認達到短期規畫目標，針對所需要的既有資源，重新配置數量。技術預測，目的在於幫助企業瞭解技術發展的趨勢與展望，評估技術發展的衝擊，做出較佳的投資規劃，確認達到中期規劃目標所需要具備的資源，例如，是否需要新的機械設備數量，招募新人力或添購增強產品效能的原料等。

技術前瞻則是由單純的技術規劃、技術預測、描繪技術道路圖而逐步演變成一種發掘願景議題，評估可發展的技術群組、定義未來事業發展領域、建立有利推動技術策略規劃（如技術商品化、商業化與市場評估等）的一種系統性思考方法。它是一種系統性、集體思考，預先勾勒出一個願景以及相關的路線規劃圖，並且常透過政府的規劃，制定一系列的策略與政策來協助完成。

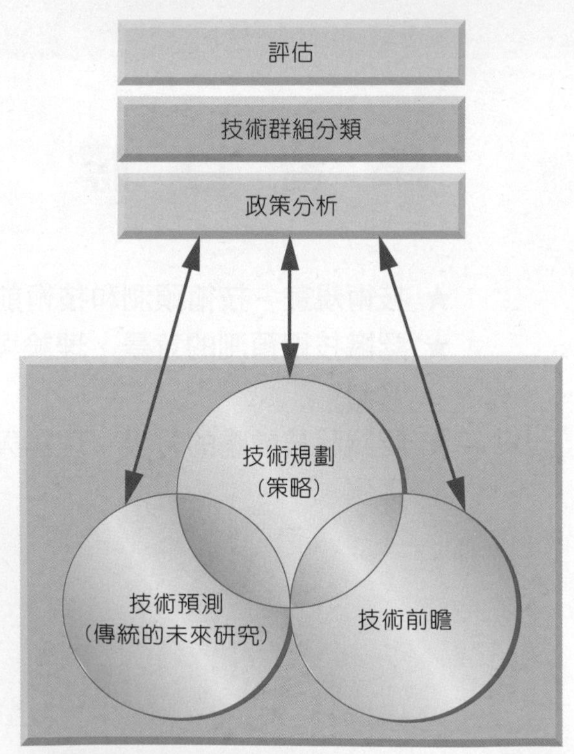

＊ 圖 3-1　技術規畫、技術預測和技術前瞻關係圖

資料來源：本研究整理自 Cuhls （2003）

而技術規畫、技術預測和技術前瞻的內容具有一定程度的交集，交互關係如圖3-1所示，例如技術預測不僅有技術規畫和技術預測、也包含了傳統的技術前瞻方法，鑑別確認有潛力的技術群組等。技術前瞻與技術預測的區別在於，前瞻所涵蓋之時間幅度更長。企業部門及應用性研究一般採用技術預測，政府部門及基礎研究一般採用技術前瞻。本章節將針對技術預測、科技前瞻進行深入探討。

3-2 技術預測

3-2-1 技術預測的介紹

一、技術預測的定義

技術預測是根據現有或可以掌握的資訊與知識，在時間限制、決策偏好和資金與資源的預算下，透過一種或多種的預測方法，預測未來重要的產品和服務，從而帶動新工廠和設備需求的技術進步；並預先推論事情未來的可能發展趨勢與結果（例如人事物或金錢），換句話說，技術預測也是一種策略性決策，技術預測可以有效率地幫助企業瞭解未來市場的新產品或新技術發展的趨勢與展望，進而分析新科技產品或新技術的市場擴散情況與市佔率，技術突破的時機和可能機會，或評估新舊技術間的替代分析，對產業與產業生態的影響效果，以瞭解技術發展對社會、經濟的影響與衝擊。

技術預測是一個向未來做測試和推論的策略，但目前產業環境變動快速，有機會影響技術預測的原因也多元化。因此若推論的方向與程度有所偏差，也應立即修正調整協助組織內的策略性規畫和管控作業可以更加準確。

其他專家學者對於技術預測的相關介紹定義，如下：(1)技術預測是在某特定時間和特定水準下，發展並預測一科技的完成情形（Garde & Patel, 1985）。(2)技術預測是就有效用的機器設備、生產製程或科技能力，對其未來的績效水平所進行的一個合理預測（余序江等，1998）。(3)Martino（1994）認爲技術預測內容應包括技術能力的成長、新舊技術的替代比率、技術擴散的情形、市場滲透的程度、以及重大技術突破的時間及可能性。綜合而言，技術預測包含下列重點：

1. 技術功能與績效水平之成長情形。
2. 技術突破之時點與機會；技術突破之瓶頸及可能的障礙與解決方案。
3. 技術發展之方向、趨勢與展望（Technology Outlook）。
4. 新產品／新技術的市場佔有率與擴散情形。
5. 新技術替代舊技術之替換率分析。
6. 對其他科技之影響；對社會、經濟環境之衝擊。

二、技術預測的重要性

台灣走向知識密集化、高風險時代，高科技產業的管理難度日益增高，尤其科技產業的變化速度快、產品生命週期短，上述原因都增加了科技產業的不確定性。過去台灣以代工爲主，只要國外大廠授權技術，台灣廠商跟著把產品做出來就可以，但現在台灣發展知識型產業，必須投入大量的時間、金錢和人力做研發創新，事先的投資規劃要更小心。科技發展受到很多因素的影響，如果一味偏向技術導向，沒考慮市場、環境因素就會產生偏差，而利用技術分析與預測工具做評估分析，可以降低不確定性，也因此亟需提升技術預測的層次，用以證明提升研發與投資之合理性，針對未來科技產品、市場技術的能力進行合理的預測。

3-2-2 技術預測的源起

技術預測始於20世紀40年代，50年代起開始逐漸應用於工業和軍事部門，但當時的技術預測，僅用於制訂長期科技規劃中的一個方法。50年代末期，美國開始將技術預測作爲一門獨立的學科進行研究，以後日臻完善，用以探討技術發展趨勢、開發與應用現狀；瞭解前瞻科學研究的進展，或新興產業的產品技術需求，從而帶動新工廠建立、設備需求、與生產製程方法的進步。但仍需注意到預測本身需考慮到資源充足與否、時間的限制與急迫性，預算的多寡，是否具有邏輯性的推估、預測資料的收集難易程度等，因此預測本身存在著相當程度的困難性。經過全球產官學研界多年的研究探索與實證，技術預測的概念方法已逐步發展和完善。

3-2-3 技術預測的類型

技術預測的類型分類多樣化，可以按照「預測目標需求」、「時間長短」、「量化或質化」、「規範式或探索式」、「直接、關聯與結構預測類型的技術預測方法」等基礎項目來分類。重點摘要說明如下：

一、以「時間長短」分類的技術預測

按時間長度來將技術預測分類，主要可分爲三種類型：短期、中期和長期預測。

1. 短期預測：通常時間在三個月到一年間，用於瞭解短期需求預測，人力安排、備料、小幅調整生產計畫等工作安排。短期預測採用的方法通常與長期預測採用的方法不同。如移動平均法、指數平滑法和趨勢外推法、或其他演算法（如模糊預測法、類神經網路預測）等量化方法，都是短期預測所常用的方法。例如：2013年市場主流是六吋手機，短期預測可用以協助確定2014年第一季是否投產螢幕更大，接近小平板電腦的七吋手機；或是持續增加六吋手機的生產數量，六吋手機的生產數量；是否需要增加製造生產數量或改善新產品，這類型的短期預測概念比較接近於存貨規劃、採購與生產規劃、預算與排程規劃等。
2. 中期預測：時間常是從1到3年。此方法常應用於市場銷售數據需求、消費者行爲，開發新產品，設定新生產計劃和編列新預算計畫等作業方案。中期預測比起短期預測要處理更多的綜合性問題，主要爲新產品開發、工廠、工序等管理決策提供分析；例如：是否需要投產開發智慧型手機新產品，因應消費者需求，高度整合平板電腦、高階類單眼數位相機等多重功能在單一手機的新產品開發計畫，用以解決消費者一機在手，無往不利的便利性。
3. 長期預測：長期預測的時間跨度通常爲3年及3年以上。這常應用前瞻技術，用來規劃新產品、調整公司資本支出、添購生產設備、新增廠房，與投入前瞻科學研究的發展。例如：韓國樂金公司（LG）預計2013年第4季之前，就可正式向全球主要客戶供應可彎曲、不怕摔的軟性顯示面板（可撓式顯示器），當顯示螢幕可以彎曲時，終端產品的設計不僅可節省空間而且產品形狀可以千變萬化。長期技術預測推估可撓式顯示器出貨量將由2012年的1億美元，有機會成長到2020年的413億美元等，未來前景看好。上述舉例可發現，長期技術預測的概念較接近於技術前瞻，目標重點在於對未來較長時期的科學、技術、經濟和社會發展進行系統研究，其目標是確定具有策略性的研究領域，選擇聚焦發展對經濟和社會利益具有最大貢獻的技術群組。

二、以「預測目標」分類的技術預測

常見的技術預測類型有三種：技術需求預測（Demand Forecasts）、技術延伸產品的銷售預測（Sales Forecasts）和新舊技術間的替代分析。

1. 技術需求預測：此預測常伴隨著技術預測因運而生。主要替公司生產製造新產品或推出新服務，所進行客戶或市場的需求預測，用意在於了解技術需求的多寡，判斷是否有獲利空間，進而提供公司建議，決定是否投入生產計劃，並且調整公司的財務、行銷、人力資源部門等資源配置變動。例如：投資決策、資產設備購買決策、庫存規畫、能力規劃等。

2. 銷售預測：也可稱爲市場預測（Market Forecasts），主要進行市場規模的推估。一般進行市場預測時，均需考慮時間軸的變化，同時也需要隨時間與資訊的變化而不斷的修正。市場的類型可分爲潛在市場、有效市場、目標市場和滲透市場。以「會展產業」爲例，說明如下：

 (1) 潛在市場（已購買公司產品的消費者市場）：假設某會展公司計劃向台北市推出動畫漫畫展覽會，它首先必須判斷台北市對動畫漫畫產品感興趣的參展商數量，首先可透過抽樣調查來完成。如果平均100個相關企業中有15個對此展覽會感興趣，企業便可假定台北市裡的相關企業總體，約15%可能有機會成爲動畫漫畫展覽會的潛在參加廠商。

 (2) 有效市場（對產品有興趣，且有能力購買的消費者）：有效市場即指對某一特定會展產品感興趣，並具有對購買能力和市場獲取途徑的購買者的集合。例如：會展企業規劃把動畫漫畫展覽會辦成一次國際性的品牌展覽，而且已經有一批國外公司申請參加，另外還邀請了許多政府高級官員，受限於有既定數量參與數量的前提下，會展企業就會限制動畫漫畫展覽會的攤位銷售情況，以確保該展覽會的高品質。在這種情況下，實力稍微薄弱的中小企業，可能因爲公司規模限制/或參展租金太貴的限制，就有可能被排除在合格的有效市場外，無法有機會在動漫展參加銷售。

 (3) 目標市場（有效市場中的特定族群或服務對象）：在明確理解合格的有效市場之後，會展企業接著要選擇決定占領的市場目標，也就是整個合格的有效市場，進而對有效市場細分差異性。例如：會展企業規劃可聚焦於青少年動漫展、或兒童幼兒類型動漫展，藉以和其他的成人動漫展有所區隔。

 (4) 滲透市場（對產品有興趣的消費者，以後可能會購買相關產品的潛在消費者的成長率）：滲透市場則是指已參加動漫展之參展廠商的市場銷售數量集合。如果會展企業對目前2015年動漫展的交易金額爲1億元新台幣不滿意，因爲2015動漫展的交易金額僅佔台灣動漫市場年交易額的0.5%。未來2016年會展企業可以透過對會展市場的需求資訊和動漫產業的市場調查研究，推動下一步行銷計畫，企圖採取一系列相應措施，擴大銷售額和提高市場佔有率。

3. 新舊技術間的替代率分析：以討論新舊技術間的替代率關係和速度爲主，用於討論新舊產品或技術是否屬於同一市場。確定後，透過技術預測，可以有效推估新舊品間的替代對應關係，讓舊品歷史數據能有效被後續產品沿用，制定產品生命週期及新舊品間上市下市的替代關係規範，讓企業在新產品預測上可以產生合理的預測參考值，滿足企業在產品預測上的需求。這種現象在高科技的產品特別明顯，如3C產品中的智慧型手機逐漸取代單純語音/照相功能手機。但此種替代的現象並不一定是完全替代，也有可能是部分替代。例如，電視機似乎就有此種特性。目前的電視市場中存有映像管電視、OLED投影電視、電漿電視、液晶電視等，都同時存在於同一市場，這些產品間是存在著部分替代關係。技術預測則須用來評估不同產品的市場佔有率，並推估技術替代的關係，或是各自占有其利基市場。

分析新舊產品間的替代率問題時，常會遇到新舊品間承接關係並不完全直接銜接，或可能遇到在市場上有時間重疊或者延遲的落差。此時則需要注意推估新產品侵蝕舊產品線的「競食效應」。因此必須對企業現行在產品預測上的運作機制進行了解，找出產品在生命週期管理上的合適時間切點，適當地利用舊品數據來作爲新品預測的歷史數據部分基礎。多世代產品的擴散模型（Substitution Bass Model），以Bass model的創新擴散爲基礎，經常被使用於建立新的模型，用以捕捉次世代產品佔有舊世代市場的行爲，並預測舊世代產品的尖峰銷售量及其發生的時間，企圖模擬新舊世代產品間的擴散關係及替代關係。

例如：3G手機和4G手機有什麼不同？4G所代表的就是，處理速度更快、容量更大。同樣的這些手機的通訊技術，已經從2G、2.5G、3G、3.5G，一直進步到現在的「4G」，將來也還會有所謂的5G、6G。因應寬頻和處理效率的需求，電信營運商會不斷地推出新技術，消費者也會汰舊換新，2015年3G和4G都同時存在於市場上，不同世代會的不同通訊技術世代清單如下：

- 4G：LTE、WiMAX
- 3.5G：HSPDA

- 3G：CDMA
- 2.5G：GPRS
- 2G：GSM

新舊產品之間的市場競爭其實並不僅止於技術與功能面的競爭，還有以下各種影響新舊產品替代的關鍵因素，列舉如下：

1. 新舊產品的價格差異：如果消費者替換新舊產品所要付出轉換成本過高，自然也會影響替換的意願。例如：4G通訊的電話費太貴，消費者不願意轉換。
2. 消費者轉換利益程度高低的因素：新產品能夠帶給消費者的利益程度越明顯，轉換替代的企圖也會越強烈。例如：智慧型手機相較於傳統手機，可以提供更多的網路功能服務、且及時提供照片/訊息/影音/APP應用程式的方便利益，就有機會說服消費者換購智慧型手機。
3. 產能與良率的因素：新產品必須要先能克服生產良率與發揮產能的經濟規模後，方有能力成為市場的主流產品。例如，如前可彎式軟取面板的生產良率有待提升且經濟產能規模也未能發揮，因此影響減低消費者購置軟式面板之欲望。
4. 標準共識建立的因素：產業內競爭廠商對於新產品之標準規格與市場行銷策略共識建立，將會影響新產品上市的速度。
5. 周邊與軟體配套的因素：配套新產品的周邊設施與軟體是否已發展健全，也是影響替代的重要因素。例如，遠通電收的e tag高速公路收費服務，提供消費者軟硬體，APP應用程式，超商繳費、信用卡繳費等多元配套服務，消費者才願意改變原本收費員以紙本收費之方式。
6. 售後服務完整程度的因素：新產品售後之顧客服務體系建構的完備程度，也是影響顧客轉換使用口碑的重要因素。例如：目前純電式電動車和插電式電動車的維修點少、維修師傅少和維修技術不普及，可能間接導致維修成本上升，影響消費者意願。
7. 廠商競爭利益的因素：當廠商同時生產新舊兩種產品或新舊產品廠商之間存在嚴重的競爭利益衝突，也會影響新產品上市的速度。例如，如果佔有全球光碟機產能五成以上的後進國家廠商主要是以生產CD-ROM爲主，因此基於競爭利益，也相當程度排拒DVD-ROM的快速替代CD-ROM。

三、以「質化量化」分類的技術預測

常用的預測技術，可分爲「質化」與「量化」方法。「質化」方法主要透過主觀判斷所組成，通常缺乏精確的數字描述，能在預測流程中加入軟性資訊（例如，人的因素、個人意見和直覺）。「量化」方法主要涵蓋客觀的歷史資料，或開發以因果變數做預測的關聯性模型，透過客觀分析或硬性資料所組成，通常可以避免會影響質性法結果的個人偏見。

如何決定該用何種方法進行技術預測，需視情況而定？例如：分析狀況如果遇到全新技術所開發出來的產品，例如：預估可彎式軟性面板的市場需求，具有輕薄、耐衝擊及可撓曲之特性，因此開啓顯示器新的熱門應用。分析時，雖然過去有面板的需求數據，但因爲技術太新穎，很難預測消費者對於該產品的接受度，很難找到相關的數據或可參考性產品，就必須以質性方法爲主，例如專家訪談或銷售人員意見彙整法等來預測，進而試圖預測未來市場的可能狀況。而現今存在市面上的產品，大部分都是根據原有產品的基礎下，進行技術功能改善，然而這類型產品多半承襲前身產品的需求，因此這類型產品如果進行未來預測，就可以結合前一代產品的銷售歷史來進行預測。相反來說，如果前瞻技術單純採用舊有產品的銷售歷史數據。其數據可能因銷售或生產因素，影響而無法反應實際的市場需求。

因此，技術預測的方法可分爲量化預測法和質化預測法。量化預測方法，可以應用數學方法對歷史數據的客觀分析，例如時間序列模型、因果模型、迴歸分析法和成長曲線模型等；質化預測方法，對非正式資訊和專家意見等的主觀判斷，例如德菲法、專家問卷、銷售人員意見彙整法、顧客期望法，焦點團體。

需要說明的是，爲使預測更符合實際狀況，技術預測可能同時，結合數學模型、經驗和判斷，但沒有哪一種方法能保證最準確的預測效果，須視預測時的數據特性與狀況來決定最佳的一個或一組預測方法。

四、以「規範式與探索式」分類的技術預測

Gabor（1963）和Joseph P. Martino（1993）文章中，將技術預測的方法區分爲規範式預測（Normative Forcasting）以及探索式預測（Exploratory Forcasting）兩類，如

圖3-2所示。兩者的差別在於：規範式預測方法是以未來的需求爲基礎來預測應達到之技術水準。探索式預測方法是以過去與現在的情況爲基礎來預測未來。兩者常用的預測方法如表3-1所示。

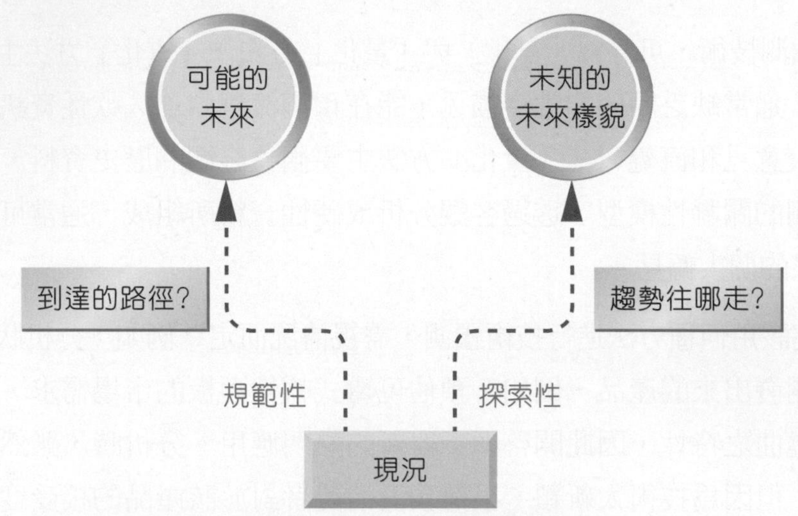

＊ 圖 3-2 探索性和規範性預測方法

資料來源：本研究整理

＊ 表 3-1 十二種技術預測方法

技術方法分類	適用之預測方法
探索式方法（Exploratory forcasting）	德菲法（Delphi）、因果模型法（Causal Models）、類推法（Analogy）、機率模型（Probabilisticmethods）、成長曲線法（Growth curve）、環境監測法（Enviromental monitoring）、趨勢外插法（Trend extrapolation）、合併預測法（Combining forcasts）、技術量測法（Measures of technology）。
規範式方法（Normative forcasting）	相關樹（Relevance tree）、型態法（Morphological models）、目標流程圖（Mission flow diagram）。

資料來源：本研究整理自 Martino （1994）

五、以「直接、關聯與結構預測類型的」分類的技術預測

Porter（1991）提出以直接、關聯以及結構預測法來區分技術預測，見表3-2。「直接預測」考慮的變數較單一，只關注技術本身。

「關聯預測」則會考慮到技術本身和其他技術和大環境間的互動關係。例如：預測2010年台灣醫師人力之供給與需求之狀況，根據2005到2009年間，五個不同基準年的台灣醫師公會全國聯合會會員統計人數，及全民健康保險醫療統計年報之資

料，研究結果顯示：台灣地區內科系、外科系、婦產科、小兒科等四大科醫師皆呈現供不應求的情況，且呈現逐年惡化的趨勢。其中以內科供需失衡逐年百分比為最高，相當不穩定。未來由於醫療衛生技術的進步，使得各年齡層生存機率上升、死亡機率下降，國人預期壽命也往後延長，2010年內科醫生的需求也會上升，會更加速惡化內科人力不足的現況（李庭毅，2012）。

「因果預測」是根據事物之間的因果關係來預測事物的發展和變化，通過對需求預測目標有直接或間接影響因素，找出其變化的規律，並根據這種變化規律來確定預測值。因果預測舉例如下：某企業根據主要營業業務收入與主要營業業務利潤的近三年資料，預測2015年計劃年度產品銷售收入有機會達到190萬元的銷售利潤。

＊ 表 3-2 Porter 分類之技術預測方法

技術方法分類	定義	適用之預測方法
直接預測	直接衡量該技術的參數	德菲法（Delphi）、趨勢外插法（Trend extrapolation）、成長曲線法（Growth curve）。
關聯預測	考慮該技術與其他技術或背景環境間的關聯性	類推法（Analogy）、關聯法（Correlation methods）、情境法（Scenario）。
結構預測	考慮因果關係對技術成長的影響	相關樹（Relevance tree）、因果模型法（Causal Models）。

資料來源：Porter et al.（1991）

3-2-4 技術預測的步驟

一、技術預測的主要四項主軸為：

1. 界定預測目標（質）：如技術功能與績效水平的成長情形、新產品或技術的市場佔有率與擴散情形或新技術替代就技術的替換率分析等。
2. 搜尋適合的分析資料（量）：如銷售量、銷售金額、市占率等。
3. 技術進步的時間軌跡路徑（時間）：如技術路線圖、產品生命週期等。
4. 新技術實現的機率（機率）：如智慧型手機誕生、是否能有商業化的可行性？智慧型手機須多久時間能普及、佔原有手機市場市佔率的比重變化等。

二、預測的步驟，建議技術預測時都考慮以下要點：

1. 確定技術預測的目的：確定進行技術預測的目標，確定所進行的預測的時間跨度是短期、中期、還是長期？例如新技術的應用情形、新產品或技術的市場佔有率與擴散情形或新技術替代就技術的替換率分析，產品生命週期（透過指數比率繪製所有時間內進行生產發生的各種商業活動等）。

2. 選擇預測對象：這一步要確定需要針對什麼對象進行預測。例如，搜尋適合的分析資料（量）：如銷售量、銷售金額、市占率等，對公司產品的市場需求進行預測從而協助公司安排生產計劃。
3. 選擇預測模型：根據預測對象和資料的特型，選擇一種或多種或整合性的預測模型來進行下一步的預測。
4. 收集預測所需數據：收集數據時，須確認數據資料的來源、準確性和可靠性。
5. 驗證預測模型有效性：這一步是要確定所選擇的預測模型對於我們要進行的預測是否有效，可透過和其他預測方法的準確性加以比較驗證。
6. 實際進行預測：根據前面收集的相關的數據資料和選定的預測模型，對我們需要預測的對象做出合理的預測。
7. 策略建議：將預測結果應用到公司營運計畫中。例如，需求預測顯示未來一年的市場樂觀，就需要根據預測來確定增加企業的備料，增加人力，和調整生產計劃和排程。

3-2-5 技術預測的實際案例

案例一：新興生物辨識科技-技術需求預測

生物辨識科技（Biometric Technologies）近幾年在資訊產業被廣泛地推廣來強化安全性與隱私性，並形成一個新興產業。以往生物辨識只有應用在特殊領域，但目前逐漸開始應用在消費型電子產品來解決安全性與隱私性問題，所以本研究根據傳統科技評估準則結合生物辨識科技本身特性，透過模糊層級分析法（Fuzzy Analytic Hierarchy Process，FAHP）來評選與建議。另外，本研究利用最佳解模糊化之績效值（Non-Fuzzy Best Performance，BNP）來協助達成多目標評準之目的。雖然研究結果首先顯示傳統科技評估準則仍是佔了重要的比重，接著才是生物辨識科技個別的競爭性和生物辨識科技的基本要素，但仍指出研究目標科技的特性需要被特別考慮。結論顯示指紋辨識（Fingerprint Recognition）、虹膜辨識（Iris Recognition）和臉部辨識（Face Recognition）在進行生物辨識技術評選時，具有較大的優勢（王仁聖等，2013）。

案例二：以技術替代模型探討台灣用戶光纖網路用戶數發展

現有的寬頻網路接取技術如DSL與Cable Modem的頻寬在無法滿足上網者的需求下，現有的寬頻技術勢必走向用戶光纖網路。本研究預測我國未來十年用戶光纖網路用戶數發展在最可能情境下的市場佔有率變化，進而給予網路系統業者、網路設備製造商與網路內容提供者分析策略與建議。研究結果，在可能情境的發展下，DSL與Cable Modem在2008年第一季進入衰退期，2013年用戶光纖網路佔整體網際網路帳號數的46.17%，DSL與Cable Modem的市場佔有率爲53.83%，用戶光纖網路已威脅DSL與Cable Modem的市場。

3-3 技術前瞻

技術前瞻，特別是配合十年以上之長期規劃所需之技術發展策略設計。由於前瞻技術發展充滿不確定性，必須佐以周延的方法預估未來之市場情境與技術發展，透過科技前瞻活動的系統性思考方法，定義出一個或一系列來可能發展的技術，例如，有效率的技術群組（Technolgy Portfolio）規劃，進而產生因應未來發展的策略手段。

3-3-1 技術前瞻的介紹

一、技術前瞻的發展源起

前瞻（Foresight）研究已成爲先進國家作爲規劃國家未來發展，勾勒國家未來方向藍圖的重要工具，藉由科技前瞻的執行，能明確掌握長期科技發展的脈絡，以有限的政府資源，規劃前瞻科技發展重點方向，並引導科技政策與策略的形成，建構完善的科技基礎建設與有利於創新的環境，使經濟與社會獲得最大的效益。

技術前瞻起源自於1950 年代美國智庫蘭德（RAND）公司受託爲國防部所發展的數量性軍事預測。隨後由於世界經濟快速成長，則演變爲非軍事性的技術預測，直到1980 年代則轉型爲科技前瞻，著重於工業能力與新興關鍵技術。日本從1971年開始，利用大規模德爾菲法（Delphi）定期每5年進行一次技術預測調查，這項研究的宗旨是從長遠觀點出發，對未來30年的技術發展進行預測，從眾多有希望潛力的新技術發展中掌握關鍵技術發展重點。此外，英國、德國、法國、韓國等已開發國家也開展了技術前瞻、技術預測和關鍵技術選擇等策略研究。

各國技術前瞻大多從本國的經濟社會發展需求出發來延伸策略與發展。例如：日本、德國和英國等國家，主要從經濟社會需求拉力來考慮，重點在於促進社會經濟永續發展目標，實現這些目標所需的技術。而美國較為不同、特色在於美國在許多技術領域處於世界領先地位，在進行國家關鍵技術選擇時，主要從未來的技術供給能力來考量。因此，回顧國外的研究，可以發現技術前瞻是一個尋求共識的過程，不同的國家針對他們自己的科技發展有著不同的策略。因此，技術前瞻需建立適合國情之方法論，產出之結論能適度轉化成國家政策。

二、技術前瞻的發展要素

根據台經院2011年發表的科技前瞻運作機制參考手冊中提及，所謂的前瞻必須具備的五大要素：

(一) 前瞻活動對於長期性的社會、經濟、技術發展及需求，應以結構化的預測呈現。

(二) 前瞻使用互動參與的方式，例如探索性的辯論、分析及研究等，使多元化的利益關係人可以投入前瞻活動，並非只有專家可以參加。

(三) 前瞻的互動性方法可建構新的社會網絡，但社會網絡在不同的前瞻計畫中受到重視的程度不同，但多半和正式成果報告具有同樣的重要性。

(四) 前瞻活動不止限於情境模擬分析和計畫規劃，重點需聚焦策略性的願景，並透過社會網絡的互動，對於願景的義務與執行藍圖達成共識。

(五) 前瞻活動對於當代的決策和行動，並盡可能以文字或數字的形式來陳述科技的演化或變革、具體的創新及執行、與科技能具體應用實現的時間。

舉例如下：2007年，歐洲議會正式通過「第三次工業革命」提案，做為歐盟長遠的經濟規劃與發展的路線圖，象徵著人類即將面臨「第三次工業革命」的到來，前瞻產業即將開創未來的新希望。而每一次的工業革命，都是新的能源與新的資訊通訊技術結合之下而產生的。第三次工業革命的產業契機則是在於再生能源（太陽能、風力、水力、地熱能、生質能源等），網路與數位科技、材料科學，知識導向之服務產業等領域。因此未來所需要的技術前瞻領域可能會需要將利用網際網路，電力網絡轉化為能源網路（Energy Internet），架構智慧電網（Smart Grid），運輸工具可能轉型爲插電式電動車及燃料電池動力車等（Rifkin, 2011；張體偉、孫豫寧，2013）。

3-3-2 技術前瞻之理論

有鑒於前瞻研究之重要性，本節將針對前瞻研究之流程、方法、原則進行介紹，提供讀者參考。

一、技術前瞻的挑戰

科技前瞻並沒有一體適用的模式，而是要依照策略決策情境（如長/中/短期；國家/產業/企業層級或跨部會層級等）調整。同時，評估的方式也會受到很多因素的影響（例如科技前瞻的動機、評估時間的長短、參與者的類型）。科技前瞻活動可能會面臨到的挑戰包括：隨著科際整合的效果，科技的範疇並無明確的定義與界線，所以前瞻科技常蘊含不同學科的研究成果，不容易從單一科學領域了解：此外，由於未來科技發展的情境本來就具有高度不確定性與風險，因爲技術前瞻不僅受科學發展的影響，同時受到經濟發展、社會發展、政府政策等其他因素之影響。因此，科技前瞻的執行方法與準則多樣化，如果需兼顧研究信度與效度，常需端看科技前瞻的宗旨、需求和計畫資源，適時選用質化或量化方法來執行，以發揮不同研究方法的優點。

二、技術前瞻的演進歷程

觀察全球科技前瞻之演進歷程，日本Kuwahara（2000）將技術前瞻分爲三個階段，主要根據參與人員的差異作爲區別。第一階段，僅透過科學家和工程師的技術團體，討論未來可發展的技術群組；第二階段，需要加入市場端與產業與企業需求的意見，討論未來有商業化機會的技術群組；第三階段，此階段的技術前瞻，多應用到國家的整體產業規劃，思索國家資源的配置與發展策略的設定，因此需要加入多方面的利益/產業/企業/市場/社會團體等，對應不同情境，展開不同技術組合與發展策略的技術前瞻與評估方法。

根據台灣的台經院技術前瞻研究團隊發展的科技前瞻之演進歷程（如表3-3所示），綜整以下的內容可以發現，科技前瞻是一個能重覆進行互動、社會網絡建立、協商和討論的過程，並經由過程，讓參與者對未來前景及策略能持續性的修正調整，並最終收斂得到共識（Harper & Pace, 2004）。

＊ 圖 3-3　技術前瞻三階段

資料來源：Kuwahara （2000）

＊ 表 3-3　全球科技前瞻之演進歷程

世代	內容
第一世代	•技術預測 •技術現在與未來動態 （強調技術預測的精確性及技術創新應用結果的擴散）
第二世代	•技術與市場分析與預測 •探討科技對市場的貢獻、科技如何受市場影響 （提出技術發展之優先順序，瞭解技術創新的商業化和市場化的可行性）
第三世代	•社會經濟趨勢考量 •將前瞻的市場觀點提高到更廣的社會層面 （開始將科技前瞻延伸到社會階層，透過政府單位、產業界、學者和產業利害關係人的社會網絡與群聚，參與及評估未來有機會發展的前瞻技術）
第四世代	•由單一機關推動，透過多元單位的參與和協調，藉由「創新系統」，協調不同組織所推動的前瞻活動和資源。 （透過科學與創新系統的分配，各組織基於協調發展的基礎原則下，運用不同的前瞻活動因應不同社經需求議題，整合並運用資源。）
第五世代	•在「創新系統」結構下，考慮社經議題，導入策略性決策。 （以社經議題為宗旨，例如老年化和高度都市化，考量科技創新系統結構及參與者，導入策略性決策和產業政策支援來協助前瞻科技發展。）

資料來源：孫智麗（2012）；Georghiou, et al. （2008）

三、技術前瞻的執行過程

常見的技術前瞻活動，主要可分為三個階段執行，簡單說明如下：

1. 第一階段為建立技術預測組織體系，透過大規模的專家訪談，進一步建構可發展技術群組的候選名單，了解各種後選的產業技術和產品。技術前瞻的第一階段，最常看到選用德菲法作為主要調查方法，並配合文獻探討、專家會議、國際比較等多種方法輔助。

2. 第二階段為邀請多名產官學研專家，進行兩回合的德菲法問卷調查，總合各領域發展技術預測調查果與報告產出。

3. 第三階段為關鍵技術選擇研究，依照特定的篩選原則（可能是量化或質化篩選法），專家針對篩選結果進行討論，選擇出短期內具社經發展潛力和重要性的關鍵技術群。並在整體專家意見調查中，編製指標來分析，包括專家對技術熟悉程度、技術對國家發展的重要性、與領先國家的技術差距、目前國內的研發能量、未來能否成為有潛力的智慧財產權、未來產業化的成本、實現市場或產業化的時間、對產業的助益、技術發展路徑與其他建議採取的措施等項指標，使技術群組議題能針對不同面向呈現不同的結果。（資料來源：臺灣經濟研究院生物科技產業研究中心（李宜映, 2011）

對於前瞻的程序，Miles（2002）提出另外一種執行流程：主要分為五個階段：

1. 「前瞻先期規劃（Pre-Foresight）」：選定主題與政策目標，評估前瞻活動的可行性與宗旨；

2. 「招募（Recruitment）」：選擇前瞻活動的執行單位和合適的幾種研究方法，籌組各領域專家和委員會、討論萃取主題和次主題；

3. 「產出（Generation）」：決定科技前瞻活動的時程目標，須同時考慮正反兩面的意見，提供政策性建議；為整個前瞻過程的重心，需要了解關鍵利害關係人如何擬定前瞻活動的情景，根據未來的可能情境，選定未來關鍵技術的發展命題，評估可能發生的效益。

4. 「行動（Action）」：行動階段之實務操作，產出階段在理想上應該要能產生新知識和引起大家共鳴的願景，並使得行動階段可根據第三階段的成果來進階進行。但是如果產出的結果無法引起贊助者的興趣，那麼科技前瞻活動的效益與效用則會減低。

5. 「行動（Action）和更新（Renewal）」：持續修正評估效益和執行方向。

四、技術前瞻的資料搜尋管道

根據Cuhls et al（2009）的研究提出前瞻程序像拚圖一樣，試圖勾勒出未來前瞻技術發展的樣貌。資料搜尋管道主要有四種：一、廣泛性地搜尋文獻與網路資料；二、有目的性地搜尋圖書館書目與各種資料庫等；三、從多種管道獲取專家意見，例如專家問卷、面對面訪談和專家座談會等；四、從國際、跨國或個別國家的政策分析，了解目前各國創新系統的最新發展動向。

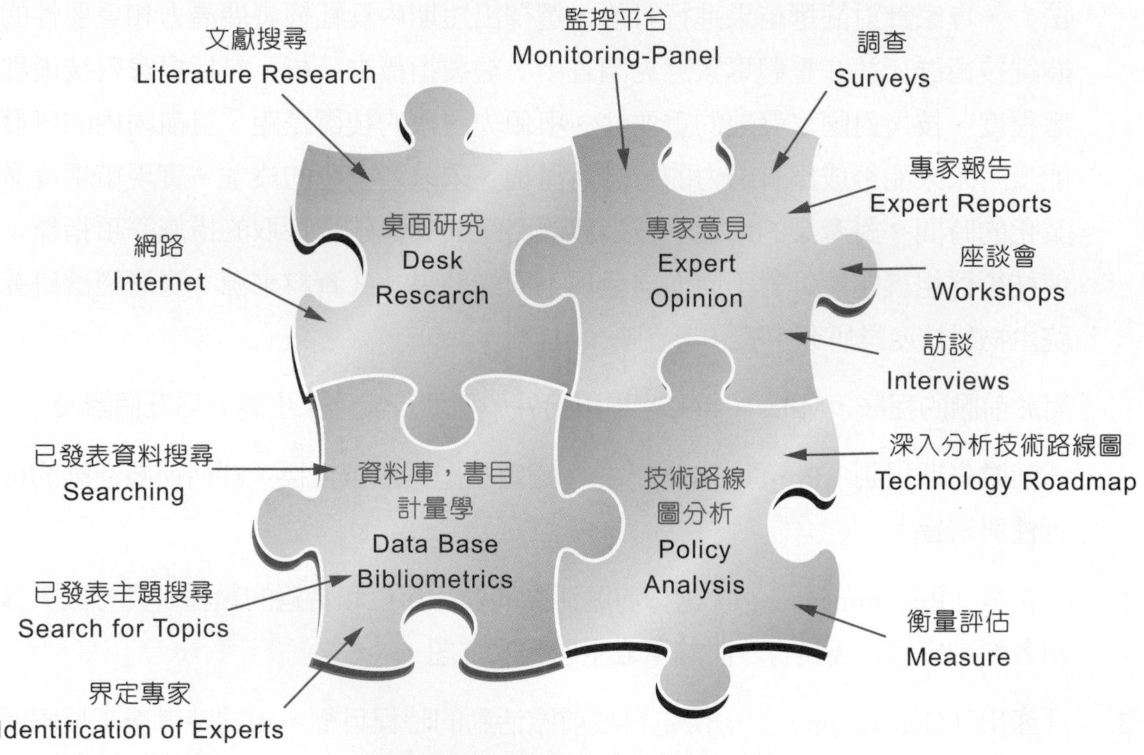

＊ 圖3-4 技術前瞻的四種資料搜尋管道

資料來源：Cuhls et al.（2009）

五、技術前瞻的執行單位與時間長短

從1990年代以來，科技前瞻活動成為諸多國家勾勒未來發展藍圖的政策工具，日本透過日本科學技術政策研究所（NISTEP），執行大規模的德菲調查以及專家的參與，開始進行國家科技前瞻活動，之後以5年為循環定期持續進行技術前瞻計畫。

其他國家則多採用不定期方式舉行，例如：過去南韓希望在有限資源下，要與技術先進國家競爭，並且嘗試將社會層面的未來需求與技術發展進行連結。南韓的科技前瞻主要是以經濟效益最大化而非處理複雜社會挑戰的方向來決定R&D優先順序，從1993年至今已經推行過三次。而德國從1991年開始第一次技術前瞻計畫，希望能藉由長期性思維，找出對未來經濟與社會發展最有利的技術領域，找出所謂的新興技術（Emerging Technologies），依據當時社會經濟產業的需求來研擬所需要的技術前瞻計畫。從德國的前瞻計畫範例中可以看見，計畫類型與目標的差異，執行期間長短也不一，需視當時狀況決定，視國情而定。

＊ 表 3-4 德國技術前瞻的歷史

技術前瞻計畫名稱	時間	計畫經費來源
Technologies at the Beginning of the 21st Century	1991	德國聯邦教育研部（BMBF）
The 1993 Long-term Foresight Survey on Science and Technology（Delphi' 93）	1993	德國聯邦教育研部（BMBF）
1996 Survey on the Development of Science and Technology（Mini Delphi）	1995	德國聯邦教育研部（BMBF）
Delphi '98	1996	德國聯邦教育研部（BMBF）
Megatrends	1998	德國聯邦教育研部（BMBF）
Futur	2001-2003	德國聯邦教育研部（BMBF）
The German BMBF Foresight Process	2007-2014	德國聯邦教育研部（BMBF）

資料來源：本研究整理

3-3-3 技術前瞻之方法

根據Georghiou et al.（2008）的整理，執行科技前瞻的方法多達30餘種。主要可以分為三種：量性研究、半量性研究和質性研究兩種。

(一) 量性研究方法：衡量變數的因果關係和運用描述/計量統計分析的方法。使用或產生（但願）可靠的和有效的資料（例如：社經指標）。可選用方法例如：標竿研究（Benchmarking）、書目計量學（Bibliometrics）、時間序列分析（Indicators/Time Series Analysis （TSA）、模式法（Modelling）、專利分析（Patent Analysis）、趨勢外推法/ 影響力分析（Trend Extrapolation/ Impact Analysis）。

(二) 半量性研究方法：運用數學規則或量化指標去量化專家的觀點和建議（例如：五點量表，或可能性的比重）。可選用方法例如：交叉影響/ 結構分析（Crossimpact/ Structural Analysis ）、德菲法（Delphi）、關鍵技術（Key Technologies）、多重標準（Multi-criteria Analysis）、投票（Polling/Voting）、量化情境（Quantitative Scenarios/SMIC）、技術地圖（Roadmapping）、利益關係人分析（Stakeholders Analysis/MACTOR）。

(三) 質性研究方法：對事件和看法提供意義的方法。這樣的說明傾向於以主觀或創造力爲基礎，通常很難被證實（例如：觀點、腦力激盪期間、訪談）。可選用方法例如：倒續推演法（Backcasting）、腦力激盪（Brainstorming）、公民議壇（Citizen Panels）、研討會/工作坊（Conferences/ Workshops）、情境描述（Essays/Scenario Writing）、專家論壇（Expert Panels）、大師預測（Genius Forecasting）、訪談（Interviews）、文獻回顧（Literature Review（LR）、型態分析法（Morphological Analysis）、關聯樹/邏輯圖（Revelance Trees/ Logic Charts）、角色扮演（Role playing/ Acting）、掃描（Scanning）、情境討論（Scenarios/Scenario Workshops）、科幻小說（Science Fictioning （SF）、競賽模擬（Simulation Gaming）、調查（Surveys）、SWOT分析（SWOT Analysis）、外卡（Weak Signals/Wild Cards）。

一、常用於技術前瞻的研究方法

各種方法對於不同執行階段的重要性有所不同，最常被使用的三種研究方法如下：

(一) 德菲法（Delphi）：德菲法乃針對各種議題或關鍵技術設計德菲法問卷，以調查產官學研各界專家對各項社經需求，以及科技發展議題之意見。德菲法主要原則，在於透過各界專家一回合以上對於相關議題的討論之後，互相參照不同見解，逐步收斂對於相關議題之共識。德菲法在實踐上，問卷設計多爲整合跨領域科技之命題，通常進行二回合以上之調查，以凝聚形塑共識。

(二) 情境分析法（Scenario Analysis）：情境分析法採用包絡的概念，預測能涵蓋眞實狀況發生時的主要屬性與未來可能發生之脈絡。透過跨領域的專家共同參與，以系統思維方式進行的決策工具，研提我國未來科技發展之情境分析結果。

情境分析法之步驟包括：1.認定決策焦點（Identify Decision Focus）；2.認定關鍵決策因素（Key Decision Factor）；3.認定驅動力量（Driving Force）；4.選擇不確定軸面（Uncertain Axis）；5.選擇並增修情境內容（Select and Flesh out The Scenario Logics）；6.分析決策涵義（Strategy Implications）等六個項目。

冀望在情境分析法之操作運用下，能爲不確定性高之未來技術，提供數個情境以包絡未來狀態，使得相關決策者能就各種情境模擬並作出決策。並根據數個情境作爲骨架，發展擴充成情境內容，並具以就機會點（Opportunities）、威脅點（Threats）、企業需求等方面，分析情境之決策涵義。

(三) 技術道路圖（Technology Roadmap）：這是針對某一產品族群，擇定其核心產品，並對其所涉入的科技進行縝密分析，以認定其中關鍵性科技與支撐性科技的發展情形。進而描繪特定領域技術在未來發展之可能態勢及不同技術發展的可能時程，同時包括影響技術發展之可能因素，如管制、市場結構等。此方法很常被運用於高科技產業分析，透過專家群組的討論來設定未來技術目標。

技術路線地圖須依據各項政策的中長期目標，依時間序列，排定並繪製出未來前瞻科技發展藍圖，以擬訂不同階段所應採取之策略及其欲達成之目標，使科技前瞻成果可依據策略藍圖所規劃的期程階段來推動。技術道路圖所分析之涵括時程，多以五或十年以上之中長期分析。

四、技術前瞻之應用實例

台灣經濟部爲使國家經濟實力不斷增長，資源分配達到最佳效益，致力於國家產業發展前瞻研究的開展，建立我國長期重點產業策略形成與科技整合的機制。透過國內首次效法先進國家中長期規劃模式，所進行之正式且大規模研究之產出。由工業技術研究院產業經濟與趨勢研究中心、資訊工業策進會產業情報研究所，以及國內外重要智庫通力合作，勾勒2015年台灣產業發展藍圖。除了從經濟、社會與環境等宏觀角度出發，歸納影響台灣產業發展最鉅的六大趨勢，於此環境演變之下，台灣在多元文化發展的特色下，衍生對國家產業發展的四種願景角色。更由需求導向的角度，選出影響台灣2015產業發展的關鍵科技群組，建構定期監測技術與應用發展流程，並針對特定技術群組進行發展藍圖展開，提出對應的發展策略。

圖3-5為台灣2015前瞻計畫的整體流程，共分為五個階段完成，分別為：全方位蒐集候選科技項目、建構科技群組、評估與定位科技群組、形成科技群組策略、凝聚共識深化成果。

首先，從各國前瞻研究成果與相關資料庫中，收集未來重要科技項目，總計共有八十九個前瞻研究智庫報告，經過分析之後歸納出243項未來關鍵性科技項目，以供後續各領域專家進行分析。綜合各智庫的建議，以聯集為原則，總共歸納成12項群組類別：新興資通訊系統、網通整合服務、前瞻材料應用、精密機械、天然資源與航太科技、汽車運輸與交通系統、住宅設備、家庭照護、醫療保健、生物科技、環保產品、新興能源等領域之前瞻科技項目，以作為後續科技群組之建構基礎。

Stage I	Stage II	Stage III	Stage IV	Stage V
全方位蒐集 候選科技項目	建構科技群組	科技群組之 評估與定位	科技群組 策略形成	凝聚共識 深化成果
匯整國內外智庫 及相關資料庫 研究分析成果 ↓ 歸納出未來 關鍵科技項目	依技術屬性、市場 需求、社會價值 以歸類科技群組 ↓ 篩選以上各群組以 決定關鍵科技群組	根據市場規模、 社會價值、產業 地位、技術風險 之高中低等級 進行評估 ↓ 依評估結果定位 於策略矩陣	依據各定位區分 個別策略群組 ↓ 訂定個別群組 之具體策略 ↓ 彙集各專家建議 產出政府資源 配置比例	藉由知識擴散與 說明會之舉辦， 彙集產政學研之 建議，進而深化 研究成果

＊ 圖 3-5　台灣 2015 前瞻計畫的整體流程

資料來源：「2015 台灣產業與科技整合研究計畫」，台灣新願景網站：http://www.taiwanforesight.org.tw/

最後，技術領域總共分為「生技（Biotech）」、「材料（Materials）」、「能源（Energy）」、「半導體（Semiconductors）」與「資通訊（Information and Communications）」及「跨領域/其他（Merged）」等六個領域，將200多個科技項目依照技術屬性、市場需求，與社會價值之相關性，進行科技群組的歸類。經由各領域專家討論之後，最後共計產生44個重要科技群組。

經過多場前瞻科技評估會議的專家討論，進行科技項目與內容的調整、科技群組的形成與闡述之後，將該44個科技群組收斂爲40個科技群組，並評估各群組未來的重要性（Importance）與風險性（Risk），根據評估結果，最後歸納出29項對台灣未來具有關鍵性影響力的科技群組。各群組內涵及說明，如表3-5所示。

＊ 表 3-5 2015 前瞻計畫產出：台灣未來具有關鍵性影響力的科技群組

1. 生物科技 • 支援預防醫學和個人化醫療之分子層級診斷法 • 新興感染症之管控 • 農業生物科技 • 老化疾病相關的診斷及治療	2. 前瞻材料 • 奈米與科技應用 • 智慧與材料應用 • 先進電子材料與元件
3. 新興能源 • 潔淨化石能源轉換與減少污染物排放 • 次世代太陽能源 • 綠色車輛 • 高效率能源裝置 • 先端燃料電池	4. 半導體 • 高度整合的晶片 • 次世代半導體製程與模擬 • 軟性電子技術 • 次世代運算元件
5. 新興資通訊系統 • 辨識與翻譯技術 • 智慧型企業運算 • 網路多媒體 • 寬頻通訊 • 智慧運輸系統 • 數位家庭	6. 綜合領域 • 無線技術 • 分散式醫療保健系統 • 先進顯示系統 • 永續建築 • 機器人 • 環境與資源管理 • 精密機與設備

資料來源：「2015 台灣產業與科技整合研究計畫」，台灣新願景網站：http://www.taiwanforesight.org.tw/

問題與討論

習題一

問題：請說明技術規劃、技術預測與技術前瞻三者之間的關係。

習題二

問題：常見的技術預測類型有哪三種，請簡單說明。

習題三

問題：試比較規範式與探索式的技術預測方法的相異之處。

習題四

問題：Porter 等人將技術預測方法分為哪三種類型，請簡單介紹。

習題五

問題：進行技術預測時，需要注意哪四項主軸？

習題六

問題：運用技術預測時，共有哪七個步驟？

習題七

問題：技術前瞻有那五大要素必須考慮進去？

習題八

問題：技術前瞻有那三種主要研究方法？

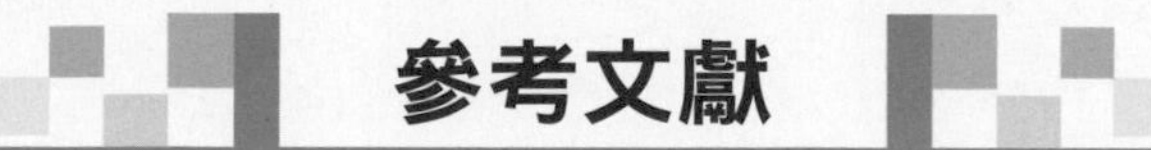

參考文獻

英文部分

1. TerutakaKuwahara，Technology Foresight in Japan, International Conference on Technology. Foresight, Tokyo, Japan, March 8,2000

2. Kerstin Cuhls et al.,（2009）,The methodology combination of a national foresight process in Germany.

3. KerstinCuhls,（2003）, From Forecasting to Foresight Processes—New Participative Foresight Activities in Germany, Fraunhofer ISI.

4. Garde, V. D.,Patel, R. R.（1985）.Technological Forecasting for Power Generation-A Study Using the Delphi Technique.Long Range Planning,18 (4),73-79

5. Martino, J. P.（1994）, Technological Forecasting for Decision-making, Mcgraw-Hill International Editions.

6. Gabor, D.（1963）. Inventing the Future. London: Sacker andWarburg

7. J.P. Martino, Technological Forecasting for Decision Making（3rd ed.）, McGraw-Hill, New York, 1993

8. Porter, Alan L., J. Banks, Thomas W. Mason, Thomas A. Roper, and F. Rossinni, Forecasting and Management of Technology, New York: Wiley,1991.

9. Terutaka Kuwahara，Technology Foresight in Japan, International Conference on Technology

10. Foresight, Tokyo, Japan, March 8,2000.

11. Miles, I.（2002）, Appraisal of Alternative Methods and Procedures for Producing Regional Foresight, Report prepared by CRIC for the European Commission’s DG Research funded STRATA-ETAN Expert Group Action,Manchester, UK：CRIC.

12. Cuhls, K.; Beyer-Kutzner, A.; Bode, O.; Ganz, W.; Warnke, P.: The BMBF Foresight Process, in: Technological Forecasting and Social Change, 76（2009） 1187–1197.

中文部分

1. 余序江、許志義、陳澤義（1998），科技管理導論：科技預測與規劃，台北：五南圖書出版公司。
2. 柯承恩、孫智麗、吳學良、黃奕儒、鄒篪生（2011），科技前瞻與政策形成機制：以農業科技前瞻爲例，科技管理學刊第十六卷第三期100年9月pp.1-28。
3. 王仁聖、劉哲宏、徐作聖（2013），運用模糊層級分析法評選新興生物辨識科技，科技管理學刊18卷1期，p51-82.
4. 李宜映（2011），農業科技前瞻之發展趨勢，國際農業科技新知7月（51期）pp3-6。
5. 孫智麗、李宜映、黃奕儒、李秉璋（2011），「2025台灣農業科技前瞻之發展議題分析」，台經月刊，第34卷3期，頁70-77。
6. 鄒篪生、孫智麗、李宜映（2009），「由各國科技前瞻執行經驗提出我國農業科技前瞻發展規劃」，台經月刊，第32卷12期，頁48-56
7. 李庭毅（2012）。以灰關聯預測探討台灣醫師人力供需。靜宜大學會計系碩士論文，台中市，未出版。
8. 孫智麗（2012）。修正自國科會「科技發展支援系統建置試辦計畫-我國長期及前瞻科技政策之研究、規劃」第一期成果報告（2010）。
9. 張體偉、孫豫寧（譯）（2013）。第三次工業革命：世界經濟即將被顛覆，新能源與商務、政治、教育的全面革命（Rifkin, J.）。台北：經濟新潮社。
10. 台灣經濟研究院，（2011），科技前瞻運作機制參考手冊－農業科技前瞻體系之建立計畫執行成果，行政院農委會委託執行

網站部分

1. 中商情報網（2013），中國模具鋼市場需求預測分析，http://big5.askci.com/news/201304/11/1117122529355.shtml
2. 「2015 台灣產業與科技整合研究計畫」，台灣新願景網站：http://www.taiwanforesight.org.tw/

Chapter 4

科技製造業與服務業分析觀點

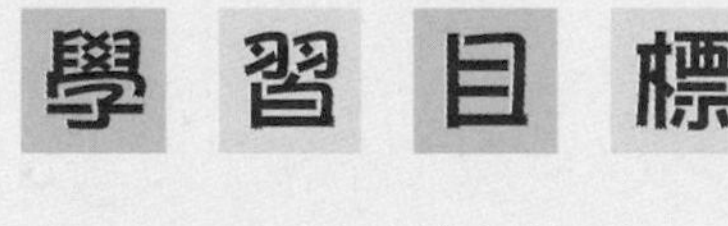

學習目標

★ 介紹服務產業的定義與種類
★ 介紹新興服務產業（知識密集型服務業）的類型和用途
★ 介紹新興服務產業（科技服務業）的類型和用途
★ 介紹新興服務產業（生產型服務業）的類型和用途
★ 介紹服務業產業分析架構與範例

4-1 簡介

過往製造業與服務業爲兩個壁壘分明的產業，製造業提供有形實際的產品，而服務業則提供無形的服務與人員，作爲製造業銷售最終產品與消費者的溝通服務橋樑。隨著時代演進，製造業者不再只是單一產品供應者，而是提供一系列滿足客戶需求的服務，透過服務來彰顯產品差異化，進而增加與客戶的緊密度，創造更高的附加價值。

現今爲了進行國際間統計數據的比較，政府統計數據還是需要定義與劃分製造業與服務業的範圍。但在實際經營管理上，二者間差距只不過是程度上的差別。然而在進行產業分析時，過去實例多往製造業的產業分析方式著手，然而隨著服務業的重要性日趨上升，未來也需因應服務業的特性，產業分析的架構與方法也將有所異同，以利檢視服務產業本身的優劣勢，核心競爭力與產業結構等，以擬定完善的服務產業發展方案，順利推動服務業的發展。

4-2 製造業與服務業之差異

4-2-1 基本差異

製造業與服務業最大的差異在於製造業中的產品通常是實體可見，並且是可以儲存的，而服務業的產品，通常是不可見，不可儲藏的。但事實上製造業及服務業並沒有一個明確的劃分。譬如說餐廳就是一個較典型的服務業，而郵購中心雖然是服務業但卻不像餐廳那樣典型，還有一些產品品質管理的需求，另外一方面來看，汽車產業是一個典型的產業關聯性高的製造業，但是汽車廠的顧客申訴部門，或者是服務部門，就有相當的服務業色彩在裡面。其他差異如表4-1所示：

＊ 表 4-1 製造業與服務業的差異

	製造業	服務業
顧客接觸程度不同	•顧客接觸程度通常相對低，例如：客戶不會期望買車後，會需要見到製造車的人。	•服務業顧客接觸程度要比製造業高。例如：到百貨公司購物一定會遇到售貨小姐。
價值活動不同	•當知識能耐以「機器設備」為載具，「製造業」成分較高。 •若產業或企業的價值鏈主要依附於機器設備，則可歸於製造業。	•創造價值必須依賴「知識能耐」，當這些知識能耐是以「人」為載具時，「服務業」成分較高 •若產業或企業價值鏈，創造知識能耐多依附於員工，則可歸於服務業

4-2-2 產業界限模糊化

然而現今大部分產業，多數同時具有「製造業」與「服務業」兩種特性的價值活動。例如：所謂製造業裡的價值活動，如研究發展、市場調查、品牌行銷、通路管理等，在本質上完全是「服務」，若將它們切割出去，都是不折不扣的「服務業」。換言之，當這些「製造業」廠商將製造活動外包給OEM廠後，本身其實就已不應再被歸屬於製造業了。

製造業服務化概念，最初始於80年代，最初的觀點是從產品延伸，以服務加值產品。到了90年代，則是強調製造服務化是產品製造商將服務整合到核心產品內，延伸對客戶的服務，提升產品價值。因此製造業與服務業已經不再是兩種完全不同的產業形態，製造業與服務業界限也日益模糊。

近年來，製造業日益體會到擁有「服務」成分的價值活動才是差異化與競爭力的主要來源，於是「製造業服務化」就成爲許多產業努力的方向。所謂「以製造業思維看研究發展」是指大家誤認爲知識能耐創新只能展現於機器設備上，其實人力素質的提升也是產值提高的重要關鍵。製造業與服務業的分界線本非楚河漢界，彼此間界線越來越模糊，主要國家如美國、日本及歐洲等，對於所謂的製造服務化或產品服務化的議題也愈加重視。例如，製造業該如何跨入製造服務創新的領域，爲企業及客戶創造更大的價值？隨著科技環境的成熟，越來越多創新服務型態可以被製造業所採用。

「製造業服務化」與「服務業科技化」是一種趨勢。許多目前發展趨勢，使得兩種產業的界限逐漸模糊，任何定義與區分的方法，其必要性也日益降低了。然而進行產業分析時，則須根據製造業和服務業的個別特色，進行產業分析；或是以更宏觀的角色，針對專精於服務業的產業，須有不同的分析角度。針對同時具有製造業和服務業價值活動的產業，則需進行更整合性的產業分析。下一節首先就服務產業之範疇與定義進行介紹，讓讀者可以對何謂服務產業能有初步的了解。

4-3 服務產業分析之定義

服務產業分析的基本概念與方法，雖然和進行製造業產業分析的觀念大致雷同，而且實務上亦可互爲應用。然而服務業產業分析仍有其產業特殊性與特色，需要特別留心。本段落將介紹進行服務產業分析時，所需特別注重的焦點。本節內容簡短摘要如下：

1. 服務與服務產業的定義。
2. 服務業的環境分析、產業概況與產業發展脈絡。
3. 服務產業的服務內容、方式、流程、顧客區隔。
4. 主要服務業者的服務商業模式、經營現況和訂價模式。
5. 服務產業鏈構成方式。
6. 服務平台呈現的方式。
7. 服務產業的市場規模、市場範疇、市場現況與未來性。
8. 服務產業標準、主管機關管理辦法與公會統一定價方式。
9. 服務業關聯度與附加價值。
10. 服務業價值鏈。

4-3-1 服務與服務產業的定義

一、服務是什麼？

服務是服務提供者提供消費者物品、勞力、技術、專業、知識、資訊、設施、時間或空間之中的某些項目，構成一系列活動的流程，以產生顧客所需的價值。如爲顧客辦理事情，解決顧客問題，或者娛樂顧客、服侍顧客、讓顧客愉悅等等。

在此活動或過程中，基本上提供者是在為顧客從事某項工作或代為處理某些事情。因此，原則上是有需要收費的。但如果是非營利機構所提供之"服務"，則可能是免費的。製造業的產品會有所有權移轉之問題，而服務業的服務提供則不必有所有權之移轉。

二、各項服務業之產業範疇

為明確具體推動各項服務業發展，根據台灣政府規劃出的服務業產業範疇，如表4-2所示。

＊ 表 4-2　各項服務業之產業範圍

服務業	產業範圍
金融服務業	• 金融及保險服務業係指凡從事銀行及其他金融機構之經營，證券及期貨買賣業務、保險業務、保險輔助業務之行業均屬之。 • 產業範圍包括銀行業、信用合作社業、農（漁）業信用部、信託業、郵政儲金匯兌業、其他金融及輔助業、證券業、期貨業以及人身保險業、財產保險業、社會保險業、再保險業等。
流通服務業	• 連結商品與服務自生產者移轉至最終使用者的商流與物流活動，而與資訊流與金流活動有相關之產業則為流通相關產業。 • 產業範圍包括批發業、零售業、物流業（除客運外之運輸倉儲業）。
通訊媒體服務業	• 利用各種網路，傳送或接收文字、影像、聲音、數據及其他訊號所提供之服務。 • 產業範疇包括電信服務（固定通信、行動通信、衛星通信及網際網路接取）等服務，與廣電服務（廣播、有線電視、無線電視及衛星電視）等服務。
醫療保健及照顧服務業	• 預防健康服務：成人健診、預防保健服務、健康食品、健身休閒。 • 國際化特色醫療：中醫、中藥及民俗療法行銷國際化。 • 醫療國際行銷：結合外交與媒體共同行銷國內強項及罕見疾病醫療技術。 • 醫療資訊科技：電子化病歷、預防保健知識通訊化、遠距居家照護服務、建立全國整合性醫療健康資訊網。 • 健康產業知識庫：建立健康知識資料庫規範。 • 本土化輔具：獎勵本土輔具研發，建立各類輔具標準認證系統，輔具供需資訊與物流或租賃中心。 • 無障礙空間：結合建築、科技、醫療及運輸等，規劃公共空間及居家無障礙環境。 • 照顧服務：醫院病患照顧、居家照顧、社區臨托中心、失智中心。 • 老人住宅：老人住宅並帶動其他相關產業，包括交通、觀光、信託、娛樂、保險。 • 臨終醫療服務：安寧照顧企業化。

＊ 表 4-2 各項服務業之產業範圍（續）

服務業	產業範圍
人才培訓、人力派遣及物業管理服務業 人才培訓、人力派遣及物業管理服務業	• 人才培訓服務業：高等教育、回流教育及職業訓練，訓練機構可能包括提供高等教育、回流教育的在職專班、推廣教育學分班、終身教育的社區大學等，及提供職訓教育之純粹公共職訓機構（公、民營）、企業附設（登記有案）、政府機構、各級學校之附設職訓、部分短期補習班及學校推廣班（部）推廣教育的學分班等。 • 人力派遣主要是一種工作型態，除從事人力供應業之事業單位外，其他如保全業、清潔業、企管顧問業、會計業、律師業、電腦軟體業等，亦從事部分人力派遣業務。 • 物業管理服務業：針對建築物硬體及服務其社群與生活環境之軟體，作維護管理與全方位之經營。 • 物業管理服務業依其服務項目可分為三類： 1. 第一類：建築物與環境的使用管理與維護 提供建築物與環境管理維護、清潔、保全、公共安全檢查、消防安全設備及附屬設施設備檢修等服務。 2. 第二類：生活與商業支援服務 提供物業代辦及諮詢行業、事務管理、物業生活服務（社區網路、照顧服務、保母、宅配物流）、生活產品（食衣住行育樂）及商業支援等服務。 3. 第三類：資產管理 提供不動產經營顧問、開發租賃及投資管理等服務。
觀光及運動休閒服務業	• 觀光服務業：提供觀光旅客旅遊、食宿服務與便利及提供舉辦各類型國際會議、展覽相關之旅遊服務。 • 運動休閒服務業：運動用品批發零售業、體育表演業、運動比賽業、競技及休閒體育場館業、運動訓練業、登山嚮導業、高爾夫球場業、運動傳播媒體業、運動管理顧問業等。
文化創意服務業	• 文化創意產業指源自創意或文化積累，透過智慧財產的形成與運用，具有創造財富與就業機會潛力，並促進整體生活環境提升的行業。 • 產業範圍包括：視覺藝術產業、音樂與表演藝術產業、文化展演設施產業、工藝產業、電影產業、廣播電視產業、出版產業、廣告產業、設計產業、設計品牌時尚產業、建築設計產業、創意生活產業、數位休閒娛樂產業等。（其中設計產業、設計品牌時尚產業及建築設計產業另於設計服務業專章詳述。）
設計服務業	• 產品設計：工業產品設計、機構設計、模具設計、IC 設計、電腦輔助設計、包裝設計、流行時尚設計、工藝產品設計。 • 服務設計：CIS 企業識別系統設計、品牌視覺設計、平面視覺設計、廣告設計、網頁多媒體設計、產品企劃、遊戲軟體設計、動畫設計。
資訊服務業	• 提供產業專業知識及資訊技術，使企業能夠創造、管理、存取作業流程中所牽涉之營運資訊，並予以最佳化之服務是為資訊服務。 • 產業範圍包括： 1. 電腦系統設計服務業：凡從事電腦軟體服務、電腦系統整合服務及其他電腦系統設計服務之行業均屬之。 2. 資料處理及資訊供應服務業：凡從事資料處理及資訊供應等服務之行業均屬之（含網際網路服務提供者）。

＊ 表 4-2　各項服務業之產業範圍（續）

服務業	產業範圍
研發服務業	• 研發服務業係指以自然、工程、社會及人文科學等專門性知識或技能，提供研究發展服務之產業。 • 產業範圍包括： 1. 提供研發策略之規劃服務：業務內容包括市場分析研究、技術預測、風險評估、技術發展規劃、智慧財產檢索、智慧財產趨勢分析、智慧財產佈局與研發成果產出之策略規劃等。 2. 提供專門技術之服務：業務內容包括產業別或領域別技術及軟硬體技術服務、實驗模擬檢測服務及量產服務等。 3. 提供研發成果運用之規劃服務：研發成果投資評估、創新創業育成、研發成果組合與行銷、研發成果評價、研發成果移轉與授權、研發成果保護與侵權鑑定、研發成果獲利模式規劃等。
環保服務業	• 環境保護服務業包括空氣污染防制類、水污染防治類、廢棄物防治類、土壤及地下水污染整治類、噪音及振動防制類、環境檢測、監視及評估類、環保研究及發展類、環境教育、訓練及資訊類及病媒防治類等九大類。
工程顧問服務業	• 工程顧問服務業係以從事各類工程及建築之測量、鑽探、勘測、規劃、設計、監造、驗收及相關問題之諮詢與顧問等技術服務為專業者之行業，目前分為建築師、專業技師、顧問機構三種不同業別。

資料來源：行政院經濟建設委員會（2004），服務業發展綱領及行動方案。

4-3-2　服務業的環境分析、產業概況與產業發展脈絡

服務產業的總體環境廣泛，包括科技、政治、經濟、文化、人口、情境分析等分析。因爲製造業全球化已是普遍趨勢，但服務產業受限於國家、地區、語言和風俗習慣等因素的影響，相較於科技業與製造業，不易全球化。故進行產業分析時，要詳細地描述該產業的環境特色、產業概況與產業發展脈絡，以協助讀者了解該產業的背景因素。

例如：「日本動漫產業」享有「世界動漫王國」的美譽，根據統計顯示全球播放的動畫節目，有60%是日本製作的。日本動漫歷史起源於1996年，日本政府公佈「21世紀文化立國方略」，明確將動漫文化產業確定爲國家重要支柱產業，動漫產業已成爲日本文化產業的代表，和日本電器、日本汽車並列，成爲影響世界的三大日本製造業，成爲最有價值的出口產品之一。2003年，日本政府成立了「知識財富策略本部」，正式把「新文化產業」確定爲國家發展策略的一項重要內容，大力扶持動漫產業，對產業放寬限制，增加預算，完備相關法律。同時日本民間也開始積極建立動漫學校，透過舉辦動漫和遊戲大賽等各種方式培養人才，讓動漫產業更加蓬勃（李常慶，2011）。

4-3-3 服務產業的服務內容、方式、流程、顧客區隔

服務產品（Servicing Products）是指不具有實體型態的產品，取而代之以各種勞務形式表現。因此它的生產可能與某種有形產品密切聯繫在一起，也可能沒有關係。進行分析時應先確認服務的內容、提供服務的方式與流程；所需服務的對象類型、以利進行顧客區隔，了解消費者的購買動機。

例如：動漫產業主要以「創意」爲核心，以動畫、漫畫爲表現形式，產品類型包含動漫圖書、報刊，電影、電視、影音製品等資訊傳播技術所創造的各種動漫產品。其中也包含與動漫概念形象有關的服裝、玩具、電子遊戲等衍生產品的生產和產業經營。整體而言，動漫產業具有市場廣闊、文化傳播、高投入、高附加值、產品生命週期長、高國際文化程度等特性。

例如：韓國金融監督院情報研究院資料指出，韓國營業額最高的SM娛樂公司，隸屬流行音樂產品；產品有專輯、音樂會；服務型產品有製作音樂專輯、藝人經紀、新人培訓等。自2009年以來，SM公司海外節節升高的演唱會門票收入、版權收入與國內數位音樂銷售爲其主要的獲利來源，其海外營收在2010年已佔總營收的42%。

藝人組合是經紀公司最喜歡也最擅長推出的娛樂產物。SM公司就曾成功推出多個組合，如HOT、SES、神話、東方神起；以及經過3到4年選拔淘汰，最新推出的13人組合Super Junior（許家豪，2006）。

4-3-4 主要服務業者的服務商業模式、經營現況和訂價模式

商業模式則是描述組織如何創造價值、傳遞價值給顧客，描述一家公司爲客戶，公司創造及提供價值的方法，描述組織如何創造價值、傳遞價值給顧客。也是一種「公司處理其與客戶和供應商事務的方式」。亦可定義爲「一個公司和它的客戶與供應商的關係，特別是競爭優勢、劣勢的關係」。

服務產業所關心的商業模式議題，也圍繞著「顧客價值」，主要關心的重要議題有三個方向：第一、服務產業的商業模式可以爲顧客提供什麼價值；第二、服務型企業的商業模式設計，要以何種方式提供消費者服務產品，與如何定價；第三、企業的商業經營模式要如何爲顧客提供價值（Value Proposition），可以成爲企業的營收。

進行服務產業分析時，除了和製造業一樣須包括顧客價值、商業機會、關鍵核心競爭力；服務產業還有特有的價值服務活動，如物流、金流、商流、資訊流架構，和找到落實商業模式的組織成員等，也須詳加說明。本段落列舉服務產業常見的商業模式如下（鍾憲瑞，2012）：

- 以「價值鏈」爲主的商業模式：例如，PC HOME24小時服務，提供向下整合、提高時效的價值鏈整合模式，原本PCHOME採取轉單模式，爲了加速提供消費者產品的速度，PCHOME自己蓋倉庫，提供即時的網購服務。
- 以「顧客價值」爲主的商業模式：例如，誠品書局在松山文創園區建立松菸誠品，該園區除了書店，還有文創百貨公司的功能，企業在現有市場的區隔上，增添新的顧客價值元素，滿足顧客的另類需求。
- 以「市場區隔」爲主的商業模式：掌握產品知識、轉向提供顧客知識，例如：金融公司運用人口統計、購買行爲和客戶偏好，羅列客製化的開發顧客名單，成功地找出可創造高獲利的重點客戶。而非單純地將申請表寄給數以萬計的消費者，事先剔除無價值和低成長的顧客。
- 以「價值體系包含物流、金流、商流和資訊流」爲主的商業模式：例如，eBay 的金流佈局，eBay在2012年以15億美元購併了PayPal付費模式，企業爲了讓各種區隔的顧客都能便利地進行交易，發展出各種類型的多元金流方式。

4-3-5 服務產業鏈構成方式

「產業鏈」是一個包含價值鏈、企業鏈、供應鏈等運作均衡的過程，服務產業鏈的構成，主要以非線性產業網路爲特色，和科技業和製造業的線性產業鏈有所不同。例如：電子支付產業鏈中，產業鏈如圖4-1所示，上游多家供應商須同時運作，同時供應服務，方可提供消費者進行線上購物與網路匯款。由此可見，服務爲主的產業鏈的上中下游關係較不顯著，具有網絡型特色。

例如：搜尋引擎產業鏈中，主要以搜尋引擎爲主要創新服務，產業鏈如表4-3所示，上中下游供應商須同時運作，同時供應服務，方可提供消費者進行線上搜尋引擎服務。換句話說，服務爲主的產業鏈的上中下游關係較不顯著，沒有明顯的前後產業關聯。

例如，以電子支付產業爲例（如圖4-1），上游供應商同時包括基礎設施供應商、軟體／硬體供應商、內容供應商與資料庫供應商，這些廠商供應搜尋引擎業者所需要的內容、軟硬體與基礎設施；

電子支付產業價值鏈下游則包括：B2C服務廠商、搜尋廣告商以及使用者/顧客等。搜尋引擎廠商爲主要創新者，提升搜尋服務的同時會使用或折耗相關的基礎設施、硬體、軟體、內容、軟體，因此這些基礎設施廠商、硬體廠商、軟體廠商、內容廠商被稱爲搜尋引擎廠商的供應商。而處於產業鏈下游的B2C服務廠商（包括入口網站服務商）、廣告營運商、廣告經銷商等，則稱爲互補性廠商，使用者透過搜尋引擎使用各種服務或點選網路廣告，見表4-3。

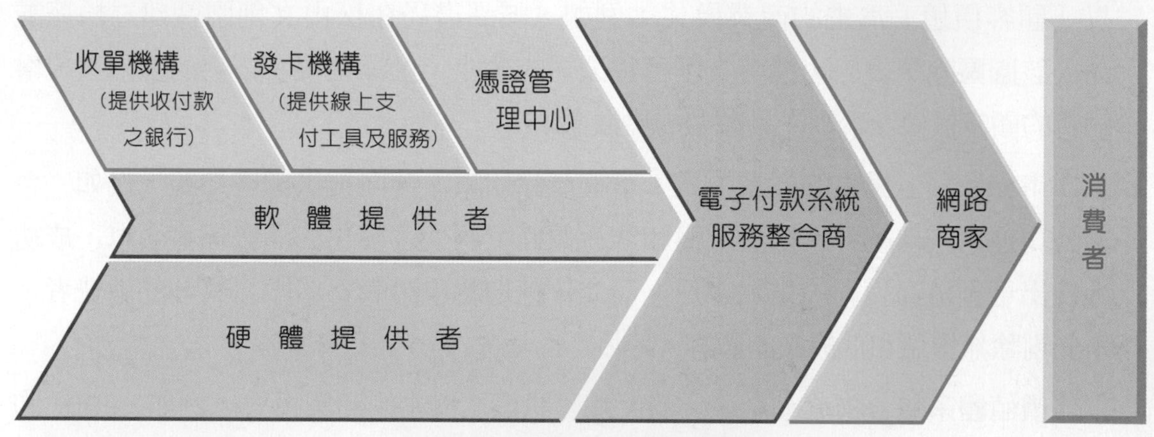

＊ 圖 4-1 電子支付產業價值鏈

資料來源：鍾曉芬（2007）

＊ 表 4-3 搜尋引擎產業架構的分類與定義

	類別	說明	代表性廠商
供應商	基礎設施	提供搜尋引擎運作所需基本硬體，例如伺服器、電腦主機、微處理器等。網路架構及周邊設施如頻寬、路由器、光纖、防火牆等。	Intel、IBM、Sun
	軟體	1. 作為搜尋引擎運作平台的作業系統。 2. 網頁伺服器應用軟體。 3. 輔助網頁瀏覽的應用程式。	MS Windows、Linux Netscape、MS IE、FireFox
	內容 / 資料庫	包括分散的網頁連結以及集結網頁的線上資料庫，是搜尋主要來源。	Open Directory、USNET ODF
主要創新者	搜尋引擎	其技術發展分為兩方面：核心技術和輔助性技術，核心技術包含抓取、分類、索引、尋找，技術來自企業自行研發或購併；輔助性技術則包含廣告收費機制、圖形介面等。	Google、Yahoo、MSN

＊ 表 4-3 搜尋引擎產業架構的分類與定義（續）

	類別	說明	代表性廠商
互補性廠商	B2C 服務	入口網站服務：提供以分類目錄讓使用者可以瀏覽各網站網頁的連結，並導出到搜尋引擎或個人化等其他服務。	AOL、Hinet、YAHOO
		提供終端使用者的互補性應用，例如將使用者導入或導出搜尋引擎網站，包括免費或付費服務，如：社群、電子商務、信箱、其等。	Hotmail、eBay、Gmail
	搜尋廣告商	包含一般及網路廣告代理業者。提供網路廣告仲介、搜尋最佳化及各種網路廣告服務。	Overture、24-7、DoubleClick
	廣告主	贊助廠商付費給搜尋廣告商，以取得廣告曝光給使用者 / 顧客的機會。	願意付費讓廣告曝光的廠商
	使用者 / 顧客	免費或付費的使用者，包括搜尋引擎使用者、B2C 服務使用者、搜尋廣告使用者等。	網路使用者

資料來源：趙國仁等（2009）

4-3-6 服務平台呈現的方式

目前服務產業通路主要有實體店面和網路服務平台兩種。網路服務平台建構的方式，可分為自行建構研發或外包等。現今許多服務產業，因為網路消費的便利性，威脅著實體店面，故而一般實體店面也會增設網路商店，增加通路，增加商機，透過虛擬平台結合實體店面共創雙贏。

例如：7-ELEVEN在許多國家都有展店，因此可以通過國際共同採購或是相互介紹廠商的方式，降低商品採購成本，並創造有特色的商品，7-ELEVEN在台灣也蓬勃發展。近年來為了提供消費者更便利的網購服務，發展7-net雲端超商，開拓網路市場，擴充販售商品種類，強化虛擬平台的經濟效益。

4-3-7 服務產業的市場規模、市場範疇、市場現況與未來性

服務業市場分析和製造業分析相同，主要是根據已獲得的市場調查資料，運用統計原理，分析市場類型及其銷售變化。從市場行銷角度看，市場分析也是市場預測的前提和準備過程。

例如：經濟部統計處的「批發、零售及餐飲業動態統計」將餐飲服務業區分為餐館業、飲料店業及其他餐飲業等三種類型。近兩年台灣餐飲業產值有明顯的成長，

2012年已高達新台幣3,855億元，成長率達3.6%。主要的成長來源來自餐館業，而整體市場快速成長有兩大原因，一是內需市場的成長：外食人口增加、提升台灣市場規模。二是來客旅客的增加，特別是兩岸直航與開放陸客來台後，陸客已成爲觀光客最大來源。

4-3-8 服務產業標準、主管機關管理辦法與公會統一定價方式

每個產品都有許多特徵，而定義某類產品的共同特徵，就稱爲「標準」。在此定義下，從產品特性（Characteristic），到精確的產品技術規格（Specification），都稱爲標準。製造業對於標準的分類可分爲品質標準（Quality Standard）和相容性標準（Compatibility）。品質標準著重產品本身的特性；而相容性標準著重產品與其他產品、服務的連接（Link）與介面（Interface）。

服務業雖然以無形產品爲主，仍然會有服務產業標準、主管機關管理辦法、公會的統一定價方式等各種類型的規範，以提供了解服務產業運作方式。例如：通訊服務的寬頻定義，隨通訊科技發展及各國寬頻網路普及程度，而有不同定義。我國現階段寬頻服務係引用「經濟及合作發展組織（OECD）」之定義，即上行傳輸速率爲64Kbps及下行傳輸速率爲256Kbps。目前達到前述標準之技術包括非對稱式數位用戶迴路（ADSL）、纜線數據機（Cable Modem）、光纖到府（FTTH）/光纖到宅（FTTB）、數據專線（Leased Line）、區域網路（含LAN及 PWLAN）及第三代行動通信等，

例如：文化創意產業的主管機關管理辦法：2002年行政院提出「挑戰2008：國家發展重點計畫」的第二大項便是文化創意產業發展，並在2010年發佈並施行《文化創意產業發展法》，其明定的產業領域類別包括：視覺藝術產業、音樂及表演產業、文化資產應用及展演設施產業、工藝產業、電影產業、廣播電視產業、出版產業、廣告產業、產品設計產業、視覺傳達設計產業、設計品牌時尚產業、建築設計產業、數位內容產業、創意生活產業、流行音樂及文化內容產業以及其他經中央主管機關指定之產業。

例如、洗衣商業同業公會公開標價，統一不二價運動，訂立水洗、乾洗等不同衣物的清洗價目表，確立洗衣定型化契約範本，促使洗衣店的經營消費公開透明化。

4-3-9 服務業關聯度與附加價值

「服務業關聯度」與「服務業附加價值」也可以用來區分不同服務產業的特色與差異。參考中經院研究報告（陳信宏、溫蓓章，2007）。以產業關聯程度表來分析，將產業關聯性的兩面：向前和向後產業關聯度作爲縱橫兩軸展開，以國內產業平均關聯度爲界線，區分爲四個象限，如表4-4，可以看出不同產業關聯型態的差異。其中，產業「向後關聯性」（或稱影響度）指的是需要其他產業做爲自身投入的倍數，而「向前關聯性」（或稱感應度）指的是：「當每一產業部門之最終需要皆變動一單位時，對特定產業產品需求之總變動量」，亦即其他產業部門均衡發展的必要條件，包括必要的中間材料或勞務。

第二象限的服務業產業向前關聯度較高，顯示該類型服務業是其他產業發展的必要支撐。例如：金融保險服務、其他工商服務、商品買賣、其他服務、運輸倉儲等。此類型產業的價值創造，不一定來自於中間投入裡多加其他產業產出的應用，或許可以擴大不同層面的最終需要，來提升價值；例如各種形式的服務出口（海關輸出）。

第三象限的服務產業向前關聯度較低，則是直接提供終端消費者的需求，包括：通信服務、傳播及娛樂文化服務、資訊服務、不動產服務、餐飲及旅館服務、醫療服務、公共行政服務、教育服務等。而向前關聯度較低的服務業者，可以透過創造多樣化的服務、增加服務業的中間投入率，帶動相關製造或產品的生產與交易活動，更深入地應用其他產品或技術的程度，以強化服務業向後關聯性，帶動更多的總體附加價值成長。

＊ 表 4-4　產業關聯型態

象限	業別	向後關聯係數	向前關聯係數	象限	業別	向後關聯係數	向前關聯係數
第 II 象限	礦產	1.89	6.90	第 I 象限	化工原料	3.37	7.22
	石油煉製品	2.37	5.72		鋼鐵	3.34	4.85
	金融保險服務	1.62	5.57		電子零組件	2.94	4.28
	其他工商服務	2.03	4.61		其他金屬	3.12	3.62
	商品買賣	1.57	4.72		塑膠	3.59	2.62
	電力	2.11	3.63		紙、紙製品及印刷出版	2.57	3.39
	其他服務	1.83	3.56		加工食品	3.02	2.82
	運輸倉儲	2.12	2.80		塑、橡膠製品	3.08	2.62
					其他化學製品	2.91	2.68
全體產業平均數		2.47	2.47	全體產業平均數		2.47	2.47
第 III 象限	農產	1.80	2.45	第 IV 象限	紡織品	3.25	2.42
	木材及其製品	2.47	1.53		電機及其他電器	3.14	2.31
	通信服務	1.67	2.03		機械	2.93	2.46
	傳播及娛樂文化服務	2.01	1.63		金屬製品	2.91	2.42
	資訊服務	1.81	1.63		畜產	3.37	1.82
	不動產服務	1.35	1.86		人造纖維	3.56	1.61
	飲料	2.18	1.02		資訊產品	3.40	1.39
	自來水	1.90	1.29		運輸工具	2.85	1.84
	漁產	2.07	1.11		皮革及其製品	3.28	1.39
	餐飲及旅館服務	1.64	1.24		非金屬礦物製品	2.53	1.96
	醫療服務	1.54	1.12		其他製品	2.94	1.53
	菸	1.54	1.09		家用電器產品	3.08	1.28
	林產	1.32	1.24		通信器材	3.22	1.06
	公共行政服務	1.45	1.00		成衣及服飾品	3.05	1.11
	教育服務	1.26	1.09		房屋工程	2.78	1.25
					公共及其他工程	2.62	1.26
					燃氣	2.76	1.06

註：標黃底粗體字者表示服務業部門。

資料來源：行政院主計處，國民所得統計及國內經濟情勢展望（中華民國 93 年 11 月 19 日發布）http://www.stat.gov.tw/public/Attachment/51211895671.doc；陳信宏，溫蓓章（2007）彙整。

4-3-10 服務業價值鏈

服務價值鏈（Service Profit Chain）是企業通過基本服務活動和輔助服務活動創造價值的動態過程，形成一條迴圈作用的供應鏈。服務價值鏈模型表現企業以顧客爲導向的經營理念，包含內部服務品質、員工滿意度、員工忠誠度、員工生產力、爲顧客創造的價值（及服務的外部價值）、客戶滿意度、客戶忠誠度對企業創造價值的直接影響等。以上這些都和服務的利潤以及利潤成長有直接相關。

這同時也反映出企業的服務環境、企業文化、人力資源、經營管理對企業創造價值的支持關係，這可以爲公司有效整合服務價值鏈、通過提高服務質量創造更多價值、提升企業核心競爭力、促進企業成長。

例如：保險公司的研究顯示，員工的工作滿意度主要視其是否可以滿足顧客需求的能力而定。也就是說，當員工認爲他自己有能力滿足顧客需求時，其對工作的滿意度將比自認沒有能力者高。在此一研究中，也指出一項重要訊息，當服務工作者離職時，顧客滿意度也會迅速下降。因此，管理者應試著減少員工的流動率並提高他的工作技能。

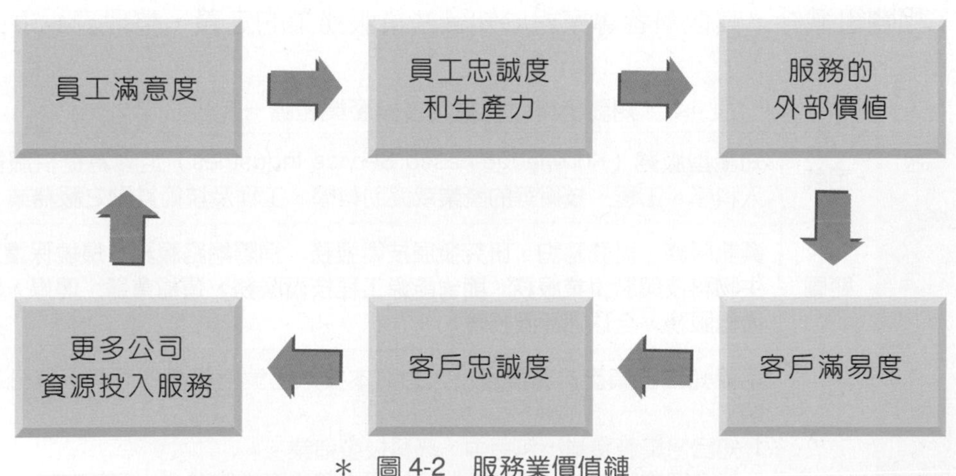

＊ 圖 4-2　服務業價值鏈

資料來源：James L. Heskett, Thomas O. Jones, Gary W. Loveman, W. Earl Sasser, Jr., and Leonard A. Schlesinger,（1994）, "Putting the Service-Profit Chain to Work," Harvard Business Review , PP.582-593.

4-4 新興服務產業

新興服務業相對於傳統服務業，並非單純以時間前後來區分新興和傳統的異同。主要是因爲新興服務業的資本密集度高、知識累積含量高、和產業前後關聯性與延展性強，對未來的影響性大。因此，本章節將進一步討論新興服務業包括：知識密集型服務業、技術服務業、生產型服務業和製造型服務業。

4-4-1 知識密集型服務業（Knowledge-Intensive Business Service，KIBS）

一、知識密集型服務業的定義與分類

根據美國商業部（BEA）的定義，知識密集型服務業是指「提供服務時融入科學、工程、技術等的產業或協助科學、工程、技術推動之服務業」。而依照經濟合作開發組織（OECD）於1999年的定義，知識密集型服務業則是指「技術及人力資本投入較高的產業」，包括有金融、保險、租賃、專業科學及技術服務、支援服務業等。除了相關組織外，其他學者專家對於知識密集服務業的定義，整理表4-5所示。

＊ 表 4-5　知識密集服務業定義與產業範疇一覽表

美國商業部（BEA）	定義	知識型服務（Knowledge-based Service Industries）定義為提供服務時融入科學、工程、技術等的產業或協助科學、工程及技術推動之服務業。
	範圍	資訊服務、財務諮詢、研究發展技術服務、網際網路服務、環境保護工程、生物科技與製藥業服務、節省能源工程技術服務、運輸倉儲、傳媒、報關、通信服務、全球運籌服務等。
OECD（1999）	定義	定義知識密集產業為技術及人力資本投入密集度較高的產業，其分為兩大類： 1. 知識密集製造業，包括中、高科技製造業。 2. 知識密集服務業，涵蓋專業性的個人和生產性服務業。
	範圍	1. 知識密集製造業涵蓋：航太、電腦與辦公室自動化設備、製藥、通訊與半導體、科學儀器、汽車、電機、化學製品、其他運輸工具、機械等製造業。 2. 知識密集服務業涵蓋：運輸倉儲及通訊、金融保險不動產、工商服務、社會及個人服務等服務業。

OECD（2003）	定義	參照 OECD（2003）的產業分類標準。包括：商品經紀業；郵政業；電信業；電腦系統設計服務業；入口網站經營、資料處理、網站代管及相關服務業；金融及保險業；專業、科學及技術服務業（不含獸醫服務業）；支援服務業（不含旅行業）；教育服務業；醫療保健服務業。此外非知識密集型服務業定義為全體服務業扣除知識密集型服務業後之部分。
徐作聖（2004）	定義	將知識密集型服務業分為週邊服務、專業服務及創新密集服務三大部份。 1. 週邊服務業包括有技術交易服務、交易市場建構、智財權保護； 2. 專業服務則有技術管理顧問、風險管理顧問、技術仲裁、組織創新、銀行資金借貸。創新密集服務。 3. 創新密集服務業則和過去製造業密切相關的服務業，如研發服務業、資訊服務業、工業設計、測試驗證、電子商務、物流、運籌管理、資訊分析等。
亞洲開發銀行（2013）	定義	依「亞洲經濟整合監測」，現代服務業包括金融服務，保險服務，電信、電腦及資訊服務，智慧財產使用費，研究發展及專業管理諮詢等服務，專門技術、貿易相關及其他事務服務。

資料來源：本研究整理

根據上述對於相關文獻整理後，下表整理傳統服務業與知識密集服務業的比較，以了解知識密集服務業在興起發展過程，介於工商業與服務業兩種產業之間，是一種以專業知識爲基礎的產業，提供廠商專業諮詢服務，並互相溝通與學習，以提昇雙方生產效益、服務經驗的累積，進而協助減低工業發展後所造成的外部成本，或是提升創新產業研發的專業服務（Mileset al.,1995; Herton and Bilderbeek,1998; Tomlinson, 1999）。

＊ 表 4-6 知識密集服務業與傳統服務業的特性比較

傳統服務業	知識密集服務業
服務為無形的（Intangibility）：不容易展示、難以實體化。	可透過建立標準、規格、認證制度，使服務成為有形的、實體化服務（如企業顧問公司的出版報告，可出口至海外）。
服務伴隨發生（Inseparability）：生產與消費同時發生、不可分割。	不再必須同時同地進行，服務提供地點可虛擬化（如亞馬遜書店）。
服務具獨特性（Heterogeneity）：異質性高，每次服務帶給顧客的效用、顧客感知的服務質量都可能存在差異。	透過標準化，可提供相同規格的服務（如 GIA 建立國際鑽石分級系統之公信力標準）。
服務不易儲存（Perishability）：產能缺乏彈性，對於需求變動無法透過存貨以調節產能。	運用技術（如 ICT、e-commerce），服務可以儲存與傳輸（如軟體光碟片、以網路傳遞服務）。

資料來源：IEK （2003）

二、知識密集型服務業的重要性

「經濟合作開發組織（OECD）」在1999年發表了著名的「知識經濟報告（The Knowledge-Based Economy）」以來，認爲以知識與資訊爲本位的經濟即改變全球經濟發展型態；知識已成爲生產力提昇與經濟成長的主要驅動力，甚至逐漸取代了土地、資本、勞動力這些傳統的生產要素。隨著資訊、通訊科技的快速發展與高度應用，世界各國的產出、就業及投資將明顯轉向知識密集型產業。自此而後，「知識經濟」即普遍受到各國學者與政府的高度重視。

三、知識密集服務平台產業

知識密集服務業（Knowledge Intensive Business Services，KIBS）平台產業將是一種新興的高科技服務業，透過知識經濟的運用與管理，將具有價值的專業知識與經驗運用於平台架構中，而衍生出商業的交易行爲。KIBS具有幾個特性：顧客爲主的服務、知識密集性競爭、價值觀點的創新、競爭驅使的網路效果、具有整合顧客需求情報的優勢、能夠外部與異業合作、產業規則與標準的掌握（徐作聖等人，2005）。

知識密集服務平台產業多由三個主體所構成（如圖2-1）：1.創新密集服務業（Innovation Intensive Services，IIS）廠商、2.週邊支援單位，以及3.專業服務單位。

1. 創新密集服務業爲以利潤爲目的之企業，此種產業亦可稱爲技術服務業或高科技服務業。在知識經濟體系中，創新可爲廠商創造附加價值，帶來可觀的利潤，在知識密集服務平台中扮演最爲重要之關鍵角色。可幫助台灣高科技產業走向高附加價值的高科技知識密集服務業，幫助台灣廠商走出微利時代困局，同時可幫助台灣改變整體經濟產業結構，提升台灣於全球經濟體係中的整體競爭力。（徐作聖等人，2007）

2. 週邊支援單位可提供的服務，包括技術交易服務、交易市場建構、智財權保護等服務，主要的功能在於「知識」傳遞，此知識即爲創新密集服務業廠商所處產業類別之專業知識，包括該產業之基礎科學、技術或研發知識，以及市場面的市場資訊、行銷、售後服務等服務知識。週邊支援單位可使廠商與技術平台間知識擴散過程更加順利。

3. 專業服務單位，包括技術管理顧問、風險管理顧問、技術仲裁、組織創新、銀行資金借貸等專業服務，專業服務單位同樣強調「知識」，但此知識並非該產業之科技、技術或研發知識，也非市場資訊、行銷、售後服務等市場服務知識；專業服務單位強調的是能夠提供企業的各種輔助知識與活動，目的在於使KIBS平台的運作能夠得到更大的價值。

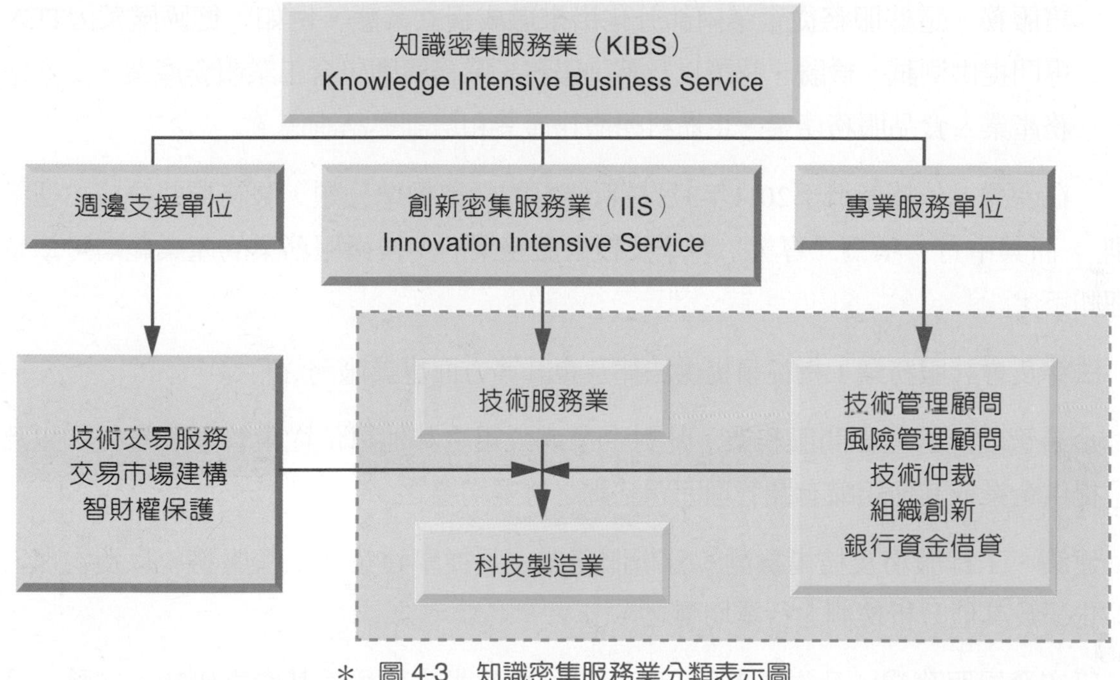

＊ 圖 4-3 知識密集服務業分類表示圖

資料來源：徐作聖（2007 年）

4-4-2 技術服務業（Technology Service）

隨著科技與技術發展，產品結構技術精度和複雜度與日俱增，產品相關的技術服務已從單純的售後服務發展，擴展到產品的售前服務，即在新產品開發階段所提供的技術服務，涵蓋設計、試製和生產階段。但對結構和使用維修較簡單的產品，一般仍採取售後服務的方式。技術服務的組織形式，視產品使用複雜程度和市場佔有率而定。對於使用複雜程度高、工作量較大和附加價值高的產品，即可建立技術服務公司或服務中心。

技術服務業從性質上說，是知識經濟的重要組成部分。它的投入主要不是物質資本，具有高人力資源含量、高知識含量、高附加價值的特色。概略可分爲兩種：(一)創新性技術服務業；(二)基礎性技術服務業。

(一) 創新性技術服務業：主要包括研發、設計等活動作爲服務內容的產業。例如，新藥臨床研究等活動從製藥企業中獨立出來，形成全球醫藥臨床試驗研究服務行業，有機會進一步發展爲醫藥外包服務企業。

(二) 基礎性技術服務業：是指爲生產製造過程提供基礎技術服務的產業。這些技術服務包括生產設備的技術設備改良服務，生產資訊與諮詢，產品檢驗檢測和品質認證服務。這些服務從企業內部分化出來形成獨立業態。例如：德國國萊因TUV專門提供測試、檢驗、認證以及諮詢服務，業務範圍包含工業服務產業、交通服務產業、食品服務產業、生命科學服務產業和培訓與諮詢等。

在台灣，依據經濟部2011年3月最新修訂的行業標準分類，服務業共分成13種業別 ，而其中有一項爲「專業、科學及技術服務業」。技術服務業的產業範疇可以整理如下：

- 法律及會計服務業：指從事提供法律及會計等方面專業服務之行業。
- 企業管理及管理顧問服務業：凡對企業或公司之其他單位從事管理及監督，以及提供企業或其他組織有關管理問題諮詢之行業均屬之。
- 建築、工程服務及技術檢測、分析服務業：凡從事建築及工程服務，以及物理、化學及其他分析檢測之行業均屬之。
- 研究發展服務業：凡從事自然、工程、社會及人文科學爲基礎之研究、試驗、分析及規劃，而不授予學位之專門研究發展服務之行業均屬之。例如、自然及工程科學研究發展服務業、社會及人文科學研究發展服務業、綜合研究發展服務業
- 廣告業及市場研究業：凡從事廣告服務、市場研究及民意調查等行業均屬之。包括廣告業和市場研究及民意調查業
- 專門設計服務業：凡從事專門設計服務之行業均屬之。
- 獸醫服務業：指從事動物醫療保健及動物醫事檢驗服務之行業。
- 其他專業、科學及技術服務業：上述類別以外專業、科學及技術服務之行業均屬之。例如：攝影業、翻譯服務業、藝人及模特兒等經紀業或其他。

4-4-3 生產性服務業（Producer Services）

一、生產性服務業的定義

生產性服務業（Producer Services），又稱爲生產者服務業，是一種知識產出的行業。Coffey（1996, 2000）認爲生產性服務業並非直接用來消費，也不是直接可以產生效用的，它是一種中間投入而非最終產出，它扮演著一個中間連接的角色，用來生產其他的產品或服務。換句話說，隨著生產經營活動不斷擴展，服務業可分爲生產性服務業和消費性服務業，其產出物中有實質內容的部分通過市場賣給其他生產者，而沒有直接到達終端消費者稱爲生產性服務業。

簡言之，生產性服務業是涵蓋中間產出的行業，協助企業和組織生產其他產品或勞務。在理論上是中間投入服務，即可用於促進商品和服務的進一步生產，而非最終消費服務。生產性服務業是生產者在生產者服務業市場上購買的服務，主要目的是生產商務活動，而非直接向個體消費者提供的服務（Daniels, 1985; Hansen, 1990, Coffy & Beilly, 1991; Beyers & Lindahl, 1996; Chang, 2009）。

二、生產性服務業的特徵與效益

由於生產性服務業具有上述與其他產業全然不同的特性，所以大多數人認爲生產性服務業爲促進其他部門增長的過程產業，是便於一切經濟交易的產業，是刺激商品生產的推動力。生產性服務業有別於一般服務，特徵如下所示：

- 它的無形產出體現爲「產業結構的軟化」；產出是中間服務而非最終服務，主要把人力和知識資本引入到商品和服務的生產過程中，因此許多生產性服務業是知識密集型和技術密集型產業。因此生產性服務業主要分布在城市周圍。
- 生產性服務業具有高度外包的趨勢，與製造業高度相關，爲了獲得成本優勢，製造企業越來越多地委託生產型服務業處理相關活動，方能充分利用規模經濟體通過提供生產性服務。

生產性服務業的經濟效益可分爲三個不同的層面，如表4-7所示。

＊ 表 4-7　生產性服務業經濟效益表

第一層面：促進國家生產總值	作為一種產業，生產性服務業對於國家生產總值有一定的貢獻，並能增加就業機會。
第二層面：產業關聯性高的中間產業	生產性服務業是產業關聯波及效應顯著的「中間產業」，可帶動其他相關產業的發展，扮演著非常重要的價值增值角色。
第三層面：易吸引外來資金和人才	生產性服務業作為地區軟環境、軟實力的重要組成部分，有助於吸引外來投資和人才。

三、生產性服務業的類別

生產性服務業是一個中介服務，以滿足產品製造商、企業廠商、政府機構等需求，表4-8爲生產性服務業產業的9個主要子類別。

＊ 表 4-8　生產性服務業產業的九個主要子類別

生產型服務業類別	主要生產的服務產品
財務金融服務	Banking, Securities, Insurance, Financial Leasing, Trust Activities
資訊服務	Telecommunications, Internet, Radio, Television, and Satellite Services
研發服務	R&D, Professional and Technical Services, Scientific and Technological Exchange
電腦相關軟體服務	Computer Systems Design, Integration, Installation, Data Processing; Maintenance Services; System Infrastructure and Application Software; Software Development and Consulting
運籌管理暨供應鏈服務	Transportation, Warehousing, Logistics, Distribution, Procurement, Supply Chain Management
企業顧問服務	Human Resource Services, CRM, E-Commerce, Network Storage, Marketing and Consulting
專業知識服務	Accounting, Auditing, Legal, Consulting, etc.
公共資源服務	Water, Environment and Public Facilities Management
設計與創意服務	Animation and Game Development Services

資料來源：IBM Global Business Service，何映潔，（2013），農業生產性服務業之策略分析。

4-4-4 製造服務業（Manufacturing services）

「製造服務業」就是「第2.5級產業」，是介於製造業（第2級產業）以及服務業（第3級產業）之間的策略性產業，其透過製造業與服務業之相整合，形成一個新的產業服務模式。相關的術語還有Service Strategy in Manufacturing、Product-Based Service、Product-Service、Product Service System、After-Sales Services、Industrial Services、Integrated Solutions等。當製造業從提供產品的角色轉變爲服務的提供者，服務化驅動「交易型經濟」轉變爲「功能經濟/服務經濟（Functionality Economy）」，在服務經濟之下服務可以劃分爲兩大類，如表4-9所示。

＊ 表 4-9 製造服務化的原理與分類

類型	例如
非物質性的服務（Non-material services）（包含去物質性的服務）	健康照護、美髮、保險和銀行，而去物質性的服務主要以資訊取代產品滿足功能需求，如以中央語音信箱取代答錄機。
物質或產品導向的服務（Material/ Product-based services）	包含產品延伸服務（Product extension services）和產品功能服務（Product function services）。

資料來源：White, A.L, Stoughton, M., & Feng, L. （1999）. Servicing: The quiet transition to extended product responsibility. Tellus Institute, Boston.

近年來，製造服務化從環保和永續的觀點切入，產品服務系統（Product Service System，PSS）和產品服務（Product services）等概念陸續被提出，產品服務系統（Product Service System，PSS）可視爲整合性產品開發的延伸，其涵蓋有形的（Tangible）產品和無形的（Intangible）服務。表4-10介紹Mont（2002提出PSS的三大分類：

＊ 表 4-10 產品服務系統（PSS）類型

pss 類型	說明
產品導向（Product-Oriented）	提供額外的服務給產品，例如諮詢、維修、退換等。
使用導向（Use-Oriented）	交易標的是功能而非產品本身，例如租賃或共享概念。
結果導向（Results-Oriented）	著重在結果面，確保顧客的滿意度，例如最低成本規劃。

資料來源：Mont, O.（2002）. Clarifying the Concept of Product-Service System. Journal of Cleaner Pro duction, 10(3), 237-245;

4-5 服務產業分析模型

4-5-1 創新密集服務業分析模式

「創新密集服務平台分析模式（Innovation Intensive Service，IIS）」（王仁聖、徐作聖，2012；林冠仲、王仁聖、彭志強、徐作聖，2014）。此分析方法的第一個目的便是探討所要研究的創新密集服務產業所需之創新要素與因子，利用創新密集服務平台矩陣加以分析。再者，根據創新密集服務目標從服務價值活動與外部資源涵量兩個主要構面進行分析，最後合併兩者結果進行歸納得到策略意圖差異分析。內容與步驟說明如下：

一、文獻探討

本研究將透過相關文獻探討整理出所要研究的創新密集服務產業的影響與興起，並歸納其商業組織，及其相關商業經營模式。

二、專家訪談

本階段擬透過深度專家訪談法，將訪談內容謄打成逐字稿，補充文獻探討與內容分析之不足，加強所研究的創新密集服務產業分析之信效度，以進一步強化理論與實務之相連性。另外，也可以針對該產業之產官學界專家，舉辦座談，進行專家訪談，探討影響該產業發展之企業層級因子，包括內部服務價值活動與外部資源需求要素，以及產業層級因子，包括產業環境與技術系統需求要素；進而建構研究效度、完成專家問卷之設計。

三、產業組合矩陣分析法

產業組合矩陣分析法是一種對多因素組合進行分析的常用方法，隨著管理技術的日益增強，矩陣分析法在管領域中也得到廣泛應用。本研究將運用以創新密集服務理論為基礎矩陣分析法進行產業分析。

本階段所提出的服務產業矩陣分析主要以Hauknes與Hales（1998）所定義的創新類型作為縱軸座標：Kellogg 與Nie （1995） 所定義的服務內容的客製化程度作為服務群組的區分準則，作為橫軸。以此二軸形成的二維創新密集服務定位矩陣分析。如表4-11所示，共同建構於創新密集服務的4×5矩陣中，矩陣橫軸部份為平台所能提供的客製化程度（包含專屬型服務、選擇型服務、特定型服務、一般型服務四種）；矩陣縱軸部份爲平台進行創新的程度（包含產品創新、製程創新、組織創新、結構創新、市場創新五種）。

＊ 表 4-11　創新密集服務業矩陣定位分析

	U 專屬服務	S 選擇服務	R 特定服務	G 一般服務
P1 產品創新				
P2 製程創新				
O 組織創新				
S 結構創新				
M 市場創新				

資料來源：徐作聖等（2007）

另外，提供社群網站服務業者的產業矩陣分析範本如下：

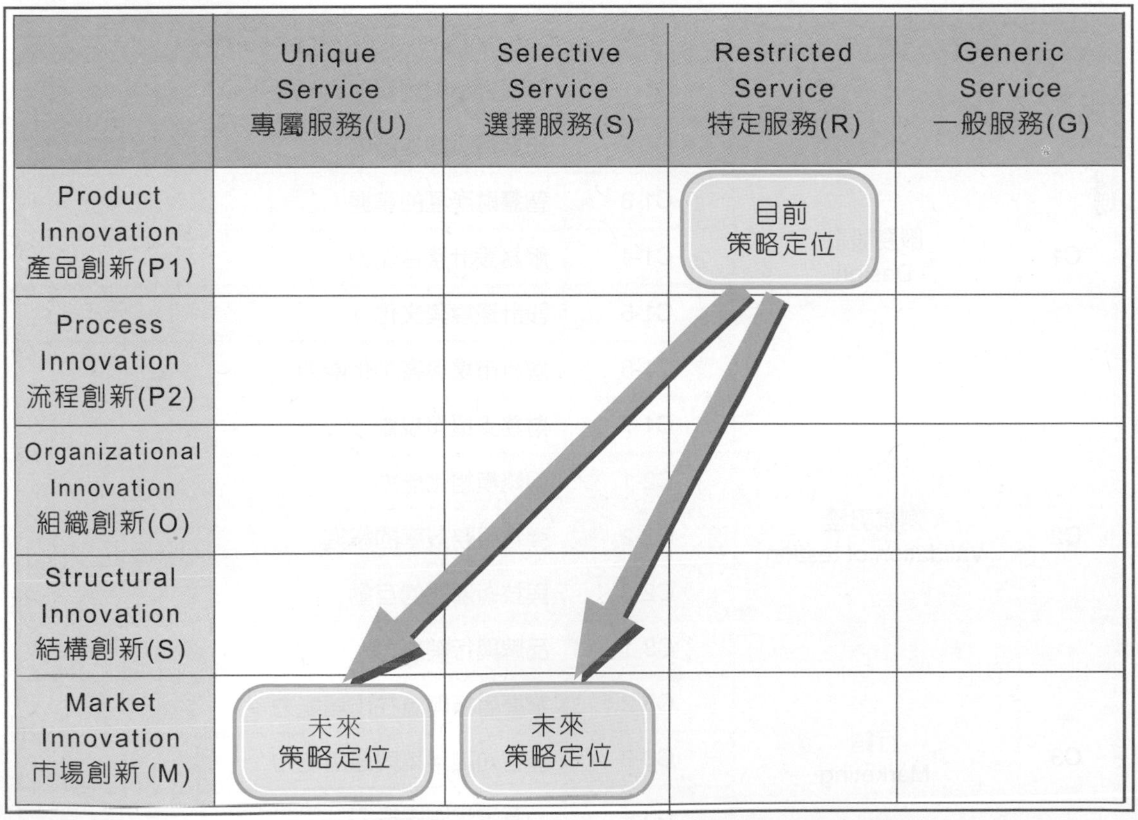

	Unique Service 專屬服務(U)	Selective Service 選擇服務(S)	Restricted Service 特定服務(R)	Generic Service 一般服務(G)
Product Innovation 產品創新(P1)			目前策略定位	
Process Innovation 流程創新(P2)				
Organizational Innovation 組織創新(O)				
Structural Innovation 結構創新(S)				
Market Innovation 市場創新(M)	未來策略定位	未來策略定位		

＊ 圖 4-4　社群網站服務業者之創新密集服務矩陣定位圖

資料來源：本研究整理

四、服務價值活動與外部資源矩陣分析

本研究資料來源主要以初級和次級資料，藉由國內外文獻資料的整理回顧，用以瞭解創新密集服務產業現況，據此建構服務價值活動與外部資源矩陣分析的評量因子。

(一) 服務價值活動矩陣

創新密集服務平台上的五大類創新優勢來源依據創新型態與特性，各別涵蓋之活動項目。將創新活動價值網路（Critical Activities of Innovation）包括有：服務設計（Design）、測試認證（Validation of Testing）、行銷（Marketing）、配銷（Delivery）、售後服務（After Service）、支援活動（Supporting Activities）等六項活動構面之每一構面由三至八項的關鍵成功因素詮釋後，可再細分爲三十一項服務價值活動構面的關鍵成功因素。茲將各服務價值活動構面所涵蓋的關鍵成功因素，描述如表4-12所示。

＊ 表 4-12　服務價值活動構面及其關鍵成功因素表

服務價值活動構面		因子代號	關鍵成功要素
C1	服務設計 Design	C1-1	掌握規格與創新技術
		C1-2	研發資訊掌握能力
		C1-3	智慧財產權的掌握
		C1-4	服務設計整合能力
		C1-5	設計環境與文化
		C1-6	解析市場與客製化能力
		C1-7	財務支援與規劃
C2	測試認證 Validation of testing	C2-1	服務模組化能力
		C2-2	彈性服務效率的掌握
		C2-3	與技術部門的互動
C3	行銷 Marketing	C3-1	品牌與行銷能力
		C3-2	掌握目標與潛在市場能力
		C3-3	顧客知識累積與運用能力
		C3-4	顧客需求回應能力
		C3-5	整體方案之價格與品質

＊ 表 4-12 服務價值活動構面及其關鍵成功因素表（續）

服務價值活動構面		因子代號	關鍵成功要素
C4	配銷 Delivery	C4-1	後勤支援與庫存管理
		C4-2	通路掌握能力
		C4-3	服務傳遞能力
C5	售後服務 After Service	C5-1	技術部門的支援
		C5-2	建立市場回饋機制
		C5-3	創新的售後服務
		C5-4	售後服務的價格、速度與品質
		C5-5	通路商服務能力
C6	支援活動 Supporting activities	C6-1	組織結構
		C6-2	企業文化
		C6-3	人事組織與教育訓練
		C6-4	資訊科技整合能力
		C6-5	採購支援能力
		C6-6	法律與智慧財產權之保護
		C6-7	企業公關能力
		C6-8	財務管理能力

資料來源：徐作聖、黃啓祐、游煥中（2007）

根據徐作聖等（2007），于定義六大服務價值活動構面及其關鍵成功因素之後，可將其依創新來源及影響類別之不同，分別填入IIS矩陣，並可整理出服務價值活動分析之通用模式，如表4-13所示。

＊ 表 4-13　服務價值活動通用模式下之重要構面

	專屬服務（Unique）	選擇服務（Selective）	特定服務（Restricted）	一般服務（Generic）
產品創新（Product Innovation）	（C1）設計 （C3）行銷	（C1）設計 （C3）行銷	（C1）設計 （C3）行銷	（C1）設計 （C3）行銷
流程創新（Process Innovation）	（C2）測試認證 （C3）行銷 （C4）配銷 （C5）售後服務 （C6）支援活動	（C2）測試認證 （C3）行銷 （C4）配銷 （C5）售後服務 （C6）支援活動	（C2）測試認證 （C3）行銷 （C4）配銷 （C5）售後服務 （C6）支援活動	（C2）測試認證 （C3）行銷 （C4）配銷 （C5）售後服務 （C6）支援活動
組織創新（Organizational Innovation）	（C1）設計 （C2）測試認證 （C3）行銷 （C4）配銷 （C5）售後服務 （C6）支援活動	（C1）設計 （C2）測試認證 （C3）行銷 （C4）配銷 （C5）售後服務 （C6）支援活動	（C1）設計 （C2）測試認證 （C3）行銷 （C4）配銷 （C5）售後服務 （C6）支援活動	（C1）設計 （C2）測試認證 （C3）行銷 （C4）配銷 （C5）售後服務 （C6）支援活動
結構創新（Structural Innovation）	（C1）設計 （C2）測試認證 （C3）行銷 （C4）配銷 （C5）售後服務 （C6）支援活動	（C1）設計 （C2）測試認證 （C3）行銷 （C4）配銷 （C5）售後服務 （C6）支援活動	（C1）設計 （C2）測試認證 （C3）行銷 （C4）配銷 （C5）售後服務 （C6）支援活動	（C1）設計 （C2）測試認證 （C3）行銷 （C4）配銷 （C5）售後服務 （C6）支援活動
市場創新（Market Innovation）	（C3）行銷 （C5）售後服務	（C3）行銷 （C5）售後服務	（C3）行銷 （C5）售後服務	（C3）行銷 （C5）售後服務

資料來源：徐作聖、黃啓祐、游煥中（2007）

(二) 外部資源矩陣

外部資源構面包括有：互補資源提供者（Complementary Assets Supplier）、研發/科學（R&D/Science）、技術（Technology）、製造(Production）、服務（Servicing）、市場（Market）、其他使用者（Other Users）七項重要資源。該七大項外部資源構面之每個構面均由三至七項關鍵成功因素詮釋，故可再細分出三十四項外部資源構面的關鍵成功因素（徐作聖等人，2007）。以下將各外部資源構面所涵蓋的關鍵成功因素整理歸納於表4-14。

＊ 表 4-14 外部資源構面及其關鍵成功因素

外部資源構面	因子代號	細部因子
互補資源提供者 (E1) Complementary Assets Supplier	E1-1	組織利於外部資源接收
	E1-2	人力資源素質
	E1-3	國家政策資源應用能力
	E1-4	基礎建設充足程度
	E1-5	資本市場與金融環境支持度
	E1-6	企業外在形象
研發 / 科學 (E2) R&D/Science	E2-1	研發知識擴散能力
	E2-2	創新知識涵量
	E2-3	基礎科學研發能量
技術 (E3) Technology	E3-1	技術移轉、擴散、接收能力
	E3-2	技術商品化能力
	E3-3	外部單位技術優勢
	E3-4	外部技術完整多元性
	E3-5	引進技術與資源搭配程度
製造 (E4) Production	E4-1	價值鏈整合能力
	E4-2	與供應商關係
	E4-3	整合外部製造資源能力
	E4-4	成本控管能力
服務 (E5) Servicing	E5-1	客製化服務活動設計
	E5-2	整合內外部服務活動能力
	E5-3	建立與顧客接觸介面
	E5-4	委外服務掌握程度
	E5-5	企業服務品質與形象
	E5-6	服務價值鏈整合

＊ 表 4-14 外部資源構面及其關鍵成功因素（續）

外部資源構面	因子代號	細部因子
市場 (E6) Market	E6-1	目標市場競爭結構
	E6-2	消費者特性
	E6-3	產業供應鏈整合能力
	E6-4	通路管理能力
	E6-5	市場資訊掌握能力
	E6-6	支配市場與產品能力
	E6-7	顧客關係管理
其他使用者 (E7) Other Users	E7-1	相關支援技術掌握
	E7-2	多元與潛在顧客群
	E7-3	相關支援產業

資料來源：徐作聖、黃啓祐、游煥中（2007）

＊ 表 4-15 外部資源通用模式下之重要構面

	專屬服務（Unique）	選擇服務（Selective）	特定服務（Restricted）	一般服務（Generic）
產品創新（Product Innovation）	（E2）研發 / 科學 （E3）技術 （E4）製造 （E5）服務 （E7）其他使用者	（E2）研發 / 科學 （E3）技術 （E4）製造 （E5）服務 （E7）其他使用者	（E1）互補資源提供者 （E2）研發 / 科學 （E3）技術 （E4）製造 （E5）服務 （E7）其他使用者	（E1）互補資源提供者 （E4）製造 （E5）服務 （E6）市場
流程創新（Process Innovation）	（E2）研發 / 科學 （E3）技術 （E4）製造 （E7）其他使用者	（E3）技術 （E5）服務	（E1）互補資源提供者 （E4）製造 （E6）市場	（E1）互補資源提供者 （E4）製造 （E6）市場
組織創新（Organizational Innovation）	（E2）研發 / 科學 （E3）技術 （E4）製造 （E5）服務 （E6）市場 （E7）其他使用者	（E5）服務 （E6）市場 （E7）其他使用者	（E5）服務 （E6）市場	（E5）服務 （E6）市場

＊ 表 4-15 外部資源通用模式下之重要構面（續）

	專屬服務（Unique）	選擇服務（Selective）	特定服務（Restricted）	一般服務（Generic）
結構創新（Structural Innovation）	（E2）研發 / 科學 （E5）服務 （E7）其他使用者	（E5）服務 （E7）其他使用者	（E1）互補資源提供者 （E5）服務 （E6）市場 （E7）其他使用者	（E1）互補資源提供者 （E5）服務 （E6）市場 （E7）其他使用者
市場創新（Market Innovation）	（E5）服務 （E6）市場 （E7）其他使用者	（E5）服務 （E6）市場 （E7）其他使用者	（E1）互補資源提供者 （E5）服務 （E6）市場 （E7）其他使用者	（E1）互補資源提供者 （E5）服務 （E6）市場 （E7）其他使用者

資料來源：徐作聖、黃啓祐、游煥中（2007）

五、問卷調查

承上述相關文獻探討所建構的研究模式，本研究將界定出量表的構面，並整理設計初稿，在正式施測前，進行量表之「預試分析」。藉以理解此研究架構是否符合研究對象之觀點以及查證此份量表架構之可信度，並修訂問卷疏漏之處。

六、創新密集服務矩陣

承前面步驟，將「外部資源矩陣」與「服務價值活動矩陣」加總，即可得到「創新密集服務矩陣（IIS矩陣）」。彙整如下：

＊ 表 4-16　創新密集服務矩陣定位總表

	專屬服務 Unique Service	選擇服務 Selective Service	特定服務 Restricted Service	一般服務 Generic Service
產品創新 Production Innovation	E1 E2 E3 E4	E1 E2 E3 E4	E1 E2 E3 E4	E1 E2 E3 E4
	E5 E6 E7	E5 E6 E7	E5 E6 E7	E5 E6 E7
	C1 C2 C3	C1 C2 C3	C1 C2 C3	C1 C2 C3
	C4 C5 C6	C4 C5 C6	C4 C5 C6	C4 C5 C6
流程創新 Process Innovation	E1 E2 E3 E4	E1 E2 E3 E4	E1 E2 E3 E4	E1 E2 E3 E4
	E5 E6 E7	E5 E6 E7	E5 E6 E7	E5 E6 E7
	C1 C2 C3	C1 C2 C3	C1 C2 C3	C1 C2 C3
	C4 C5 C6	C4 C5 C6	C4 C5 C6	C4 C5 C6
組織創新 Organization Innovation	E1 E2 E3 E4	E1 E2 E3 E4	E1 E2 E3 E4	E1 E2 E3 E4
	E5 E6 E7	E5 E6 E7	E5 E6 E7	E5 E6 E7
	C1 C2 C3	C1 C2 C3	C1 C2 C3	C1 C2 C3
	C4 C5 C6	C4 C5 C6	C4 C5 C6	C4 C5 C6
結構創新 Structural Innovation	E1 E2 E3 E4	E1 E2 E3 E4	E1 E2 E3 E4	E1 E2 E3 E4
	E5 E6 E7	E5 E6 E7	E5 E6 E7	E5 E6 E7
	C1 C2 C3	C1 C2 C3	C1 C2 C3	C1 C2 C3
	C4 C5 C6	C4 C5 C6	C4 C5 C6	C4 C5 C6
市場創新 Market Innovation	E1 E2 E3 E4	E1 E2 E3 E4	E1 E2 E3 E4	E1 E2 E3 E4
	E5 E6 E7	E5 E6 E7	E5 E6 E7	E5 E6 E7
	C1 C2 C3	C1 C2 C3	C1 C2 C3	C1 C2 C3
	C4 C5 C6	C4 C5 C6	C4 C5 C6	C4 C5 C6

資料來源：徐作聖、黃啓祐、游煥中（2007）

(一) 產品創新

在專屬服務方面，其關鍵構面分別爲E2.研發/科學、E3.技術、E4.製造、E5.服務、E7.其他使用者；C1.服務設計與C3.行銷。

在選擇服務方面，其關鍵構面分別爲E2.研發/科學、E3.技術、E4.製造、E5.服務、E7.其他使用者；C1.服務設計與C3.行銷。

在特定服務方面，其關鍵構面分別爲E1.互補資源提供者、E2.研發/科學、E3.技術、E4.製造、E5.服務、E7.其他使用者；C1.服務設計與C3.行銷。

在一般服務方面，其關鍵構面分別爲E1.互補資源提供者、E4.製造、E5.服務、E6.市場；C1.服務設計與C3.行銷。

(二) 流程創新

在專屬服務方面，其關鍵構面分別爲E2.研發/科學、E3.技術、E4.製造、E7.其他使用者；C2.測試認證、C3.行銷、C4.配銷、C5.售後服務、C6.支援活動。

在選擇服務方面，其關鍵構面分別爲E3.技術、E5.服務；C2.測試認證、C3.行銷、C4.配銷、C5.售後服務、C6.支援活動。

在特定服務方面，其關鍵構面分別爲E1.互補資源提供者、E4.製造、E6市場；C2.測試認證、C3.行銷、C4.配銷、C5.售後服務、C6.支援活動。

在一般服務方面，其關鍵構面分別爲E1.互補資源提供者、E4.製造、E6市場；C2.測試認證、C3.行銷、C4.配銷、C5.售後服務、C6.支援活動。

(三) 組織創新

在專屬服務方面，其關鍵構面分別爲E2.研發/科學、E3.技術、E4.製造、E5.服務、E6.市場、E7.其他使用者；C1.服務設計、C2.測試認證、C3.行銷、C4.配銷、C5.售後服務、C6.支援活動。

在選擇服務方面，其關鍵構面分別爲E5.服務、E6.市場、E7.其他使用者；C1.服務設計、C2.測試認證、C3.行銷、C4.配銷、C5.售後服務、C6.支援活動。

在特定服務方面，其關鍵構面分別爲E5.服務、E6市場；C1.服務設計、C2.測試認證、C3.行銷、C4.配銷、C5.售後服務、C6.支援活動。

在一般服務方面，其關鍵構面分別爲E5.服務、E6.市場；C1.服務設計、C2.測試認證、C3.行銷、C4.配銷、C5.售後服務、C6.支援活動。

(四) 結構創新

在專屬服務方面，其關鍵構面分別爲E2.研發/科學、E5.服務、E7.其他使用者；C1.服務設計、C2.測試認證、C3.行銷、C4.配銷、C5.售後服務、C6.支援活動。

在選擇服務方面，其關鍵構面分別爲E5.服務、E7.其他使用者；C1.服務設計、C2.測試認證、C3.行銷、C4.配銷、C5.售後服務、C6.支援活動。

在特定服務方面，其關鍵構面分別爲E1.互補資源提供者、E5.服務、E6.市場、E7.其他使用者；C1.服務設計、C2.測試認證、C3.行銷、C4.配銷、C5.售後服務、C6.支援活動。

在一般服務方面，其關鍵構面分別爲E1.互補資源提供者、E5.服務、E6.市場、E7.其他使用者；C1.服務設計、C2.測試認證、C3.行銷、C4.配銷、C5.售後服務、C6.支援活動。

(五) 市場創新

在專屬服務方面，其關鍵構面分別爲E5.服務、E6.市場、E7.其他使用者；C3.行銷、C5.售後服務。

在選擇服務方面，其關鍵構面分別爲E5.服務、E6.市場、E7.其他使用者；C3.行銷、C5.售後服務。

在特定服務方面，其關鍵構面分別爲E1.互補資源提供者、E5.服務、E6.市場、E7.其他使用者；C3.行銷、C5.售後服務。

在一般服務方面，其關鍵構面分別爲E1.互補資源提供者、E5.服務、E6.市場、E7.其他使用者；C3.行銷、C5.售後服務。

在綜合以上分析後，可整理出「創新密集服務矩陣監事（IIS矩陣）」，如表4-16所示。

問題與討論

習題一

問題：請簡單說明製造業與服務業的差異。

習題二

問題：服務產業常見的商業模式有那四種，請分別舉例說明。

習題三

問題：試比較知識密集服務業與傳統服務業的差異之處。

習題四

問題：請說明何謂技術服務業，以及其可以分為那幾種？

習題五

問題：請說明「創新密集服務平台分析模式（Innovation Intensive Service，IIS）」分析矩陣縱軸分類為何，並簡單說明。

參考文獻

英文部分

1. Beyers, W.B. and Lindahl, P.D.（1996）. Explaining the Demand For Producer Services: Is Cost-Driven Externalization The Major Factor?. Regional Science, 75(3), 351-374.
2. Chan, T.W.（2009）. Integration of Hong Kong and Pearl River Delta: Towards an optimum division of labor in the provision of producer services. MA Dissertation, The University of Hong Kong.
3. Coffey, W.J.（1996）. Forward and backward linkages of producer services establishments: evidence from the Montreal metropolitan area. Urban Geography, 17, 604-632.
4. Coffey, W.J.（2000）. The geographies of producer services. Urban Geography, 21, 170-183.
5. Coffy, W.J. and Beilly, A.S.（1991）. Producer services and flexible production: An exploratory analysis. Growth & Change, 27(2), 156–174.
6. Daniels, P.W.（1985）. Services Industries: A Geographical Appraisal. London: Methuen.
7. Hansen, M.（1990）. Do producer services induce regional economic development?. Journal of Regional Science, 4, 465-476.
8. Hertog, P. and Bildebeek, R.（1998）. The New Knowledge Infrastructure: The Role of Technology-Based Knowledge-Intensive Business in National Innovation System. London: Continuum.
9. James L. Heskett, Thomas O. Jones, Gary W. Loveman, W. Earl Sasser, Jr., and Leonard A. Schlesinger,（1994）, "Putting the Service-Profit Chain to Work," Harvard Business Review , PP.582-593.
10. Machlup, F.（1962）. The production and distribution of knowledge in the United States. N.J.: Princeton University Press
11. Miles, I., Kastrinos, N., Bilderbeek, P., and den Hertog, P.（1995）. Knowledge-Intensive Business Services: Users, Carriers and Sources of Innovation. EIMS publication, No. 15.
12. Mont, O.（2002）. Clarifying the Concept of Product-Service System. Journal of Cleaner Production, 10(3), 237-245.
13. OECD（1999）. Science, Technology and Industry Scoreboard: Benchmarking Knowledge-Based Economies. Paris: OECD.

14.Tomlinson, M.（1999）. The learning economy and embodied knowledge flows in Great Britain. Journal of Evolutionary Economics, 9(4), 431-451.

15.White, A.L, Stoughton, M., & Feng, L.（1999）. Servicing: The quiet transition to extended product responsibility. Tellus Institute, Boston.

中文部分

1. 王仁聖、徐作聖（2012）。能源服務業（ESCO）服務創新要素及服務型態之探討研究。科技管理學刊，第十七卷第三期，頁46-67。

2. 行政院主計處（2004）。國民所得統計及國內經濟情勢展望。

3. 何映潔（2013）。農業生產性服務業之策略分析，國立交通大學科技管理研究所碩士論文，新竹市，未出版。

4. 李常慶（2011）。日本動漫產業與動漫文化研究。北京：北京大學出版社。

5. 林冠仲、王仁聖、彭志強、徐作聖（2014）。物聯網策略聯盟之創新密集服務定位。科技管理學刊，第十九卷第一期，頁51-82。

6. 徐作聖、陳仁帥（2004）。產業分析。台北：全華科技圖書公司。

7. 徐作聖、黃啓祐、游煥中（2007）。技服務業發展策略與應用－以RFID爲例。新竹市：國立交通大學出版社。

8. 許家豪（2006）。文化全球化下的韓國影視文化產業發展之研究。銘傳大學國際事務研究所碩士論文，台北市，未出版。

9. 陳信宏、溫蓓章（2007）。推動臺灣產業發展的引擎：服務業或製造業。國際經濟情勢雙週報，第1626期，頁5-12。

10.陳威寰（2005）。台灣無線射頻識別系統服務之策略分析，國立交通大學科技管理研究所碩士論文，新竹市，未出版。

11.彭志強、王仁聖、徐作聖（2013）。電動車產業創新系統分析。科技管理學刊，第十八卷第三期，頁33-56。

12.趙國仁、陳文華、李慶長（2009）。搜尋引擎產業創新模式之建構。管理學報，第4期第26卷，頁417-444。

13.鍾憲瑞（2012）。商業模式-創新與管理。台北：前程文化事業股份有限公司。

14.鍾曉芬（2007）。台灣電子付款中介服務發展策略分析。國立交通大學科技管理研究所碩士論文，新竹市，未出版。

15.行政院經濟建設委員會（2004），服務業發展綱領及行動方案。

網站部分

1. U.S. Economic Accounts: Bureau of Economic Analysis. http://www.bea.gov
2. IBM Global Business Service. http://www-935.ibm.com/services/us/gbs/bus/html/bcs_careers.html
3. 工研院 IEK（2003）。傳統服務業與知識密集服務業的特性比較。

   http://www.itri.org.tw/

科技產業政策

學習目標

★ 介紹產業政策的範疇和基本概念
★ 介紹產業政策的重要性和目標
★ 介紹產業政策的工具和種類
★ 介紹產業政策的實際範例

5-1 簡介

產業政策的定義，狹義而言，係指為發展某特定產業採行的政策。廣義而言，係指為政府運用財政、金融、貿易等手段或工具，直接或間接介入產業活動，以導引產業發展及結構調整所採各種政策之統稱。

產業政策目的在於，國家根據國民經濟發展的內在要求，意涵在於以政府力量協助產業發展，透過對特定產業及企業的輔助或紓困，促使調整產業結構和產業組織形式，修正市場機制作用，和優化經濟發展過程所採取的各種經濟政策。幫助產業供給結構能夠有效率地適應產業需求結構改變的挑戰，從而提升國家競爭力。

產業政策因各國資源稟賦、經濟發展階段、文化與歷史條件、國際環境及政治經濟現況的不同，所以不同國家的產業政策相差很大。因此產業政策必須順應國際潮流，充分考慮產業政策所處的歷史現實，隨經濟發展階段而調整，進而提出因地制宜的產業政策。

整體而言，產業政策是一個多方面多層次的政策體系，其制定和實施要依據整體觀念和思維，要求政策的各個方面相互配套和相互協調。產業政策的作用目標是鼓勵和促進需要發展的產業儘快建立和擴張，以保證產業供給和需求總量的平衡。

國家的產業政策措施代表著這個國家對產業的支持程度，如果國家政策越支持，表示國家將投入相當的資源鼓勵產業發展，投入資源越多，產業越容易發展。因此分析各國的政策支持狀態及措施，可得知相關產業在各國政府的支持程度。蒐集標竿國家的產業政策措施及法規限制，也可以利瞭解各國的產業發展限制與獎勵措施，更能知己知彼，做好未來的發展規劃。

5-2 產業政策的重要性

5-2-1 產業政策之功用

產業政策是一種計劃性的政府行為，透過事先的規劃和組織，用以促進市場機制和市場結構的完善與優化（Nielsen, 1984；Odagiri ,1986；Becker, 1996；徐作聖，1999；盧文吉，2004。）具體來說，產業政策的優點如下：

一、可協調資源配置，有計畫性和邏輯性地協助產業與廠商發展：

通過優化資源配置，加速產業結構的演進和發展，取代市場機制的自由配置，避免資源錯置。通過制定和實施產業結構政策，來主導產業成長的方向茁壯和支持企業廠商跨入新興產業。對於後進國家來說，最大的優點在於可以充分利用先進國家產業結構演進的經驗，發揮後發進優勢，透過國家力量，較快促進產業升級。

二、提高產業結構技術水平，分散風險與成本，進而提高產業國際競爭力：

產業政策可以投入資本於特定產業，透過政府承擔前期研發的成本和風險，扶持新興產業的發展和加速產業間技術轉移，與世界新技術發展的趨勢並駕齊驅，以期達到國家產業結構技術的目標；產業政策另一個重點是提高產業國際競爭力和比較優勢，例如，提高中堅企業的生產力和產品競爭力、技術創新能力，改善進出口結構和國際市場的開拓能力等。目前許多已開發國家發展經驗已證實產業政策的重要性與必要性。

三、優化市場機制：

古典經濟學家主張市場的價格機能可以有效指揮經濟活動的運行，使資源充分有效利用，因此，政府對經濟活動愈少干預愈好。然而如果遇到當市場失靈（Market Failure）、壟斷、不正當競爭、基礎設施投資不足等。產業政策將有助於彌補市場失靈的缺陷進行必要的干預，採取必要的政策調整，推動產業朝所期望的方向發展，爲企業提供了一個透明度高且完善的經營發展環境和產業必需的基礎措施，減少了企業的短期行爲和盲目競爭。

然而產業政策有時候也會出現非預期效果，因爲產業政策的功效是有限的。雖然它有助於促進國民經濟持續、穩定、協調發展，但事實上，產業政策與其它經濟政策一樣，總是處於許多因素的制約之下，所以它決非萬能。相關限制如下所示：

第一，政府不一定有能力研擬完善的產業政策，產業政策執行後也不一定有正面的成本效益。也可能會面對來自國際自由貿易要求撤除產業政策保護的壓力等問題。因此，國家發展產業政策研究須審愼考量。

再者，產業政策的實施也需要一定的成本和代價，也存在著失敗的可能。產業政策功效的實現，需要有相應的政策投入（包括資金、人力等資源）作保障。需付出相對應的成本、代價與投入，才能產業政策達到預期的目標。

5-2-2 產業政策之基本理念

從「學術面」來看，「市場失靈論」、「幼稚工業保護論」和「不平衡成長理論」是最爲常見的產業政策之理論基礎，簡述如下：

一、市場失靈論：

市場失靈是指在完全競爭市場的假設下，市場價格機能的運作無法自動調整，以達成社會資源的最佳配置，爲去除市場機能之失靈，乃是產業政策之基本任務，以政府干預來彌補各種市場失靈。

二、幼稚工業保護論：

保護論主要可分爲兩種型態：第一、促進幼稚有發展前途或寡佔性之朝陽產業（Sunrise Industry）；第二、引導夕陽產業（Sunset Industry）退出，而將資源移轉至有發展潛力之產業（Komiya ,1986）。

三、不平衡成長理論：

Hirschman（1958）首先提出不平衡成長之觀念。在開發中國家由於資源有限，不可能全面發展各種產業，因此政府可選定幾種策略性產業，其連鎖效果佳之產業，經由政府各種措施之獎勵後，使其投資日益狀大，經由產業間之向前與向後連鎖效用，帶動整各自國家經濟發展。

從「實務面」來看，根據美國、日本、德國、法國等先進國家採行之產業政策及經驗，政府對產業活動採行的政策原則，多數介於「自由放任主義」到「積極干預主義」之間（El-Agraa, 1997），其中有三種基本理念對政策目標及策略的抉擇影響最大：第一、「塑造有利環境論」（Favorite Environment Promotionist）；第二、「積極鼓勵創新導向」（Innovation Pushers）；第三、結構調整論（Structure Adjusters）。

對「塑造有利環境論」者，政府機構的功能應侷限於塑造促進產業發展的有利環境，故採行之產業政策應著重於促成穩定的經濟環境、增進市場有效競爭，甚至包括刻意低估本國匯率。「積極鼓勵創新導向」則主張，政府的干預措施必須激發創新，也就是說政府應有能力選取並有效培育明星產業，使其成爲經濟成長的動力。此種理論的基礎在於，肯定政府機構能力，以選定及培育具有發展潛力的產業，並促進國家經濟的成長。

而干預程度最深的是「結構調整論者」，此類學說認爲政府干預應著重於產業結構的調整。其主要理念是基於市場機能，必須加以調整，才可確保經濟活力與成長。當需求面發生重大改變之際，政府必須針對供給面來進行有效的結構轉變。基本上，此種基本理念所制定的產業政策，應可以協助及引導市場機能的轉變，但實際上，其政策工具往往成爲拯救夕陽工業的救火隊。

從產業政策應用範圍來看，產業政策不侷限於農業、工業、服務業或製造業，只要是政府認爲透過政策協助可促進經濟成長的部門，均可納入產業政策的範圍。歷年來許多東亞經濟體的經濟奇蹟，如台灣、韓國、新加坡等，都可歸功於成功的產業政策。即使是奉行自由市場經濟之西方國家，亦會以各種法案推動產業結構轉型，扶植特定產業。

5-2-3 產業政策之目標

產業政策常見的目標體系有產業發展目標、產業效益目標、產業結構調整目標和產業國際競爭力目標。

一、產業發展目標：

爲了實現經濟振興和經濟追趕的目標，需要有策略性地選擇和扶植特定產業，促進技術開發和應用推廣，提高產業效率，形成有競爭力的產業結構，衍生規模經濟效益。

二、產業效益目標：

效益目標的達成，可以佐證產業政策的實用性與否。常見的指標如：透過推動產業政策，促進產業的生產力成長，改善社會就業狀況，增加就業人口，提高勞動生產率等；或提高產品附加價值率，或提高盈利率；或產值增加，或促進投資金額等。

三、產業結構調整目標：

常見的產業結構調整目標如下：對不同產業生命週期的產業進行總體調控（如對夕陽產業進行調控，對它們的產品進行限制或淘汰），或對新產業的開發與投資（如對發展新興能源產業供給更多的補貼）。

四、產業國際競爭力目標：

增加對新興技術的研究開發和技術產業化的投資，設定國際競爭力目標，極力爭取更高的出口規模，減少國內進口的比重，獲取更多的外匯收入。亦可透過針對不同國家進行跨國性的比較，了解推動產業政策後，國際競爭力的改變。

5-3 產業政策的工具與種類

5-3-1 基本的產業政策工具類型與介紹

一、基本的產業政策類型

產業政策依「期程」分，可分爲短期、中期、長期等三種。一般而言，短期約1～3年，中期約3～5年，長期則在5年以上到10年間。產業政策依「科技發展目標」分，可分爲基礎科學研究、科技發展、科技應用研究、技術推廣等類型。

政策工具選擇在產業政策執行中佔據重要地位，重要性有三個方面：(一)政策工具是實現產業政策目標的基本途徑；(二)政策執行本身就是政策工具選擇的過程；(三)工具選擇是產業政策成功與否的關鍵。

此外，需對產業政策工具進行評價，作爲選擇的依據。常見的評價原則如(一)是否具有系統性原則；(二)是否具有客觀性原則；(三)工具的有效性、效率、公平、可管理性和政治合法性等。

早期產業政策工具種類較少，較常見的政策有補助科學技術的研究發展（Research and Development），低利率金融借貸、降低投資成本（Low Cost Investments Financing），政府採購暨優惠制度（Purchase and Sale Preferences），支持市場研究（Marketing Research）等（Nielsen, 1984；Lin, 2013）。政府常用的產業政策手段，可概分爲四大類：

(一) 間接激勵：政府啓動經濟槓桿進行間接管理的方法，例如：政府投資、財政補貼、稅收減免、貸款差別利率、貸款不同期限、貸款政府保證等金融手段；實行保護關稅、關稅減免等外貿手段；或政府對商品和勞務的訂購。

(二) 直接干預：政府透過法律運用行政權力進行直接經濟管理。例如：市場進入管制，外匯配額、信貸配額、進口配額、環境保護管制等方面的管制活動。

(三) 重點科技發展方向與新興領域規劃：政府利用所進行的市場研究和前瞻技術研究，透過資訊宣導進行政策引導手段，例如：向企業傳遞產業經濟發展趨勢，試圖引導產業調整，提供新興產業資訊與市場訊息等。

(四) 法令規定：較常運用於成熟產業的產業政策，透過立法來規範企業行為、對成熟產業減少援助，對他們的產品進行限制和淘汰，轉而進行新產品的開發與投資。

二、系統性政策工具

爾後逐漸出現具有系統性的政策工具分類方式，將政策工具分類，重要的意義在於提供一個基礎架構，提出一個具有完善配套措施的工具。因為基於環境的複雜性，單一政策難以達到全面性的完美推動效用。使用任何一種工具，都仍然無法兼顧某些群體，故多元化系統性的政策工具因應而生。

McDonnell與Elmore（1987）則將眾多政策工具歸納為：命令（Mandates）、激勵誘因（Inducement）、能力建立（Capacity-Building）與系統改變（System-Changing）四類。而Schneider與Ingram（1990）也提出相似的四種政策工具：激勵誘因（Incentives）、能力建立（Capacity-Building）、指標性與勸告性政策（Symbolic and Hortatory）、學習（Learning）。Christopher Hood（1991）則將政策工具區分成：資訊運用（Nodality）、法律權威（Authority）、財政工具（Treasure）以及正式組織（Organization）四大類。

Rothwell及Zegveld（1981）於研究政府之創新政策中，指出創新政策應包括科技政策及產業政策，而以政策對科技活動之作用層面，將政策分為十二類（如圖5-1），並可將其歸納為下列三類：

供給面（Supply）政策：政府直接投入技術供給的三個因素，即財務、人力、技術支援、公共服務等。

需求面（Demand）政策：以市場為重點，政府提供對技術的需求，進而影響科技發展之政策；如中央或地方政府對科技產品的採購，以及合約研究等。

環境面（Environmental）政策：指間接影響科技發展之環境，即專利、租稅及各項規則經濟體之法令制訂。

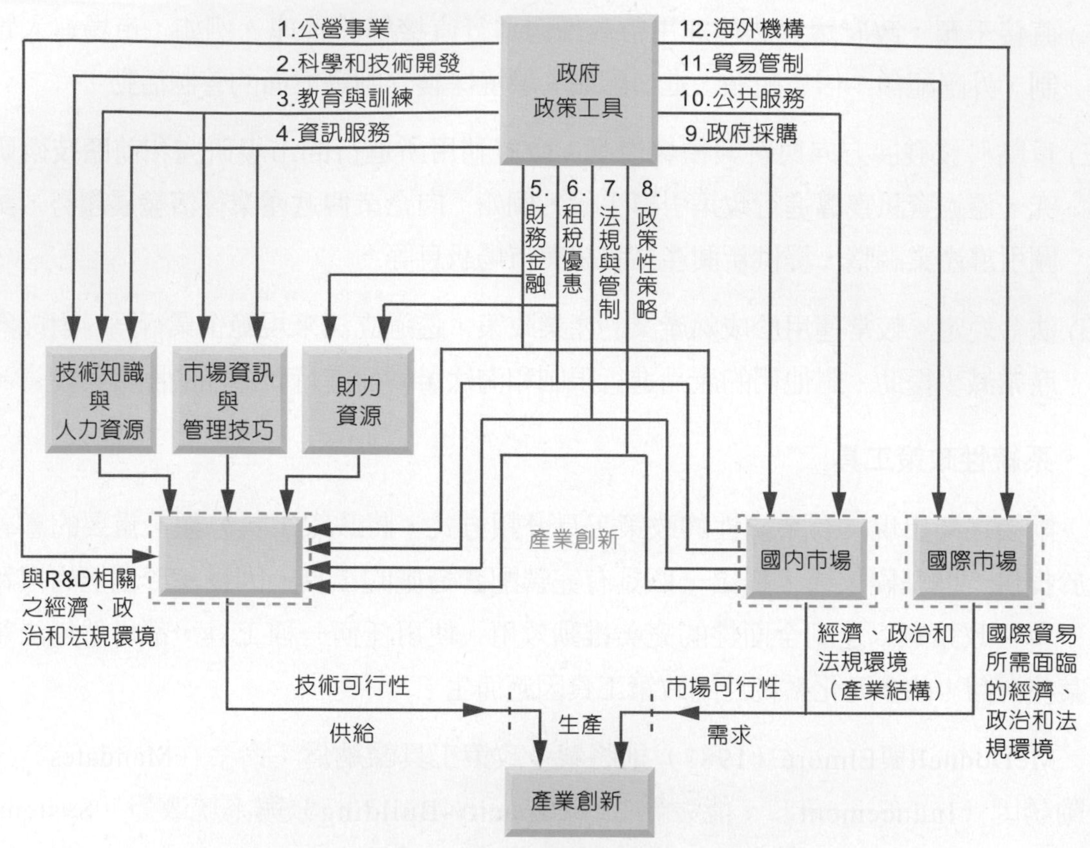

＊ 圖 5-1 政策工具對產業創新之影響

資料來源：Rothwell and Zegveld （1981）

從表5-1中可以看出，政府在「供給面」的政策會影響創新過程，政府本身可以透過直接參與科學與技術過程，亦或是間接地調整經濟、政治與法規環境，以符合新產品創新需求；從「需求面」來看，政府亦可經由需求面的政策改善創新過程，政府可以在國內市場透過間接或直接改變國際貿易大環境方式，提高創新產品進出口的機會，例如：藉由關稅貿易協定或建立國家商品海外銷售機構。

最終任何一個政府，無論是有意圖或無意圖、直接或間接，所採用的產業政策的終極目標，都在於改善國家整體產業的經濟效益，並促進經濟成長與國家競爭力，而民間的需求則是整體福祉的最大化（Benefit Maximization）。

＊ 表 5-1 政府政策工具的分類

分類	政策工具	定義	範例
供給面政策	1. 公營事業	指政府所實施與公營事業成立、營運及管理等相關之各項措施。	公有事業的創新、發展新興產業、公營事業首倡引進新技術、參與民營企業
	2. 科學與技術開發	政府直接或間接鼓勵各項科學與技術發展之作為。	研究實驗室、支援研究單位、學術性團體、專業協會、研究特許
	3. 教育與訓練	指政府針對教育體制及訓練體系之各項政策。	一般教育、大學、技職教育、見習計劃、延續和高深教育、再訓練
	4. 資訊服務	政府以直接或間接方式鼓勵技術及市場資訊流通之作為。	資訊網路與中心建構、圖書館、顧問與諮詢服務、資料庫、聯絡服務
環境面政策	5. 財務金融	政府直接或間接給於企業之各項財務支援。	特許、貸款、補助金、財物分配安排、設備提供、建物或服務、貸款保證、出口信用貸款等
	6. 租稅優惠	政府給予企業各項稅賦上的減免。	公司、個人、間接和薪資稅、租稅扣抵
	7. 法規及管制	政府為規範市場秩序之各項措施。	專利權、環境和健康規訂、獨占規範
	8. 政策性策略	政府基於協助產業發展所制訂各項策略性措施。	規劃、區域政策、獎勵創新、鼓勵企業合併或聯盟、公共諮詢及輔導
需求面政策	9. 政府採購	中央政府及各級地方政府各項採購之規定。	中央或地方政府的採購、公營事業之採購、R&D 合約研究、原型採購
	10. 公共服務	有關解決社會問題之各項服務性措施。	健康服務、公共建築物、建設、運輸、電信
	11. 貿易管制	指政府各項進出口管制措施。	貿易協定、關稅、貨幣調節
	12. 海外機構	指政府直接設立或間接協助企業海外設立各種分支機構之作為。	海外貿易組織

資料來源：Rothwell and Zegveld （1981）

5-3-2 其他產業政策工具之實例與意涵

過去對產業政策的研究，除了一般經濟學分析觀點外（Rodríguez-Clare，2007；Hodler, 2009），80年代以「產業群聚」爲主軸的產業政策，也成爲各國產業政策的顯學，也被認爲是促進地方發展和提升產業競爭力的良方。許多研究也陸續密切關心產業群聚如何形成，和產業群聚內的廠商如何互動而提升競爭力。90年代則有「國家創新系統」爲主軸的一系列產業政策。爾後21世紀開始，產業政策愈趨多元化，例如：開放式創新平台（OIP，Open Innovation Platform）、「商業生態系統」（Business Ecosystem）、生活實驗室（Living Lab）和鉅型計畫（Master Plan）等重要概念。本段落將進行說明與介紹：

一、國家創新系統

「國家創新系統」（National Inovation Systsem，NIS）起源於90年代，（Nelson, 1993；Lundvall , 1992；Porter, 1990；洪世章等，2003），另外還有「技術創新系統」（Technological Innovation System，TIS）、「區域創新系統」（Regional Innovation System，RIS）、「產業創新系統」（Industrial Innovation System，IIS）。這一系列的概念，主要是根據不同的地理環境或技術為範疇界限，聯繫技術或地理範圍內的企業、和其他參與者的創新活動，主要以技術或服務創新為核心，形成整合型創新能力，使創新活動個體的創新成本降低，促使效益最大化，進而推動產業內新技術或新知識的產生、流動和更新，促進企業創新能力的形成和提高競爭力。

Freemen（1982）藉由國家創新系統（National Innovation System）的概念，描述並解釋日本為何能成為戰後經濟最成功的國家；這是最早運用國家創新系統觀念的文獻。後續還有區域創新系統（Regional Innovation System）或技術創新系統（Technological Innovation System）等類似概念。

技術系統與國家創新系統之差異在於強調技術的擴散與應用，而非技術的創新發明或出現；技術系統並無地理上之邊界，而係以同一技術之擴散來定義系統邊界，較具動態性；另外，技術系統係針對特定技術或產業，而非一國整體科技政策的規劃。

Freeman（1982）將國家創新系統定義為「公部門與私部門的交流網路，透過這種連結，促進、引進、修改及擴散新科技的發展」，基本上，他是從公共部門與私人部門構成的國家創新系統制度架構中，探討其間的技術創新活動與組織間的交互作用。Lundvall（1992）認為國家創新系統為「創新系統的組成源自於各體系間的互動，其中包含了生產要素的互動，新知識的使用及擴散，而這些體系可能彼此在一起，或是同位於某個國家內」，Lundvall的觀點主要是從國家創新系統組成機構間的關係切入研究，較從個體的微觀角度進行分析。Nelson（1993）則認為國家創新系統是「不同機構的互動，而他們的互動會影響到國家的創新實力及績效」。基本上，他是從不同國家的創新系統比較作為研究的重心。

根據Freemen與Lundvall等人定義之國家創新系統聚焦點於國家層面之科學與技術機構和科技政策的角色，包括大學、研究機構、政府部門和政府政策等。而此一觀點最適合在某一特定時間內分析並比較兩個國家創新系統之差異。更詳細地解釋，國家創新系統應是政府面、產業面和企業面創新能力的整合。如圖5-2。目的在於塑造良好的創新及市場環境，使企業在此環境中更能利用國家的比較優勢（Comparative Advantage）來發展其競爭優勢，故完善的國家創新系統正是發展國家競爭優勢的重要關鍵。

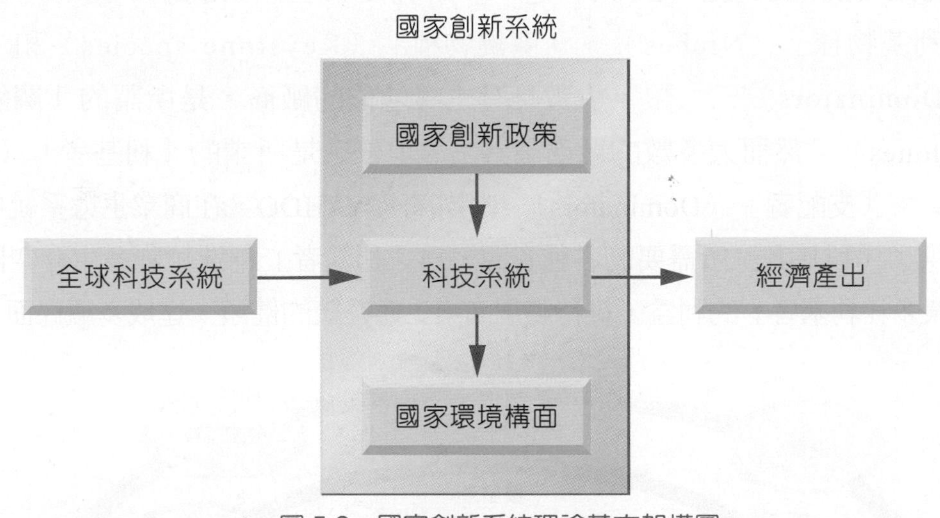

＊ 圖 5-2 國家創新系統理論基本架構圖

資料來源：徐作聖（1997）

二、商業生態系統

商業生態系統（Business Ecosystem），這一概念首先是由Moore在他的著作《The death of Competition：Leadership and Strategy in the Age of Business Ecosystem》中提出。意指一群相互連結，共同創造價值與分享價值的企業。描述商業生態系是一種在生產、客戶服務與創新上既競爭有合作的「跨產業」組織群。在他的研究中將產業生態系定義爲：一種含括相互鏈結的組織群的「動態的結構」。商業生態系透過自組織、突現以及共演化來幫助組織適應環境。在商業生態系中同時出現競爭與合作得現象。

商業生態系統乃引用生物學中生態系統（Ecosystem）的概念，運用在商業管理領域。事實上，在經濟以及管理學界，早已有許多學者以生物學的類比，來探討經濟活動或管理現象（Iansiti and Levien, 2004）。商業生態系統超越了傳統的行業界限的觀點，它既可以在常規的行業界限內部成長，也可以跨越常規的行業分界線，這種理論方法很適合於電子商務科技業等突破行業範圍的特性。

未來的競爭不是企業和企業之間的競爭，而是商業生態系統和商業生態系統之間的競爭。因爲企業所處的環境是變化的，沒有人能夠完全預知未來，一切取決於企業的智慧和應對策略。或是哪一方的系統更有競爭力與價值，因此雙方都要愼重考慮自己的生態系統的持續競爭力。

Iansiti and Levien（2004）進一步研究商業生態系統中不同的角色，主要有「利基物種」（Niches）、「關鍵物種」（Keystone species）和「支配者」（Dominators）三大類。少數具有主導地位的廠商，是所謂的「關鍵者」（Keystones）；然而大多數的廠商不具主導地位，是所謂的「利基者」（Niche Players）。「支配者」（Dominators），例如奇摩YAHOO，在商業生態系統中建立平台提供了「利基者」所需要的各種資源，爲「利基者」創造了許多生存空間，妥善照顧衆多「利基者」的利益，維持整個商業生態系統的健康，達成多贏局面。

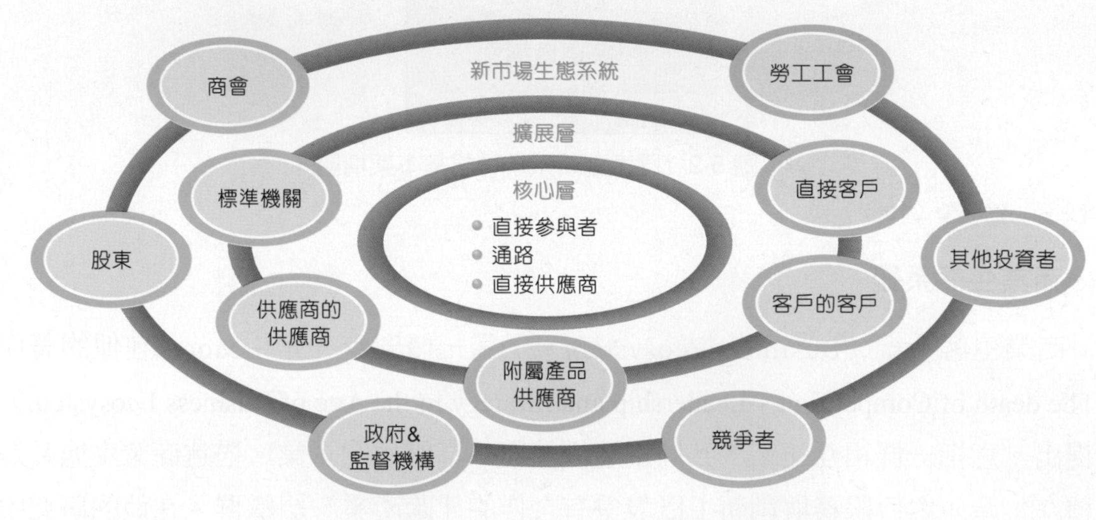

＊ 圖5-3 商業生態系統概念圖

資料來源：本書彙整自 Iansiti,& Levien（2004）

生態系統中如果物種多元化，整個生態系統抵禦外來威脅的能力，也會因而增強。一個商業生態系統通常涵蓋了數個關聯產業，包含各種競爭對手、合作伙伴、互補企業、相關產品、技術、服務供應商，及衍生出的非營利組織等等，成員來自上游、下游，也可能不是市場參與者，相互依存但可能同時存在著競爭、合作與競合等關係。生態系統中必須存在著某種服務、工具、技術，讓成員可以在某個平台上共同演化、獲益，才能健康的發展，否則就可能就減少規模或消失。商業生態系統也可加強成員間合作關係，透過能力與角色的共演化（Co-Evolution）形成整合平台，推出競爭者難以模仿的服務或產品（陳明哲，2013）。

例如、蘋果的iTunes及iCloud共同創造了一個產業共同成長的平台，包括五十萬個以上的應用軟體提供者、作者、藝人、唱片業、媒體、書籍出版商，以及上下游供應鏈廠商。這個商業生態系統一直在擴大，增加蘋果對客戶的影響力。同時也和另一個以Google爲首的生態系統（Android作業系統應用軟體平台）進行團體戰，運用此平台的智慧型手機廠商如HTC、SONY、三星等，在市場上形成兩大重點勢力。

近期開始有部分產業政策從建構「產業生態系統（Industry Ecosystem）」出發，用以解決國內外工業園區發展許久所面對的瓶頸與挑戰。產業生態系統借鑒的是生態系統中的一體化模式，它不是考慮單一部門與一個過程的物質迴圈與資源利用效率，而是一種系統地解決產業活動與資源、環境關係的研究視角。

產業生態系統、換言之是一個探究產業發展的框架。他的角色類似產業價值鏈（Value Chain）。然而產業價值鏈的分析框架較爲明確但限制性較高；產業生態系統的概念較爲模糊，但較有使用彈性。它是一個相對巨集觀的概念，須要有明確的推動目標，透過實體或虛擬的網絡平台，連結整合價值鏈、供應鏈、企業廠商、土地空間等概念。

應用於政策的實例，例如：2011年1月美國推出「Startup America（創業美國）」計畫，提出20億美元的成長資金挹注新創事業發展，組建資深的企業家業師團隊，邀集美國投資家、法人組織、大專校院以及基金會等單位，催生「創業生態系統」，認養新創企業的「生態網絡」，促進美國成爲新創事業最大的「實驗場域」（曾大有、董正玫，2012）。

應用於製造業的實例，例如：台積電的開放式創新平台與晶圓代工生態系統（電子工程專輯、2006；2013年台積電股東常會議事手冊；新電子科技雜誌，2010）。摘要如下：

- 生態系統的平台：一開始這個生態系統的目標主要是爲了縮短65奈米製程產品的設計時程。以晶片可製造性設計（Design for Manufacturing，DFM）爲主軸，重新整合設計支援產業生態環境（Design Support Ecosystem），以協助晶片設計人員簡化65奈米晶片設計與成功率。該公司將透過此一生態環境，提供製程相關的統一格式（DFM Unified Format，DUF）資料，晶片設計人員並可透過該公司提供的EDA工具取得這些資料，自行在各自公司內部進行DFM分析。

- 平台的應用範圍：台積電所開發的DUF格式，包含微影製程檢查（Lithography Process Check）、化學機械研磨分析（Chemical Mechanical Polishing Analysis）以及關鍵區域分析（Critical Area Analysis）等DFM工具項目。該公司期望藉此增加晶片設計人員使用DFM工具的便利性，並進一步提高進行DFM分析的作業及管理效率。
- 晶片設計人員可以下載經過加密並以DUF格式編寫的台積電DFM資料套件（DFM Data Kit，DDK），並直接在各自的公司內部工作站，使用通過台積電驗證的DFM工具進行DFM分析，並產生一致的分析結果。
- 平台的可靠度：這個平台，是台積電與設計相關合作夥伴，經過一年的密切合作所建置完成，台積電與包括Anchor Semiconductor、Cadence、Clear Shape Technologies、Magma、Mentor Graphics、Ponte Solutions、Predictions Software以及Synopsys等EDA廠商合作進行其DFM工具驗證，確保這些工具產生的DFM資料模擬分析結果與該公司的結果一致；工具模擬分析的效能（Run-Time Performance）以及簡便的操作介面（User Friendliness）也是通過驗證的重要指標。
- 認證標準：台積電亦定義首套IC製造服務領域的DFM矽智財及元件資料庫認證標準，其中包括Running Checks，例如協助線路佈局的DFM線路佈局電路參數萃取（Layout Parasitic Extraction，LPE），以及微影製程檢查。透過該DFM資料庫，可取得有關時序準確度（Timing Accuracy）、熱點移除（Hot-Spot Removal）等最佳化DFM結果。
- 生態系統特色：台積電公司設計生態系統合作夥伴，包含半導體產業的矽智財、晶片設計與可製造性設計服務、製程技術以及後段封裝測試服務之間加速即時創新。它擁有多個互通的設計生態系統介面，以及由台積電公司與合作夥伴協同開發出的構成要素，這些構成要素係由台積公司主動發起或提供支援。透過這些介面以及基本元件，可以更有效率地加速整個半導體產業供應鏈每個環節的創新，並促使整個產業得以創造及分享更多的價值。開放創新平台的成果包括參考流程、第三方矽智財驗證、台積公司元件庫矽智財、設計套件、以及線上設計入口網站。

- 產出：在開放創新平台（Open Innovation Platform，OIP）架構下成功推出三套全新經過矽晶驗證的參考流程，協助客戶實現16FinFET系統單晶片（SOC）與三維晶片堆疊封裝設計（3DIC），電子設計自動化領導廠商與台積公司已透過多種晶片測試載具合作開發並完成這些參考流程的驗證
- 成效：台積電在大同盟（Grand Alliance）合作夥伴撐腰下，其開放創新平台（Open Innovation Platform）目前已囊括近5700個IP。據報導，當中有20～30%的IP都爲台積電自行研發，可供客戶發展先進SoC之用，而台積電在每一個客戶的tape-out（設計定案）上，平均可用上8～12個獨特的IP，且另一方面，客戶採用某些熱門IP的回流率也相當高，在約5700個IP之中，大概有2500個IP受到客戶重複使用，這些在在都顯示台積電於IP綿密的火網佈局，可望成爲爭取客戶的最佳利器。

三、開放式創新平台（Open Innovation Platform）

自Schumpeter 於1934年首先提出創新於經濟成長之角色後，創新即成爲產業分析與商業管理中的重要研究對象，並因而衍生出創新管理（Innovation Management）學門。數十年來，實務分析與學術研究多依產業發展特性，探討創新的各類模式，並分析其中演進之創新軌跡（Innovation Trajectory），此發展脈絡包括初期的技術創新、產品創新、流程創新，乃至產業經營模式變化後的市場創新、組織創新、結構創新與經營模式創新等（楊佳翰，2012）。惟前述創新軌跡中，各類創新模式均屬線性模式，其重點在於知識的累積與開發，進而發展出全新的價值獲取模式，此架構發展至近十年，逐漸無法解釋今日技術開發之挑戰與全球分工態勢，學者開始自社會學與組織科學中的知識外溢（Knowledge Spillover）與知識互動理論（Intra-and Inter-Unit Interactions）（Cohen and Levinthal, 1990; Inkpen, 1996; Tsai and Ghoshal, 1998; Kogut and Zander, 1992），探詢非線性與互動創新模式之可能，包括跨組織創新（Trans-organizational Innovation）（Millar et al., 1997; Teece, 2000）與外部知識運用（External Knowledge Utilization）（Pisano, 1990; Porter and Stern, 2001; Fritsch and Lukas, 2001）等新興商管議題。此類非線性創新模型，著重創新過程中之網絡關係，重點不在知識的線性累積，而是知識網絡中各成員的互動互補與合作，相關研究結合社群網絡（Social Network）之研究風潮，逐漸成爲創新管理中之顯學（Coombs et al. 2003; Powell et al. 1996; Amesse and Cohendet, 2001）。

因此，若嚴格定義，Chesbrough（2003; 2006）所提出之開放式創新並非全新之定義，而係傳統合作研發模式的系統性詮釋，如同Gassmann（2006）所分析，開放

式創新之概念至少包含了五類既有的產業與創新發展趨勢，包括：(1)創新的全球化與分工（Globalization of Innovation）(2)研發委外（Outsourcing of R&D）(3)上游供應商整合（Early Supplier Integration）(4)使用者創新（User Innovation）與(5)技術之外部商業化（External Commercialization of Technology）

隨著近十年開放式創新概念的逐漸發展，相關實務論證亦逐漸成熟，相關研究議題開始發展成各自研究領域，如圖5-4所示。「開放式創新」的概念也逐漸被應用於產業政策當中，試圖經過自由度更高、開放性更高的產業政策來促進產業升級與轉型。主要議題包括增加開放式創新管道的來源；或透過專利購買或移轉，來加速研發的速度，降低研發成本等；或如企業營運模式，包括開放式創新前後之創新方法變化與營運模式設計，乃至由開放式創新所衍生的智財管理機制設計與操作方法等，已逐漸產生豐富之歸納成果。

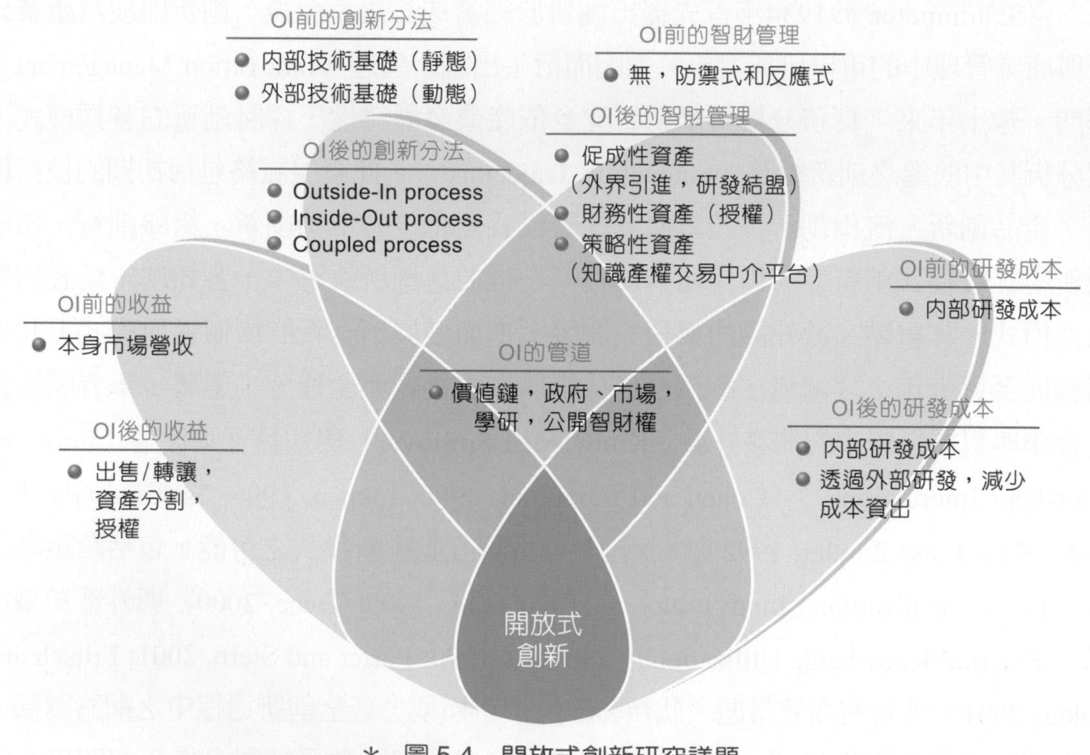

＊ 圖 5-4　開放式創新研究議題

四、生活實驗室（Living lab）

生活實驗室將產品及服務研發地點移至以使用者爲中心的眞實生活環境中。生活實驗室（Living Lab）運用於產業政策，被認爲是一種研究方法，在多元、演進的實際環境生活中，透過感知、雛型、驗證、改善各類型複雜的解決方案，將實驗室實驗環境帶入至使用者眞實生活的環境進行驗證，泛指於產品及服務研發過程中實踐開放創新的一種方式。

生活實驗室的概念始於1995年，由美國麻省理工學院媒體實驗室（MIT Media lab）的William Mitchell教授所提出，其後在歐洲將其發揚光大，成爲歐盟常使用的創新政策之一。近年來Living labs在歐洲被廣爲運用，用以促進使用者參加研發創新過程中的工具。主要成功的原因有二：第一，許多在封閉環境內進行的傳統ICT計畫遭受挫折，原因是欠缺與潛在市場的互動有限，或者未能掌握早期推出產品的時機。第二，現代ICT使用者的型態改變，例如、Facebook和Youtube的大型ICT使用者社群的成功案例，說明了使用者的角色轉變，從被動的數位內容消費者，轉變爲主動的服務與內容的共創者，進而創造更有價值的數位內容資產。

生活實驗室運用於產業政策，常見的運用方法如下：第一、強調以人爲本、以用戶爲中心和互動開放的創新環境，發展一種以使用者爲中心的共同設計/創造過程。第二、強調公私合夥關係，利用現存且接近市場的技術，在現實生活社區內發展的行動服務；第三、多種環境及多種角色的脈絡感知研究方法。

第一種類型的範例如，在面對全球暖化議題的解決方案中，DEHEMS（數位化環境的居家能源管理）計畫也成爲歐盟第七期科研架構（FP7）下重要的贊助計畫，目的在於探討如何增進居家能源使用效率，此計畫的自願參與使用者者協助研究單位取得使用者節約能源相關行爲的第一手資料與觀察。使用者的回饋使計畫執行單位得以發展對顧客友善的系統，讓更多人樂意使用。

第二種類型的範例如：臺灣大學智慧生活科技整合與創新研究中心成立「老人福祉研究群」，以研發老人福祉科技及探索高齡者需求爲成立宗旨，與台北縣私立雙連安養中心合作，成立「雙連生活實驗室」，實踐產品研發早期階段之使用者參與概念，並推動產學界間合作，隨著老人福祉產品與服務的釋出，帶動整體老人福祉相關產業如醫療產業、居家照護產業、娛樂產業及資訊產業等多面向產業升級，以及老人生活型態與老人生心理健康的提升

第三種類型的範例如：2011年的德國巴登符騰堡邦 Mobil Living Lab，爲了系統性研究/推廣綠能交通，共提出九項專案，包含能源系統、電動車輛技術、商用車隊經營，居家生活運用電動車輛、使用者多元化綠能交通、電動車區域示範、試點項

目、智慧運輸通訊內容、計畫研究和電網相關基礎設施等多種環境脈絡，來鼓勵消費者、商用業者和政府交通單位等積極參與汽車的Mobil Living Lab。

五、鉅型計畫（Master Plan）

Master Plan 目前並沒有統一的中文翻譯，中國大陸常用鉅型計畫稱之。Master Plan的概念最常見於都市規劃領域，提供政府研擬完整性高的都市設計綱要計畫，提供一個都市設計政策的貫徹過程與目標設定。例如：馬其頓首都坦格地震災後重建計劃（Master Plan for Reconstruction of Skopje City Center in Macedonia）。

Master Plan廣義來說，是一種國家層級或地方政府層級，針對產業或市場或城市規劃發展或校園規畫等目標，所提出的策略性總體規劃。Master Plan規劃執行時間通常較長，計畫內容多會牽涉到國土規劃與整合等內容。重點需包含需有明確或可量化質化的願景（Goal），階段性執行目標（Objective），行動方案（Action Plan），確切的完成執行時間（Deadline）和參與Master Plan的相關利益團體等，如下圖所示。

＊ 圖 5-5　Master Plan 的組成內容

資料來源：Automotive Federation of Malaysia（1984）; Thailand Automotive Institute（2012）; NYC Government（2014）.

Master Plan起始源於都市計畫，後來因爲被擴大廣泛地應用，因此用法/定義/類型等重點都會隨應用目標而有差異，本文則針對應用於產業的Master Plan進行說明。以下（表5-2，表5-3）介紹產業Master Plan的重點要素和分類。

＊ 表 5-2 產業 Master plan 的重點要素

願景（Vision）	產業 Master plan 的重要性、角色、方向和該產業在國家發展中的定位。
目標（Targets）	中長期的量化 / 質化的執行目標：
情境分析（Situation Analysis）	從國家發展角度 / 區域發展角度 / 全球發展角度等多元面向，計畫需要檢視欲發展產業的現況、潛力與可能發展障礙（包含圖表分析資料與報到、產業分析與市場調查與國際比較等）。
政策議題（Policy Issues）	計畫進行政策設計的事先準備時，需選集小量且特定的議題，明確清楚定義之，思考議題推廣發展的先後順序。
行動（Action）	此階段是一個行動計畫，或行動機制。計畫 / 機制以矩陣式為主，包含事先準備行動計畫（Pre-Specifies Actions）、次行動計畫（Sub-Actions）、預期產出（Expected Output）、成功準則（Success Criteria）、截止日期（Deadlines）、負責機構（Responsible Organizations）和監管報告程序都應該清楚標示。另外、需要最高位階主管籌處高於計畫層級的管理委員會，針對行動計畫進行目標達成度管理、進度管理和預算管理等。

資料來源：This document was prepared in November 2009 at the request of Prime Minister Meles Zenawi and Dr. Newai Gebre-ab, Senior Economic Advisor to the Prime Minister, of the Federal Democratic Republic of Ethiopia in the context of bilateral policy dialogue between Ethiopia and Japan. Data collection

＊ 表 5-3 產業 Master plan 的類型

全面性產業 Master Plan（Overall industrial master plans）	這類型計畫涵蓋多元化的產業活動。例如：結合產業 Master plan 計畫（如電子，機械，食品加工等）會、產業議題 型計畫（技術與職業教育與培訓）和中小企業同時併行。並 非所有國家都會提出此類型的跨產業／跨議題的整合性計畫，複雜度也較高。
產業別 Master Plan（Sector-specific master plans）	這類型計畫只包含一個特定產業，並替其設計發展路徑，例如紡織成衣、食品加工和電子科技產業。
產業議題別 Master Plan（Issue-specific master plans）	這些計畫主要針對國家內部的跨產業，聚焦發展特定議題。例如：如物流運輸、資訊技術，中小企業發展，教育和技職人才培訓等。
產業發展區域別 Master Plan（Regional development master plans）	這類型計畫主要特定開發區域，走廊（Corridors），經濟區，以及其它以地理劃定的區域。

參考資料：This document was prepared in November 2009 at the request of Prime Minister Meles Zenawi and Dr. Newai Gebre-ab, Senior Economic Advisor to the Prime Minister, of the Federal Democratic Republic of Ethiopia in the context of bilateral policy dialogue between Ethiopia and Japan. Data collection and analysis by Ms. Ayako Ishiwata。

近年來Master Plan此概念也常被應用於國家產業政策的規劃，和其他產業政策工具相輔相成，作爲規劃評估中長期產業政策、檢視產業政策推動成效的工具與方法。相關範例如下：韓國爲了厚植ICT基礎人才培訓，從1996~2006年執行Korean Master Plan；德國柏林市政府爲了促進產業活化再生，提出Master Plan 2010–2020計畫。新加坡政府從1980年起積極推動資訊通訊基礎建設，1992～1999年間提出的「IT2000領導計畫」（IT2000 Master Plan）[1]。

5-3-3 產業政策工具效果評估與成功要素

評估產業政策是否有效的方法，一般而言包括以下三種：(一)評估接受政策協助的輔導產業；(二)檢視不同產業的生產力變化，例如產值、進出口表現、附加價值、就業狀況等；(三)進行不同國家相同產業的跨國競爭力比較，從多面向的量性質性指標了解該產業的發展現況。

成功產業政策重點要素可列範例如下，例如(一)產業政策與該國經濟的相對優勢愈一致，就愈有可能成功。例如澳洲與紐西蘭具有豐富的天然資源與農業資源，故產業政策應先支持目前最具競爭力的畜牧與觀光產業。(二)產業政策成功應是改善強化政府與產業間的溝通，順水推舟地提出建議方案，而非完全中央集權和強勢主導。例如、日本具有溫泉遍佈全國的現象，如果再生能源產業政策能開發地熱發電，協助妥善運用地熱發電，將地熱資源作爲暖氣空調、農業栽種、漁業養殖，將可提高地熱能源的經濟再利用價值。(三)產業政策在政府有興趣和能力可勝任的領域最爲有效。例如、美國因高度重視國防安全和國土維護，因此積極發展國防軍事技術和能源供應即有相當成效。

5-4 產業政策的工具的實際應用與範例

5-4-1 台灣產業政策

1959年行政院頒布的「國家長期發展科學計畫綱領」，是台灣政府遷臺後第一個具體長期規劃的科技政策，重點內容在於設置國家發展科學專款，主要補助自然科

1 Masterplan for ICT in Education, http://www.moe.gov.sg/media/speeches/2008/08/05/opening-address-by-dr-ng-eng-h-1.php

學、基礎醫學、工程、人文和社會科學。1968年總統府國家安全會議科學發展指導委員會，研擬4年一期，總共三期的「十二年國家科學發展計畫」，主要改善各級學校的科學教育、基本和應用科學研究、促進科學技術和國家建設配合之內容。

第一次全國科學技術會議始於1978年。後來考量科學技術的研究發展是支持國家現代化與增進人民福祉的原動力，更是強化國家競爭力的基石。由於科技研究發展在其中扮演了重要的角色，在民國八十五年九月第五次全國科技會議後，政府即依會議決議立法訂定「科學技術基本法」，該法第十條規定：「政府應考量國家發展方向、社會需求情形及區域均衡發展，每四年訂定國家科學技術發展計畫，作爲擬訂科學技術政策與推動科學技術研究發展之依據。 而國家科學技術發展計畫之訂定，應參酌中央研究院、科學技術研究部門、產業部門及相關社會團體之意見，並經全國科學技術會議討論後，由行政院核定。 前項之全國科學技術會議，每四年由行政院召開之。」

以下列舉台灣過去所舉辦的九次全國科學技術會議，重點摘錄過去30幾年的科技政策發展歷程：

1. 1978年召開「第一次全國科學技術會議」，主題爲「科學技術發展與國家建設」，重點產業有能源、材料、資訊和自動化等四大重點科技產業。並提出設置「新竹科學工業園區」的構想。
2. 1982年召開「第二次全國科學技術會議」，主題爲「科學技術發展與國家建設」，頒佈實施「科學技術發展方案」、成立「行政院科技顧問組」，重點產業有機械、電機、電子和資訊等高科技的策略性工業。
3. 1986年召開「第三次全國科學技術會議」，主題爲研擬「國家科學技術發展十年長程計畫」（1986～1995），主要目標爲鼓勵民間企業從事研究發展、高科技工業之發展、政府形之配合等。
4. 1991年召開「第四次全國科學技術會議」，主題爲訂定「國家科學技術發展六年中程計畫」、「國家科學技術發展十二年長程計畫」，基本策略有擴大研究發展基礎、提高研究發展效率、加強基礎研究、提升企業界研究發展能力、發展高科技工業、建立智慧財產權保護制度、積極推動國際合作、建立資訊化社會、促進科技發展與人文社會之調和、促進國民對於科技之認知。

5. 1996年召開「第五次全國科學技術會議」，政府即依會議決議立法訂定「科學技術基本法」（爾後1999年正式公佈），同時公布了我國第一本科技發展的白皮書（1997年公佈），爲我國科技發展建構更明確的制度與發展方向。

6. 2001年召開「第六次全國科學技術會議」，主題是「以科技引領國家邁向知識經濟時代」，五大重要議題分別是：(1)國家科技發展總目標、策略與資源規劃；(2)知識創新與學術卓越；(3)技術創新與產業升級；(4)永續發展與民生福祉；(5)科技人才培育、延攬及運用。

7. 2005年召開「第七次全國科學技術會議」，主題是「創新科技研發，再造經濟躍升」，六大重點議題有：(1)健全科技政策體系，加強資源有效運用、(2)加強人才規劃運用，堅實科技人力資源、(3)提昇學術研究水準，發展特色研究領域、(4)促成知識創新，突破產業發展、(5)促進科技民生應用，強化社會互動發展。

8. 2009年召開「第八次全國科學技術會議」，會議主題爲「追求科技創新與價值創造；建構優質生活與永續社會」， 六大重點議題：(1)結合人文科技，提升生活品質；(2)培育科技人力，有效運用人才；(3)完備法規制度，整合科技資源；(4)追求學術卓越，強化社會關懷；(5)追求學術卓越，強化社會關懷；(6)加強技術創新，完善產業環境。

9. 2012年召開「第九次全國科學技術會議」，以「面對臺灣的科技轉型」爲主題，論邀集有關機關研訂「國家科學技術發展計畫（民國102至105年）」，對臺灣科技轉型所面臨的七大關鍵議題，也就是「如何提升臺灣的學研地位」、「如何做好臺灣的智財布局」、「如何推動臺灣永續發展」、「如何銜接上游學研與下游產業」、「如何推動由上而下的科技計畫」、「如何提升臺灣科技（資通訊）產業創新動能」及「如何面對臺灣的科技人才危機」，採「由上而下」模式，主動選定議題，並透過深化研究，提出有效解決方案。

2014年以前，台灣的科技政策形成體系如圖5-6所示。目前台灣的科技發展中長期計畫是由行政院的科技顧問會議、科技會報與產業科技政策會議，以及由國科會與行政院科技顧問組等聯合召集的全國科技會議所決議之項目提供給行政院。再經行政院整合協調後訂定推動方案，並擬定各項執行計畫，據以執行。

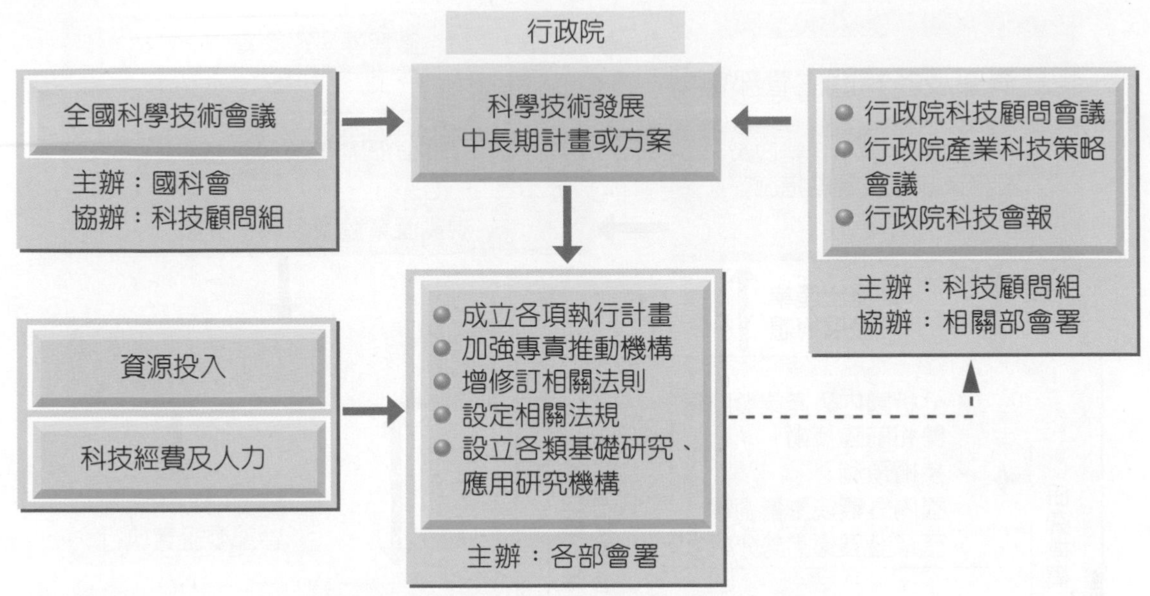

＊ 圖 5-6 我國現行科技政策之形成機制

資料來源：行政院科技顧問組簡報資料（2002.2.23），科技政策形成之資源分配機制；國立中央大學，籌設「財團法人科技政策研究中心」可行性之研究－行政院研究發展考核委員會委託研究報告（2003）。

另外有台灣部會的產業政策形成過程，以經濟部為例，簡單介紹如圖5-7：主要透過經濟部及相關主管部會，如工業局和技術處。彙整委託研究機構與財團法人，例如:工業技術研究院經資中心（IEK）；國家實驗研究院科技政策研究與資訊中心（Science & Technology Policy Research and Information Center，簡稱STPI），中華經濟研究院（Chung Hua Institution for Economic Research，台灣經濟研究院（Taiwan Institute of Economic Research）等。爾後提出產業構想或計畫於產官學研座談會或產業科技策略會議等討論，再送交行政院核定、審議與協調，方可執行。

2014年1月，台灣立法院通過「科技部組織法」和相關組織法。確定升格「國科會」為「科技部」，掌主要掌理範圍包括推動重大科技研發計畫、發展科學工業園區、支持學術研究及產業前瞻技術研發等事項。過往國科會的角色以協調居多，如產業應用方面需要與經濟部協調溝通，2014年3月科技部正式成立，未來角色將傾向任務導向。以後也將與經濟部共同分工合作，肩負起研擬科技政策的重責大任，協助行政院科技施政。

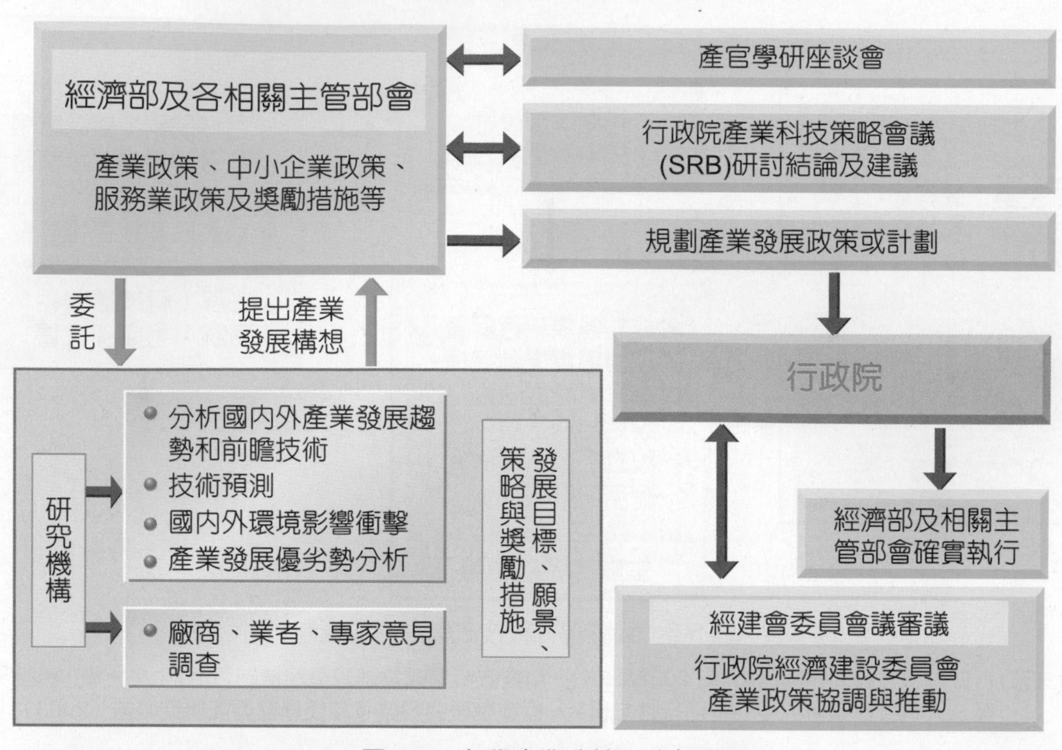

＊ 圖 5-7 台灣產業政策形成架構圖

資料來源：廖耀宗（2006）

5-4-2 韓國產業政策

韓國推動產業政策深具規畫性且積極，主要採用「產業垂直整合」策略和中央決策模式。韓國近年來的宏觀目標是汽車工業要超越美國、電子產業要超越日本。韓國政府「選擇與集中」地推動產業政策，主要是針對未來具有高度前瞻性的關鍵產業與技術進行推廣。雖然產業政策能否達成預定目標備受質疑。但也顯示韓國政府在投入高科技、高附加價值與具有市場潛力的新領域時具有強盛的雄心壯志，因此政府持續編列預算鼓勵研發活動，將國家資源投入。引導私人企業重視對新興領域之投資，同時加強培養研發人才，開發創新的產業領域、提升技術水準的能量。韓國產業政策的三大特點，可以綜整如下：（杜巧霞, 2013）

1. 由國家製定產業發展策略，由上而下引導新興產業發展：
2. 以科技推動傳統產業之技術升級，加強工業軟體與傳統產業的融合：[2]
3. 積極調整產業結構，推進「綠色增長策略」：公布「綠色能源開發策略路線圖」，將綠色技術產業列爲重點發展域，逐步建構綠色產業。
4. 訂立提高服務業競爭力的政策措施：韓國政府自2001年起，大力發揮各政府職能部門的作用，制定提高服務業競爭力的相關措施及促進政策。

南韓總統朴槿惠就職以來，提出對內發展「創意經濟」，對外推動「中等強國」策略，積極推動「韓國國家轉型策略」。因爲韓國資通訊、汽車、石化等支柱產業，都和台灣一樣面臨困境，在產業典範轉移下與後進國家（如中國大陸）的追趕下，產業開始面對獲利衰退與成長漸緩的挑戰。其中推動國家轉型的重點政策爲「新成長動能」政策，希望透過主力產業結構升級，加強傳統企業和IT企業間的交流，提高現有產業附加價值。

另有「2015年產業發展願景與策略」。主要是希望完成「2015年邁入國民所得3萬美元時代」願景，期許韓國扮演「全球產業分工結構的整合者（Global Industry Integrator）」角色，將從全球產業結構中，找出各國經濟不足的部分，再藉由韓國產業的力量加以補強，以促進世界經濟發展，並裨益韓國經濟成長，使韓國成爲國際最具魅力的經濟合作伙伴。換言之，韓國泱扮演關鍵的角色，就如同完成全球化產業結構，既創造價值，也提高韓國產業的地位。具體的量化指標爲：2015年韓國GDP晉身世界前10名，平均每人GDP達到35,000美元，同時創造工作機會2,660萬個。

2 補充資料：創意經濟是透過發展整合性資通訊與軟體科技、強化整合科技與文創內容，提升韓國的創新能力。「中等強國」（Middle Power），則是相對於歐美日與中國而言，經濟發展、人均收入具一定水準，雖然影響力不如大國，但願意在國際事務上扮演積極、建設性角色的中型國家。例如，韓國簽署 FTA 數量世界第三多，更是發揮中等強國影響力，促進國際合作。（資料來源：2014 年天下雜誌 541 期，作者：辜樹仁。）

＊ 表 5-4 韓國產業政策摘要

政策項目	年份	內容
高新尖端技術產業	80 年代	•重點發展的產業有半導體、PC、顯示器產業
新成長動力產業	1999 年	•提高現有產業的附加價值、大力推動產業技術融合、以及瞄準未來產業。 •中小企業廳配合相關產業領域設立了 18 所新創事業培育中心，培育對象有 15 家為對應新成長動力產業族群，3 家為綠色科技專業育成基地，預計在 2011 年將達同一時間培育 500 家新創事業的規模。
十大支柱成長動力產業	2003 年	•第二次科技興國的策略計畫，加強研發經費 •通過新技術改造傳統產業，如鋼鐵、造船、纖維、機械與石油化工 •智慧機器人、未來汽車、新一代半導體、數位電視、視頻傳輸、移動通訊、液晶顯示器、軟體服務業等，成為政府重點扶持的新十大產業
提高現有產業的附加價值、大力推動產業技術融合、以及瞄準未來產業	2013-2017 年（朴槿惠總統任內）	•強調產業政策五大重點：營造企業間相互合作的交易氛圍（協助中小企業發展）、擴大產業融合、加強產業政策與貿易政策的協調、促進各區域經濟發展、構築穩定能源供應體系 •加強傳統企業與 IT 企業間的交流，由政府支持成立了 6 個 IT 融合論壇和 9 個 IT 融合支援中心，包括造船、汽車、紡織、建築等傳統行業都參與其中。 •主要發展的領域包括：汽車、造船、半導體、顯示器、鋼鐵、化學等主力產業

資料來源：本書彙整（2014）。

5-4-3 香港和新加坡產業政策

香港的積極不干預政策，深受歷史環境的影響條件。由於它深受英國古典經濟學派的自由經濟學說的影響，強調維護市場價格機制的正常運作，防止市場失效，避免使用不恰當行政干預使市場受到抑制，故香港經濟體系更具有靈活性和彈性，它能因應國際市場需求的變動和外部環境的變化而迅速調整，從而獲得最大的經濟利益。

相較之下，新加坡採取積極、直接干預政策，新加坡是一個主權獨立的國家，它更強調經濟發展和民族振興，因而高度重視產業結構的合理性和促進產業轉型升級，以便跟上世界經濟發展潮流。新加坡政府也透過計畫性的經濟發展規畫、直接及間接的投資、實行優惠政策吸引外資等種種措施，推動經濟發展及產業的轉型，從而建立起相對合理的產業結構。例如、新加坡政府更從1980年起就積極推動資訊通訊基礎建設，它的產業升級是在技術進步的基礎上進行。

比較兩者，新加坡和香港都致力於金融產業，兩者採取不同的產業發展角度，新加坡多元化打造一個財富管理中心，建設風險管理中心，發展資通訊產業，也希望未來能成爲境外人民幣中心，使經濟更進一步成長。反觀香港幾乎不發展製造業，目標在於追求全球金融中心的地位。在上述全球金融中心評比，這兩個城市亦一直彼此競爭，分別排名第三及第四名，僅次於倫敦及紐約。兩種不同方向的產業政策，都協助新加坡和香港在各自特定的歷史環境下走了不同的經濟發展道路，取得令人驚豔的表現。故產業政策沒有放諸四海皆準的法則，仍須就在地文化的經濟結構演變及經濟政策著手，從中找出在地的發展優勢和不足，以資借鑒，從而規劃產業政策。

5-4-4 美國產業政策

美國主張自由市場競爭理念，無計畫性產業政策。國內的主流經濟學派亦認爲政府僅應爲產業發展創造平等競爭的經濟和社會環境。雖然美國政府未提出具體的產業政策，但美國仍透過各種方案在產業及部門間進行有計畫的資源配置，可謂隱性的產業政策。

範例說明如下：60～70年代，美國製造業移向日本；70～80年代，製造業逐漸流向亞洲四小龍；90年代後，中國改革開放成功，成爲全世界成本最低的製造業基地，帶動美國衆多製造業蜂擁至中國，造成美國製造業大量外移。

因此，2009年歐巴馬總統領軍的政府團隊大刀闊斧地提出「再工業化」產業政策，希望能鞏固部分美國製造產業的全球主導地位，進而提高美國本土製造業的比例與建立美國製造業立足於全球先進製造技術的領導地位；進而帶動就業機會增加。於是2009年起提出了一系列政策，如圖所示，協助美國製造業再工業化。並規劃外來關鍵技術領域，如將清潔能源、醫療健康、生物工程、奈米、先進汽車、航空等作爲未來20年的新興產業科技重點發展領域，並有一系列政策法規和專項行動計畫，從資金投入、市場培育、國際發展、人才培養等方面著手。希望可以延攬全球資本再度聚首美國，再度創造一個新興的工業形態。

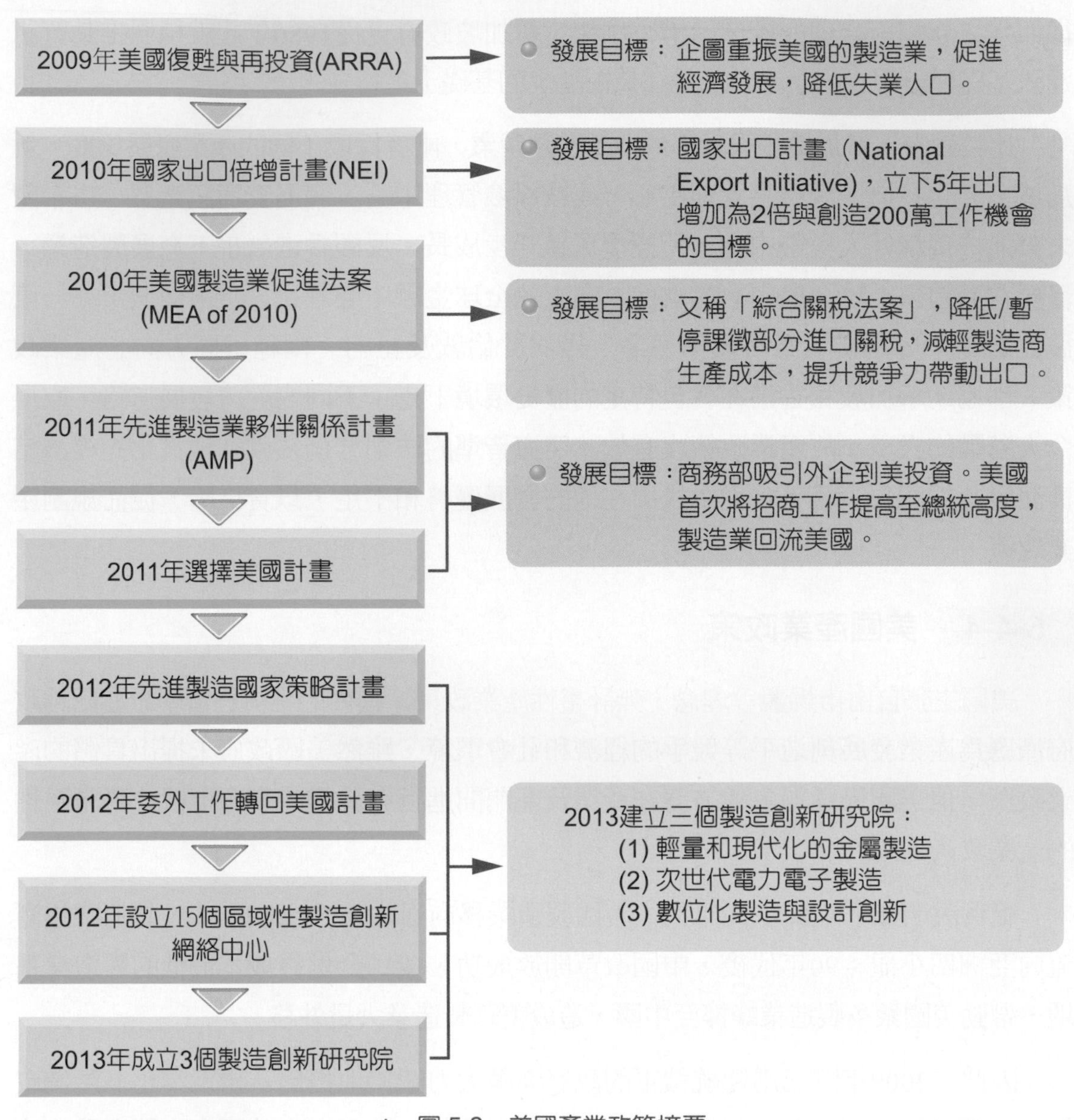

＊ 圖 5-8　美國產業政策摘要

資料來源：金屬中心 MII 彙整（2014）。

所以，美國產業政策之特色由於美國無明確的產業政策，政府亦僅扮演輔助角色，政策重點並非針對特定產業，而以建立正常競爭的市場環境爲核心，並透過研發創新及布建基礎建設引導產業轉型，並持續洽簽自由貿易協定以消除貿易障礙（簡汝嫺等，2012）。

問題與討論

習題一

問題：請說明產業政策的優點有哪些。

習題二

問題：請說明產業政策的限制為何？

習題三

問題：請說明產業政策主要學理依據有哪些？

習題四

問題：若是從實務面來看，請敘述各國在採行產業政策主要理念有哪幾種？

習題五

問題：依據 Rothwell 及 Zegveld（1981）的理論，政策工具主要有三大類，其下又可細分為十二類，請簡單敘述。

習題六

問題：試簡單比較國家創新系統與技術系統的差異點。

參考文獻

英文部分

1. Automotive Federation of Malaysia（1984）. Submission of AFM on the Industrial Master Plan in EIU. The ASEAN Motor Industry in Economist Intelligence Unit, KL: EIU.

2. Becker, G.（1996）. The economic way of looking at behavior. The Nobel lecture, Essays in Public Policy, No. 69, Stanford, California, Hoover Institution on War, Revolution and Peace.

3. El-Agraa, A.M.（1997）. UK Competitiveness Policy vs. Japanese Industrial Policy. The Economic Journal, 107（144）, 1504-1517.

4. Hirschman, A.（1958）. The Strategy of Economic Development. New Haven: Yale University.

5. Hood, C.（1991）. A public management for all seasons?. Public Administration, 69, 3-19.

6. Howlett, M. and Ramesh, M.（1995）. Study Public Policy: Policy Cycles and Policy Subsystem. UK: Cambridge University Press,

7. Iansiti, M. and Levien, R.（2004）. The Keystone Advantage: What the New Dynamics of Business Ecosystems - Mean for Strategy, Innovation, and Sustainability. Boston, MA: Harvard Business School Press.

8. Komiya, R.（1986）. Industrial Policy in Japan. Japanese Economic Studies, 14(4), 51-81.

9. Lin, C.C., Yang, C.H., and Shyu, Z.J.（2013）. Comparison of Innovation Policy at the Smart Grid industry across the Pacific: China and USA. Energy Policy, 57, 119-132.

10. Lundvall, B.A.（1992）. National Systems of Innovations: Towards a Theory of Innovation and Interactive Learning. London: Pinter.

11. McDonnell, L.M. and Elmore, R.F.（1987）. Getting the job done: Alternative policy instruments. Educational Evaluation and Policy Analysis, 9(2), 133-152.

12. Mats Eriksson, Veli-Pekka Niitamo, Seija Kulkki（2005） State-of-the-art in utilizing Living Labs approach to user-centric ICT innovation – a European approach.

13. Moore, J.F.（1993）. Predators and Prey: A New Ecology of Competition. Harvard Business Review, 71(3), 75-83.

14. Nelsen, R.（1984）. Industrial Policy: The Case for National Strategies for World Markets. Long Range Planning, 17(5), 50-59.

15. Nelson, R.（1993）. National Systems of Innovation: A Comparative Study. Oxford: Oxford University Press

16.Odagiri, H.（1986）. Industrial Policy in Theory and Reality. In Jong, H.W. and

17.Peltoniemi, M. and Vuori, E.（2004）. Business Ecosystem as the New Approach to Complex Adaptive Business Environments. In Proceedings of 4th Annual Conference eBRF（eBusiness Research Forum）, Tampere, 2004, pp. 267-281.

18.Porter, M.E.（1990）. Competitive Advantage of Nation. London: Macmillan

19.Rodríguez-Clare, A.（2007）. Clusters and Comparative Advantage: Implications for Industrial Policy. Journal of Development Economics, 82(1), 43-57.

20.Rothwell, R. and Zegveld, W.（1981）. Industrial Innovation And Public Policy, Preparing For The1980s And The 1990s. Frances; Pinter.

21.Rothwell, R. and Zegveld, W.（1982）. Innovation and Small and Medium Sized Firm. London: Frances Printer Ltd.

22.Schneider, A. and Ingram, H.（1990）. Behavioral Assumptions of Policy Tools. The Journal of Politics, 52(2), 510-529.

23.Shephard, W.G., Mainstream in Industrial Organization, Book 2, pp. 357-412.

24.Thailand Automotive Institute（2012）. Master Plan for Automotive Industry 2012-2016. Ministry of Industry in Thailand.

25.Amesse, F. and Cohendet, P.（2001）“Technology transfer revisited from the perspective of the knowledge-based economy.” Research Policy 30(9), pp.1459–1478.

26.Chesbrough, H.,（2003）Open Innovation: The New Imperative for Creating and Profiting from Technology, Boston: Harvard Business School Press.

27.Chesbrough, H.（2006）Open Business Models: How to thrive in the New Innovation Landscape, Boston: Harvard Business School Press.

28.Cohen, W.M. and Levinthal, D.A.（1990）“Absorptive capacity: a new perspective on learning and innovation.” Administrative Science Quarterly 35, pp.128–152.

29.Coombs, R., Harvey, M. and Tether, B.S.（2003）“Analysing distributed processes of provision and innovation”. Industrial and Corporate Change, 12, pp.1125–1155.

30.Inkpen, A.（1996）“Creating knowledge through collaboration.” California Management Review 31(1), pp.123–140.

31.Fritsch, M. and Lukas, R.（2001）“Who cooperates on R&D?” Research Policy, 30(2), pp.297–312.

32.Kogut, B., Zander, U.（1992）“Knowledge of the firm, combinative capabilities, and the replication of technology.” Organization Science 7(5), pp.502–518.

33.Millar, J., Demaid, A. and Qunitas, P.（1997）“Trans-organisational Innovation” Technology Analysis and Strategic Management, 9(4), pp.399-418.

34.Pisano, G.P.（1990）“The R&D boundaries of the firm: An empirical analysis” Administrative Science Quarterly, 35(1), pp.153–176.

35.Porter, M. E. and Stern, S.（2001）“Innovation: Location matters”. Sloan Management Review, 42(4), pp.28-43.

36.Powell, W.W., Koput, K.W. and Smith-Doerr, L.（1996）“Interorganizational collaboration and the locus of innovation: networks of learning in biotechnology” Administrative Science Quarterly, 41(1), pp.116.

37.Teece, D.（2000）Managing Intellectual Capital, Oxford University Press.

38.Tsai, W. and Ghoshal, S.（1998）“Social capital and value creation: the role of intrafirm networks” Academy of Management Journal, 41(4), pp.464-476.

39.Yang, Chia-Han（2012）,Exploring the pattern of Open Service Innovation platform in New Service Development process,The 3rd International Service Innovation Design Conference（ISIDIC）,Tainan, Taiwan.

中文部分

1. 丘昌泰（2004）。公共政策：基礎篇。台北：巨流圖書有限公司。

2. 杜巧霞（2013）。韓國產業政策之特點與啓示。經濟前瞻，第148期第20卷，頁79-84。

3. 洪世章、林于婷（2003）。國家創新系統:概念、成因與效果。研考雙月刊，第27卷第4期，頁24-33。

4. 徐作聖（1999）。國家創新系統與競爭力。台北：聯經出版社。

5. 陳明哲（2013）。商業生態系統：超越產業。哈佛商業評論，3月版。

6. 曾大有、董正玫（2012）。美國矽谷創新創業生態系統的觀察、省思與建議。成大產學合作電子報，No.13，2012年6月15日。

7. 簡汝嫺、高超洋、劉雨芬、廖幸嫺、林鈺洺、鄭雅蔚（2012）。主要國家當前產業政策析。國際金融參考資料，第六十四輯。

8. 國立中央大學，籌設「財團法人科技政策研究中心」可行性之研究-行政院研究發展考核委員會委託研究報告（2003）。

網站部分

1. 2013年台積電股東常會議事手冊 http://www.tsmc.com/download/ir/shareholders/2013/ch/ChineseMeetingAgenda2013.pdf
2. TechNews 科技新報。台積電與開放創新平台設計生態環境夥伴聯手推出16FinFET及3D積體電路參考流程。http://technews.tw/2013/09/17/tsmc_16finfet_3dic/
3. What is a Master Plan?（2014）. NYC Gov. http://www.nyc.gov/html/dcp/pdf/fkl/factsheet2.pdf
4. 新電子科技雜誌（2010）。全球晶圓生態系統。http://www.mem.com.tw/article_content.asp?sn=1006250013
5. 電子工程專輯（2006）。簡化65奈米設計台積電建置DFM支援環境。http://www.eettaiwan.com/ART_8800418007_480202_NT_409ffa8e.HTM
6. 盧文吉（2004）。政府與市場：台灣與美日歐產業政策演化之分析。http://www.au.edu.tw/ox_view/edu/fe/gife/2004/PDF/D3/D3-4.pdf
7. 廖耀宗（2006）。經建計畫與產業發展政策。http://nchuae.nchu.edu.tw/tc/modules/ynews/article.php?storyid=1

筆記本

智慧電網產業創新政策比較

★ 對智慧電網產業可以進一步認識
★ 透過個案理解產業創新政策分析方法與應用
★ 探討產業創新政策在產業發展扮演的角色跟重要性

6-1 智慧電網介紹

6-1-1 前言

2009年的哥本哈根會議確立未來世界各國因應溫室效應與石油能源耗竭必須發展減少排碳量、開發替代能源、擴大綠色工程與提升能源使用效率等議題。減碳政策與規範、節能科技與節能應用發展等，已成爲全球政府與相關廠商積極關注的焦點（Lu, 2010）。然現今的再生能源不具有成本競爭力，許多再生能源的能源效率偏低等問題，如果沒有政府政策推廣和支持，產業和企業將難以與傳統火力發電或核能發電競爭。故發展新能源產業，必須由政府主導，非產業或公司一己之力可以完成（魯宗相、蔣錦峰，2004）。

再者，再生能源的發電量受天氣、溫度等環境影響甚鉅，如太陽能發電受日照長短影響、風力發電則仰賴足夠風力，兩者皆不如較易控制且能隨時輸出的火力發電。許多國家將再生能源供電目標訂在總供電量的20%至30%，因導入量高、變動大，現有電力系統無力負擔，將造成電力系統供電不穩或停電等問題（李力、曹榮，2009；Hledik, 2009）。因此，各國政府開始提倡發展智慧電網（Smart Grid），透過智慧電網的建立可同時達到減少碳排放量與提升能源使用效率的優點，促使其成爲各國政府優先發展的節能減碳政策之一（孫迪穎，2009）。其中又以美國總統歐巴馬（Barack Obama）最爲積極鼓吹智慧電網，其視爲綠色新政（Green New Deal）的一環，期望藉由智慧電網的發展，在這波能源戰略中，取得領先的地位（李科逸，2009；Gellings, 2009）。

面對這樣一個全球性的能源產業趨勢，智慧電網已經成爲參與全球科技、產業競爭無法回避的重要環節。本文藉由探討各國智慧電網政策措施，將有助於了解政策對智慧電網產業的影響與前景。並且透過跨國分析研究各國智慧電網政策，有助於提供產業創新策略建議（Lin et al., 2013）。本文期望能以國家的角度，衡量台灣產業在全球競爭情勢下的定位，並藉由本文之結果，作爲政府在制訂產業科技政策之參考依據，使國家創新政策得以與產業創新需求條件相結合，將國家資源做最有效的分配與利用（徐作聖，2000）。本文的研究目標有以下三項：一、根據理論文獻提出「創新政策比較分析模式」，系統性地比較各國政府在智慧電網創新政策之傾向；二、比較各國產業創新需求要素所需求的政策工具；三、比較現有產業創新政策與產業所需的政策工具異同。

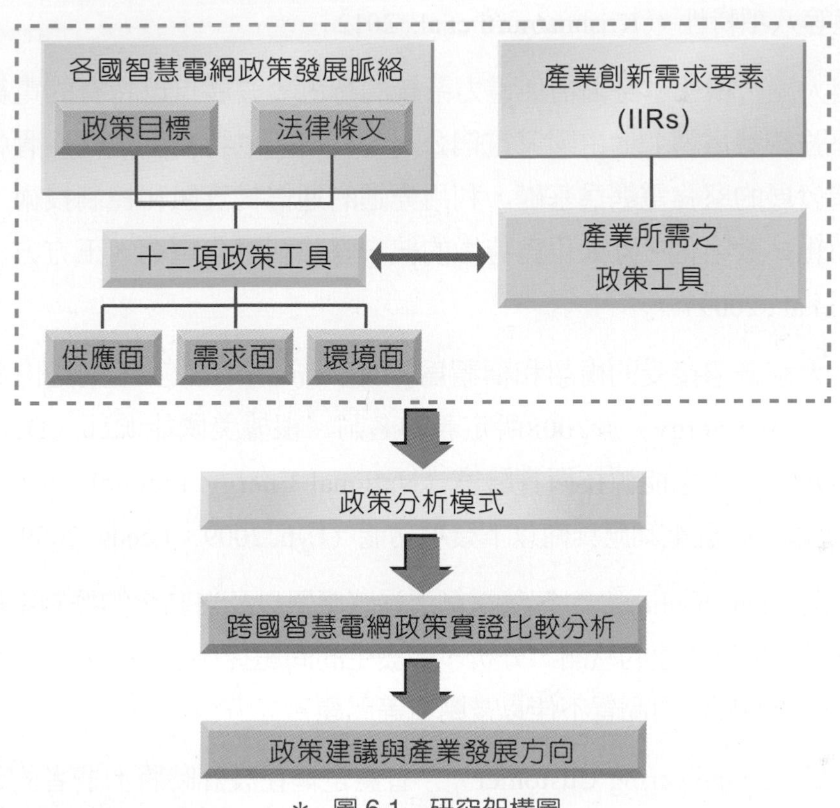

＊　圖 6-1　研究架構圖

資料來源：本研究整理

6-1-2　智慧電網定義

智慧電網在不同的國家、不同的電力系統，對於其功能需求及定義皆有所不同，以下爲美國、歐盟以及中國大陸對於智慧電網的定義。最早是由美國電力研究所（Electric Power Research Institute；EPRI）提出，當時名稱爲“Intelligrid”（智慧電網）。其定義爲在現有電力網路上結合通訊與控制系統，在正確的時間提供確切的資訊給實際需要資訊的用戶端（如終端設備，輸配電力控制系統以及客戶等）。Intelligrid是一個將損失最小化，最佳化電力供應與運輸，以及能夠響應能源效率與需求的先進電網系統（Farhangi, 2010）。

歐洲稱爲超級智慧電網（Super Smart Grid），是將廣域電力輸送網絡與智慧電網結合而成的廣域智慧網域，可能範圍涉及到歐盟、北非、中東等國家和地區（Pearson, 2011）。歐盟委員會將智慧電網定義爲：1.以客戶爲中心；2.支持分散式和可再生能源的接入；3.負載和電源的本地交換；4.高級自動化和分散式智慧；5.靈活的電網營運；6.面向服務的架構；7.更可靠、安全的電力供應；8.低耗能，特別是低線路損耗等八項特性（Krishnamurti et al., 2012）。

而中國大陸，根據本身國情與電力系統的特色，發展自己特有的電網。中國大陸稱爲「堅強智慧電網」。由國家電網公司定義爲，以特高壓電網爲骨幹網架、各級電網協調發展的堅強電網爲基礎，利用先進的通信、資訊和控制技術，構建以資訊化、自動化、數字化、互動化爲特徵的統一堅強智慧化電網（王方方、高賜威，2009；Han et al., 2009）。

目前，大家普遍接受的術語和稱謂爲「The Smart Grid」，則是由美國能源局（Department of Energy）於2008所定義的名詞。根據美國能源部（Department of Energy，DOE）的國家能源技術實驗室（National Energy Technology Laboratory，NETL）的定義，智慧電網應具備以下幾項功能（Lyn, 2009；Leeds, 2009）：

(一) 自我恢復（Self-healing）：智慧電網透過感應器以及自動化的控制系統，傳送即時的資訊，用以快速的感測、分析、對發生的問題提供立即的處理，透過這樣的機制避免或減輕電力品質不佳以及斷電等問題。

(二) 客戶授權（Empowering Customer）：智慧電網在設計時將消費者的設備以及消費者行爲納入考量，不像過去電力系統單向的資訊，智慧電網透過雙向的溝通，將電力做最佳的配置，例如，發電廠可以透過讀取消費者電表資料並分析用電狀況來動態調整用電價格，以避免尖峰用電量超過發電負載；消費者也可以透過即時價格資訊調整用電行爲，減少非必需用電費用支出。

(三) 對損害的容忍度：智慧電網面對實體以及資訊上的損害能夠將傷害減到最低並立即恢復，在遭遇人爲或是自然破壞所造成的電力影響時，能即時隔離受影響的區域，並重新規劃電力配置，使其他區域不致於受到影響。

(四) 提供符合二十一世紀使用需求的電力品質：智慧電網能夠提供持續以及高品質的電力供應，以符合今日消費者以及工業上的需求。

(五) 整合更多電力選項：對於各種形式的再生能源以及區域型發電所產生的電力能夠完全相容，並透過電力管理系統將納入的電力做最佳的配置，提供消費者更多的電力選擇並減少費用支出。

6-1-3 智慧電網發展趨勢

近年來全球開始注意到能源短缺，以及電力系統無法滿足未來電力需求的問題。在歐美等先進國家的領導之下，透過結合各方電力相關單位而形成了許多組織，制定了智慧電網的基本架構以及願景，希望透過組織的推廣，讓全球的電力系統能夠全面升級，提供更可靠、安全、效率的電力。目前智慧電網還沒有完整的規格標準，希望透過小區域的實施以及測試計畫的實行，針對初步的智慧電網架構，就政策、規格、技術面做全面性的檢視、修訂，在未來能夠提出完整的規格，做爲全球發展智慧電網的方向（何光宇、孫英雲，2010；Giordano & Fulli, 2012；Lund et al., 2012）。未來智慧電網產業發展有以下幾項重點：

(一) 通訊的整合：電力系統的通訊網路，是整個智慧電網資料傳輸的主幹，必須將目前各類的通訊方式做整合，讓在各子系統使用不同數據界面的設備，能夠透過整合而達到溝通的功能。通訊標準統一，系統上的設備才能根據標準發展，所以通訊整合的工作是首要任務。

(二) 量測設備的普及：智慧電網基本的概念是透過蒐集電力系統上設備的資訊並加以分析，以達到控制、管理或提供服務的功能。所以資料的蒐集非常重要，在通訊整合之後，將測量設備大量的設置，以便得到全面性的資料，才能提供更完整的數據分析，提供更多功能。

(三) 發展應用程式：必須投入發展分析、控制、服務的應用程式開發，此爲Smart Grid最終的目標。透過分析、預測電力需求、電力負載、電力品質；透過控制，將電力設備達到最佳的利用，並可迅速解決系統問題；透過服務，能讓消費者享受到更多元的用電資訊，更節約用電成本。

6-2 各國智慧電網產業創新政策

6-2-1 美國智慧電網產業創新政策

一、Grid 2030

由於美國電網的瓶頸，前美國總統布希提出了「電網現代化」的研究計畫，這些計畫促使了「Grid 2030」的出現。2003年6月由美國能源部發布的「Grid 2030」是為美國電力下一個100年的國家設想報告。這份報告可謂是美國電力改革的綱領性文件，為美國電力系統未來願景，描繪美國未來電力系統的設想，並確定了日後各項技術研發和試驗工作的基礎和分階段目標。表6-1、表6-2分別說明美國智慧電網到2030年之實施步驟與各階段目標。

＊ 表 6-1　美國智慧電網實施步驟目標

2010 年	2020 年	2030 年
•擁有雙向通訊和交互介面智慧電表 •連接電網的智慧家用電器設備 •允許使用者和分散式電源參與市場 •先進的大容量輸電線路 •地區性電網現代化發展方案	•「隨插即用」的家庭「全能源」系統 •自動調節提供完美電能品質更高級的發電、變電、輸電技術 •遠距離超導輸電電纜	•高度可靠安全數位化電力服務 •低污染、低碳電源可以任意接入 •低價的電力儲存設備 •全國性的超導電力骨幹網架

資料來源：本研究整理自魯宗相、蔣錦峰（2004）、Leeds （2009）以及「Grid 2030」

二、2005能源政策法（Energy Policy Act of 2005）

全球性的能源緊張，促使世界主要能源消耗大國加強能源立法。在美國前總統布希的強力推進下，於2005年通過了能源政策法（Energy Policy Act of 2005），該法是美國繼1992年能源政策法之後，對該國能源政策再次進行的大規模檢討，在經過國會多年的審議後，於2005年8月8日獲美國前總統布希簽署同意，屬於美國國家能源政策及推動措施的基本大法。布希政府希望借助這項法案，使美國減少對來自國外能源的依賴，以解決導致美國國內能源價格高漲的根本原因，並確保美國未來的能源安全。這部法案內有關智慧電網之重要規範如下：(1)鼓勵提高與促進發展再生能源，並且透過租稅優惠、制定能源效率標準等作爲推動之誘因；(2)建立需求反應機制（Demand Response）和時間電價規定，提倡各州政府應基於地區性的基礎，協調各地需求反應機制，建立全國可靠性標準。(3)鼓勵制訂智慧電錶標準（Smart Metering Standards）。

＊ 表 6-2 美國智慧電網分階段目標

	輸電	配電	需求側管理	管理框架
第一階段：到 2010 年	•超導骨幹網可行性論證 •區域之間的協調規劃和運行 •電網運行即時資訊傳輸 •數十英里的超導電纜運用 •在電網負荷中心實現先進的規劃，並啟動第一個超導「電力中心」的建設 •智慧化、自動化電網雛形建立 •主要的新輸電線仍採用複合導線	•智能配電可行性論證 •具備運營損耗遙測 •分散式電源隨插即用規格 •智慧自動化系統的結構定義 •提高效率，降低電價	•需求側管理系統的推廣 •運用智慧工具可行性論證 •用戶側分散式電源更多使用	•建立關於電網各個參與者的權利實現的國家法律 •政府和個人之間研發示範合作關係的廣泛建立 •所有部門和地區建立有效的市場體系 •為公共服務提供充足的政府補貼 •州政府建立可操作的電力管制、計量、定價機制
第二階段：到 2020 年	•美國一半的電力通過智慧型電網傳輸 •安裝長距離超導電纜，「電力中心」在若干負荷中心運行 •平均網損降低 50%	•分散式電源技術完全整合到配電網的運行中 •建立智慧的、自動化的配電網路結構 •即時、雙向的電力和資訊傳送	•所有設備都具有智慧化能力 •所有大用戶和小用戶都有權參與電力市場和即時資訊及控制活動	•穩定、公平的管理框架建立 •有效競爭的電力市場建立
第三階段：到 2030 年	•建立具有故障限制器和轉換器的超導骨幹網架 •建立兩個區域網路 •100% 的電力通過智慧電網來傳輸	•廉價、小型的儲能裝置 •超導電纜和設備的使用	•完全自動的需求回應 •建立廉價的儲能裝置 •電網和用戶的完全互聯	

資料來源：本研究整理自魯宗相、蔣錦峰（2004）、Leeds （2009）以及「Grid 2030」

三、2007能源獨立與安全法案（The Energy Independence and Security Act of 2007；EISA）

美國前總統布希在2007年12月19日簽屬2007能源獨立與安全法案（EISA）。其措施包括減稅，以及對保守能源、再生能源和替代能源推廣項目提供擔保貸款。透過該法的制定，期以提高產品，建築物，車輛之效率，以促進研究和部署碳捕獲和儲存的選擇，使美國減少對石油的依賴、提升國家安全與消費者保護法，並且鼓勵再生能源發展。其中專設第13章「智慧電網」，首次從法律上確立了國家電網現代化政策並提出了多項措施，法案要求美國能源部在全國範圍內加快智慧電網技術、服務與實踐的開發、示範與部署並起到核心作用。

該法對於智慧型電網的建置，有更進一步的推動，其的規範有：(1)確保國家能源安全，推動各項能源節約計畫及應用；(2)成立智慧電網諮詢委員會及工作團隊，負責發展可被廣泛接受的智慧電網標準和協議；(3)推動智慧電網基礎建設及應用環境，包含制定國家級需求反應行動方案、智慧電網互通性架構（Interoperability Framework）、鼓勵智慧電網相關技術研究、發展應用以及現代電力網建置政策等。

四、2009美國復甦與再投資法案（American Recovery and Reinvestment Act of 2009；ARRA）

美國復甦與再投資法案（ARRA）係歐巴馬於2009年簽署，該法案斥資7872億美元，目的係希望藉由政府大量投資，早日擺脫因雷曼兄弟（Lehman Brothers）破產而帶來的經濟危機，全力振興瀕臨蕭條危機的美國經濟。美國復甦與再投資法案包含可再生能源研究和開發、智慧電網、傳輸技術、能源效率專案、環保車輛製造和環保職業等領域的基礎研究。其中亦包括多項針對再生能源行業的稅收優惠規定、補貼、債券和貸款擔保。

該法案對於智慧電網的重要規範為：(1)智慧電網是為美國經濟刺激方案的重要項目之一，預定投入45億美元改善國內的電力設施，而當中的11億美元將用於「智慧電網投資計畫」的研發與建設。(2)推動智慧電網基礎建設，諸如智慧電表裝設、鼓勵智慧電網之技術研究與開發、鋪設與更新輸電網路的政策。並且美國能源局提供1000萬美元鼓勵智慧電網軟體與硬體商能依據標準，儘快進行智慧電網的建設。

五、美國清潔能源和安全法（American Clean Energy and Security Act of 2009；ACES）

美國清潔能源與安全法案（ACES），係針對清潔能源與氣候保護所訂定之規範。目的係期望藉由推動清潔能源技術投資，創造數百萬的就業機會，從而提振美國經濟。美國衆議院於2009年6月26日通過此法案並送交。本草案的核心是透過總量管制與交易措施（Cap-and-Trade），是指結合政府監管和市場力量，在限制溫室氣體排放總量的基礎上，通過買賣行政許可的方式來進行排放。並以2005年爲基準，到2020年減少17%的排放量，同時也發布了再生能源電力的標準及能源效率改善命令。該草案主要係著重於智慧電網與國家整體政策環節，以及綠色能源技術發展藍圖間的完善配合。推動智慧電網建置，獎勵能源效率應用，並鼓勵高耗能產業改善能源效率，協助其轉型爲乾淨產業。

6-2-2　歐盟智慧電網產業創新政策

歐盟爲應對氣候變化、對能源進口依賴日益嚴重等挑戰，向客戶提供可靠便利的能源服務，正在著手制定一套能源政策。這些政策將覆蓋資源側、輸送側以及需求側等方面，從而推動整個產業領域深刻變革，爲客戶提供可持續發展的能源，形成低能耗的經濟發展模式。在歐盟推動的政策當中，「歐盟科技框架計畫」是歐盟成員國共同參與的重大科技研發計畫，以研究國際前沿和科技難點爲主要內容。歐盟在第五、第六和第七科技框架計畫「能源、環境與可持續發展」主題下，支援了一系列與電力電網技術有關的研究項目。故以下將詳細介紹歐盟科技框架計畫以及其他重要法案對歐洲智慧電網發展的影響。

一、能源綠皮書「歐洲可持續、競爭和安全的能源戰略（Green Paper：A European Strategy for Sustainable，Competitive and Secure Energy）」

歐盟委員會（European Commission）於2006年3月8日提出之能源綠皮書「歐洲可持續、競爭和安全的能源戰略」，積極建立歐盟共同能源政策，強調在保證能源供應安全、增強競爭力和推動可持續發展三大目標之間謀求平衡。其概述了20年安全的，可持續發展的能源戰略。該法爲歐洲形成共同能源政策的一個重要里程碑，除了將原本歐盟各國分歧的能源政策加以整合成一個共同的策略外，並開啓後續推動能源領域相關措施的共同諮商之門。2009年初，歐盟有關圓桌會議更進一步要依靠智慧電網技術將北海和大西洋的海上風電、歐洲南部和北非的太陽能融入歐洲

歐盟所提出之能源綠皮書強調智慧電網技術是保證歐盟電網電能品質的一個關鍵技術和發展方向。該法令相關智慧型電網規範為：(一)泛歐洲電力市場開放，藉由可持續，有競爭力和安全的能源於開放和有競爭性的能源市場中競爭，並且制定跨境貿易的共同規則與標準。(二)鼓勵和支援能源研發與創新，制定歐洲能源技術開發行動計劃，建立歐盟能源研發與創新平臺，將各種再生能源及電網等領域的研發與創新納入到該平台中，制定歐洲共同研發與創新戰略、政策和措施。

二、第三立法條款（Third legislative package）

歐盟委員會工作小組在2009年11月開始為歐洲智慧電網擬定議程表，並且建議委員會歐洲的政策與法規。立法內容被視為智慧電網驅動力，其中包括分散式發電和傳輸網絡的供應，跨境能源交易的便利性和跨界合作和投資的推廣。歐洲公用事業電信委員會（European Utility Telecom Council；EUTC）主席Fornié估計建設歐洲智慧電網將需要1500億歐元。該工作小組訂定歐洲智慧電網的議程表如下所示：

(一) 2009年12月前說明任務

(二) 2010年5月提出「共同願景」草稿

(三) 2011年1月提出「戰略和管理的建議」

(四) 2011年5月提出「路線圖實施」

三、歐盟第五科技框架計畫（The Fifth Framework Programme，FP5）

歐盟第五科技框架計畫（FP5，1998～2002）中的「歐洲電網中的可再生能源和分散式發電整合」專題下包含了50多個項目，分為分散式發電、輸電、儲能、高溫超導體和其他整合專案5大類，其中多數項目於2001年開始實施並達到了預期目的，被認為是發展智慧電網第一代構成元件和新結構的起點。

四、賽絲計畫（Climate Change and Impact Research，CIRCE）

爲歐盟第六期研究架構計畫（Sixth Framework Programme）。賽絲計畫的主要目標是發展出一套評估方法以檢視氣候變遷對地中海區域所造成的衝擊。其研究經費高達一千萬歐元。其中，歐盟委員會在2009年6月4日提出賽絲計畫的子計畫指出，歐洲將有機會透過再生能源發展出更安全且不影響氣候變遷的能源供給系統。該研究由賽絲計畫的研究人員建議擴建一套「超級」電網系統，藉由高伏特直流電（HVDC）技術的運用，能在耗損量最少的情況下進行電能的遠距傳遞。另一方面，「智慧」電網的架設則有助於將再生能源的生產分散配給到小型發電設施之上，可以解決現存的能源供應障礙。因此，此項研究最主要的目標就是發展出一套超級智慧電網（Super Smart Grid，SSG），有助於能源遠程運輸，進而達到分散能源產地的作用，最終目標則是在2050年以前完成一套全面性的再生能源系統。

五、歐盟第七期科技研究架構計畫（The Seventh Framework Programme，FP7）

歐盟第七期科技研究架構計畫（FP7，2007~ 2013），總預算爲505億歐元，其中23.5億歐元是用於非核能源研究。該科研架構的目標爲確保能源生產和消費模式是可持續且安全的，這有助於歐洲減少對進口燃料的依賴，並且透過增加可再生能源的運用使能源結構多元化。第七期科技研究架構計畫資助的重點研究，主要包含以下領域：

(一) 氫氣和燃料電池

(二) 可再生能源發電，燃料的生產、加熱和冷卻。包含太陽能光伏，生質能，風能，地熱，海洋能和水力發電等。

(三) 爲了達到零排放發電所發展的碳捕獲和儲存技術。

(四) 清潔煤技術

(五) 智慧能源網絡

(六) 能源效率和節約

＊ 表6-3　歐盟科技框架計畫中與可再生能源和分散式發電相關的研究專案彙整表

項目名稱	研究時間	項目狀態	經費（萬歐元）	所屬框架計劃
SUSTELNET	2002-2003	完成	170	5th
DISPOWER	2001-2005	完成	1680	5th
MICROGRIDS	2003-2005	完成	440	5th
MORE MICROGRIDS	2006-2009	完成	780	6th
CRISP	2002-2006	完成	300	5th
DG FACTS	2003-2005	完成	360	5th
ENIRD Gnet	2001-2004	完成	240	5th
INVESTIRE	2001-2003	完成	80	5th
EU-DEEP	2004-2009	完成	1500	6th
SOLID-DER	2005-2008	完成	150	6th
FENIX	2005-2009	完成	780	6th
DER Lab	2005-2011	在研	410	6th

資料來源：本研究整理

該計畫對於智慧電網的重要規範有：(1)針對再生能源發電科技之研究發展方向，應強調科技之轉換「效率」、「成本」效益及「可靠度」。強調研究、發展到示範之全方位發展。(2)強調智慧電網之優先發展範圍，爲「歐盟」能源市場。(3)發展「能源儲存」，作爲可能的智慧能源網絡之選項。茲將歐盟科技框架計畫中與可再生能源和分散式發電相關的研究專案整理成表6-3：

6-2-3 中國智慧電網產業創新政策

2010年中國兩會上，國務院總理溫家寶在政府工作報告中提到：「大力開發低碳技術，推廣高效節能技術，積極發展新能源和可再生能源，加強智慧電網建設。」由此可見中國大陸政府對於智慧電網的重視，並且將智慧電網列入「十二五規劃」當中。然而中國大陸政府當局仍未提出具體的目標，目前中國大陸智慧電網建設皆由國家電網公司負責規劃與建設，像國家電網這樣的大型基礎設施企業都是「國有」。由於是國有，因此，國家電網的方針大體上可以認爲是與中國大陸政府的想法相吻合的。故本研究除了介紹「十二五規劃」外，也將介紹國家電網公司的政策目標與計劃。

一、「十二五規劃」

2010年國務院總理、國家能源委員會主任溫家寶主持召開國家能源委員會第一次全體會議，會議中明確提出新時期能源戰略的十六字方針：「節約優先、立足國內、多元發展、保護環境」。同時要求大力推進能源結構的戰略性調整，堅持三個統籌：統籌經濟社會與能源協調發展，統籌資源開發利用與節能環保，統籌國際國內兩個市場。會議爲做好新形勢下的能源工作提出了指導思想，也爲「十二五」能源規劃提出了總體要求。而後，國家能源局綜合司司長周喜安對能源「十二五」規劃作了更爲細化的闡述。他指出能源「十二五」規劃可以用「兩級三類」來概括。「兩級」是指國家和省兩級，「三類」是指總體規劃、專項規劃和重點區域規劃。而煤、電、石油、可再生能源、能源科技裝備等將納入「十二五」規劃中的專項規劃。

關於「十二五」能源發展規劃的基本思路已經形成，主要包括五個方面內容：一是要大力發展新興能源產業，加快核電建設，大力發展風能、太陽能和生物質能，發展煤炭的清潔利用產業；二是加強傳統能源的產業，建設大型能源基地，努力發展煤、電大型的能源企業；三是提高能源綜合安全保障機制，統籌國內外能源的開發和利用，加強能源佈局的平衡和協調銜接，合理安排煤電油氣的建設；四是強化科技創新，推進能源綜合開發利用，健全資源開發的合理機制和生態修復的機制；五是改善城鄉居民的用電條件，加強廣大農村地區的能源建設。其中，強化科技創新即大力發展智慧電網、風能和太陽能等新興能源科技裝備技術，亦爲「十二五」能源規劃的重點（施仲仙，2010）。

「十二五」規劃中針對智慧電網的研究如下。2009年8月「十二五」規劃草案中，將智慧電網納入七個前期重大研究課題之一。並且在2009年11月正式將「智慧能源網」納入「十二五」規劃，並積極制定智慧電網發展規劃綱要、關鍵技術研究框架，以及智慧電網的技術標準。

二、國家電網公司堅強智慧電網政策

2009年中國大陸首次提出智慧電網發展目標：國家電網公司將立足自主創新，加快建設以特高壓電網爲骨幹網架，各級電網協調發展，具有資訊化、數字化、自動化、互動化特徵的統一的堅強智慧電網。此外，國家電網公司在2009年年中工作會議上，將智慧電網建設規劃予以細化，相較於5月份提出的「堅強智能電網」概念，此次會議再增添了「統一」概念，強調技術標準統一的重要性。而該標準係由國家電網負責制定。關於智慧電網兩大重要文件－智慧電網規劃以及智慧電網框架結構即將發佈。

2010年國家電網在「2010年堅強智慧電網工作會議」上，提出今年的堅強智慧電網總體目標爲「一完善、兩完成、五突破、五深化」。期望在2010年完成智慧電網建設，預計投資人民幣2,274億元，並且計劃在全國27個城市建設電動車充電站，大力推動智慧電網和電動汽車及充電站建設。以下將就2010年堅強智慧電網總體目標做詳細說明（鄭宏，2009）：

(一) 一完善：即完善國家電網的智慧電網工作體系。在「統一規劃、統一標準、統一建設」的原則指引下，不斷完善智慧電網工作體系，加強各部門、各單位之間的配合，消除壁壘，確保工作有力有序地開展。

(二) 兩完成：完成國家電網智慧化規劃和支撐智慧電網試點工程的關鍵標準制定。國家電網將完成規劃編制，完善電網智慧化規劃內容，加強規劃執行，切實推動國家電網朝著堅強和智慧方向發展。同時，完善規劃工作體系，建立規劃滾動調整機制。並且在2010年加快堅強智慧電網關鍵技術標準的制定。

(三) 五突破：實現智慧電網調度技術支援系統、智慧變電站、電動汽車充電設施、用電資訊採集系統、「多網融合」等五項試點工程建設的突破。從投資上要優先保證，從工程進度上要率先突破，從完成品質上要堅持高標準、嚴要求，加強對試點專案的督導和管理，確保年度計畫的完成和試點項目的有序推進。

(四) 五深化：實現設備研製、專題研究、商業模式、管理創新、宣傳交流等五個方面的工作深化。將加強前瞻性、實用性、創新性研究，加大對智慧化關鍵設備（系統）研製力度，加強對智慧電網建設專案商業模式的探討，提升研發能力，優化科技佈局，改善管理機制，最大限度地提高科技資源利用效率和公司整體創新能力。

6-2-4 台灣智慧電網產業創新政策

台灣全國能源會議全體大會於2009年4月15、16日召開，針對「永續發展與能源安全」、「能源管理與效率提升」、「能源價格與市場開放」、「能源科技與產業發展」等4項核心議題進行討論。其中，有關智慧電網的結論，由政府獎勵或補助連結電網之相關設施或系統建置，以提高民間參與誘因，並刺激相關產業發展。以先進資訊、通訊與電力電子技術建構全台智慧型電網，並且規劃高壓與低壓用戶的智慧電表之研發與換裝，以及高低壓用戶電力資通訊網路基礎建設的全面安裝及運轉，以提高智慧電表與智慧家電普及率。

另外，行政院節能減碳推動會提出的「國家節能減碳總計畫」，架構出台灣10項標竿政策導向方案及35個標竿型計畫，作爲執行之主軸，釐定政府整體低碳施政方向。由行政院副院長朱立倫於2010年3月31日召開「行政院節能減碳推動會」第3次會議會中，討論「打造低碳家園-由低碳社區邁向低碳城市」、「降低發電系統碳排放-既有火力電廠發電效率全面提升」、「推動智慧綠建築」、「政府機關及學校夏季節電競賽」、「推動智慧電網計畫-推動智慧型電表基礎建設（AMI）」爲5項標竿型計畫。其中，經濟部能源局提出「推動智慧電網計畫-推動智慧型電表基礎建設」計畫，會中決議智慧電表基礎建設的推動，對於國內節能減碳具有正面意義，且能帶動電表相關資通訊產業發展，經濟部應積極推動。

然而台灣至今沒有明確的智慧電網戰略藍圖，和南韓政府與企業一擲240億美元發展智慧電網相比，已相形見絀。其理由爲智慧電網產業非「6大新興產業」、「4大智慧型產業」或「10項新興服務業」內，以至於政府無產業發展支出和科技預算，對智慧電網挹注龐大的經費。這將造成廠商沒有意願積極快速投入相關領域之技術開發與市場布局，使我國在這場能源戰略中，失去競爭優勢。

6-3 各國智慧電網產業創新政策實證分析

本研究以本書第五章介紹之Rothwell & Zegveld （1981）創新政策工具理論針對第二節蒐集之資料進行分析，因此本節將就各國智慧電網政策做一傾向探討。

6-3-1 美國智慧電網創新政策傾向

根據本研究收集美國歷年來相關的產業創新政策文獻，並從網路下載美國官方最新的政策資料，總共蒐集了51筆相關政策資料，並加以整理歸類。結果顯示，美國智慧電網創新政策工具，供給面佔41%、環境面佔55%、需求面佔4%。就創新政策之分類，美國智慧電網產業政策比例偏重於供給面與環境面，需求面則相對較少。

接著，細探美國智慧電網產業創新政策工具分布比例可知（如圖6-2所示），其偏重在公營事業、科學與技術發展、財務金融與政策性措施等。

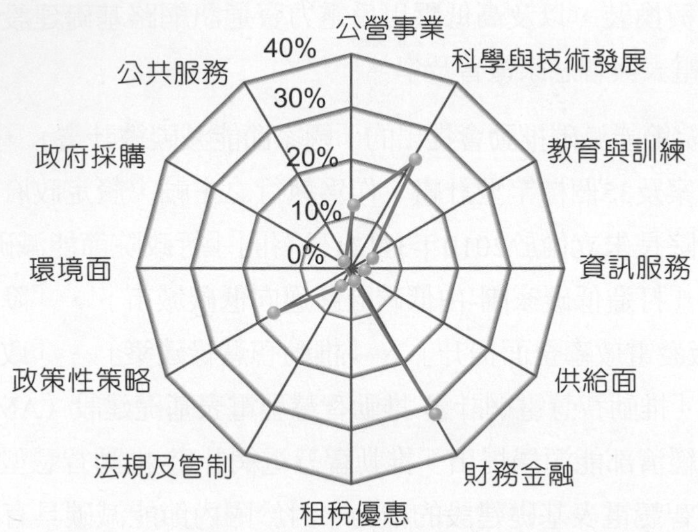

＊ 圖 6-2 美國智慧電網產業創新政策工具分析雷達圖

資料來源：本研究整理

整體而言，美國智慧電網產業創新政策以科學與技術發展、財務金融與政策性措施爲首要。首先，由於美國電網一系列問題的突出，包含設備老化，輸電瓶頸的出現等問題，使得政府開始進行智慧電網的研究發展，希望藉由先進技術的電網改善輸電，帶動美國智慧電網的科學發展。接著，由於2008年的金融海嘯，重創美國經濟，歐巴馬政府希望藉由智慧電網產業的發展振興美國經濟，故開始一連串的投資補助、貸款等措施。最後，除了鼓勵創新等措施，智慧電網各環節缺乏護操性標準，使得許多業者才不敢貿然投資。因此美國開始積極制定各項規則與標準，期以在能源戰略中獲取領先的地位。

6-3-2 歐盟智慧電網創新政策傾向

根據本研究收集歐盟歷年來相關的產業創新政策文獻，並從網路下載歐盟官方最新的政策資料，總共蒐集了31筆相關政策資料，並加以整理歸類。分析結果顯示，歐盟智慧電網創新政策工具，供給面佔39%、環境面佔61%。就創新政策之分類，歐盟智慧電網產業政策比例偏重於供給面與環境面。接著，細探歐盟智慧電網產業創新政策工具分布比例可知（如圖6-3所示），其偏重在科學與技術發展、財務金融與政策性措施等。

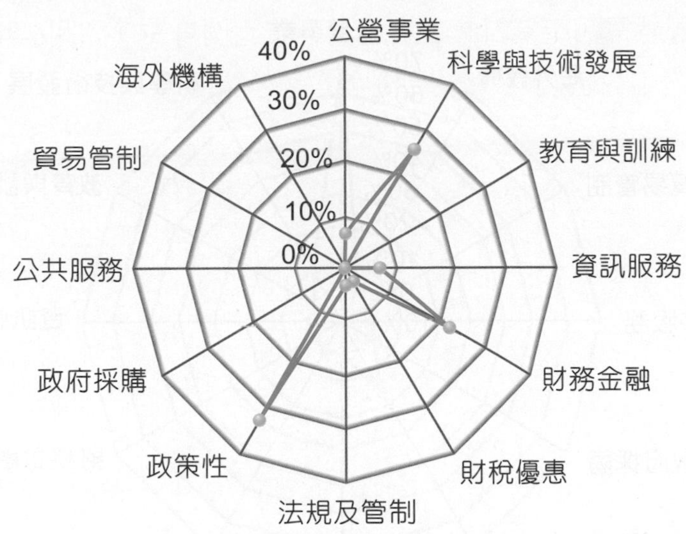

＊ 圖 6-3 歐盟智慧電網產業創新政策工具分析雷達圖

資料來源：本研究整理

整體而言，歐盟發展智慧電網產業政策與美國大致相同，主要以科學與技術發展、財務金融與政策性措施爲主。歐盟智慧電網的理念爲：通過綜合和創新技術及管理，建立一種共享觀念，使歐盟的電網能應對21世紀的各種挑戰。因此，從歐盟第五科技框架計畫開始，歐盟就實施一系列指導智慧電網研發的計畫，並且給與資金補助。除此之外，歐盟提出一套超級智慧電網，希望能源交易除了在歐盟成員之間進行，還會向東歐與非洲發展，實現泛歐洲化電力整合的一系列政策措施。

6-3-3 中國智慧電網創新政策傾向

根據本研究收集中國近年來相關的產業創新政策文獻，總共蒐集了50筆相關政策資料，並加以整理歸類。分析結果顯示，中國智慧電網創新政策工具，供給面佔78%、環境面佔18%、需求面佔4%。就創新政策之分類，中國智慧電網產業政策比例偏重於供給面與環境面，亦有少比例的需求面政策。接著，細探中國智慧電網產業創新政策工具分布比例可知（如圖6-4所示），其偏重在公營事業與政策性措施。

整體而言，中國大陸智慧電網產業政策工具以公營事業與政策性措施爲首要。中國大陸智慧電網係由國家電網公司負責規劃、投資，目前進入規劃試點階段，由國家電網負責科技研發並大量投資以扶植國內企業。中國大陸智慧電網特點堅持由政府主導，將其納入「十二五」規劃中，加強規劃編制、標準制定等，與電力公司等相關企業共同推動堅強智慧電網建設。

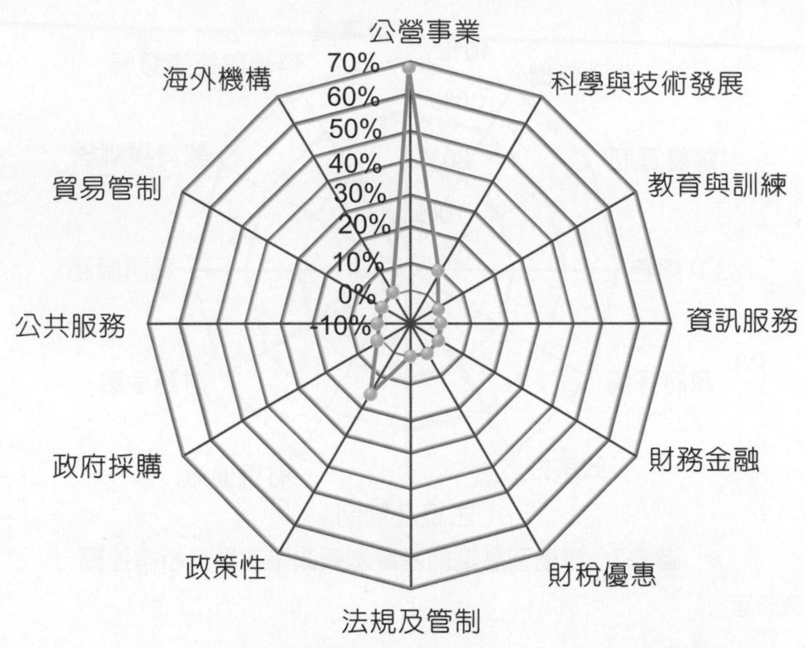

＊ 圖 6-4 中國智慧電網產業創新政策工具分析雷達圖

資料來源：本研究整理

6-3-4 台灣智慧電網創新政策傾向

台灣至今尚未有明確的智慧電網政策，僅在 98年全國能源會議全體大會中，「永續發展與能源安全」、「能源管理與效率提升」、「能源價格與市場開放」、「能源科技與產業發展」等4項核心議題進行討論。台灣智慧電網發展係由台灣電力公司負責規劃和投資，故偏重在公營事業與政策性措施等。台灣智慧電網創新政策工具，供給面佔64%、環境面佔36%，分析結果顯示。就創新政策之分類，台灣智慧電網產業政策比例偏重於供給面與環境面政策（如圖6-5所示）。

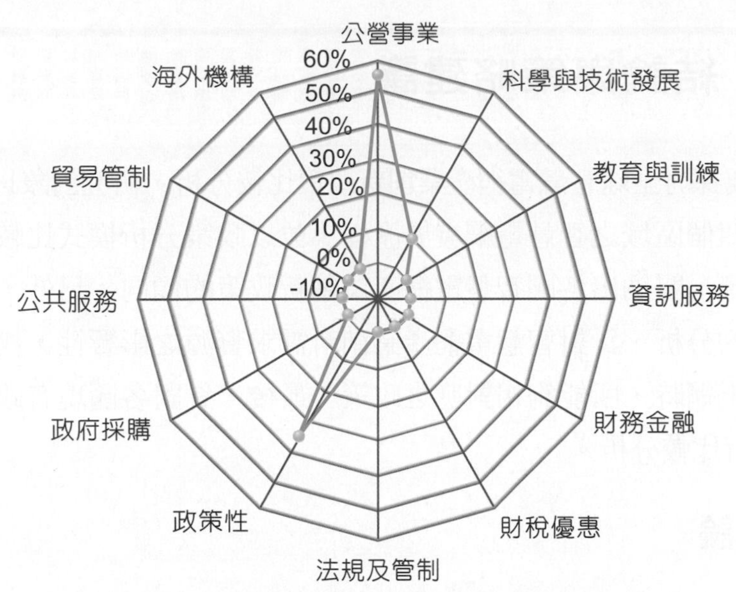

＊　圖 6-5　台灣智慧電網產業創新政策工具分析雷達圖

資料來源：本研究整理

6-3-5　各國政策偏向分析比較

由於智慧電網仍處於萌芽階段，目前各國皆由政府或公營事業直間或間接提供企業財務支援，以鼓勵研發關鍵技術爲主，故政府政策扮演相當重要的角色。由表6-4顯示，各國政策皆偏向供給面政策，相同的政策措施有：公營事業、科學與技術發展與政策性措施等。又由下表可知美國是目前智慧電網發展最積極也是政策分布最廣泛的國家。

＊　表 6-4　各國智慧電網政策偏向分析

	美國	歐盟	中國	台灣
相同點	公營事業	公營事業	公營事業	公營事業
	科學與技術發展	科學與技術發展	科學與技術發展	科學與技術發展
	政策性措施	政策性措施	政策性措施	政策性措施
相異點	財務金融	財務金融	財務金融	教育與訓練
	法規及管制	法規及管制	政府採購	資訊服務
	資訊服務	資訊服務	海外機構	租稅優惠
	租稅優惠	租稅優惠		
	教育與訓練			
	公共服務			
	海外機構			

資料來源：本研究整理

6-4 結論與策略建議

本研究主要探討全球智慧電網產業創新政策比較分析，研究對象以美國、歐盟、中國和台灣等四個區域之智慧電網發展歷程，並以政策分析模式比較。本研究透過次級資料的蒐集，歸納出各國智慧電網產業創新政策的傾向；另外，亦藉由問卷調查、專家訪談的分析，針對智慧電網產業創新需求資源之影響性，找出各國政府在協助發展智慧電網時，所能夠相對應之政策。最後，針對各國現有政策與產業創新所需的政策進行比較分析。

6-4-1 結論

一、美國

由於20世紀90年代的幾次大停電，暴露了傳統電力系統在調度和控制上的不足，因此美國政府開始一系列的研究發展計畫，提出對下一代電力系統的願景和開始著手相關標準、規格的制定等政策性措施。至2008年全球金融風暴，歐巴馬政府積極投資智慧電網的建設，期望使智慧電網成為「經濟助推器」，帶動美國經濟復甦，此舉加速了美國智慧電網的發展。

整體而言，美國智慧電網創新政策工具傾向以財務金融（31%）、科學與技術開發（24%）以及政策性策略（18%）為主。另外專家表示，目前美國智慧電網發展為政府鼓勵創新，加強國內研發能力，對專門領域的人才給予專業的教育訓練。最後，搶先制定產業標準，以維持美國在世界的領導地位。

二、歐盟

歐盟委員會提出的10年發展計畫—「歐洲2020戰略」中表示，低碳經濟是歐盟國家未來的發展重點。故為了達到此一目標，歐盟積極推動「超級智慧電網」計畫，鼓勵創新和技術的研發。並且藉由財務金融和政策性措施，達到統一的能源體系，打破各自為政的劣勢，提升歐盟整體的能源自給能力，逐步實現到2050年所有電力來自於可再生能源的長期目標。

整體而言，歐盟智慧電網創新政策工具傾向以政策性措施（32%）、科學與技術開發（26%）以及財務金融（23%）為主。另外由專家表示，目前歐盟智慧電網發展爲鼓勵研究發展，加強歐盟會員國的研發能力，以整合泛歐洲能源市場，達到可持續、競爭和安全的能源戰略。

三、中國

中國建設智慧電網強調堅持統一規劃、統一標準、自主創新、試點先行以及政府主導。中國智慧電網建設由國家電網負責規劃和投資，目前處於試點階段。由國家電網統籌全國智慧電網建設，積極研發關鍵技術並且透過政策性措施培育國內廠商，期望藉由試點工作累積經驗。另外，中國政府也以財務措施推廣堅強智慧電網的建設，估計到2020年投資四兆人民幣。

整體而言，中國大陸智慧電網創新政策工具傾向以公營事業（68%）、政策性措施（16%）爲主。由專家訪談顯示，目前中國大陸相當重視研究發展和國家基礎研究能力，期望在試點規劃階段，累積經驗並且在能源戰略中獲取競爭優勢。

四、台灣

一直以來，台電認爲台灣擁有高品質的電力系統，故對於智慧電網的建置，相較於周圍的國家較爲被動。台灣政府至今沒有明確的智慧電網戰略藍圖。又由於台灣智慧電網產業被排除在「6大新興產業」、「4大智慧型產業」或「10項新興服務業」之外，以至於政府無法對智慧電網挹注龐大的經費。這將造成廠商沒有意願積極快速投入相關領域之技術開發與市場布局，使我國在這場能源戰略中，處於相對弱勢的地位。

整體而言，台灣智慧電網創新政策工具傾向以公營事業（55%）、政策性措施（36%）爲主。產業創新需求要素所需的政策工具有科學與技術開發、教育與訓練、政策性措施、公營事業、租稅優惠和資訊服務等六項政策工具。另外由專家表示，台灣發展智慧電網應該由政府投資研究經費，鼓勵創新，藉由台灣政府推廣，帶動台灣智慧電網產業的興起。

綜合比較發現，美國與歐盟之發電與電力管理系統爲兩個不同單位營運，美國的電力更由民間電力公司經營，故歐美較重視政府直接或間接給予企業各項財務支援進行研究發展，其所使用的政策工具偏向科學與技術開發、財務金融和政策性措施等。而中國大陸大陸和台灣則由國營電力公司主導智慧電網的佈置，政策工具偏向公營事業和政策性措施。

6-4-2 產業所需之建議政策推動策略

根據前述歸納分析之重要政策工具，本節可依結果進一步分析這些政策工具背後對應的策略；因前述政策屬於一般性的定義，當政府面對不同產業之特性時，將有不同之具體做法與政策設計細節。因此，本研究根據前述研究結果，進行進一步的專家訪談，建構不同政策工具對應的具體政府建議，如表6-5所示。

＊ 表 6-5　產業創新所需之政策工具推動策略

創新所需政策工具	建議政府推動策略
科學與技術開發	•針對智慧電網的各關鍵技術成立應用開發中心，透過小規模的試點計畫將技術提升並加以整合。 •著手進行智慧電網系統報告全面檢視我國發展智慧電網相關係數研究以及未來會面臨的問題。
教育訓練	•成立電子電力學院，培養專門領域研究人才。 •訂定國際技術人才引進的優惠措施，聘請專家學者，鼓勵基礎研究獎勵相關領域優秀學生出國學習最新技術，將先進技術引入。 •制定產學合作管道，將研究單位的研發成果及人才實際投入產業開發。
政策性措施	•將智慧電網系統列為國家級重點產業，政策領導全面電力系統升級。 •政府在電力與電網設備招標上，設置相對國產比例，以培植我國本土廠商。 •政府明定產業發展時程，具體落實建設計畫，並限定重點技術及設備由國內自行開發。
公營事業	•政府成立智慧電網研究中心，提供先進產業技術，帶動產業發展。 •成立電力諮詢委員會，對我國智慧電網相關政策給予建議和方向。
資訊服務	•由主管機關（經濟部能源局）設置智慧電網專屬平台，緊密結合國際電工標準體系，以最快的速度將產業資訊公告給相關廠商。 •由主管機關（經濟部能源局）、台灣電力公司舉辦智慧電網論壇，與相關業者交流產業資訊。
租稅優惠	以採用加速折舊等獎勵措施來鼓勵廠商投資智慧電網設備等。 以減稅措施鼓勵我國廠商進行相關設備的研發。

資料來源：本研究整理

問題與討論

習題一

問題：根據美國能源部（Department of Energy，DOE）的國家能源技術實驗室（National Energy Technology Laboratory，NETL）的定義，智慧電網應具備哪幾項功能？

習題二

問題：依據本章內文之介紹，未來智慧電網產業發展有哪幾項重點？

習題三

問題：依據本章內文之各國智慧電網政策偏向分析結果，各國之相同政策工具為何？

習題四

問題：依據本章內文之探討結果，美國是最積極推動智慧電網的國家，請依據內文簡單描述其創新政策重點。

習題五

問題：依據本章內文之分析建議，若台灣針對智慧電網規劃把重點放在「政策性措施」，政府推動策略為何？

參考文獻

英文部分

1. Farhangi, H.（2010）. The path of the smart grid. Power and Energy Magazine, IEEE, 1, 18-28.

2. Gellings, C.W.（2009）. The smart grid: Enabling energy efficiency and demand response. Lilburn, GA: Fairmont Press.

3. Giordano, V., & Fulli, G.（2012）. A business case for Smart Grid technologies: A systemic perspective. Energy Policy, 40, 252–259.

4. Han, F., Yin, M., Li, J., Zhang, Y.B., & Sun, Q.（2009）. Discussions on Related Issues of Smart Grid Development in China. Power System Technology, 33（15）, 47-53.

5. Hledik, R.（2009）. How Green Is the Smart Grid?. The Electricity Journal, 22(3), 29-41.

6. Krishnamurti, T., Schwartz, D., Davis, A., Fischhoff, B., de Bruin, W.B., Lave, L., & Wang, J.（2012）. Preparing for smart grid technologies: A behavioral decision research approach to understanding consumer expectations about smart meters. Energy Policy, 41, 790–797.

7. Leeds, D.J.（2009）. The Smart Grid In 2010: Market Segments, Applications And Industry Players. New York City, New York: GTM Research.

8. Lin, C.C., Yang, C.H., & Shyu, J.Z.（2013）. A comparison of innovation policy in the smart grid industry across the pacific: China and the USA. Energy Policy, 57, 119–132.

9. Lu, Y.C.（2010）. Promoting smart grid to develop low carbon economy. UK-China Strategic Workshop on Smart Grids Oxford University.

10. Lund, H., Anderson, A.N., Østergaard, P.A., Mathiesen, B.V., & Connolly, D.（2012）. From electricity smart grids to smart energy systems: A market operation based approach and understanding. Energy, 42, 96-102.

11. Lyn, C.（2009）. Creating the 21st century US grid. Renewable Energy Focus, 10(2), 40, 42, 44-47.

12. Pearson, I.（2011）. Smart grid cyber security for Europe. Energy Policy, 39, 5211–5218.

13. Rothwell, R., & Zegveld, W.（1981）. Industrial Innovation and Public Policy: preparing for the 1980s and the 1990s. Frances Pinter Publishers.

中文部分

1. 李力、曹榮（2009）。以創新精神建設堅強智能電網。電力需求側管理，5，4-10。
2. 李科逸（2009）。美國智慧型電網重要法案及法制議題探討與建議。財團法人資訊工業策進會產業情報研究所，未出版。
3. 魯宗相、蔣錦峰（2004）。解讀美國"Grid 2030"電網遠景設想。中國大陸電力企業管理，5，38-41
4. 何光宇、孫英雲（2010）。智能電網基礎。北京：中國大陸電力出版社。
5. 徐作聖（2000）。創新政策概論。台北：華泰文化。
6. 孫迪穎（2009）。台灣智慧型電網系統發展策略之研究。國立交通大學科技管理研究所碩士論文，未出版，新竹市。
7. 鄭宏（2009）。談國外智慧電網研究對建設中國大陸智慧電網的影響。高科技與產業化，10，53-54。
8. 施仲仙（2010）。中國大陸智慧電網發展與商機探討。財團法人資訊工業策進會產業情報研究所，未出版。
9. 王方方、高賜威 （2009）。智能電網的技術內容與比較。高科技與產業化，5，99-102。

網站部分

1. FP5：http://cordis.europa.eu/fp5/about.htm
2. FP6：http://cordis.europa.eu/fp6/dc/index.cfm?fuseaction=UserSite.FP6HomePage
3. FP7：http://cordis.europa.eu/fp7/home_en.html
4. IEEE：http://www.ieee.org/index.html
5. NIST：http://www.nist.gov/energy-portal.cfm
6. 美國能源局http://www.oe.energy.gov/smartgrid.htm
7. 美國智慧電網架構委員會 http://www.gridwise.org/
8. 國家電網公司 http://www.sgcc.com.cn/
9. 經濟部能源局 http://www.moeaboe.gov.tw/
10.駐歐盟兼駐比利時代表處科技組http://belgium.nsc.gov.tw/mp.asp?mp=1

11.中美能源和環境合作十年框架 http://tyf.ndrc.gov.cn/

12.中國大陸發改委 http://www.sdpc.gov.cn/

13.中國大陸能源局 http://nyj.ndrc.gov.cn/

14.中國大陸國家電力監管委員會 http://www.serc.gov.cn/

15.中國大陸智能電工網 http://www.chinaelc.cn/

16.賽絲計畫www.circeproject.eu

17.歐盟智慧電網技術平台 http://www.smartgrids.eu/

18.歐盟超級智慧電網www.supersmartgrid.net

19.歐盟委員會（能源部分）http://ec.europa.eu/energy/index_en.htm

20.歐洲能源政策
http://europa.eu/legislation_summaries/energy/european_energy_policy/index_en.htm

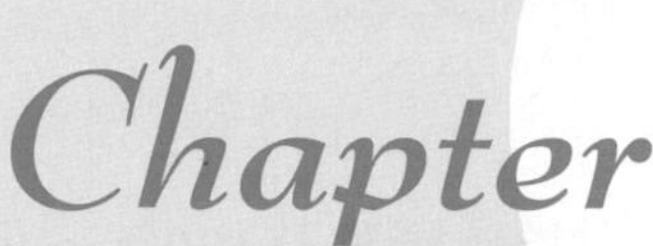

電動車產業創新系統與政策分析

★ 介紹電動車產業的現況
★ 在產業層級應用創新密集服務業之產業創新系統來探討電動車
★ 利用政策分析模式在國家層級進行探討

7-1 電動車產業介紹

7-1-1 簡介

汽車的內燃機引擎，引領風騷整整100年。但隨著原油價格飆漲、環保意識抬頭、能源危機，全世界都積極推動電動車，促成全球汽車產業重新洗牌，「綠色工業革命」成爲新的競賽。經濟部能源局在2010年能源產業技術白皮書便指出，面對低碳經濟時代來臨，能源產業技術發展攸關人類未來共同的福祉，直接牽動國家經濟發展，成爲最受矚目的綠能產業，而電動汽車更是其中受到關注的一類。根據工研院機械所研究，傳統汽油車從進口石油進行精煉一直到眞正提供車子行駛，只有14.6%的能源使用效率成爲車子的動力，且二氧化碳排放量汽油車每公里消耗168.2公克，反觀電動車從能源發電、輸電載至充電器提供給電動車使用，總能源使用效率有20.1%，並有效減低二氧化碳至每公里消耗115.1公克（宋德诠等，2009；經濟部，2009）。

電動車比起傳統汽油車更能有效節能減碳，且近年來對環境保護的重視，促使各國車廠均投入大量資源投入電動車輛研發與生產，因此兼具能源與環保效益的電動車輛掀起一陣研發熱潮。對於電動車輛技術發展，包括純電動車輛和內燃引擎/電動之混合動力車輛，目前係處於技術與銷售競爭的關係，以現有的汽車市場而言，純電動車輛已是一種未來趨勢（車輛研究測試中心，2009）。而在哥本哈根會議之後，環保意識高漲，這也是促成電動車產業興起的關鍵（張如心、胡秀珠，2010）。

在此一情勢下，各國廠商紛紛投入電動車的相關研究與開發，但是電動車相關的開發期長，投入資金需求龐大，但各項資源之投入與整合卻少有分析與評估之機制，亦缺乏對整體產業綜觀的管理面探討；學術界對此新興領域之鑽研多著重於技術面研究卻缺乏政策面與產業面之總體評估，難以針對此產業中的資源配置問題進行探討，進而指出產業未來整體發展策略及方向，此爲電動車產業發展規劃上的不足處，爲本文之主要研究動機。

伴隨著未來全球環境趨勢與產業趨勢，電動車產業面臨新競爭市場，除此之外由於經濟體制之差異，東西方國家推動的規劃也有所不同，東方國家屬於計畫經濟，在國家決定電動車發展方向後，個別城市便提出發展規劃，營造出結合當地資源且別具風格的營運模式；而西方國家則以自由經濟爲主，國家直接撥款給電力公司或充電設備廠商等企業聯盟，由企業主導來建設基礎設備並執行示範計劃（曾佑強、鄭凱文，2011）。

電動車產業漸漸被歸類爲產業創新，產業創新將包含以顧客爲主的服務、知識密集性競爭、價值觀點的創新、競爭驅使的網路效果、具有整合顧客需求情報的優勢、能夠與外部異業合作、產業規則與標準掌握等等，產業政策工具可提供整體產業與國家良好的解決方案（徐作聖，1999；徐作聖，2004）。國家政府對於高科技產業總扮演著主動且關鍵的角色，政府投資研究發展、基礎設備建構、健全營運體系、重視教育及科技人才的培育等，給予轉型最直接的動力要素（徐作聖，2005）。

目前電動車產業所涉及的高科技轉型與創新突破是關鍵，如果可以提供顧客更多附加服務價值，除可爲企業帶來利潤、提升競爭力，也建立了國家之競爭優勢。徐作聖等人（2000）指出國家創新系統包含產業創新系統與國家政策，其可透過環境與體制的建立，協助企業激發創新，獲得經營所需之外部資源，提升價值活動掌握程度。國家政府對於高科技產業總扮演著主動且關鍵的角色，政府投資研究發展、基礎設備建構、健全營運體系、重視教育及科技人才的培育等，給予轉型最直接的動力要素（徐作聖，2005）。

我們了解不論是國家政策或產業政策皆不能盲目制定，必須充分瞭解各國自身的產業需求，以進行發展，因此本研究將以產業創新的角度出發，期望建構一個系統性方法，經探討美國、歐盟、日本、中國與台灣電動車政策工具，能爲電動車產業提供一些必須且可能的政策參考方向。

因此，本研究希望以創新密集服務業的角度重新詮釋產業之國家創新系統，期望建立一套完整的分析模式，以產業需求出發，找出所需的產業創新系統，進而形成產業政策建議，探討在發展創新密集服務業（Innovation Intensive Service，IIS）時，產業需要的創新系統施行項目。透過創新密集服務平台及產業創新系統的角度，探討未來全球電動車以服務創新角度發展的趨勢之對於該產業所制定的策略與政策施行建議。首先以國家競爭優勢、技術系統、國家創新系統與創新密集服務等理論爲基礎，再透過創新密集服務進行問卷得出產業發展所需的關鍵資源後，建構產業創新系統，將得到所需之產業環境（依據國家競爭優勢萃取所得）與技術系統關鍵要素，歸納整理後成為未來政策之建議。

7-1-2 電動車定義

大約從20世紀起，電動車開始蓬勃發展，現代電動車是個完整的新機器，與今日的傳統汽車不同。電動車不單單只是交通運輸工具，更是一個新的電子設備。現階段的電動車概念如下（The U.S. Department of Energy, 2013）：

1. 電動車是以現代電子推進為基礎的道路汽車，包含：電子馬達、能源轉換器、能源資源，有著獨一無二的特徵。
2. 電動車不只是汽車，更是社會的新系統，實現了兼具清潔及效率的道路交通運輸。
3. 電動車系統是一項智慧系統，更能確切整合現代交通運輸網絡。
4. 電動車設計包含了藝術及工程的整合。
5. 電動車運作環境必定重新被定義。
6. 電動車使用者的期待將會被研究，引導更合適的教育。

7-1-3 電動車主要技術

電動車的主要技術包含自動化技術、電氣技術、電子技術、資訊科技及化學科技，儘管能源資源是最重要的領域，但電動汽車設計、電力推進、能源管理以及系統最佳化也是相當重要。事實上，整合這些領域是成功的關鍵（Chan & Chau, 2001）。

一、車身設計（Body Design）

生產電動車有兩個基本管道，即傳統汽車轉換為電動車或重新製造設計電動車。轉換型電動車（conversion EV）：引擎及內燃機汽車的設備被轉換成電動馬達、能源轉換器與電池。由於原本內燃機汽車的底盤可被利用，小量生產帶來一些經濟，但是大部分的此種電動車，會因汽車重量分配不均導致行駛時不平穩，因此此種電動車生產模式幾乎已停止。

二、重新製造新電動車（Purpose-Built）

今日的電動車都是屬於重新製造生產的，比起轉換型電動車，它有更多優勢，因爲此種電動車允許工程師能有彈性地集合及整合重多電動車子系統，使它們的運作更有效率。

三、電力推進（Electric Propulsion）

電動車電力推進系統主要是負責將電力能源轉換成機械能源，此方法可以是汽車被推進，克服空氣動力的阻力、轉動抵抗阻力及運作阻力。而電力推進系統設計可以是相當有彈性的，可以是單一或多個馬達、可包含或未包含齒輪、可包含或未包含多樣性齒輪及車軸等。

四、能源資源（Energy Source）

目前電動車的商品化障礙是高成本及行駛距離短，電動車能源是造成此問題最重要的因素，因此現在及未來電動車發展最重要的議題是電動車如何發展多樣性的能源資源。能源資源之發展標準如下：

1. 高效能能源及能源密度
2. 高效能動力及動力密度
3. 快速充電及徹底輸出能力
4. 生命週期長
5. 高的充電效率
6. 安全及符合經濟成本
7. 易於維護
8. 環境保護及重新再利用

五、能源管理（Energy Management）

比起內燃機汽車，電動車提供相對較短的行駛距離，因此爲了極大化能源儲存的效用，智能能源管理系統（Intelligent Energy Management System，EMS）需要被採用。對各式各樣電動車子系統投入資源，包含內外在的溫度感測器、充電與釋出能源的電流及電壓、電動馬達的電流與電壓、汽車速度、永恆的氣候與環境，智能管理系統可以實現以下幾個功能：

1. 最佳化系統能源流
2. 預測含有的能源量及可行駛的距離
3. 建議更有效率地行駛行爲
4. 再生能源可直接從煞車轉換爲可使用的能源（如：電池）
5. 爲維護氣候，適當的溫度控制
6. 爲維護環境，調整照明亮度
7. 提出合適的電池充電演算法
8. 分析能源資源的運作歷史，特別是電池
9. 診斷任何錯誤運作或能源中有缺陷的元件

7-2 電動車產業分析

7-2-1 電動車發展種類與市場區隔

電動車依照使用的電力系統與能源補充方式不同，目前可進一步分爲四種：油電混合動力車、插電式油電混合動力車、增程式油電混合車、純電動車（International Energy Agency, 2010）。

一、油電混合動力車（Hybrid Electric Vehicle，HEV）

油電混合動力車是以雙能源來驅動的車輛，其引擎包含一顆傳統往復式引擎與一顆直流發電機，引擎發動時動力分爲兩部份，一部份到車輪當驅動輪胎的動力，一部份到發電機充電到電瓶內，而車輛於減速或常踩煞車時，汽車電腦會自動將引擎熄火，輪胎的被驅動力則轉回驅動發電機，充電至電瓶，進行不斷地重複資源回收，不需使用插座來充電，一般可減少約30%的油量消耗（見圖7-1）。

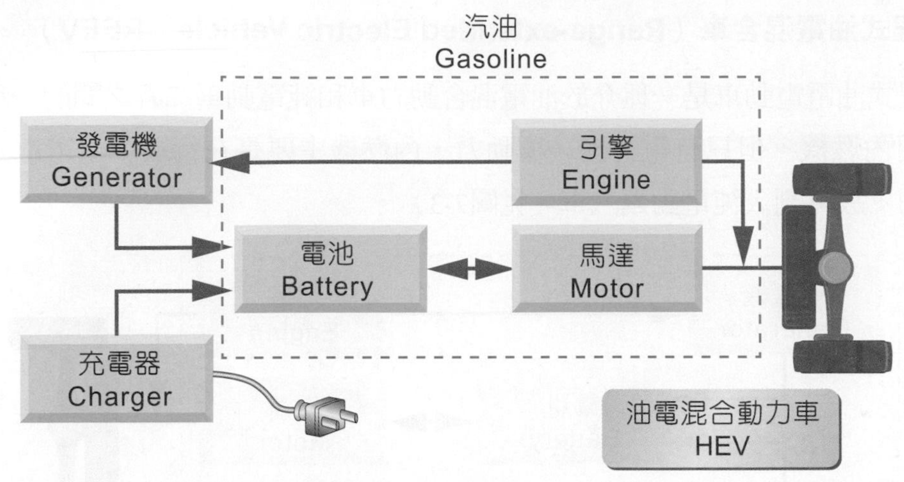

＊ 圖 7-1 油電混合車示意圖

資料來源：陳逸璟（2013）

二、插電式油電混合動力車（Plug-in Hybrid Electric Vehicle，PHEV）

插電式油電混合動力車運作原理與油電混合動力車相同，採用電力驅動，並輔以傳統的汽油或柴油引擎。與油電混合動力車不同的是，插電式混合動力車配備的電池容量更大，因此靠電池可以行駛更遠的距離，以節省更多燃油。至於電池的電力回充方式，除了以引擎進行充電之外，也可以家用的外接電源充電（見圖7-2）。

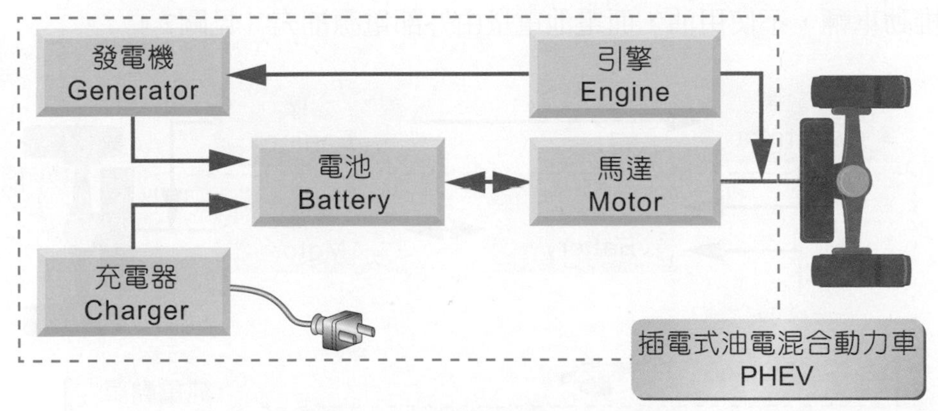

＊ 圖 7-2 插電式油電混合車示意圖

資料來源：陳逸璟（2013）

三、增程式油電混合車（Range-extended Electric Vehicle，REEV）

增程式油電電動車是一種介於油電混合動力車和純電動車二者之間的一種車型，雖然使用內燃機，但只有電動機一種動力，內燃機主要是在行駛中給電池充電，屬純電驅動，故可劃入純電動類汽車（見圖7-3）。

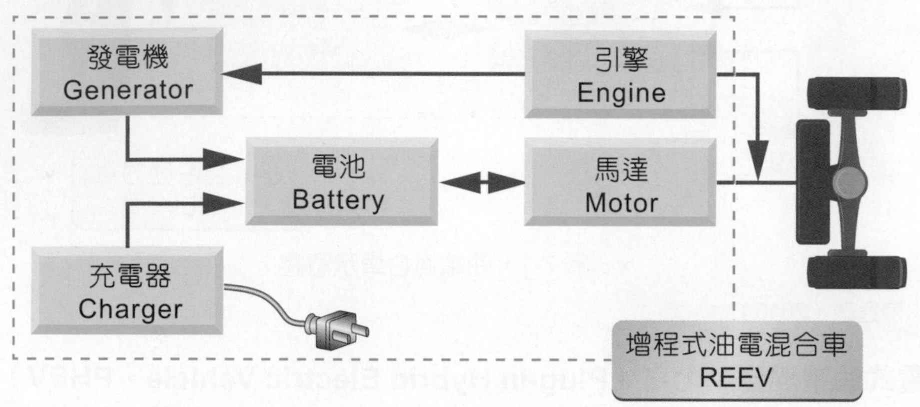

＊ 圖 7-3　增程式油電混合車示意圖

資料來源：陳逸璟（2013）

四、純電動車（Battery Electric Vehicle，BEV）

純電動車又稱電池電動車，其為事前已充滿電的蓄電池供電給發電機之車輛，由電動機推動車輛，不使用油，而電池電量由外部電源補充（見圖7-4）。

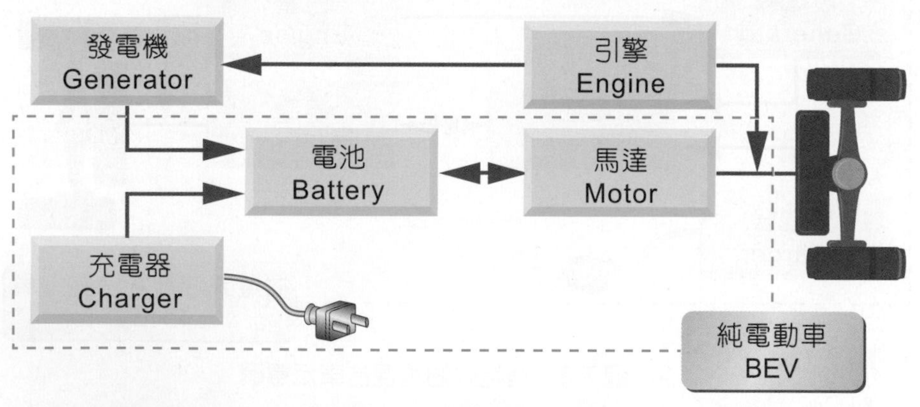

＊ 圖 7-4　純電動車示意圖

資料來源：陳逸璟（2013）

綜合以上所言，由圖7-5可看出各類型電動車之動力模式（見圖7-5）。

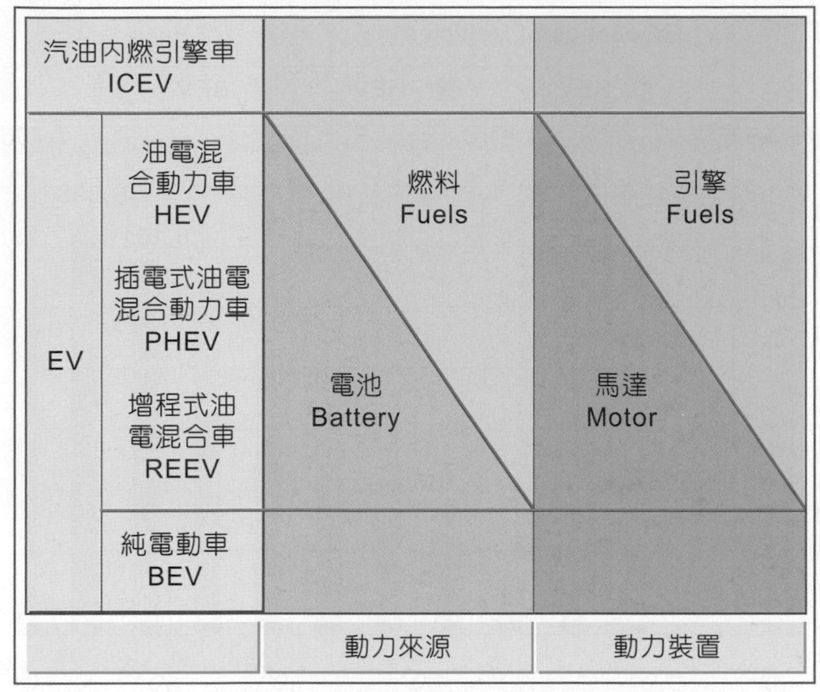

＊ 圖 7-5　各類型電動車之動力模式

資料來源：陳逸璟（2013）

7-2-2　全球電動車產業概況與未來發展方向

目前而言，電動車購置成本過高，且續航力、能量補充方式均有別於傳統車輛，因此消費者普遍須花費較多時間來適應這項新科技。各國政府爲了降低民眾對電動車的陌生與不信任感，以及讓大眾瞭解電動車的優點與使用情境，紛紛推出示範運行計畫，強化電動車與民眾互動經驗，希望進而激發出購買需求。示範運行所涵蓋的層面相當廣泛，包括政府政策的引導、充電基礎設施的建構、電動車與電池的供給、電力網路的配合、資訊平台與維修機制的設立等，能夠完全整合以上所有條件，並且配合使用者的需求與習慣，才能建立多贏可行的營運模式（Perdiguero & Jiménez, 2012）。

由於經濟體制的差異，東西方國家推動示範運行的作法也不盡相同，例如中國大陸與日本發展上屬於「計畫經濟」，在國家決定電動車發展方向後，隨即由個別城市提出發展規畫，營造出結合當地資源且別具風格的營運模式，如十城千輛計畫和EV/PHV城市計畫。而美、英、法等西方國家的發展一向以「自由經濟」爲主，國家直接撥款給電力公司或充電設備廠商等企業聯盟，由企業主導來建設充電站並執行示範運行計畫，如The EV project、Plugged-in places、The SAVE project。

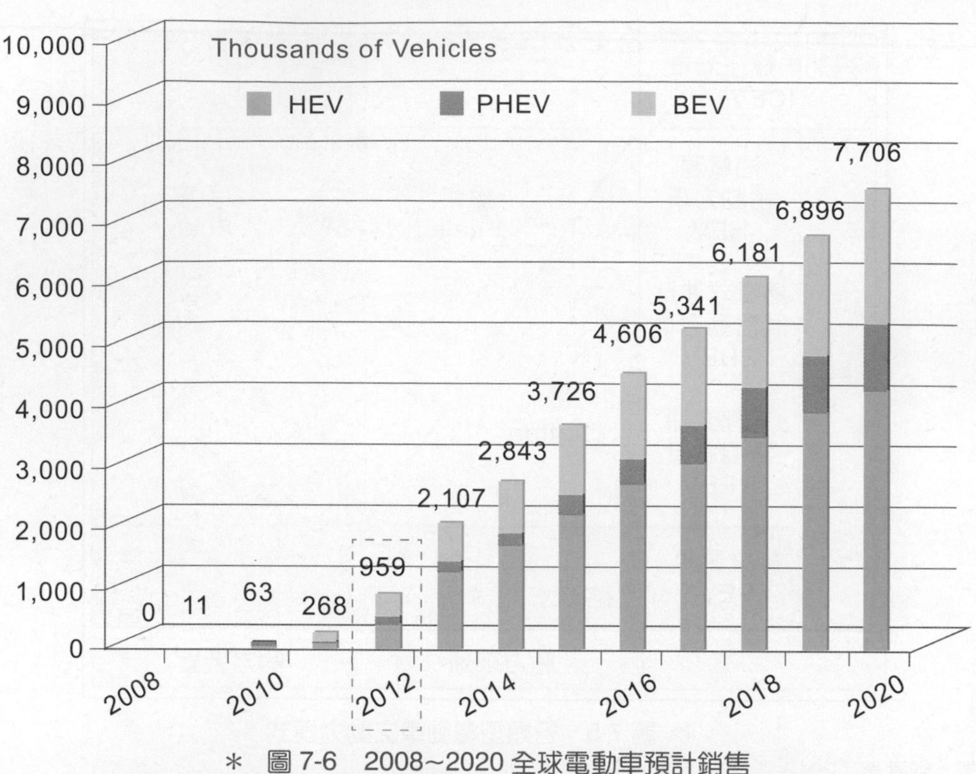

＊ 圖 7-6　2008~2020 全球電動車預計銷售

資料來源：工研院產業經濟與趨勢研究中心（2012）

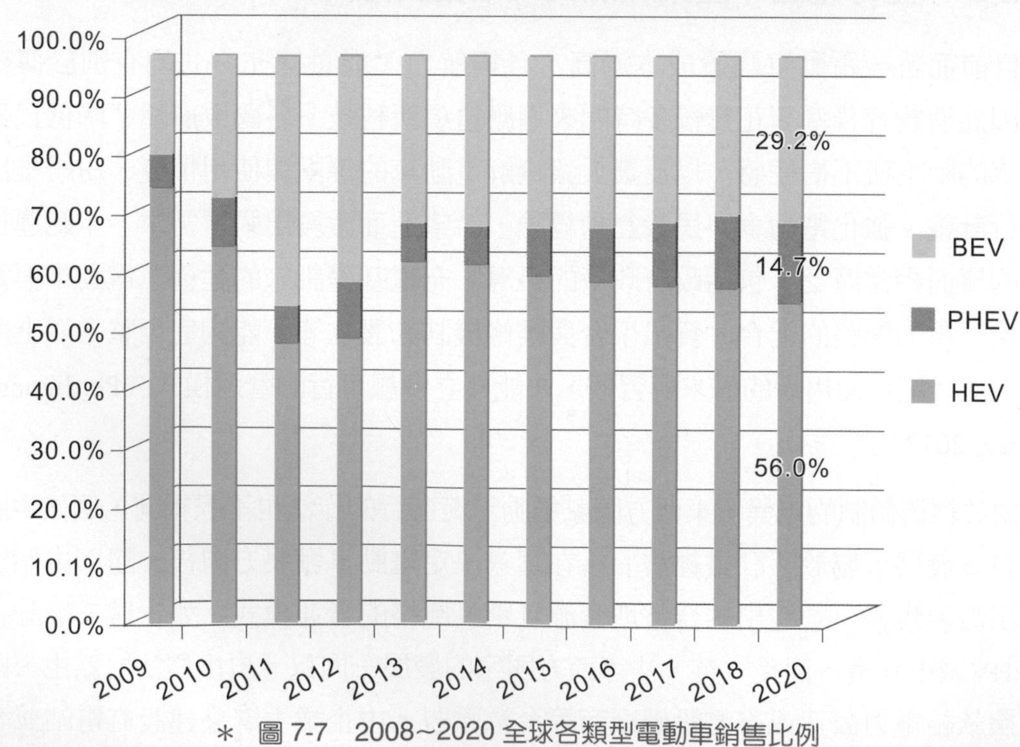

＊ 圖 7-7　2008~2020 全球各類型電動車銷售比例

資料來源：工研院產業經濟與趨勢研究中心（2012）

在2011年與2012年之後，當主要汽車製造商開始於大眾市場生產電動車時，產出才有顯著的成長。全球電動車銷售額中，混合動力電動汽車預計將每年增長40%至60%；其次是純電動車的20～40%；插電式混合電動車的成長則最小，只有10%（見圖7-6、7-7）。

7-2-3 各國電動車產業政策概況

一、美國

美國總統歐巴馬於2009年推動一系列振興經濟方案，其中包含推動電動車普及，在發展電動車的政策上，不僅補貼民眾購買電動車，也提供產業直接補助，希望透過技術提升，讓電動車能快速達到與現行汽油車的價格、性能和實用性一致的水準。美國能源局（DOE）設立了20億美元政府資助項目，其中15億美元供在美國本體的電池製造商，生產高效率的電池及其零組件，尤其是鋰電池技術，另外5億美元供應美國本土的電動車電池以外之其他零組件，如馬達研發。同時政府也投入4億美元支持國內數十個地區的電動車示範計劃，包含佈署電動車並評估其表現、設置充電站等基礎建設、與大學進行科專計劃。Charge Point America與The EV Project即為其中兩大示範運行計畫，此兩項示範運行計畫中，以The EV Project所投資的金額與擴及範圍較大、示範結果也較為顯著（The U.S. Department of Energy, 2013）。

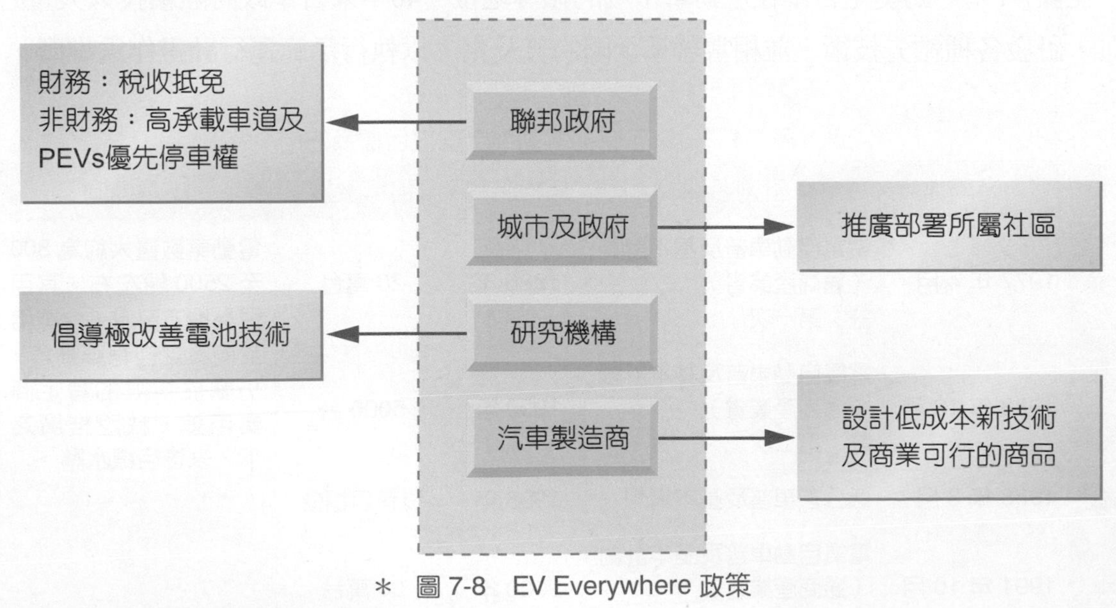

＊ 圖 7-8 EV Everywhere 政策

資料來源：The U.S. Department of Energy（2013）

美國總統歐巴馬表示，其目標爲2015年時有100萬輛PHEV上市，在復甦法案（Recovery Act）中，預計在2009年至2015年，透過最新技術與量產方式，提高生產水準，降低電動車用電池70%的成本，期盼達到市場上油電混合車的目標規模。值得一提的是美國全力投入電動汽車產業時，向來以嚴苛的環保法規聞名的加州，不僅大力響應美國政府提出的CAFÉ（Corporate Average Fuel Economy）新車耗能標準（2025年在美國上市的新車油耗需達26.23km/L標準），還推動了一項更爲嚴苛的ZEV（Zero Emissions Vehicle Credit）零排放計畫，要求2025年新能源車款比例需達到所售新車的15.4%，並需減少75%的碳排量。

二、日本

日本從1970年開始就致力於電動汽車（EV）的發展，但目前爲止依舊未達普及化。因握有二次電池與混合動力車之關鍵技術，讓日本成爲少數幾個擁有純電動車自主技術的國家，爲了推動電動車普及，日本期望透過其國內示範運行，找出電動車可行之營運模式，從技術、設備到方法打包成完整解決方案並輸出海外，讓日本的電池與充電設備規格成爲國際標準（曾祐強，2011）。

日本電動車普及政策和市場走向可區分爲三個階段，1970年代至1990年代中期爲第一代，1990年代中後期至2000年代中期爲第二代，2000年代中後期至今爲第3代（見表7-1）。爲奠定日本在電動車市場的領導地位，40年來日本政府陸續投入大量心血，研發各種領先技術，並相當著重全國的普及化，以執行示範運行計畫作爲推廣。

＊ 表 7-1　日本各時期電動車計劃之目標及方向

	時間	計劃名稱	目標時間	目標數量	市場動向
第一世代	1977 年 4 月	電氣自動車普及基本計劃（通商產業省）註：第一次	1986 年	20 萬台	電動車數量大約為 800 至 2500 輛左右。其用戶為地方政府、企業用於商業之自有車輛等，仍處於有限的特定商業用途，缺乏推廣之下，未達目標水準。
	1983 年 12 月	電氣自動車普及基本計劃（通商產業省）註：第二次	1990 年	5000 台	
	1988 年 3 月	低公害車普及基本構想	1998 年	沒有目標值	
	1991 年 10 月	電氣自動車普及基本計劃（通商產業省）註：第三次	2000 年	20 萬台	

	時間	計劃名稱	目標時間	目標數量	市場動向
第二世代	2001 年 7 月	低公害車開發、普及活動計劃（經濟產業省、國土交通省、環境省）	2010 年	沒有目標值	電動車數量為 2,500 至 10,000 量左右。運用在政府公家機關及公司商用業務之外，開始向家庭用車推廣。在商業模式實驗下，電動車也朝共享汽車發展，如：汽車租賃；另一方面，企業用車並無格外普及。
第三世代	2007 年 5 月	次時代自動車・燃料計劃（經濟產業省）	2010 年	整體低公害車輛 1000 萬台	量產型的電動車，最初是銷售於財團法人使用，並持續推廣給企業用戶。商業模式實驗中心表示目前已開始試驗汽車共享、汽車租賃、出租車等計劃。從 2010 年開始，零售電動車也開始蔓延至家庭，期待可達普及目標。
	2009 年 5 月	次時代自動車普及戰略（環境省）	2020 年	200 萬台	
			2050 年	880 萬台	
	2010 年 4 月	次時代自動車戰略 2010（經濟產業省）	2020 年	EV/PHV 新車銷售占 15% 至 20%	

資料來源：日本自動車工業會 Japan Automobile Manufacturers Association, Inc.

三、歐盟

2011年歐盟發佈「2010-2020歐盟交通政策白皮書」，喊出2050年交通運輸行業溫室氣體排放要比1990年減少60%的目標。在《清潔能源與節能汽車歐洲戰略》中，可發現歐盟將從兩條路線來帶動汽車業革命，其一是不斷提高傳統發動機能源效率和清潔度；其二是開發超低排放的新能源汽車。具體措施是通過立法控制排放，鼓勵企業投資加強研發支持，通過補貼與優惠方案提高電動車的市場佔有率等。

英、法國為了鼓勵民眾購買電動車，分別提供5000英鎊與5000歐元的購車補貼，英國大方地減免汽車消費稅與陳列室稅等稅收，希望在2015年國內電動車保有量可以達到24萬輛，法國則希望達成200萬輛的目標。德國採取與衆不同的策略來打造電動車帝國，針對市場機制並不提供補貼，主要傾向於產業升級，2010～2013年規劃20億歐元的研發經費，期望透過技術突破來降低電動車的購買成本，達到2030年500萬輛電動車上路之目標。

四、中國

中國目前已超越美國成爲全球最大市場，中國將電動車列爲七大戰略新興產業之一，各個部門紛紛推出各種政策來刺激產業發展，包含十二五規劃、2009年推出「十城千輛」計畫、在公共、郵政、市政等領域推廣電動車。此外，科技部門也投入大量研發資金，預計在2020年實現年產1000萬輛電動車的規模。在政策刺激下，中國市場一度掀起電動車熱潮，2010年上半年同比成長53%，而這樣的成長速度卻在2011 年開始減緩。以目前現況來說，投入的開發資源和市場銷售似乎不成比例，諸多問題讓電動車銷售顯得艱辛（曾佑強，2011）。

自2010年起，中國每年推動國內10個以上有足夠條件的大城市，每個城市能有1,000輛的新能源車示範運行，並且連續推動3年，主要的應用車種爲公交、出租、公務、市政、郵政等車種。換言之也，到2010年將會有一萬輛的新能源車上路，而到2012年，將會有3萬輛以上的示範運行車輛，其中包含大中型混合動力車輛5千輛、混合動力計程車2萬輛、其他電動汽車5千輛。目前全中國大陸已有25個城市（見表7-2）響應十城千輛計畫，其中又以上海、北京、合肥、杭州、深圳、長春等享有私人購車補貼的城市最爲積極。以成效來看，合肥市的補貼力道雖然不是最高，但其私人購車普及數目卻是位居全中國大陸之冠；此外，杭州市則領先全國推出「電池交換」營運模式，並配合「車電分離、電池租賃」的購車策略，爲創新的推廣手法。

＊ 表 7-2　參與十城千輛示範運行之城市

	城市
第一期	北京、上海、重慶、長春、大連、杭州、濟南、武漢、深圳、合肥、長沙、昆明、南昌
第二期	天津、海口、鄭州、廈門、蘇州、唐山、廣州
第三期	瀋陽、成都、呼和浩特、南通、襄樊
備註：上海、北京、合肥、杭州、深圳、長春等為享有私人購車補貼的城市	

資料來源：中國國務院、國家能源局

五、台灣

台灣自2011年至2016年間建構合適的智慧電動車發展環境，以躋身國際電動車大廠爲目標，並協助國內智慧電動車產業聚落形成，發展成爲新興明星產業。目前台灣針對國內電動車產業的幾項重大產業政策及刺激方案（曾祐強，2012），描述如下表。

＊ 表 7-3 台灣電動車產業政策及刺激方案

產業政策及刺激	摘要
經濟部電動機車之補貼和刺激引導 MOEA Subsidy and Incentive Guidelines for Electric Scooter Development	1. 推廣時間：2009 年～ 2012 年 2. 政策任務： (1) 2009 年及 2010 年：每台輕型電動機車補貼台幣 11,000 元；每台輕小型電動機車補貼台幣 8,000 元。 (2) 2011 年：每台輕型電動機車補貼台幣 10,000 元；每台輕小型電動機車補貼台幣 7,200 元。 (3) 2012 年：每台輕型電動機車補貼台幣 9,000 元；每台輕小型電動機車補貼台幣 6,500 元。
財政部混合動力汽車貨物稅減半 MOF Halving of Commodity Tax for Hybrid Vehicle	1. 推廣時間：起於 2009/02/18 日 2. 政策任務：混合動力汽車貨物稅減半。
行政院“智能電動車發展戰略和行動計劃” “Smart Electric Vehicle Development Strategy and Action Plan”, Executive Yuan	1. 推廣時間：2011/12/31～2013 年 2. 政策任務： (1) 於台灣各地設置 10 個示範方案，包含 3000 輛電動車。 (2) 未來 3 年將提供新台幣 220 億元的補貼於設立 3000 輛智慧電動車之示範項目。 (3) 電動車將在示範期間免徵貨物稅。
經濟部工業技術發展計劃 MOEA Industrial Technology Development Program	1. 推廣時間：1997 年至今 2. 政策項目： (1) 工業技術發展計劃（ITDP）：鼓勵企業發展具有領導性、有遠見、關鍵性以及整合性的技術。 (2) 小型企業的創新研發（SBRI）：鼓勵小型企業發展創新性、標竿性以及高技術的應用科學。 (3) 創新科技的應用以及服務（ITAP）：開發具有創新服務和商業價值來加速製造服務的開發。 (4) 工業技術創新中心計劃：打造台灣成為工業技術研發與創新的服務重鎮。
領先產品開發輔助計劃 IDP Leading Product Development Assistance Program	1. 推廣時間：2003 年至今 2. 政策任務： (1) 鼓勵開發領導性產品、新興科技產業並且增進技術標準。 (2) 提供最高到百分之五十的研發補助金。

資料來源：經濟部能源局

7-3 電動車產業創新系統與創新政策分析

7-3-1 電動車產業之產業創新系統

創新密集服務矩陣定位部分，藉由五項創新類型（產品創新、流程創新、組織創新、結構創新、市場創新）與四項客製化程度（一般型服務、特定型服務、選擇型服務、專屬型服務）所組成的創新密集服務矩陣定位，爲電動車產業之廠商找出目前及未來的策略定位與策略方向。

	Unique Service 專屬服務(U)	Selective Service 選擇服務(S)	Restricted Service 特定服務(R)	Generic Service 一般服務(G)
Product Innovation 產品創新(P1)				目前策略定位
Process Innovation 流程創新(P2)				
Organizational Innovation 組織創新(O)				
Structural Innovation 結構創新(S)			未來策略定位	
Market Innovation 市場創新(M)				

＊ 圖 7-9　電動車產業策略定位

資料來源：本研究整理

本研究透過專家訪談及專家問卷調查，藉由矩陣兩軸之定義與解釋，得出針對電動車產業於目前與未來的策略定位。調查結果爲電動車產業目前的營運模式與定位主要是藉由產品創新（即強調產品設計、功能改良、功能整合及產品製造的創新活動執行能力，完全以產品本身爲核心所衍生的各項創新應用）提供一般型服務（即屬於客製化程度爲最低的服務型態，絕大部分的服務型態都是標準化且固定的）；未來的策略走向，則嘗試朝向以結構創新（即經營模式上的創新，重視策略產生與環境反應的能力）來提供特定型服務（即屬於客製化程度爲次低的服務型態，大部分的服務型態都是標準化，顧客只能從有限的選擇項目進行選擇。）。此一問卷結果之目前策略定位與發展方向次數統計見圖7-9。

電動車產業廠商目前的定位在於產品創新下之一般型服務，在此定位下，根據「創新密集服務業與產業創新系統整合模式」之分析，可協助廠商提升關鍵服務價值活動與外部資源的產業創新系統構面分別是C1「設計」、C3「行銷」、E1「互補資源提供者」、E4「製造」、E5「服務」、E6「市場」，其中影響產業創新系統程度最大的爲產業環境構面之IE1.「生產要素」、IE4.「企業策略、結構與競爭程度」與技術系統構面之TS4.「多元化創新機制」（見表7-4、表7-5）。

＊ 表 7-4　電動車產業創新密集服務定位之需求因子

	Unique Service 專屬服務（U）	Selective Service 選擇服務（S）	Restricted Service 特定服務（R）	Generic Service 一般服務（G）
Product Innovation 產品創新（P1）				E1、E4、E5、E6、C1、C3
Process Innovation 流程創新（P2）				
Organizational Innovation 組織創新（O）				
Structural Innovation 結構創新（S）			E5、E7、C1、C2、C3、C4、C5、C6	
Market Innovation 市場創新（M）				

資料來源：本研究整理

＊ 表 7-5　電動車創新密集服務 - 產業創新系統矩陣需求

	Unique Service 專屬服務（U）	Selective Service 選擇服務（S）	Restricted Service 特定服務（R）	Generic Service 一般服務（G）
Product Innovation 產品創新（P1）				IE1、IE4、TS4
Process Innovation 流程創新（P2）				
Organizational Innovation 組織創新（O）				
Structural Innovation 結構創新（S）			IE1、IE2、IE4、TS2、TS4	
Market Innovation 市場創新（M）				

資料來源：本研究整理

未來的定位在於結構創新下之特定型服務，在此定位下，根據「創新密集服務業與產業創新系統整合模式」之分析，可協助廠商提升關鍵服務價值活動與外部資源的產業創新系統構面分別是C1「設計」、C2「測試認證」、C3「行銷」、C4「配銷」、C5「售後服務」、C6「支援活動」、E5「服務」、E7「其他使用者」，其中影響產業創新系統程度最大的爲產業環境構面之IE1.「生產要素」、IE2.「需求條件」、IE4.「企業策略、結構與競爭層度」與技術系統構面之TS2.「技術接收能力」、TS4.「多元化創新機制」；其他構面同樣對於企業之服務價值活動與外部資源之掌握程度提升有所幫助，但影響較小，較有侷限性，表7-6爲電動車產業廠商未來定位下之產業創新系統需求可做爲產業發展建議之參考。

＊ 表 7-6　電動車產業廠商未來定位下之產業創新系統需求

產業創新系統構面	各構面分析要素	
IE1 生產要素	人力資源	人力素質
	知識資源	學術研究單位
	天然資源	電力供應
	基礎建設	運輸系統
IE2 需求條件	電動車市場的性質	
	電動車市場的需求規模與成長速度	
	電動車市場需求國際化情形	
IE4 企業策略、結構與競爭程度	企業之國際觀	
	企業目標	
	電動車產業國內市場競爭程度	
TS2 技術接收能力	電動車產業內之企業內部研發組織	
	電動車產業內之創業家精神與創新機制	
TS4 多元化創新機制	電動車產業內廠商之經營型態	
	電動車產業進入與退出障礙	
	電動車產業國際間之衝擊	
	電動車產業政策所扮演的角色	

資料來源：本研究整理

7-3-2　各國電動車產業政策工具比較

本研究收集各國歷年（以近5年爲主）來相關的電動車產業政策，依照12項政策工具將所搜集來的政策資料加以分類，顯示出各國政府使用政策工具的趨勢，在此分類中，本研究假設各項政策具有相同之權重（Lin et al., 2013）。

一、美國電動車政策工具趨勢

將美國電動車政策分類後，美國電動車產業創新政策工具分佈：供給面佔36%、環境面佔58%、需求面佔6%。就創新政策之分類，美國電動車產業政策比例偏重於環境面，次爲供給面，需求面則爲最少。接著，細探創新政策工具分布比例可知，，其偏重於政策性策略、公營事業、科學與技術開發、法規及管制等。

二、日本電動車政策工具趨勢

將日本電動車政策分類後，日本電動車產業創新政策工具分佈：供給面佔36%、環境面佔44%、需求面佔20%。就創新政策之分類，日本電動車產業政策比例偏重於環境面，次爲供給面，需求面則爲最少。接著，細探創新政策工具分布比例可知，其偏重於政策性策略、公營事業、科學與技術開發、法規及管制等。

三、歐盟電動車政策工具趨勢

將歐盟電動車政策分類後，歐盟電動車產業創新政策工具分佈：供給面佔19%、環境面佔73%、需求面佔8%。就創新政策之分類，歐盟電動車產業政策比例偏重於環境面，次爲供給面，需求面則爲最少。接著，細探創新政策工具分布比例可知，其偏重於政策性策略、科學與技術開發、租稅優惠等。

四、中國電動車政策工具趨勢

將中國電動車政策分類後，中國電動車產業創新政策工具分佈：供給面佔28%、環境面佔66%、需求面佔6%。就創新政策之分類，中國電動車產業政策比例偏重於環境面，次爲供給面，需求面則爲最少。接著，細探創新政策工具分布比例可知，其偏重於政策性策略、科學與技術開發等。

五、台灣電動車政策工具趨勢

將台灣電動車政策分類後，台灣電動車產業創新政策工具分佈：供給面佔24%、環境面佔72%、需求面佔3%。就創新政策之分類，台灣電動車產業政策比例偏重於環境面，次爲供給面，需求面則爲最少。接著，細探創新政策工具分布比例可知，其偏重於政策性策略、科學與技術開發、租稅優惠等。

經分析後得知，在創新需求要素爲基礎之條件下，各國執行的電動車政策工具有所差異性。總和比較如表7-7。由表7-7可知，各國皆有之政策工具爲科學與技術開發、政策性策略、財務金融、租稅優惠、法官及管制。其他包含公營事業、教育與訓練、資訊服務、政府採購、公共服務等，則視不同國家有不同政策選擇措施；另外在政策資料收集過程中，12項政策工具裡的貿易管制幾乎沒有出現在各國之電動車政策工具。

＊ 表 7-7 各國電動車產業政策工具異同

	美國	日本	歐盟	中國	台灣
相同點	科學與技術開發	科學與技術開發	科學與技術開發	科學與技術開發	科學與技術開發
	政策性策略	政策性策略	政策性策略	政策性策略	政策性策略
	財務金融	財務金融	財務金融	財務金融	財務金融
	租稅優惠	租稅優惠	租稅優惠	租稅優惠	租稅優惠
	法規及管制	法規及管制	法規及管制	法規及管制	法規及管制
相異點	公營事業	公營事業	教育與訓練	教育與訓練	公營事業
	教育與訓練	教育與訓練	資訊服務	公共服務	政府採購
	資訊服務	政府採購	政府採購	海外機構	
	政府採購	公共服務	公共服務		
	公共服務	海外機構			

資料來源：本研究整理 ＊底為灰階表示在該國比重較重

本研究將各國電動車政策綜合比較（如圖7-10），各國在電動車政策工具的執行上，比例皆相當懸殊，主要都最偏重政策性策略，其次爲科學與技術開發，而在資訊服務、貿易管制、海外機構等方面的政策工具則較不注重；在公營事業方面，日本、美國有所著墨；在財務金融方面，歐盟、美國有所著墨；另外日本是最注重教育與訓練的國家，歐盟是最注重租稅優惠的國家，美國則是最注重法規及管制的國家。

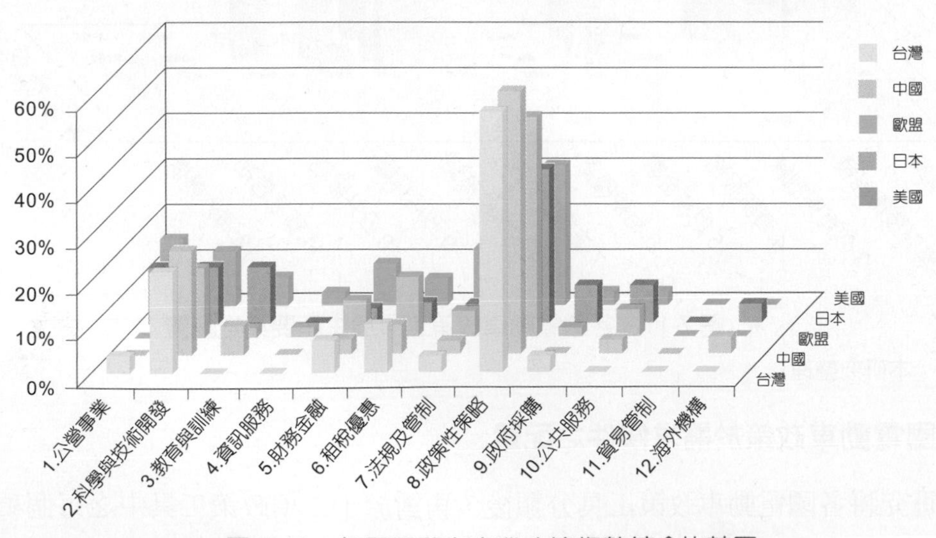

＊ 圖 7-10 各國電動車產業政策趨勢綜合比較圖

資料來源：本研究整理

7-3-3 產業創新系統與電動車政策工具之配置關聯性

本研究的產業創新系統關鍵要素為「生產要素」、「需求條件」、「企業策略、結構與競爭策略」、「技術接收能力」、「多元創新機制」等五大項，本研究將各國電動車政策工具分類後，對於各政策工具之細項再區分為屬於哪些產業創新系統之各個關鍵要素，探討在產業創新系統之關鍵要素下，各國電動車政策工具的分佈情形。

一、各國電動車政策於生產要素之配置

本研究將各國電動車政策工具分類後，再對於十二項政策工具中之每個項目找出符合產業創新系統關鍵要素之「生產要素」的細項，了解各國於生產要素下，十二項政策工具的執行與分佈情況，如圖7-11。各國電動車政策工具中，明顯與生產要素有直接關聯且比例較重的為「科學與技術開發」與「政策性策略」。這兩項政策工具中以歐盟、中國、台灣等三個國家之電動車政策比例相對較高。

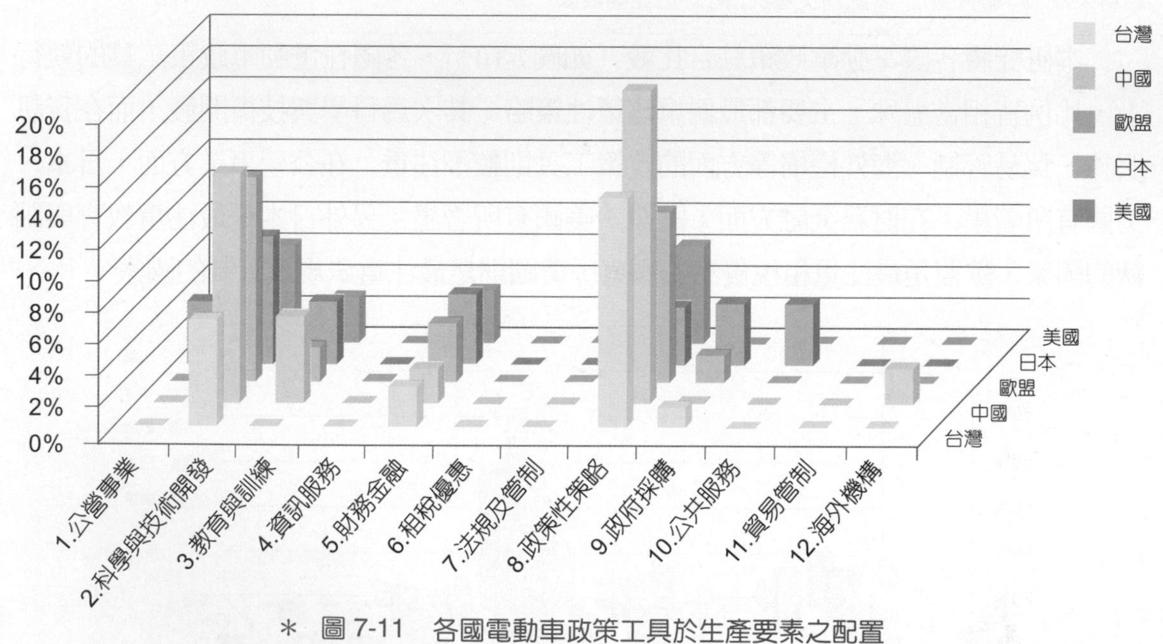

＊ 圖 7-11 各國電動車政策工具於生產要素之配置

資料來源：本研究整理

二、各國電動車政策於需求條件之配置

本研究將各國電動車政策工具分類後，再對於十二項政策工具中之每個項目找出符合產業創新系統關鍵要素之「需求條件」的細項，了解各國於需求條件下，十二

項政策工具的執行與分佈情況，如圖7-12。各國電動車政策工具中，明顯與需求條件有直接關聯且比例較重的爲「政策性策略」，不論是美國、歐盟、日本、中國、台灣等國家在這項政策工具中之電動車政策比例都很高，另外歐盟的「租稅優惠」政策工具與美國的「法規及管制」政策工具於需求條件上的比例也頗高。

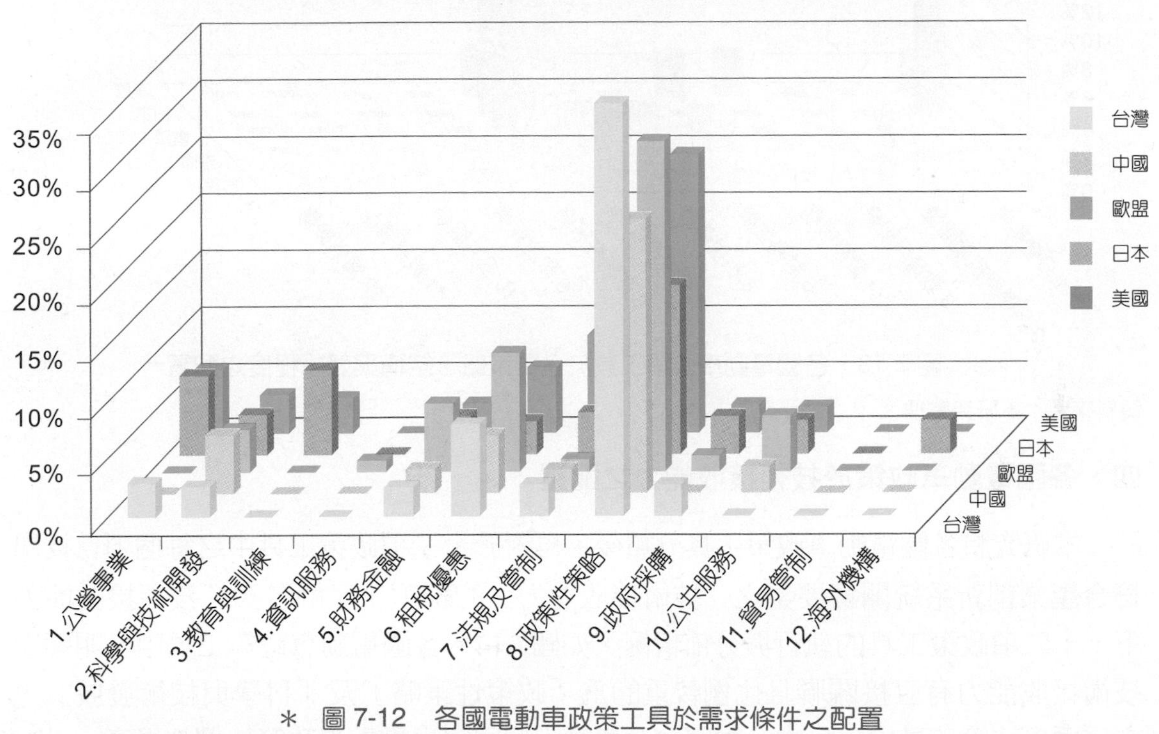

＊ 圖 7-12 各國電動車政策工具於需求條件之配置

資料來源：本研究整理

三、各國電動車政策於企業策略、結構與競爭程度之配置

本研究將各國電動車政策工具分類後，再對於十二項政策工具中之每個項目找出符合產業創新系統關鍵要素之「企業策略、結構與競爭程度」的細項，了解各國於企業策略、結構與競爭程度下，十二項政策工具的執行與分佈情況，如圖7-13。各國電動車政策工具中，明顯與企業策略、結構與競爭程度有直接關聯且比例較重的爲「政策性策略」，在這項政策中，美國、日本、台灣等三個國家之電動車政策比例都很高，另外日本的「公營事業」政策工具於企業策略、結構與競爭程度上的比例也頗高。

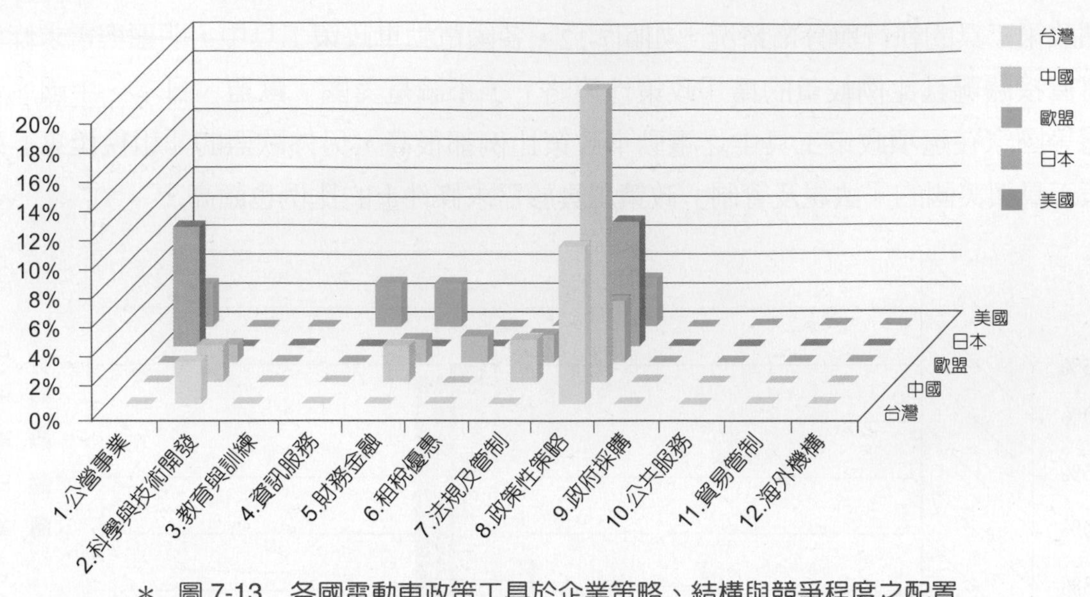

＊ 圖 7-13 各國電動車政策工具於企業策略、結構與競爭程度之配置

資料來源：本研究整理

四、各國電動車政策於技術接收能力之配置

本研究將各國電動車政策工具分類後，再對於十二項政策工具中之每個項目找出符合產業創新系統關鍵要素之「技術接收能力」的細項，了解各國於技術接收能力下，十二項政策工具的執行與分佈情況，如圖7-14。各國電動車政策工具中，明顯與技術接收能力有直接關聯且比例較重的為「政策性策略」及「科學與技術發展」，在這兩項政策工具中，日本、中國、台灣等三個國家之電動車政策比例都很高。

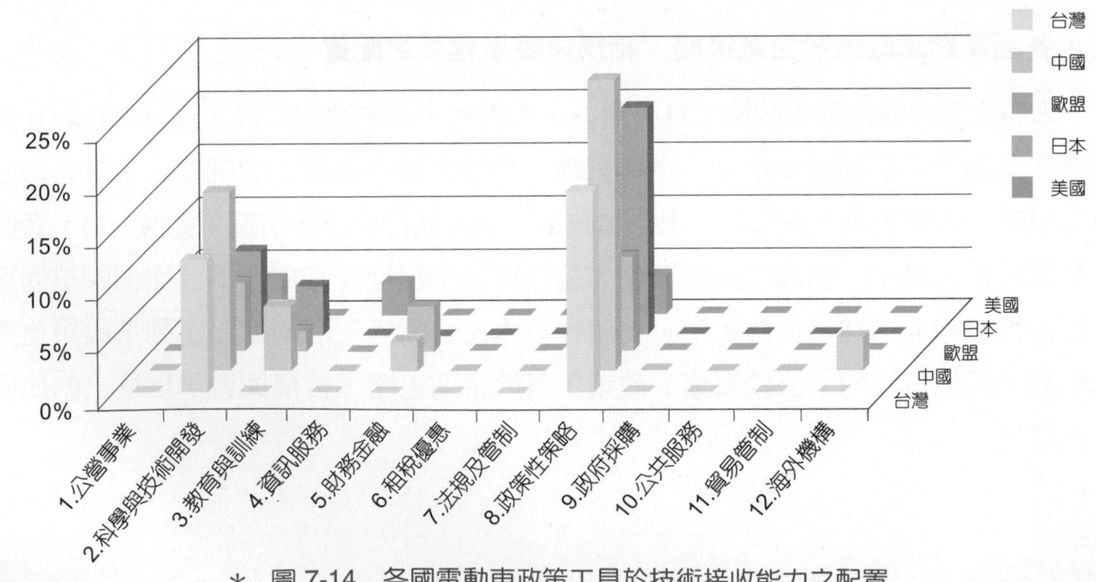

＊ 圖 7-14 各國電動車政策工具於技術接收能力之配置

資料來源：本研究整理

五、各國電動車政策於多元創新機制之配置

本研究將各國電動車政策工具分類後，再對於十二項政策工具中之每個項目找出符合產業創新系統關鍵要素之「多元創新機制」的細項，了解各國於多元創新機制下，十二項政策工具的執行與分佈情況，如圖7-15。各國電動車政策工具中，明顯與多元化創新機制有直接關聯且比例較重的爲「政策性策略」及「科學與技術發展」，在這兩項政策工具中，美國、歐盟、日本、中國、台灣等國家之電動車政策比例都很高。另外美國的「財務金融」政策工具於多元創新機制上的比例也頗高。

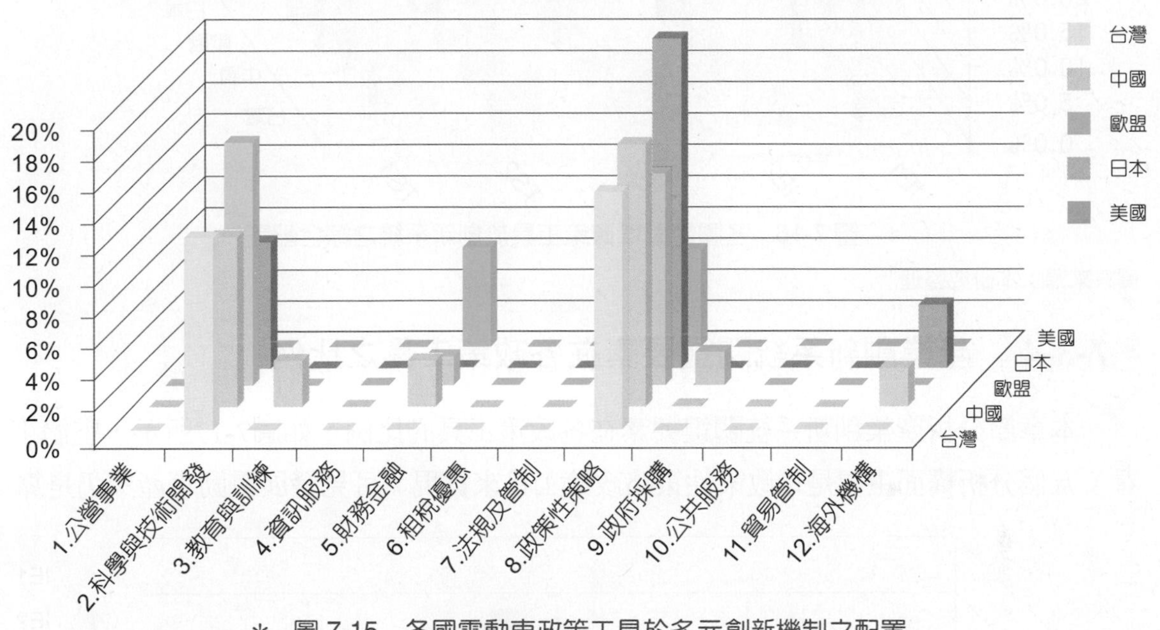

＊ 圖 7-15 各國電動車政策工具於多元創新機制之配置

資料來源：本研究整理

六、各國電動車政策工具於創新系統之綜合配置

綜合各國電動車政策工具於產業創新系統之配置，可從圖7-16發現，除了中國以外，IE2需求條件是各國最需要利用政策工具來創造的構面；中國在TS2技術接收能力上耕耘最多；美國在IE2需求條件上著墨最多；日本則爲在TS4多元創新機制最爲突出的國家；除此之外，IE4企業策略、結構與競爭程度是各國政策工具比例較低的構面，而各國政策工具在IE1生產要素上的分配相對較平均。

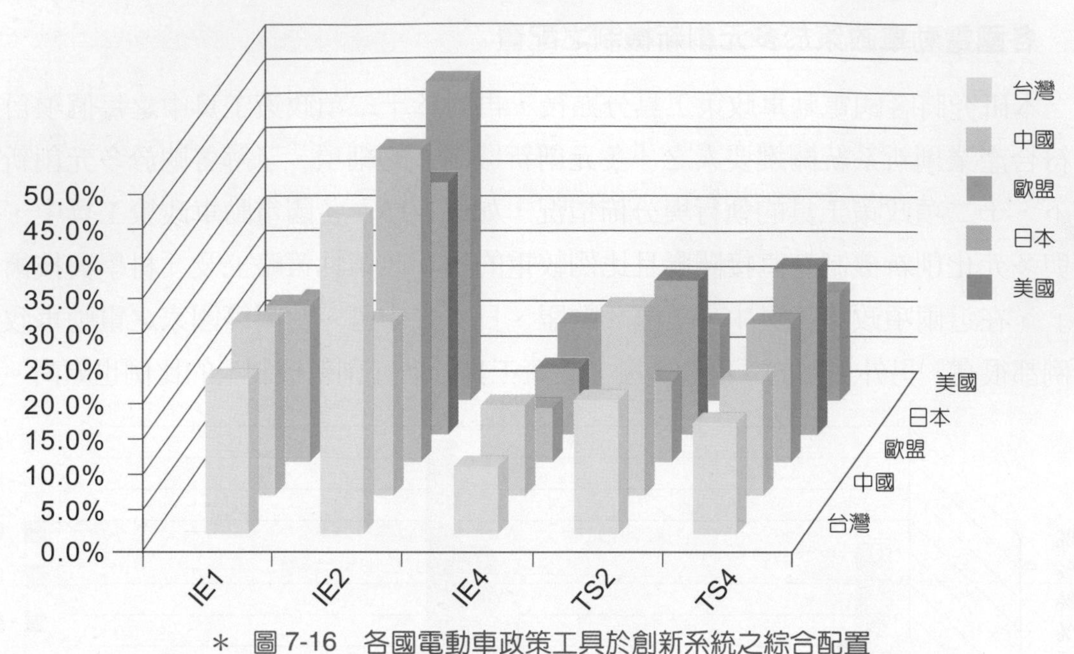

＊ 圖 7-16　各國電動車政策工具於創新系統之綜合配置

資料來源：本研究整理

7-3-4　產業創新系統關鍵要素在各政策工具之比例

本章節分析產業創新系統關鍵要素在各政策工具的比例，如圖7-17所示，整體來看，五個分析構面主要是以政策性策略政策工具來實現，可見發展電動車產業仍是靠

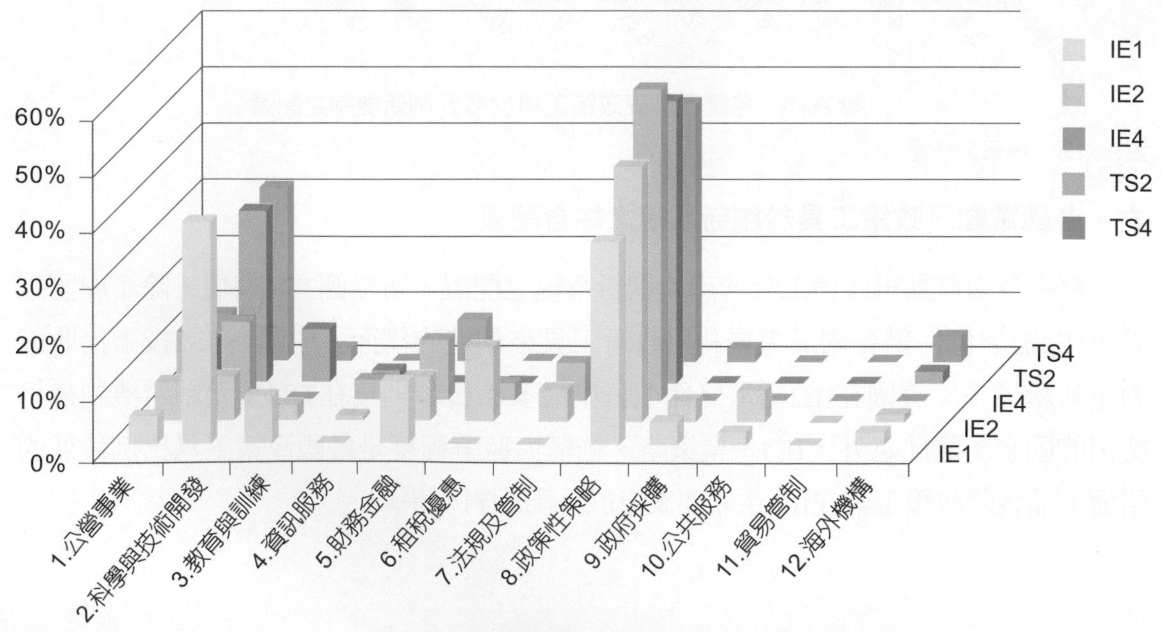

＊ 圖 7-17　產業創新分析構面下各政策的比例

資料來源：本研究整理

政府大力在扶持；再來是科學與技術發展，電動車產業的突破仍是需要靠著科技方面之持續成長來加強。除此之外，我也可從圖中發現，IE1生產要素、TS2技術接收能力和TS4多元創新機制在整體分布上具有相似度；IE2的部分，租稅優惠變成次高，電動車產業可透過租稅優惠來刺激需求條件；IE4的政策性策略比例最高，顯示車廠仍是要與政府重點策略相結合。

7-3-5　各項政策工具在產業創新系統關鍵要素之比例

本章節分析各項政策工具在產業創新系統關鍵要素的比例，如圖7-18所示，可發現公營事業、資訊服務、財務金融、法規與管制、政策性策略、政府採購、公共服務等政策工具，主要是配合IE2需求條件此構面在進行；科學與技術發展、教育與訓練則是著重在IE1生產要素此構面在進行；貿易管制方面在電動車產業全球化時效用不大；而海外機構則是在促使多元創新機制構面上最常用到的政策工具。

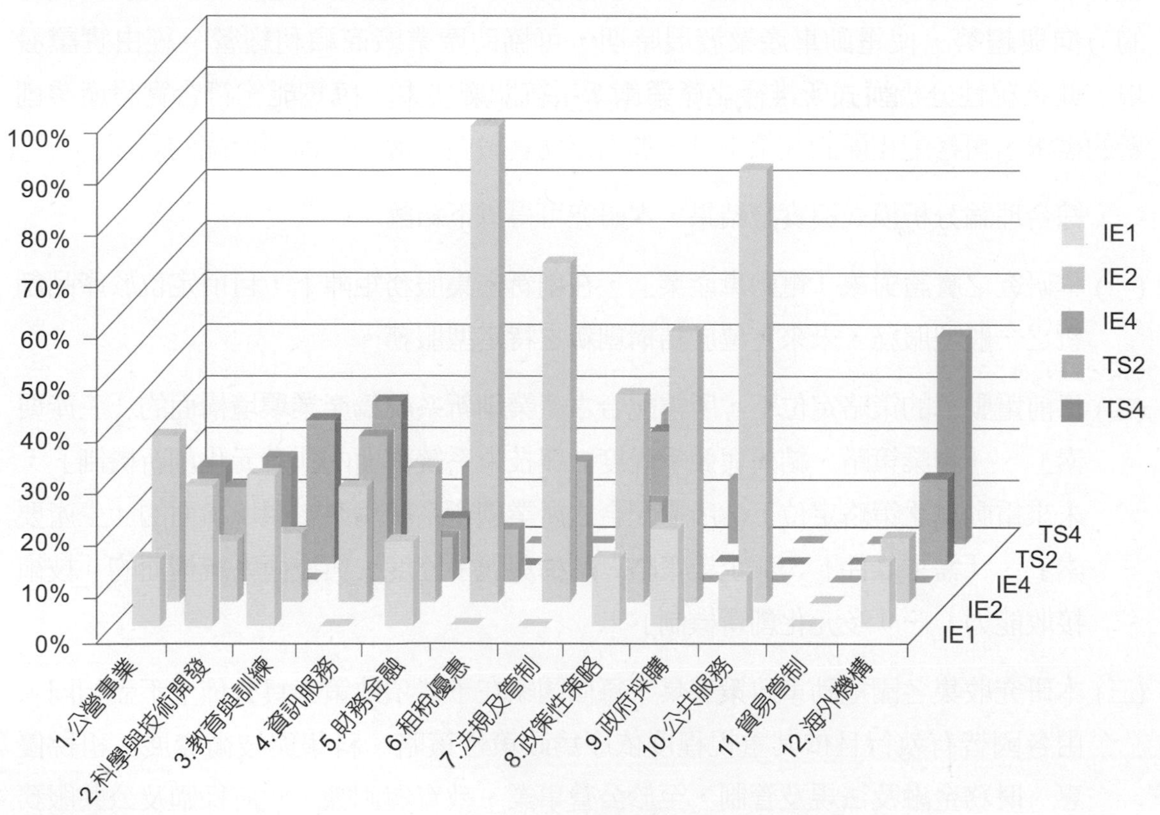

＊ 圖 7-18　產業創新分析構面下各政策的比例

資料來源：本研究整理

7-4 結論

7-4-1 結論與建議

本研究針對創新密集服務業，結合各類相關文獻與方法，運用一套適用於創新密集服務業之政策工具分析模式，分別針對產業層級與國家層級進行探討，並以電動車產業做爲實證研究。在討論產業層級之前，先利用服務價值活動與外部資源兩大構面，透過創新密集服務矩陣，再由專家問卷訂定出產業目前與未來的定位。在產業層級方面，本研究就產業創新系統中之產業環境與技術系統兩大構面爲分析主軸，利用專家問卷方式找出產業內普遍需要的產業創新系統關鍵要素；在國家層級方面，透過收集各國所施行的政策項目，將這些政策項目利用十二項政策工具作分類，然後再探討有無符合產業創新系統關鍵要素，瞭解各國家電動車政策項目執行的方向與趨勢，使電動車產業發展時期，可協助產業廠商順利經營。經由實證發現，此系統性分析模式所推得之產業創新系統關鍵要素，確實能夠符合實證產業創新的需求，再搭配相關的政策工具，進而協助實證產業解決目前所面臨的問題。

綜合理論分析模式與實證結果，本研究可得以下結論：

(一) 本研究之實證對象「電動車產業」，在創新密集服務矩陣下，目前定位於產品創新之一般型服務，未來定位於結構創新之特定型服務。

(二) 目前電動車的策略定位下，所需配合之產業創新系統爲產業環境構面的「生產要素」、「企業策略、結構與競爭程度」與技術系統構面的「多元化創新機制」；未來電動車之策略定位下，所需配合之產業創新系統爲產業環境構面的「生產要素」、「需求條件」、「企業策略、結構與競爭程度」與技術系統構面的「技術接收能力」、「多元化創新機制」。

(三) 本研究收集各國電動車政策工具，每個國家在十二項政策工具分佈上不盡相同，由各國皆有執行且依其重視程度依序爲政策性策略、科學與技術發展、租稅優惠、財務金融及法規及管制，至於公營事業、教育與訓練、政府採購及公共服務等，不同國家依自身需求而有選擇性地執行方式，至於資訊服務、貿易管制與海外機構等相關政策，目前各國家較少有其政策上的制定。

(四) 本研究將各國電動車政策依十二項政策工具分類歸納後，發現美國主要偏向「公營事業」、「科學與技術開發」、「法規與管制」、「政策性策略」；日本主要偏向「公營事業」、「科學與技術開發」、「教育與訓練」、「政策性策略」；歐盟主要偏向「科學與技術開發」、「租稅優惠」、「政策性策略」；中國主要偏向「科學與技術開發」、「政策性策略」；台灣主要偏向「科學與技術開發」、「租稅優惠」、「政策性策略」。綜合各國電動車政策，環境面政策的「政策性策略」在各國都受到了重視。

(五) 研究結合產業創新系統之關鍵要素與電動車政策工具，探討兩者間的關聯性，進而再針對各個關鍵要素，找出每個國家對其執行政策的比重。研究發現產業創新系統中的「生產要素」，需求政策爲「科學與技術開發」、「政策性策略」，政策比重較重的國家爲歐盟與中國；產業創新系統中的「需求條件」，需求政策爲「政策性策略」、「租稅優惠」，各國家皆有執行相關政策；產業創新系統中的「企業策略、結構與競爭程度」，需求政策爲「政策性策略」，政策比重較重的國家爲中國；產業創新系統中的「技術接收能力」，需求政策爲「政策性策略」、「科學與技術開發」，政策比重較重的國家爲歐盟、日本、中國、台灣；產業創新系統中的「多元創新機制」，需求政策爲「科學與技術開發」、「政策性策略」，政策比重較重的國家爲歐盟、日本、中國、台灣。美國在各個產業創新系統之關鍵要素下，政策比例都較爲平均。

7-4-2　管理意涵

本研究比較各國執行政策及結合專家問卷所得的發展電動車所需之產業創新需求要素，分析後發現各國行政工具集中於環境面政策的政策性策略及供給面政策的科學與技術開發，其餘政策工具比例上則相對少許。

世界各國由於天然資源、創新體系、經濟發展、民族意識的不同，對於電動車的發展目標及執行政策也有所不同。美國政府制訂CAFE（Corporate Average Fuel Economy）新車耗能標準後，聯邦政府提出EV-Everywhere計劃，除此之外，各州政府也實行衆多政策與方案，主要針對公營事業、科學與技術開發、政策性策略等方面；歐盟提出《2010～2020歐盟交通政策白皮書》，目標爲2050年交通運輸行業溫室氣體排放要比1990年減少60%，爲達此目標，歐盟各國紛紛執行各種政策措施，尤其以汽車起家的德國，在科學與技術開發及政策性策略推動上，成效佳；日本則爲了確保汽車產業領先的地位，早在1970年代就投入電動車的開發，《次世代自動車戰略2010》中以政策性策略及供給面政策爲主；中國目標爲創造自身的自主品牌，在十二五規劃中，針對電動車發展制定各時期的發展目標及方向，政策內容也以科學與技術開發及政策性策略爲主；台灣的部分，政策執行上還不多，目標發展方向也缺乏法規制定，相關的電動車政策內容也以科學與技術發展與政策性策略爲重。

除了各國電動車政策工具趨勢分布外，在產業創新系統之關鍵要素下，所需的政策工具不盡相同，且各國的電動車政策工具執行上也有所差異。在「生產要素」、「需求條件」、「企業策略、結構與競爭策略」、「技術接收能力」、「多元創新機制」等五大關鍵要素下，環境面政策的「政策性策略」及供給面政策的「科學與技術開發」著重比例較多，各國都有其執行的政策，而其他政策工具也有一定比例水準。

7-4-3 研究建議

(一) 台灣電動車產業發展正值萌芽期，不論是政策上的工具，抑或是研究單位對其投入之研究發展，建議台灣能以創新密集服務業思維發展電動車產業。

(二) 台灣發展電動車產業，現階段之產業創新系統需求在於產業環境構面的「生產要素」、「企業策略、結構與競爭程度」與技術系統構面的「多元化創新機制」。現階段產業發展重點在於技術發展，以佈局電動車的市場及環境，因此生產要素中的人力資源、知識資源、基礎建設尤其爲現在發展之重點。而在電動車產業中「企業策略、結構與競爭程度」及「多元化創新機制」，現階段之重點爲屬於該產業的企業應利用政府提供的資源，結合產官學，合作開發有利於電動車發展的環境，除此更能激發知識與技術的創新，提升有產業競爭力。

(三) 台灣欲發展電動車產業，可學習各國執行得當之處。台灣可參考同屬於日本、中國等同爲亞州國家的電動車政策。日本的政策性策略中之電動車示範運行計劃成效頗佳，台灣可學習日本在這方面的執行措施；而中國以追求自主品牌爲主，台灣該產業的企業可學習中國精神，發展一系列電動車自主品牌；然而可結合日本與中國的優點，利用自主品牌的電動車去執行示範運行計劃。另外於歐美地區也有可效法之處，不論是歐盟或美國皆有訂定法規管制，台灣也可參考此種做法，可帶動整個電動車產業更積極地朝低耗油或低碳排放量發展。

問題與討論

習題一

問題：電動車依照使用的電力系統與能源補充方式不同，目前可進一步分為哪四種？

習題二

問題：請用圖例簡單說明美國政府 **EV everywhere** 政策之構想。

習題三

問題：日本為電動車最早之推動國，其政府針對電動車之政策分為三個世代，請簡單敘述其第三世代主要計畫與目的。

習題四

問題：本章利用產業創新系統分析電動車產業於目前與未來的策略定位分別為何？

習題五

問題：請簡單敘述本章對於各國電動車產業政策工具之比較分析結果。

習題六

問題：台灣如欲發展電動車產業，可學習各國執行得當之處，請簡單敘述。

參考文獻

英文部分

1. Chan, C.C., & Chau, K.T.（2001）. Modern Electric Vehicle Technology. New York：Oxford University Press
2. International Energy Agency.（2010）. EV City Casebook. http://www.iea.org/publications/freepublications/publication/EVCityCasebook.pdf
3. Lin, C.C., Yang, C.H., and Shyu, J.Z.（2013）. A comparison of innovation policy in the smart grid industry across the pacific: China and the USA. Energy Policy, 57, 119-132.
4. Perdiguero, J., & Jiménez, J.L.（2012）. Policy options for the promotion of electric vehicles: a review. http://www.ub.edu/irea/working_papers/2012/201208.pdf
5. The U.S. Department of Energy.（2013）. EV Everywhere. U.S.: Argonne National Laboratory.

中文部分

1. 中國國務院（2012）。節能與新能源汽車產業發展規劃（2012—2020年）。http://www.china.com.cn/policy/txt/2012-07/09/content_25855476.htm
2. 宋德淦、江愛群、陳志洋（2009）。台灣電動汽車產業發展電動驅動系統之機會與挑戰。新竹，工研院產業經濟與趨勢中心（IEK）。
3. 車輛研究測試中心（2009）。全球電動車輛發展概況與台灣新契機。彰化縣：財團法人車輛研究測試中心。
4. 徐作聖（1999）。科技政策與國家創新系統。台北：華泰書局。
5. 徐作聖（2000）。創新政策概論。台北：華泰書局。
6. 徐作聖（2005）。國家創新系統與知識經濟之連結。科技發展政策報導，第四期，頁359~378。
7. 徐作聖、陳仁帥（2004）。產業分析。台北：全華。
8. 張如心、胡秀珠（2010）。未來車 60%綠組件來自台灣。創新發現誌，第 30期，http://ideas.org.tw/magazine_article.php?f=559
9. 陳逸璟（2013）。電動車產業政策分析。國立交通大學科技管理研究所碩士論文。新竹市，未出版。
10. 曾佑強（2011）。中國大陸電動車示範運行現況與啓示。彰化縣：財團法人車輛研究測試中心。

11.曾佑強、鄭凱文（2011）。全球主要國家電動車示範運行推動現況。車輛研究測試中心：車輛研測資訊 085期。

12.曾祐強（2011）。日本用示範運行打造電動車的未來。彰化縣：財團法人車輛研究測試中心。

13.曾祐強（2012）。台灣智慧電動車先導運行專案執行概況。彰化縣：財團法人車輛研究測試中心。

14.經濟部（2010）。2010年能源產業技術白皮書。台北市：行政院經濟部。

網站部分

1. California Environmental Protection Agency http://www.arb.ca.gov/homepage.htm
2. The CarnegieEndowment for International Peace
   http://carnegieendowment.org/#/slide_329
3. The EV Project http://www.theevproject.com/
4. The International Energy Agency http://www.iea.org/
5. TÜV RHEINLAND http://www.tuv.com/
6. 中國國家能源局 http://www.nea.gov.cn/
7. 日本自動車工業会 http://www.jama.or.jp/
8. 日本經濟產業省 www.meti.go.jp/
9. 台灣經濟部能源局 http://web3.moeaboe.gov.tw/ECW/populace/home/Home.aspx
10. 台灣電動車產業聚落交流平台 http://www.ev.org.tw/Home/index
11. 財團法人車輛研究測試中心 http://www.artc.org.tw/index.aspx
12. 綠色能源產業資訊網 http://www.taiwangreenenergy.org.tw/

筆記本

Chapter 9

台灣太陽光電產業之組合分析

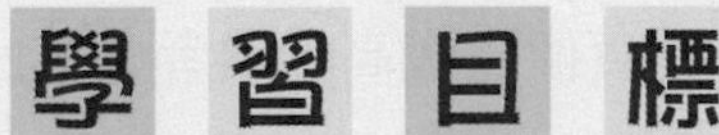

學習目標

★ 探討太陽光電產業產業的現況
★ 以產業組合分析台灣太陽光電產業
★ 探討台灣太陽光電產業發展所需之創新政策與產業創新需求

8-1 簡介

8-1-1 前言

在過去近十年因爲歐洲各國政府爲了降低對礦物能源的依賴及減少因燃燒石油所造成的環境污染和生態破壞，大力推行再生能源，其中的電力收購制度（Feed-In Tariff，FIT） 讓太陽能光電相關產業迅速蓬勃發展（王毓廷，2009）。但是因爲2008下半年爆發的金融海嘯及 2010年爆發的歐債危機讓主要推行電力收購制度的歐洲各國逐漸緊縮對太陽光電的補助，使歐洲主要市場的需求明顯衰退（鍾春枝，2010）。另外，加上近年因爲太陽能光電供應鏈業者擴產幅度已超越市場需求增長幅度，導致價格大幅滑落，讓2011年成爲太陽能產業發跡以來，最艱困的一年（黃志本，2011）。即使在過去一年全球太陽光電市場仍可成長17.1% 達24 GWp，但太陽能供應鏈業者仍普遍面臨虧損，甚至出現破產潮，自去年第三季起骨牌開始倒下，包括Evergreen Solar、Spectra Watt Inc、Solyndar、SOLON、Solar Millennium等聲請破產而 BP也宣佈退出太陽能市場，縱使預計在 2012年太陽光電市場仍可持續成長11.9% 達 26.9GWp，但在價格欲漲不易的情況下，太陽光電產業供應鏈還是面臨虧本經營狀況，而諸多的太陽能業者表示，雖憑藉著2010年的盈餘及在財務支出上相對保守，勉強挨過2011年，但是負債比較高的業者會在2012年面臨經營上的困難（邱芳，2012）。

雖然預計在2012年歐洲太陽光電市場的需求受到政策調整的影響，需求將無法成長，但在另一方面，亞洲太陽光電市場的需求受到政策的鼓勵而出現成長的狀況，如中國、日本、馬來西亞、與泰國等，2012年的需求仍處於小幅成長的狀況，預估至2013年市場才會出現強勁的成長。然而，雖然北美與印度市場受到矚目，但這二大市場仍有問題需求解決（經濟部能源局，2012）。

在北美市場來看，美國市場受到Cash Grant法案將於2011年底到期的影響，2012年將以Tax Credit法案接手，然而Tax Credit對於推升市場發展的力道有限，使得2012年美國市場處於混沌不明的狀況。而在印度市場方面，雖然National Solar Mission的推行讓印度太陽光電市場具有龐大的潛在需求，但中央與地方政府的執行效率與財務狀況，再加上在地自制率（Local Content Requirement） 的推行，將是影響印度太陽光電市場未來發展的不確定因素（光電科技工業協進會，2012）。

綜上所述，金融海嘯可說是把過去不正常發展的太陽能光電產業所潛在的問題一次 爆發出來，產業面臨重組的時程也提早許多。然而，太陽能光電產業仍無法獨力成長發 展，與政府補貼的關連性非常高，德國、西班牙和中國都是很明顯的例子。但是這幾年全球金融海嘯重創各國政府，財政收入大幅減少，補貼政策被迫縮減甚至終止，因此太陽能光電產業的發展起伏也因此呈現非常劇烈不穩定的變動階段。各國政府補貼捉襟見肘，但也是咬緊牙關盡力相挺，廠商也繼續苦撐待變。全球太陽能電池廠商除了 First Solar主推CdTe 材料、具備技術競爭實力、仍繼續維持成長之外，包括德國的 Q-Cells、日本的Sharp、挪威的REC、中國的尙德和英利以及台灣業者等，都各自面臨附加價值不高、規模成長有限、市場通路不彰或成本控管有待加強的問題。但爲了繼續站穩制高點，各國廠商也不惜採取低價傾銷的策略，而導致日趨激烈的競爭環境（李光斌，2010）。2012年將是全球太陽能產業各家公司拉開差距的一年，未來在價格與技術（高效率） 無法取得優勢的廠商將被迫與大廠進行整併或是被市場淘汰。

承上所述，可以瞭解上、中、下游的發展趨勢及整合，政府的政策與獎勵措施等，都是台灣太陽光電產業發展重要因素，因此本研究以產業組合分析爲基礎，從整個上、中、下游產業價值鏈的觀點來探討台灣太陽光電產業的創新發展策略。本研究目的在於分析台灣太陽光電產業之發展策略思維，並建議政府應有之創新政策實施方案。並以產業創新與國家政策的角度，探討台灣太陽光電產業在產業技術能力與全球產業價值鏈的定位。分析的項目包括了太陽光電產業現在及未來之定位區隔、所需的創新資源要素，以及政府所應配合之政策類別。針對太陽光電產業技術之特性，提出具體可行之方案，並分析最適的政策形成與執行機制，並希望能提供政府在從事太陽光電產業政策規劃與執行時之參考，此外，亦可作爲廠商在發展此產業上之參考。

8-1-2 太陽光電產業創新需求要素

本研究主要以Rothwell & Zegveld（1981）的理論爲基礎，針對其產業創新需要的資源要素作更細項之研討，並根據徐作聖（1999）對產業創新需求要素之定義，配合業界專家之修正，進一步歸納出太陽光電產業之創新需求要素。而所謂產業創新需求要素（Industrial Innovation Requirements，IIRs）是指在產業發展與創新時最需要的關鍵因素。本研究認爲太陽光電產業在不同價值鏈中及不同生命週期中，同樣資源項目應有不同的需求，因此在研究上有必要再細分產業需求資源的形態，以下便對相關產業創新需求要素作說明。

一、與研究發展有關的產業創新需求要素

對於相關產業而言，研究發展能力爲創新的重要因素，有些企業在技術上的研究發展使品質與原有產品不同，有些則是由於改良製程而在品管及生產流程上創新，或對市場反應更爲迅速，這些改變對於競爭而言，都能產生相當的價值，而產業經由研究發展而創新，除了強化與對手的相對競爭力外，也可能產生出新的產業領域或產業環節，對於產業的變遷，也會有延滯的力量。而培養研究發展的能力，除了相關資源的配合之外，還必須考慮到相關需求因素的配合。

(一) 國家基礎研究能力：一般所謂基礎研究能力，主要指在基礎研究科學與相關專業領域的潛力，有些產業在特定國家與環境下有發展的優勢，但是只有極少數是先天的條件與優勢，絕大多數必須透過長期的技術開發，而不同產業所需要的投資情況又有極大的差異，對於技術需求不高或技術已經普及的產業而言，基礎研究能力可能在重要性上並不明顯，但若各項產業需要以特殊的產品或創新的技術來取得高層次的競爭優勢，在基礎研究能力上就必須不斷的提昇。例如台灣在半導體產業和液晶面板產業已具有基礎研究實力與經驗，就能應用在發展太陽電池製造上，但太陽電池需不斷提升轉換率及降低製造成本，在基礎研究能力上需不斷的提升。

(二) 國家整體對創新的支持：國家整體對創新的支持主要是指國家對於某一產業創新實質的支援程度。Kotler認爲，產業的競爭優勢在於創新，而創新與發明並不是屬於隨機的因素，因爲有些國家對相關產業的需求比其他國家強，且國家本身的狀態影響到專業人才與知識技能方面的培養，故這些因素間接影響到相關產業所提供的必要支援，使得產業的創新往往因爲國家對創新支持的結果。

(三) 技術合作網路：技術合作網路是企業間藉由聯合、共同研發、創造有利的競爭優勢所建立之產業關係。在執行策略方面，企業可以依實際需求運用各種不同的方式；在發展上，有技術授權、投資合作、共同研究發展；在製造上，有原廠代工、製造授權等方式；在市場方面，可以關鍵零組件相互採購與共同研究或互相提供產品經銷與通路等方式合作。例如歐系太陽光電模組品牌廠受到中國大陸垂直整合廠的威脅，感受到成本的壓力，漸將電池委外代工訂單移往亞洲地區，亞

洲代工廠因而受惠，而亞洲的模組廠若要創造品牌知名度，可能必須得再累積實戰經驗，或利用策略聯盟的方式創造新的運作模式。

(四) 產官學研合作：當產業發展的初期，在技術方面沒有能力與國外廠商競爭，也沒有足夠的資源與能力從事研究發展，因此在產業發展的初期來說，可利用政府、產業及大學之分工，利用國家與相關環境的資源，支援產業以推動研究發展工作，藉由合作與聯合的關係來學習技術，或是藉由官方的整合來擷取技術或以學術研究後經由衍生公司（spin-off）將技術與知識擴散到產業之中，共同扶植出一新興產業。

(五) 政府對產業政策的制定：能源產業因爲是國家的基礎建設，在各國多以政策規範，所以要發展太陽光電系統，國家必須要作爲領導的角色，明確定義系統發展計畫，制定架構及規格，並具體提供制度帶動整體產業發展。

(六) 同業間的技術合作：技術合作講求長期的合作，以順應自然爲原則，在兼顧雙方的利益下，使技術能力能向上提昇，共同開發新技術，經由彼此聯合的人力與財力，共同承擔風險與分享利潤，以達到創新的目的。

(七) 產業間的技術整合：廠商利用不同技術間的互補性，藉由相互授權以強化企業在個別領域的技術能力，是改善產品品質、降低生產成本甚而開發新產品，除了增進合作網路的關係之外，更可打破不同產業間的界線，開創出更有競爭力的產品。

二、與研究環境有關的產業創新需求要素

通常產業競爭力較好的國家，除了在研究發展上持續保持優勢之外，研究環境亦爲十分重要的因素。因此，若要創造出對產業研究發展有利的因素，政府就必須創造出環境以提供產業做轉化，將研究成果轉化成商品，使投資基礎科學能產生產業優勢。並即時反應產業的特定需求，才能使投資研究發展成功。因此由政府與產業共同投資的創造研究環境，才是催生產業創新的重點，以下分別敘述之。

(一) 政府對產業創新的支持：政府對於新興科技的發展有很大的影響力，透過政府政策能夠整合產業初期的研究方向、設立共同實驗室及研發投資的獎勵等都是促進產業發展重要的力量，因此在全球以國家爲競爭主體的趨勢下，政府角色的扮演將日益重要。

(二) 具整合能力之研究單位：就企業本身來說，在成本的考量上，企業必定專注其核心能力的開發與研究，因此，對於非其核心能力範圍之內的相關技術，將無法攝

取；但就國家方面來說，成本並非其首要考量因素，因此，國家應成立具整合能力之研究單位，類似中研院、工研院等，就技術或產品的未來性，將不同領域間的技術試著做整合與開發，可彌補國內產業能力不足的一面。

(三) 創新育成體制：產業的發展乃是藉由本身不斷的成長與學習來持續創造競爭優勢。在這發展的過程中，創業者與發明家不斷扮演創新的角色，故如何藉由環境來培育這些剛發展的企業，便有賴於塑造出適當的環境。創新育成體制的功能便在於它能提供管道，引導創業者與發明家透過環境取得相關需求資源，掌握改革與創新的機會，並及早進入正確方向去發展。在整個過程中，創新育成體制不僅輔導企業尋找市場的利基、生存的最佳條件與開發被忽略的市場環節，並輔導其經營與管理企業的技巧，藉由輔助企業生存並具有適應環境的能力，使得企業的成長能帶動產業的整體發展。

(四) 專門領域的研究機構：產業真正重要的競爭優勢必須藉由特定與專業的關鍵因素才能達成。而專門領域的研究機構能集中相關科技與專業的人力資源，加速流通的市場與技術資訊。而產業也會藉由投資相關訓練中心與建教合作計劃，不斷提昇產業的基礎技術能力。當研究機構與企業形成網路時，所形成的效應，也會促使政府與產業投入更多的投資，專業化的環境建設不斷擴大，又進一步帶動產業的發展與技術的提昇。

(五) 再生能源發展條例的立法：雖然國內已有電業法等基本法令，但是在再生能源政策上只有零散的推廣條例，而沒有更完整的再生能源條例，行政院已經制定出再生能源發展條例草案，其中涵蓋了再生能源相關的規範，但目前立法程序緩慢，阻礙了國內再生能源產業的發展。

三、與技術知識有關的產業創新需求要素

當廠商與其他國際競爭對手競爭時，若能提供更健全的相關技術知識資源，便可形成產業之競爭優勢。而這些技術知識是否能為產業創造競爭優勢，要看整合這些資源時所發揮的效率與效能。這與產業在應用知識資源時如何整合與強化關鍵要素有關，因此以下便分別敘述之。

(一) 上下游產業整合能力：以產業競爭優勢的觀點來看，競爭力強的產業如果有相互關聯的話，會有提攜相關產業的效果（pull-through effect）。因此有競爭力的本國產業，通常也會帶動相關產業的競爭力，因為它們之間產業價值相近，可以合

作、分享資訊。這種關係也形成相關產業在技術、製程、銷售、市場或服務上的競爭力。如果相關廠商有相當的競爭優勢，不斷朝產業創新的過程發展，就能提供產業所需求的最新技術，若有相關廠商能打進國際市場，對市場的洞察力就更強，提供產業資訊與經驗便有相當的價值。

(二) 建立系統標準：各國對於產品技術與規格上不同的規範，對各項產業而言，直接影響了產業的發展。如果一個國家能將產品技術與規格的規範與本國的產業競爭優勢相結合，對產業發展影響很大，舉例來說，如果一個國家產品需求標準和國際市場主要的主要標準相同，或者是國內產品技術與規格的規範特殊，只有國內的產業能符合標準，而其他國家卻沒有這樣的條件，本國廠商在競爭與創新上便比較容易獲得優勢。

(三) 技術引進與移轉機制：Kim（1997）認爲，產業在發展的初期，技術能力與先進國家差距太大，因此在技術上必須要模仿，一旦熟能生巧之後，才能力求展開自主性與創新性的技術。而技術模仿者，除了運用本身的資源與技術基礎來接受技術之外，尙需考慮產業的學習能力。因此技術擴散機制的優劣，便決定產業技術成長速度的快慢。技術擴散機制的功能，主要提供企業技術學習的管道。企業藉由技術擴散的方式可以減少自行研究發展的大量投資，且可避免長期摸索產生的錯誤，節省人力及時間的浪費；對於資本不足、技術缺乏的企業而言，技術擴散實爲提供生產技術與強化產業競爭力的最佳方式。

企業引進技術的目的，不僅僅只是獲取技術，而是藉著技術引進的行爲作爲手段，來達成改善產業技術能力的目標，更具體的說，發展或引進技術的目的不外是：增加本身的競爭能力，減少技術差距、提昇產品品質、良品率、降低生產製造成本，增加獲利能力等。但是由於技術本身的特性，技術移轉並非單純的購買資本財或設計圖，技術接受者尙須提供很多資源來融合、調適及改良原有的技術，因此能不能成功地應用所引進的技術，便有賴於廠商發展本身技術能力的程度與良好的技術移轉機制。

政府研發機構應積極與歐、美、日等國家實驗室合作，引進先端技術，除了技術的引進之外，也應吸取其他國家在再生能源設置計畫執行上的經驗，此外，不僅是技術面、在管理面、營運面、科技政策上均有許多地方可向外國學習。

(四) 產業群聚所產生知識外溢效果：Porter（2000）定義群聚效果爲：當某一特定產業上下游間的發展有著地域性的關連傾向，並逐漸演化成具有經濟效益的結構，彼此競爭卻又相互依賴。因此，若企業間形成群聚，則其產業可藉由內在動力進行自我發展，以及彈性調整，因而大幅提升整體產業的競爭力。在競爭論中，則以價值鏈爲全球競爭策略的基本分析工具，指出跨國企業在全球策略上，特徵在於將價值鏈中主要業務活動配置在全球各地。但如果把價值鏈中主要業務活動配置在同一地區，則將有助於創新並提升競爭力。

(五) 技術資訊中心：由於技術的創新具有高度的不確定性，包括技術上的風險及市場上的風險，因此正確資訊的提供，可減低開發上的不確定性，並有助於新技術的發展與創新。因此技術資訊中心的角色，除了幫助產業研究，亦提供技術諮詢與技術服務，以輔導企業在技術上的發展。

四、與市場資訊有關的產業創新需求要素

完整的市場資訊網路除了可激勵靜態的研究發展方向，更能創造出新的技術知識與服務方式，以提供企業改進和創新的原動力。而在流通的資訊體系下，企業進步與創新的壓力會促使企業不斷降低成本、提高品質與服務、研發新產品與新製程，更進而吸引更多競爭者投入這市場中。

此外，市場資訊流通體系的形成不僅只影響單一產業或企業，對整個國家的相關產業也會受惠。競爭的企業所激發出各式各樣的產品與服務策略，不但有助於創新，在技術上也會不斷的提昇，而人才在企業間的流動，又帶給企業模仿對手長處的機會，而藉由相關產業在資訊與技能上的流通與匯整，整個產業的創新能力便會成長。當創新不再只是個別企業的行爲時，整個產業也會成長迅速，進而帶動企業的獲利能力。

(一) 先進與專業的資訊流通與取得：以產業發展的觀點來看，資訊是一個相當重要的關鍵資源，而產業是否能在全球的競爭環境下佔有優勢，便取決於產業內的資訊是否能廣泛的流通，因此先進與專業的資訊傳播媒介便份演著十分重要的角色。如果每一個產業都擁有充足商情、技術資訊與活潑的競爭環境，則必然呈現相當的競爭優勢。如此，藉由傳播媒體、政府機構、同業公會與其他機構交織成一個綿密的資訊網，讓產業和產品的相關資料廣泛流通與取得便利，使得企業在面臨激烈的國內與全球市場競爭，能產生堅實的競爭能力。

(二) 產業標準及資訊的取得：由於太陽光電模組的標準與資訊是由歐美國家主導，發展此產業必須要隨時取得最新的產業技術，並依據標準加以開發，所以資訊暢通的管道是很重要的。

五、與市場情勢有關的產業創新需求要素

市場情勢不但是產業競爭重要的關鍵因素，更是產業發展的動力，同時刺激了企業改進與創新，進而提高效率。以下就需求市場的大小與需求市場的性質分別敘述之。

(一) 需求量大的市場：需求量大的市場通常對產業的競爭有利，因爲這會鼓勵企業大量投資大規模的生產設備、發展技術、提高生產力，不過必須特別注意的是，除非市場本身特殊且政府措施或環境影響有阻絕外來競爭者的能力，否則很難形成產業特有的優勢。因此對於需發展經濟規模的產業而言，在企業具有跨足不同國際市場能力之前，必須評估國內是否能創造出大型的需求市場。一般而言，在產業發展的初期階段，企業的投資決定多從發展國內市場的角度出發，故如需大量研發、大量生產，並且是技術落差大或具有高度風險的產業，故除非是內需市場不夠大的壓力迫使發展出口，否則大多數廠商仍覺得投資國內市場時較有安全感。因此政府與相關環境若具有創造內需市場的能力，則對產業發展與創新能造成相當的優勢。

(二) 多元需求的市場：市場需求可以被區隔爲不同之定位，而不同的定位受到環境的影響，便有不同的發展。因此雖然有些產業總體市場潛力不大，但只要善用區隔，照樣可以形成規模經濟。多元需求區隔市場之所以重要，是因爲它能調整企業的發展方向。使產業發展可以根據本身條件發展較有機會或有潛力的區隔，即使只算是大國的次要產業市場，仍然可以爲小國帶來產業上的競爭力。因此當產業能細分與善用許多不同區隔時，該國產業會因此產生更強的競爭優勢，細分過的產業區隔會指引廠商提昇競爭優勢的路徑，廠商也會認清自己在該產業中最有持續力的競爭位置。

(三) 自由競爭的市場：藉由電力市場的自由化引進更多的投資者參與國內電力的生產，開發國內的自然資源（日照充足、風速平穩等）；另一方面，以往台電公司專注於傳統發電方式的投資，在其既有龐大投資設備及投資金額壓力下，對於新興科技（風力發電、太陽光電、地熱等）的接受度還有待提升。

六、與市場環境有關的產業創新需求要素

市場的因素在產業各不同的階段與環境下，各有其特有的重要性，但是我們在強化市場各種不同需求條件的同時，也必須分析相關環境因素對市場的影響，而強化

市場環境最大的貢獻在於其提供企業發展、持續投資與創新的動力，並在日趨複雜的產業環節中建立企業的競爭力。這些市場環境因素中，有些可以幫助產業在初期建立優勢，有些則幫助產業強化或持續既有的競爭優勢。以下便逐項說明：

(一) 國家基礎建設：產業的創新與競爭優勢，是國內在產業相關因素上長時間強化而來的，例如每個國家在基礎建設上不斷的投資，雖然不足以創造一個國家的高級產業，但是產業的發展與創新卻不得不以此爲基礎。因此，持續投資基礎建設是國家經濟進步的基本條件。基礎建設可以擴大內需市場，刺激民間的消費，進而影響到產業的擴張，甚至影響到資訊的流通以及科技人才的生活品質、工作與居留的意願。故絕大多數新興工業國家在基礎建設方面，都有不錯的成績。同時產業活動的全球化，現代的跨國企業可以透過海外設廠的方式選擇適當的發展地點，使得基礎建設所造成的效益降低。但是在人力資源、知識資源、資本資源在各國流動的情況下，如何集中這些資源造成優勢，仍要看基礎建設是否能配合，因此基礎建設品質優劣與發揮的效能，便可決定是否能有效應用資源形成優勢效果。

(二) 政府優惠制度：新興產業在發展時，政府如能提供相關的優惠制度，將有更大的誘因，來吸引更多企業投入其相關產業之研究與發展，而政府所能提供的優惠制度，對內包括減免稅賦，提供補助等；對外，可課徵關稅或其他相關稅賦，以保護國內產業之發展。此誘因必須具有可預測性及一致性，政策實施才會有效果。另外，在傳統能源市價與再生能源成本之間也必須提供足夠跨越此差距的能力，投資誘因必須隨著時間的經過而降低甚至取消，如此才能驅使製造商機及降低成本，然而在某些國內市場較小的國家，製造商較無法使用此種方式有效降低學習成本。

(三) 顧客導向的建立與經營能力：Treacy & Wiersema（1995）在「市場領導者法則（The Discipline of Market Leaders）」中提到：以服務爲導向公司，必須與顧客建立一種長期的主顧關係，透過與顧客的長期關係，供應商不但提供顧客現在想要的東西，可以清楚的了解顧客的需求，更進一步能爲顧客提供全功能（Total Solutions）的服務，因此顧客導向的產品設計與製造能力，配合觀察市場需求的變化，有助於廠商隨時調整市場的區隔變數，充分掌握客戶需求，因此開發製作迎合顧客需求的產品便是以服務爲導向的公司應有的體認。

(四) 色電價制定：綠色電價制定是一種非必需的服務，給予消費者有機會去支持電力公司提高投資再生能源科技，參與的消費者在他們的帳單上必須支付額外的金額去貼補再生能源增加的成本，許多電力公司提供綠色電價制定去建立顧客忠誠度、開拓市場，並教育消費者環保的重要

七、與人力資源有關的產業創新需求要素

人力資源是產業創新中最重要的因素之一。產業不斷創新與提昇競爭優勢的同時，帶有技術知識與市場資訊的人才扮演著極重要的角色，能有效利用人力資源，提高本身生產力的企業，通常也是國際競爭中的贏家。人力資源方面的重點，整理彙總如下：

(一) 專門領域的研究人員：電力產業的最大競爭優勢來自於各專業領域的人才，掌握優秀的人力資源是廠商獲得競爭優勢的絕對關鍵要素之一，人才的引進、培養與在職的訓練乃至於激勵升遷制度，都是企業永續發展經營與人力資源運用所必須考量的一項重要因素。專門領域的研究人員主要是指受過專業訓練且在專門產業領域上有相當經驗的產業研究或技術研究人員。

(二) 研發人力：研發人力主要指受過專門科學領域教育與訓練，並能在研究發展上提出貢獻的高級研究人員，主要偏重於基礎科學的研究。

(三) 國際市場拓展人員：針對一個產業的發展，國家需以國際化的角度來看，因此，對於國際市場，需有一專責之國際市場拓展人員，此人員需具備語言上、溝通上的能力，其次，並對各國的文化有所了解，在此前提下，才有優勢打入國際競爭市場。

八、與財務資源有關的產業創新需求要素

企業的發展與是否能有效運用資金有極密切的關係。對於產業來說，人與技術雖是必備條件，但是企業仍能透過資本形成與資金的取得來解決人才與技術的問題，因此資金問題在此顯得非常重要。如何在技術與資本密集的產業中，充份運用資金創造優勢，是產業應該正視的問題。

(一) 完善的資本市場機制：主要指政府藉由相關的法規與政策輔導產業，建立出一套完善而公平的資本市場機制，使高科技產業可以藉由民間資金市場（證券市場、外匯市場等）取得產業發展與營運資金。

(二) 長期融資體系及投資減免：透過國家協助，提供長期的所需資金，資金來源可由民間的金融機構或是直接由國家經營之銀行直接貸予，除了提供資金之外，亦可提供相關優惠的投資減免措施，以增進企業的投入與發展。

(三) 研究經費：透過政府的補助，提供長期研究開發的經費。國內於再生能源領域之研發與推廣經費遠低於美、日、德、荷等先進國家之平均投入，因此台灣應增加能源研發預算，以提高能源科技發展水準。

根據以上之創新要素，配合於產業價值鏈上不同區段之需求差異，詳述在產業價值鏈上不同區段，我國在產業技術能力不同階段所需之創新需求資源如表8-1，表8-2則是顯示出太陽光電產業的創新需求要素組合關聯。

＊ 表 8-1　太陽光電產業創新需求資源

		產業供應鏈		
		研發設計	生產	市場應用
技術（市場）成長曲線	成熟期	研究發展 研究環境 市場資訊 人力資源 財務資源	研究發展 技術知識 市場資訊 人力資源 財務資源	市場資訊 市場情勢 市場環境 人力資源 財務資源
	成長期	研究發展 研究環境 技術知識 市場資訊 人力資源 財務資源	研究發展 技術知識 市場資訊 市場環境 人力資源 財務資源	市場資訊 市場情勢 市場環境 財務資源 人力資源
	萌芽期	研究發展 研究環境 技術知識 市場資訊 人力資源 財務資源	研究環境 技術知識 市場資訊 市場環境 人力資源 財務資源	技術知識 市場情勢 財務資源

資料來源：本研究修改自徐作聖（1999）

＊ 表 8-2 太陽光電產業創新需求資源

		產業供應鏈		
		研發設計	生產	市場應用
技術（市場）成長曲線	成熟期	國家基礎研究能力（研究發展） 產官學研的合作機制（研究發展） 技術合作網路（研究發展） 具整合能力之研究單位（研究環境） 先進與專業資訊的流通與取得（市場資訊） 專門領域的研究人員（人力資源） 研發人力（人力資源） 提供長期資金的銀行或金融體系（財務資源）	同業間的技術合作（研究發展） 產業間的技術整合（研究發展） 分散型能源整合（技術知識） 先進與專業資訊的流通與取得（市場資訊） 專門領域的研究人員（人力資源） 完善的資本市場機制（財務資源）	先進與專業資訊的流通與取得（市場資訊） 需求量大的市場（市場情勢） 多元需求的市場（市場情勢） 自由競爭的市場（市場情勢） 綠色電價制度（市場環境） 顧客導向的建立與經營能力（市場環境） 國際市場拓展人員（人力資源） 完善的資本市場機制（財務資源）
	成長期	國家基礎研究能力（研究發展） 產官學研的合作機制（研究發展） 政府對產業創新的支持（研究環境） 專門領域的研究機構（研究環境） 創新育成體制（研究環境） 技術資訊中心（技術知識） 技術引進與移轉機制（技術知識） 先進與專業資訊的流通與取得（市場資訊） 專門領域的研究人員（人力資源） 提供長期資金的銀行或金融體系（財務資源） 研究經費（財務資源）	同業間的技術合作（研究發展） 產業間的技術整合（研究發展） 技術引進與移轉機制（技術知識） 產業群聚所產生知識外溢效果（技術知識） 先進與專業資訊的流通與取得（市場資訊） 產業標準及資訊的取得（市場資訊） 國家基礎建設（市場環境） 政府優惠制度（市場環境） 專門領域的研究人員（人力資源） 完善的資本市場機制（財務資源）	先進與專業的資訊流通與取得（市場資訊） 需求量大的市場（市場情勢） 多元需求的市場（市場情勢） 顧客導向的建立與經營能力（市場環境） 完善的資本市場機制（財務資源） 國際市場拓展人員（人力資源）
	萌芽期	國家整體對創新的支持（研究發展） 國家基礎研究能力（研究發展） 政府對產業政策的制定（研究發展） 專門領域的研究機構（研究環境） 技術移轉及引進機制（技術知識） 先進與專業資訊的流通與取得（市場資訊） 產業標準及資訊的取得（市場資訊） 專門領域的研究人員（人力資源） 提供長期資金的銀行或金融體系（財務資源） 研究經費（財務資源）	專門領域的研究機構（研究環境） 技術引進與移轉機制（技術知識） 先進與專業資訊的流通與取得（市場資訊） 產業標準及資訊的取得（市場資訊） 國家基礎建設（市場環境） 政府優惠制度（市場環境） 專門領域的研究人員（人力資源） 研發人力（人力資源） 完善的資本市場機制（財務資源） 提供長期資金的銀行或金融體系（財務資源）	技術引進與移轉機制（技術知識） 多元需求的市場（市場情勢） 完善的資本市場機制（財務資源）

資料來源：本研究修改自徐作聖（1999）

8-1-3 太陽光電產業之政策組合分析

太陽光電產業政策組合分析之主要目的，在於將政府政策工具與台灣太陽光電產業創新需求要素作連結，以具體地顯示政府爲有效的促進產業之發展所應推行之政策，因而達到實質上政府資源最適之分配。再透過政策工具與產業創新需求資源關聯表之連結，以闡述產業在不同的區塊定位中政府所應加強之政策。本研究利用表8-2創新政策工具與產業創新需求資源關聯表，以及太陽光電產業創新需求要素組合關聯表之連結，推得表8-3政策工具與產業創新需求要素關聯表。並依據表8-4之結果，本研究進一步歸納出表8-5之太陽光電產業政策組合關聯表，以闡述在不同定位下，政府所應加強之政策。

＊ 表 8-3　創新政策工具與產業創新需求資源關聯表

		創新政策工具											
		公營事業	科學與技術開發	教育與訓練	資訊服務	財務金融	租稅優惠	法規與管制	政策性措施	政府採購	公共服務	貿易管制	海外機構
產業創新需求資源	研究發展	●	●	●			●		●				
	研究環境		●	●				●					
	技術知識		●		●				●				
	市場資訊				●								
	市場情勢								●			●	●
	市場環境							●	●		●		
	人力資源		●	●									
	財務資源	●				●		●	●				

註：●表示直接影響

資料來源：本研究整理自 Rothwell & Zegveld（1981）；徐作聖（1999）

＊ 表 8-4　政策工具與產業創新需求要素關聯表

創新需求類型	產業創新需求要素	所需之政策類型
研究發展	國家基礎研究能力	科學與技術開發、教育與訓練
	國家整體對創新的支持	政策性措施、公營事業、租稅優惠
	技術合作網路	科學與技術開發、教育與訓練、政策性措施
	產官學研的合作	科學與技術開發、教育與訓練、政策性措施
	政府對產業政策的訂定	政策性措施、公營事業
	同業間的技術合作	科學與技術開發、教育與訓練、政策性措施
	產業間的技術整合	科學與技術開發、政策性措施
研究環境	政府對產業創新的支持	科學與技術開發、教育與訓練、法規與管制
	具整合能力的研究單位	科學與技術開發
	創新育成體制	科學與技術開發、教育與訓練、法規與管制
	專門領域的研究機構	科學與技術開發、教育與訓練、法規與管制
	再生能源發展條例的立法	科學與技術開發、教育與訓練、法規與管制
技術知識	技術資訊中心	教育與訓練、資訊服務
	技術引進及移轉機制	科學與技術開發、法規與管制
	產業群聚所產生知識外溢效果	教育與訓練、資訊服務
	分散型能源整合	科學與技術開發、政策性措施
市場資訊	先進與專業的資訊流通與取得	資訊服務
	產業標準及資訊的取得	資訊服務
市場情勢	需求量大的市場	政策性措施、貿易管制、海外機構
	多元需求的市場	政策性措施、貿易管制、海外機構
	自由競爭的市場	政策性措施、貿易管制、海外機構

創新需求類型	產業創新需求要素	所需之政策類型
市場環境	國家基礎建設	政策性措施、法規與管制、公共服務
	政府優惠制度	政策性措施、法規與管制
	顧客導向的建立與經營能力	公共服務
	綠色電價制度	政策性措施
人力資源	專門領域的研究人員	科學與技術開發、教育與訓練
	研發人力	科學與技術開發、教育與訓練
	國際市場拓展人員	科學與技術開發、教育與訓練
財務資源	完善的資本市場機制	法規及管制、財務金融
	提供長期資金的銀行或金融體系	政策性措施、公營事業、財務金融
	研究經費	政策性措施、公營事業、財務金融

資料來源：本研究修改自徐作聖（1999）

＊ 表 8-5　太陽光電產業創新需求資源

		產業供應鏈		
		研發設計	生產	市場應用
技術市場成長曲線	成熟期	公營事業（研究發展、財務資源） 科學與技術開發（研究發展、研究環境、技術知識、人力資源） 教育與訓練政策性措施（研究發展、研究環境、技術知識、人力資源） 資訊服務（技術知識、市場資訊） 財務金融（財務資源） 租稅優惠（研究發展） 法規與管制（研究環境、技術知識、市場環境、財務資源） 政策性措施（研究發展、技術知識、市場情勢、市場環境）	公營事業（研究發展、財務資源） 科學與技術開發（研究發展、研究環境、技術知識、人力資源） 教育與訓練政策性措施（研究發展、研究環境、技術知識、人力資源） 資訊服務（技術知識、市場資訊） 財務金融（財務資源） 租稅優惠（研究發展） 法規與管制（研究環境、技術知識、市場環境、財務資源） 政策性措施（研究發展、技術知識、市場情勢、市場環境）	公營事業（研究發展、財務資源） 科學與技術開發（研究發展、研究環境、技術知識、人力資源） 教育與訓練政策性措施（研究發展、研究環境、技術知識、人力資源） 資訊服務（技術知識、市場資訊） 財務金融（財務資源） 法規與管制（研究環境、技術知識、市場環境、財務資源） 政策性措施（研究發展、技術知識、市場情勢、市場環境） 貿易管制（市場情勢） 海外機構（市場情勢）
	成長期	公營事業（研究發展、財務資源） 科學與技術開發（研究發展、研究環境、技術知識、人力資源） 教育與訓練政策性措施（研究發展、研究環境、技術知識、人力資源） 資訊服務（技術知識、市場資訊） 財務金融（財務資源） 租稅優惠（研究發展） 法規與管制（研究環境、技術知識、市場環境、財務資源） 政策性措施（研究發展、技術知識、市場情勢、市場環境）	公營事業（研究發展、財務資源） 科學與技術開發（研究發展、研究環境、技術知識、人力資源） 教育與訓練政策性措施（研究發展、研究環境、技術知識、人力資源） 資訊服務（技術知識、市場資訊） 財務金融（財務資源） 租稅優惠（研究發展） 法規與管制（研究環境、技術知識、市場環境、財務資源） 政策性措施（研究發展、技術知識、市場情勢、市場環境） 公共服務（市場環境）	公營事業（研究發展、財務資源） 科學與技術開發（研究發展、研究環境、技術知識、人力資源） 教育與訓練政策性措施（研究發展、研究環境、技術知識、人力資源） 資訊服務（技術知識、市場資訊） 財務金融（財務資源） 法規與管制（研究環境、技術知識、市場環境、財務資源） 政策性措施（研究發展、技術知識、市場情勢、市場環境） 公共服務（市場環境） 貿易管制（市場情勢） 海外機構（市場情勢）
	萌芽期	公營事業（研究發展、財務資源） 科學與技術開發（研究發展、研究環境、技術知識、人力資源） 教育與訓練政策性措施（研究發展、研究環境、技術知識、人力資源） 資訊服務（技術知識、市場資訊） 財務金融（財務資源） 租稅優惠（研究發展） 法規與管制（研究環境、技術知識、市場環境、財務資源） 政策性措施（研究發展、技術知識、市場情勢、市場環境）	公營事業（研究發展、財務資源） 科學與技術開發（研究發展、研究環境、技術知識、人力資源） 教育與訓練政策性措施（研究發展、研究環境、技術知識、人力資源） 資訊服務（技術知識、市場資訊） 財務金融（財務資源） 租稅優惠（研究發展） 法規與管制（研究環境、技術知識、市場環境、財務資源） 政策性措施（研究發展、技術知識、市場情勢、市場環境） 公共服務（市場環境）	公營事業（研究發展、財務資源） 科學與技術開發（研究發展、研究環境、技術知識、人力資源） 教育與訓練政策性措施（研究發展、研究環境、技術知識、人力資源） 資訊服務（技術知識、市場資訊） 財務金融（財務資源） 租稅優惠（研究發展） 法規與管制（研究環境、技術知識、市場環境、財務資源） 政策性措施（研究發展、技術知識、市場情勢、市場環境） 公共服務（市場環境） 貿易管制（市場情勢） 海外機構（市場情勢）

資料來源：本研究修改自徐作聖（1999）

8-2 太陽光電產業概況

8-2-1 全球太陽光電產業概況

太陽光電產業鏈上下游包含上游的矽原料製造、矽晶棒、矽晶圓，中游的太陽能電池、光電模組及電力調節器到下游的系統組裝及通路，產業成金字塔型（羅運俊等，2007），全球太陽能產業鏈主要業者如圖8-1所示：

	矽原料	矽晶錠 矽晶片	太陽能 電池	太陽能 電池模組	系統安裝 及通路
國內廠商	目前皆 在規劃中 中油（規劃） 台塑（規劃） 台聚（規劃）	中美矽晶 綠能科技 陽光能源 （合晶） 茂迪 （昆山） 崇越	茂迪、益通、 旺能、昱晶、 昇陽、新日光、 太陽光電、 光華、威士通、 茂矽、鑫笙…	頂晶、光華、 全能、生曜、 旭能、興達、 永炬光電、 日光能、 立碁、 奈米龍、 中國電器…	茂迪、 中國電器、 永炬光電、 奈米龍科技、 東城科技、 冠宇宙、 太陽動力、 鼎鼎、聚恒…
2005	0	2	8	5	24
2006	0	2	13	8	26
2007	0	5	23	14	26
國外廠商	Solar World Hemlock、 M. Setek、 REC、 MEMC、 Mitsubishi、 Sumitomo、 Tokuyama、 Wacker、 DTK…	Solar World、 BP solar、 Kyocera、 Sharp、 M. Setek、 MEMC、 REC、 LDK、 DTK、 MEMC、	Solar World、 BP solar、 Kyocera、 RWE Schott、 Sharp、 Sanyo、 Q-cells、 Ersol、 Suntech、 REC、 Mitsubishi、 First Solar…	Solar World、 BP Solar、 Kyocera、 RWE Schott、 Sharp、 Sanyo、 Suntech、 REC、 Solon …	Solar World、 BP Solar、 Kyocera、 RWE Schott、 Sharp、 Sanyo、 Suntech、 IBC、 Solar Century …

＊ 圖 8-1　全球太陽能產業鏈主要業者

資料來源：徐作聖等（2010）

一、矽原料

多晶矽材料爲矽晶太陽能光電產業鏈之最上游，屬於寡佔市場，由於多晶矽屬於資本密集產業，據估計要蓋一座3000公噸產能的廠即需投入20億美元， 且需時三年才能完成，因此進入障礙頗高。根據康志堅（2009）的研究，2008年 全球多晶矽材料產能爲 87,458公噸，產量爲73,366公噸，全球平均產能利用率爲83.9%。在廠商排名上，2008年全球多晶矽前五大廠商排名依序爲美國 Hemlock、德國 Wacker、美國 MEMC、挪威 REC、日本 Tokuyama，前五大廠商 合計產量占全球 66%，其中 Hemlock 在 2008　年大幅擴產，產能較2007年提升81%，排名二至四名的 Wacker、MEMC、REC 均有約15%之小幅度擴產，而第五名之Tokuyama並沒有擴產。此外新進廠商包括 M.Setek、DC Chemical 等也 已進入量產階段。中國衆多廠商積極投入多晶矽材料，在 2008 年產能已佔全球19%，而產量佔全球 9%，由於中國廠商大多爲新投入廠商，產線尙未調整至最佳狀態，整體中國多晶矽材料廠商產能利用率僅爲39.7%，而除了中國之外全球 其他廠商的平均產能利用率爲 94.2%。台灣已投入多晶矽材料的廠商包括福聚、科冠、山陽、元晶等，但是尙未有廠商已達到量產階段。

二、矽晶圓

全球太陽能級矽晶片的供應商約有10～15家，主要爲挪威的REC、德國 Solar World旗下的Deutsche Solar以及同樣是德商的PV Crystalox Solar，或是 規模較小者如日本的JFE及Sumco、俄羅斯的Pillar、法國的Emix等，除了這 些以專業生產矽晶片爲主的廠商外，產業內亦有許多的整合型廠商，Sharp、 Kyocera、BP Solar、Shell Solar、RWE Schott Solar等都是由太陽能電池製造商往上整合至矽晶片製造的例子，其中RWE Schott Solar更自行開發矽帶（silicon ribbon），以降低對矽原料的需求。

根據康志堅（2009）的研究，2009年全球矽晶片產量估計約爲8.1GW，前五大廠商分別爲中國 LDK、挪威 REC、美國 MEMC、德國 SolarWorld、中國 ReneSolar，前五大廠商市場合計市場佔有率爲43.5%，行業集中度比起多晶矽材料低。中國廠商除了 LDK（賽維）、ReneSolar（昱輝）進入前五大之外，五至十名之中國廠商有 Yingli（天威英利）、Trina（天合）、Jinglong（晶龍）三家，因此中國在全球矽晶片前十大廠商中佔了一半，目前中國已爲全球最大之矽晶片生產國，矽晶片產量接近全球一半，台灣目前已量產之矽晶片廠商爲中美晶、綠能與茂迪三家，合計全球市場佔有率約爲5%。

三、太陽能電池

由於產業技術已趨於成熟，生產技術所需的進入門檻不高。在太陽能光電產業的急速發展下，廠商數目有持續增加的趨勢，但前十大廠商仍掌握了市場上五成以上的力量，國際大廠主要靠技術、成本以及量產規模取勝。

根據康志堅（2009）的研究，2009年全球矽晶太陽能電池產量估計約為9.1GW，前五大廠商包括德國 Q-cells、中國 Suntech、日本 Sharp、中國 Yingli、 日本 Kyocera，前五大廠合計市場佔有率為 32.4%，行業集中度相對較為分散。 中國在前十大廠商中比例最高，除了 Suntech（尚德）、Yingli（天威英利）之外，還 包括 Trina（天合）與 JA Solar（晶澳），此外估計 2009 年台灣將有兩家廠商進入全球 矽晶太陽能電池前十大，包括 Motech（茂迪）與 Gintech（昱晶），台灣在矽晶太陽能電池之全球市場佔有率約 12%，居全球第四位，名列中國、日本、德國之後。

＊ 表 8-6　2006 年至 2008 年全球產量前十大太陽能電池廠商排名

單位：MW

公司名稱	產地	2006 年		2007 年		2008 年	
		產量	排名	產量	排名	產量	排名
Q-Cells	德國	253.1	2	389.2	1	577.5	1
Sharp	日本	434.7	1	363.0	2	380	4
Suntech	中國	160.0	4	336.0	3	530	2
Kyocera	日本	180	3	207.0	4	230	11
First Solar	德國	60	13	200	5	380	3
茂迪	台灣	102.0	7	176.4	6	280	6
Solar World	美國	90.0	9	170.0	7	250	8
Sanyo	日本	155.0	5	165.0	8	180	13
Yingli	中國	37.0	18	145.5	9	260	7
JA Solar	中國	29.5	21	132.4	10	340	4
小計		1,501.3		2,284.5		3,407.5	
其他		1,034.2		2003.2		--	
合計		2,535.5		4,287.7		--	

資料來源：PHOTON International（2008）

四、太陽能模組

目前全球約有數百家模組廠商，因爲模組含玻璃片或鋁框等大型架構，運輸不易且成本很高，多數爲接近終端市場的小型公司，較少國際大廠，但由於技術 門檻不高且設立工廠並不困難，太陽能電池廠商多半會跨足進入模組製造此一領域。但近幾年全球太陽能光電模組業者其營利率出現下滑狀況。其原因爲 PV Module 廠商提供附加價值有限（標準型模組產品），加上缺乏掌握原物料能力，市場需求停滯時，獲利空間首先受到壓縮。

根據康志堅（2009）的研究，2009年全球矽晶太陽能光電模組產量估計約爲8.6GW，前五大廠商包括中國Suntech、日本Sharp、中國Yingli、日本 Kyocera、美國SunPower，前五大廠商市場合計市場佔有率爲31%，行業集中度在太陽能光電各次產業中爲最低。中國在前十大廠商中比例最高，除了Suntech（尙德）、Yingli（天威英利）之外，還包括 Trina（天合）與 Solarfun（林洋），台灣廠商在矽晶太陽能光電模組市場佔有率甚低，十餘家廠商合計全球市場佔有率僅爲 1%左右。至於薄膜太陽能光電模組方面，2009年全球薄膜太陽能光電模組產量估計接近2GW，其中第一名之 First Solar 單一廠商市場佔有率超過 50%，在市場上具有絕對之領導地位，在First Solar之後，二至五名包括美國 Uni-solar、日本 Sharp、日本 Kaneka、德國BOSCH solar，前五大廠商市場合計市場佔有率爲75.5%，行業集中度相當高。薄膜太陽能光電目前仍屬於新興技術，有許多新創公司投入產業，相對於矽晶太陽能光電，未來幾年薄膜太陽能光電產業可能仍有較大的變化，目前中國有超過二十家廠商投入薄膜太陽能光電，台灣也有十餘家廠商投入，但兩岸廠商在薄膜太陽能光電市場佔有率仍相當有限。

五、太陽能系統

太陽能系統應用主要可以分爲五大類，分別爲屋頂併網、電廠併網、離網、建築整合型（Building-integrated Photovoltaic，BIPV）、以及消費性產品，以上五大類產品的應用特點各有特點，考量的重點各不相同。在屋頂（Rooftop）併網方面，由於屋頂空間較爲有限，一般以轉換效率爲優先考量，以便用有限的面積取得最大的發電量，其次才考量單位成本，此外還會兼顧產品的美觀程度；電廠併網一般都是設置於土地成本較低的地點，裝置面積不受限制，電廠併網通常裝置於地面，所以又稱爲Ground-mounted Photovoltaic System，電廠併網以單位成本爲最重要的考量因素；在離網型部分，主要作爲偏遠地區一般市電無法到達地方之電力供應，仍以單位成本爲主要考量，但因爲其爲獨立運作，一般會搭配蓄電池，而併網系統通常不搭配蓄電池；在建築整合型方面，需配合建築物的設計而使用定製的規格，有別於前三項應用主要使用標準型模組，建築整合型太陽能光電係客製化產品，然而發電並不是此類產品唯一的功能，須考慮結構強度、外觀設計等以搭配建築物的需求；消費性產品的考量重點爲與產品本身的結合，例如用於計算機、玩具、汽車，通常會要求產品之重量不能太重，以便整合入產品之中，因此考量重點爲單位重量之發電量（W/gram），而轉換效率與單位成本相對而言，重要性就沒有這麼高。

＊ 表 8-7　太陽能光電系統應用類別

產品型態	考量重點	政府補助方式	使用者
屋頂併網	1. 轉換效率 2. 單位成本 3. 美觀	1. 優惠電價 2. 設備裝置補助 3. 低利貸款	1. 一般民眾 2. 工商界 3. 政府
電廠併網	單位成本	1. 優惠電價 2. 設備裝置補助 3. 低利貸款	1. 投資界 2. 政府
離網	單位成本	1. 設備裝置補助 2. 低利貸款	偏遠地區民眾
建築整合型	搭配建築設計	1. 優惠電價 2. 設備裝置補助 3. 低利貸款	1. 工商界 2. 一般民眾 3. 政府
消費性產品	單位重量發電量	無	一般民眾

資料來源：康志堅（2009）

8-2-2 台灣太陽光電產業概況

我國太陽能光電產業的蓬勃發展約自2000年開始起步，整體產業價值鏈除了最上游的矽材產業無廠商投入外，其餘如矽晶片製造、太陽能電池、太陽能電池模組、光電系統等關聯產業都有廠商投入，其中以太陽能電池產業發展最快速，主要原因爲藉著我國資訊、通訊及電子科技產業國際化深植基礎及經驗的傳承及移轉，特別是在半導體產業的成熟發展基礎下，形成太陽能光電產業蓬勃的發展。台灣太陽能光電產業價值鏈上，除了缺乏最上游的矽材原料供應外，整體的供應鏈已經完整串連，中游廠商家數增加快速，產業對進入上游較爲保守，從矽晶圓、太陽能電池及模組，一直到下游的系統安裝都有廠商參與。

一、矽原料

屬於上游的原料，初期由於高投資金額、原料冶晶矽之取得與環評障礙等等因素，台灣並沒有相關業者投入，在太陽能電池市場成長快速的誘因下，目前已有元晶、旭晶、福聚、中油、台半轉投資的山陽及茂迪轉投資的AE等。在法人機構方面則有工研院、中科院及金屬中心投入相關之研究。政府除了透過經濟部能源局推動相關的太陽能光電業務之外，也在工業局成立太陽能光電材料產業推動計畫，規劃在台灣的關鍵材料發展策略，促進國外矽原料大廠來台設廠或技轉國內業者之合作計畫。

台塑是目前最爲積極的業者之一，正爭取與挪威廠商REC在台合作多晶矽建廠，估算約投入一百多億元新台幣。至於中油則是與日本Tokuyama、美國Hemlock、德國SOLMIC等業者接觸，預計投入100億新台幣，若順利的話將在2011年建立年產3000噸的多晶矽廠，另外中油也規劃利用進口液化天然氣冷能發電優勢，以低廉電價來生產製程耗電的多晶矽原料，對於中油而言將具有相對成本優勢。

2007年台灣對於多晶矽原料需求多達5000噸，在中下游不斷擴充產能下，需求持續快速增加，預估2011年多晶矽的需求將高達到13000噸。但在供給方面，目前宣布投入業者，最快量產的是茂迪所投資的AE以及山陽科技，不過初期規模並不大，並無法有效改善台灣太陽能電池的供需失衡現象。根據經濟部的估計，2010年至少可有2家業者供應約2000噸的多晶矽產能，2015年產能可達到1萬噸，產值將達4300億元新台幣以上，台灣要扭轉多晶矽原料供需失衡的狀況，必須等到2011年之後，供需缺口才可望逐漸縮小。

二、矽晶圓

在矽晶圓/棒部分，由於台灣的半導體產業發展十分蓬勃，因此，台灣上游產業的矽晶塊長晶與拉晶製程廠相對來說較普及，不過多年以來主要均以半導體晶圓代工廠爲業務中心，實際應用於太陽能光電產品比重相對有限，加上用來生產太陽能用的矽晶圓，純度就遠低於半導體用的需求，故太陽能矽晶圓早期多半是使用製造半導體用矽晶圓後所剩下的次級材料，連同長晶後剩餘材料，經過加工而成。

隨著太陽能光電產業勢力逐漸抬頭，陸續有相關半導體矽晶圓/棒的業者投入太陽能電池矽晶圓/棒之生產，其中的代表業者爲中美矽晶、合晶等，也因爲半導體上游原料業者的角色，故初期踏入太陽能領域時，以單晶矽晶圓爲主，不過2007年中美矽晶已積極擴增多晶矽晶圓部分，而合晶也已於2007年跨入。其中中美晶已成爲全球太陽能電池的第二大廠Sharp的長期合作夥伴，而合晶在記憶體廠力晶切入佈局後，轉投資陽光能源（Solargiga）大舉擴充太陽能矽晶產能。

而新進業者中最受矚目爲大同所轉投資的綠能，綠能自成立以來即主攻太陽能多矽晶矽圓，並以來料代工廠爲主要地位，產能也是目前台灣主要3家矽晶圓廠中擴產最積極的一家。綠能在2005年7月開始正式銷售Wafer，目前約60%外銷。

＊ 表 8-8　台灣矽晶圓廠商生產力評估

廠商	產能規劃	備註
中美矽晶	240MWp （單晶：40MWp，多晶：200MWp）	
合晶	300MWp（2008 年底）	3 月已順利在香港掛牌
綠能	200MWp	生產線全產能運作中，以代工為主。
旺矽	40MWp	目前 8 台機台，未來將繼續擴充 24 台
統懋	20 ～ 25MWp	現階段廠房規劃可容納 100MWp 的太陽能長晶產能
茂迪	30MWp	
峰億光電	20MWp	
太陽光電	3MWp	

資料來源：資訊工業策進會 MIC（2008）

三、太陽能電池與模組

在政府產業政策支持下，順應著全球太陽能光電產業成長趨勢，在台灣上、中、下游廠商投資快速增加，特別是中下游部分因產業進入門檻相對較低，目前可說是百花齊放；也因此帶動台灣近年來太陽能光電產值的規模倍增，且往後幾年仍將呈現高度成長的趨勢。2007年台灣太陽能電池的生產規模達到435MWp，較2006年成長81.25%，其中晶矽電池約418MWp，非晶矽電池約17MWp。而2008年廠商大規模擴增產能下，更將一舉倍數成長到986MWp，預估至2010年台灣太陽能電池生產規模更將達到1936MWp，在全球僅次於歐洲、北美、日本以及中國。

在個別業者方面，台灣目前結晶矽太陽能電池前三大業者分別爲茂迪、昱晶與益通，不過由於上游缺料的關係，在實際太陽能電池產出將不及整體業者之產能規劃。依據台灣主要的結晶矽太陽能電池業者的產能規劃，2008年整體的產能將超過2000MWp，如此龐大的產能將對於上游晶矽原料的需求將更爲迫切，由於此一產業往後幾年勢必會出現更爲激烈的市場淘汰賽。因此，未來能充分掌握晶矽原料的業者，將是此一激烈競賽中能脫穎而出的重要關鍵。現階段台灣前幾大太陽能電池業者如茂迪、昱晶、益通與旺能等業者因爲龐大的產能作後盾，皆已取得國外晶矽原料的長期供貨合約；此外，這些業者也將持續向上游晶矽原物料做投資與整合，如茂迪投資矽晶圓等，未來台灣太陽能電池產業大者恆大的趨勢將更趨於明顯。

＊ 表 8-9 台灣主要太陽能電池業者生產能力評估

廠商	產能規劃	備註
茂迪	580MWp	2007 年底產能為 240MWp
昱晶	560MWp	2007 年底產能為 210MWp，2010 年底預計擴充至 1.3GWp
益通	320MWp	2007 年底產能為 210MWp
旺能	120MWp	2012 年產能將由 2007 年的 100MWp 大增五倍至 600MWp
昇陽	110MWp	2007 年產能為 60MWp 產線
新日光	120MWp	預計 2011 年總產能可達到 600MWp
科冠	30MWp	於宜蘭利澤工業區建廠
太陽光電	90MWp	N.A.
燿華	30MWp	年產能可達 90MWp，而整體廠區的產能為 300MWp
太極能源	60MWp	年產能最多將到達 240MWp，在大陸也將設置 600MWp 的生產線，預計至 2013 年，兩岸產能將達到 1000MWp
長生能源	90MWp	目前廠房可容納 180MWp 產能

資料來源：資訊工業策進會 MIC（2008）

台灣太陽能產業初期以出口爲主，故業者多自產業中游切入，呈現在供應鏈上中間大而兩端狹小的現象，由產業產值內容分析，如表8-10，主要產值多集中在中游（元件、模組），上游（矽、化合物半導體材料等）及下游（應用產品與系統施工）是較弱的部份。就產業利潤而言，中游的利潤最少約15～25%；上游因原料技術門檻屬於寡占市場，其獲利最高，約在40%；下游產業則因裝置施工、保固維護及人工成本因素，獲利可達30%。由上發現我國太陽能產業處於競爭激烈利潤較差的地位。但經2008年國內相關廠商大舉投入上游矽晶材料晶圓生產後，產業的獲利可望在2009年上游陸續量產後，我國太陽能產業的供應鏈將更趨完整，大步提升產業的競爭力。

＊ 表 8-10　台灣太陽能產業規模產值

單位：億

產業細目	2004	2005	2006	2010（e）	2015（e）
太陽能電池用矽材料（Ingot/Wafer）	2.0	6.4	46.0	310	771
太陽能電池（Solar Cell）	26.0	55.0	148.0	1,000	2,488
太陽能光電模組（PV Module）	1.1	4.4	12.0	182.0	453.0
太陽能光電應用產品（PV Product）	4.0	4.4	4.8	7.0	11.0
太陽能光電系統設置（PV System）	0.5	1.0	1.2	25	307
太陽能光電產業總產值	33.5	70.0	212.0	1,524	4,031

資料來源：經濟部投資業務處（2008）

8-3 台灣太陽光電產業組合分析

本節將以產業組合分析模式為架構，針對太陽光電產業進行實証分析。分析內容主要包含：產業創新需求要素之重要性與環境配合度、產業組合定位、所需搭配之政策工具及具體推動策略建議等；分析過程中係依據前述所建構之產業組合分析矩陣與所進行的專家問卷，輔以專家訪談作進一步確認與策略建議分析。

8-3-1 台灣太陽光電產業組合定位與策略方向

本小節根據太陽光電產業相關文獻分析與專家訪談結果，台灣太陽光電產業若以技術區塊來分析，區塊中各項技術其目前在產業組合分析矩陣表中的定位及未來發展方向如圖8-2。依此定位，根據前述章節所定位之產業創新需求要素矩陣分布，可分析台灣太陽光電產業的策略發展方向與所需資源。

本研究結果得知，目前國內研究太陽光電系統製造技術將逐步由成長期邁入成熟期，學界或政府研究單位目前則往新的技術開發的過程，例如：CIGS太陽電池的製作生產，或是太陽光電系統結合建築的應用等。所以產業現行定位仍處於萌芽期及研發設計的階段。這些開發的設備零組件，未來仍以提供研究和開發使用。然而未來五年，將視政府的支持朝向零組件系統整合邁進，將走向介於萌芽與成長期之間的生產方向。如圖8-2中箭頭所指的方向。

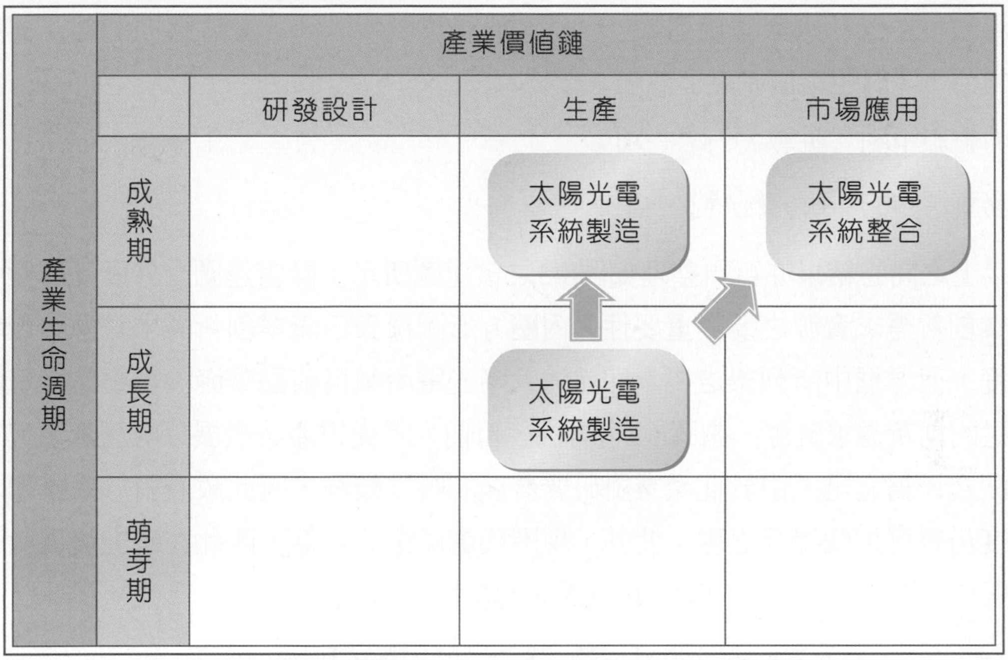

產業生命週期		產業價值鏈		
		研發設計	生產	市場應用
	成熟期		太陽光電系統製造	太陽光電系統整合
	成長期		太陽光電系統製造	
	萌芽期			

＊ 圖 8-2　太陽光電產業之產業定位與未來發展方向

資料來源：本研究整理

8-3-2　台灣太陽光電產業產業創新需求要素

本節針對回收問卷及專家訪談結果進行資料分析，並區分成目前與未來五年的發展趨勢詮釋其結果。本節首先針對太陽光電產業目前及未來五年之產業創新需求資源重要性與環境配合度進行分析，分析資料係根據所回收之專家問卷中的問卷分析結果。

由問卷分析結果可以發現，目前太陽光電產業發展中重要且產業環境配合度不足的創新需求資源在每一個類型都有，主要集中在研究發展、研究環境、技術知識與市場環境四大類，包括有：

- 研究發展中的「國家基礎研究能力」、「國家整體對創新的支持」、「政府對產業政策的制定」、「產業間的技術合作」共四項；
- 研究環境中的「政府對產業創新的支持」、「具整合能力之研究單位」、「專門領域的研究機構」、「再生能源發展條例的立法」共四項；

- 技術知識中的「上下游產業整合能力」、「建立系統標準」二項；
- 市場資訊中的「產業標準及資訊的取得」一項；
- 市場情勢中的「需求量大的市場」一項；
- 市場環境中的「國家基礎建設」、「政府優惠制度」、「顧客導向的建立與經營能力」、「綠色電價制度」四項；
- 人力資源中的「研發人力」一項；
- 財務資源中的「研究經費」一項。

以上之問卷結果亦可再整理如圖8-3之雷達圖所示；該雷達圖之外圈菱形圖樣表示產業創新需求資源之要素重要性，內圈方形圖樣表示產業創新需求資源之環境配合程度，而方框中所列舉之要素即前述太陽光電產業目前顯著發展重要且環境配合度不足的創新需求資源。由圖8-3可看出，目前太陽光電產業發展以財務資源與市場資訊配合較爲充足，由於此產業對研究發展的需求較高，因此政府對於產業環境支持程度仍有可加強提升之處；此外，現階段處產業成長期，因此在研究發展、研究環境與技術知識三項，亦明顯較爲缺乏，需待持續加強。

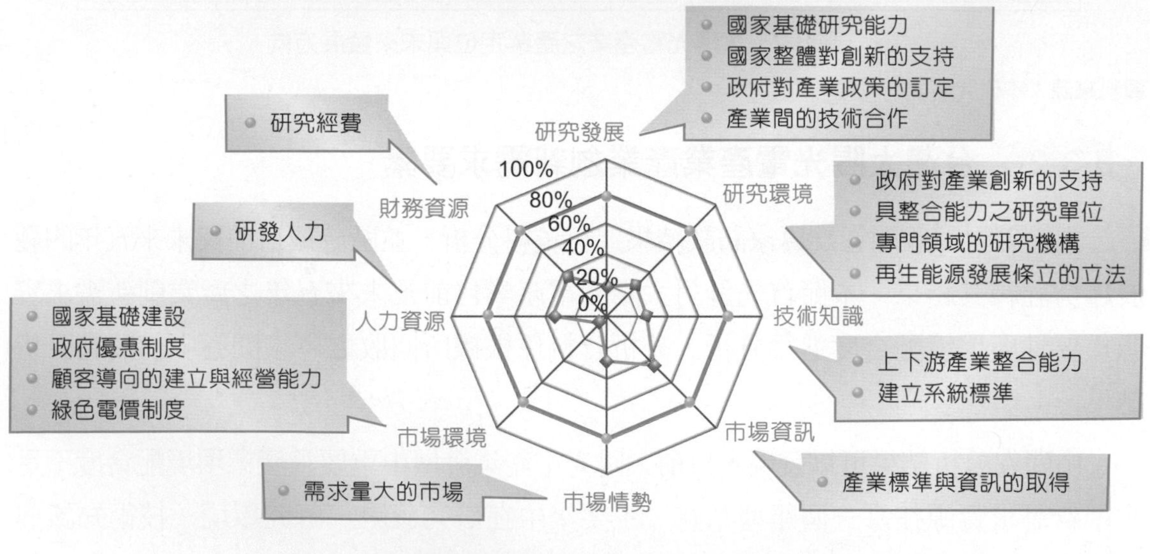

＊ 圖 8-3　太陽光電產業目前創新需求要素重要度及其配合程度

資料來源：本研究整理

由問卷分析結果可以發現，未來太陽光電產業發展中重要且產業環境配合度不足的創新需求資源主要集中在研究發展、研究環境、市場情勢與市場環境四大類，包括有：

- 研究發展中的「國家基礎研究能力」、「國家整體對創新的支持」、「技術合作網路」、「政府對產業政策的制定」、「產業間的技術合作」共五項；
- 研究環境中的「政府對產業創新的支持」、「具整合能力之研究單位」、「再生能源發展條例的立法」共三項；
- 技術知識中的「建立系統標準」一項；
- 市場資訊中的「先進與專業的資訊流通與取得」一項；
- 市場情勢中的「需求量大的市場」、「多元需求的市場」二項；
- 市場環境中的「國家基礎建設」、「政府優惠制度」、「綠色電價制度」三項；
- 財務資源中的「研究經費」一項。

以上之問卷結果亦可再整理如圖8-4之雷達圖所示；該雷達圖之外圈菱形圖樣表示產業創新需求資源之要素重要性，內圈方形圖樣表示產業創新需求資源之環境配

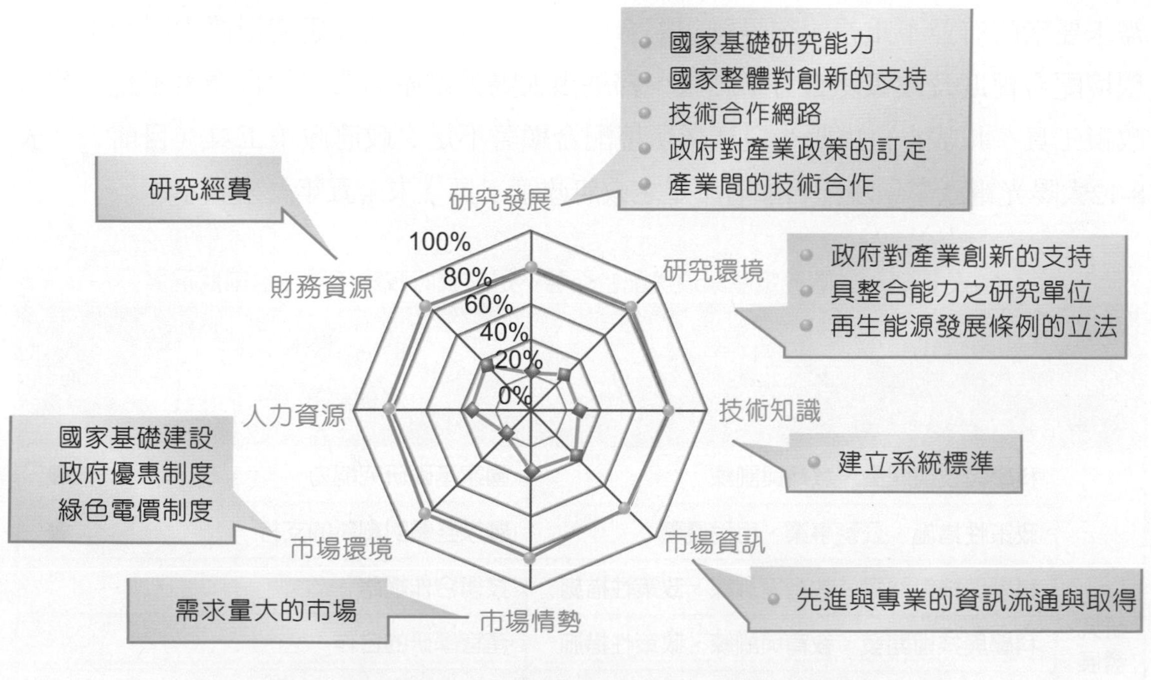

＊ 圖 8-4 太陽光電產業未來創新需求要素重要度及其配合程度

資料來源：本研究整理

合程度，而方框中所列舉之要素即前述太陽光電產業目前顯著發展重要且環境配合度不足的創新需求資源。由圖8-4可看出，專家對太陽光電產業五年後之發展各項需求均重要，除市場資訊一項較為偏低。對於環境的配合程度，相較於現在是有進步，尤其研究發展與研究環境的部分較現在的不足，皆有改善。市場情勢則有較明顯的改善。

8-3-3 太陽光電產業政策組合分析

在調整產業走向的過程中，特別是整體產業目標大方向的轉變，政府的力量具有舉足輕重的角色，若在轉型期中政府的配套措施能恰如其份的彌補民間企業力量之不足，轉型不但容易成功，難以避免的損失及延遲也可以控制在最低的水準。若是政府的力量配合不足或是方向錯誤，不但可能錯失轉型的最佳時機，更往往造成產業持續萎縮等更為嚴重的後果。

本研究在進行專家問卷統計檢定後發現，專家們認為重要的產業創新需求要素，其重要的程度與所對應的政策類型的配合程度往往並不對稱，亦即重要的產業創新需求要素政府並不重視，或是雖想配合但餘力不足。因此本研究根據太陽光電產業環境配合程度及政策組合分析結果，歸納出太陽光電產業環境配合顯著不足之政府政策工具。以表8-11太陽光電產業環境配合顯著不足之政府政策工具（目前）、表8-12太陽光電產業環境配合顯著不足之政府政策工具（未來五年）來表示。

＊ 表 8-11 太陽光電產業環境配合顯著不足之政府政策工具（目前狀況）

創新需求類型	政策工具	環境配合度不足之創新需求要素	附註
研究發展	科學與技術開發、教育與訓練	國家基礎研究能力	●
	政策性措施、公營事業、租稅優惠	國家整體對創新的支持	●
	科學與技術開發、教育與訓練、政策性措施	技術合作網路	
	科學與技術開發、教育與訓練、政策性措施	產官學研的合作	
	政策性措施、公營事業	政府對產業政策的訂定	●
	科學與技術開發、教育與訓練、政策性措施	同業間的技術合作	
	科學與技術開發、政策性措施	產業間的技術整合	●

創新需求類型	政策工具	環境配合度不足之創新需求要素	附註
研究環境	科學與技術開發、教育與訓練、法規與管制	政府對產業創新的支持	●
	科學與技術開發	具整合能力的研究單位	
	科學與技術開發、教育與訓練、法規與管制	創新育成體制	
	科學與技術開發、教育與訓練、法規與管制	專門領域的研究機構	●
	科學與技術開發、教育與訓練、法規與管制	再生能源發展條例的立法	●
技術知識	科學與技術開發、政策性措施	上下游產業整合能力	●
	科學與技術開發、政策性措施	建立系統標準	●
	科學與技術開發、法規與管制	技術引進及移轉機制	
	教育與訓練、資訊服務	產業群聚所產生知識外溢效果	
	教育與訓練、資訊服務	技術資訊中心	
市場資訊	資訊服務	先進與專業的資訊流通與取得	
	資訊服務	產業標準及資訊的取得	●
市場情勢	政策性措施、貿易管制、海外機構	需求量大的市場	●
	政策性措施、貿易管制、海外機構	多元需求的市場	
	政策性措施、貿易管制、海外機構	自由競爭的市場	
市場環境	政策性措施、法規與管制、公共服務	國家基礎建設	●
	政策性措施、法規與管制	政府優惠制度	●
	公共服務	顧客導向的建立與經營能力	●
	政策性措施	綠色電價制度	●
人力資源	科學與技術開發、教育與訓練	專門領域的研究人員	
	科學與技術開發、教育與訓練	研發人力	●
	科學與技術開發、教育與訓練	國際市場拓展人員	
財務資源	法規及管制、財務金融	完善的資本市場機制	
	政策性措施、公營事業、財務金融	提供長期資金的銀行或金融體系	
	政策性措施、財務金融	研究經費	●

●：專家認為極重要之產業創新需求要素（重要性問卷平均值 > 1.5）

資料來源：本研究整理

＊ 表 8-12　太陽光電產業環境配合顯著不足之政府政策工具（未來五年）

創新需求類型	政策工具	環境配合度不足之創新需求要素	附註
研究發展	科學與技術開發、教育與訓練	國家基礎研究能力	●
	政策性措施、公營事業、租稅優惠	國家整體對創新的支持	●
	科學與技術開發、教育與訓練、政策性措施	技術合作網路	●
	科學與技術開發、教育與訓練、政策性措施	產官學研的合作	
	政策性措施、公營事業	政府對產業政策的訂定	●
	科學與技術開發、教育與訓練、政策性措施	同業間的技術合作	
	科學與技術開發、政策性措施	產業間的技術整合	●
研究環境	科學與技術開發、教育與訓練、法規與管制	政府對產業創新的支持	●
	科學與技術開發	具整合能力的研究單位	●
	科學與技術開發、教育與訓練、法規與管制	創新育成體制	
	科學與技術開發、教育與訓練、法規與管制	專門領域的研究機構	
	科學與技術開發、教育與訓練、法規與管制	再生能源發展條例的立法	●
技術知識	科學與技術開發、政策性措施	上下游產業整合能力	
	科學與技術開發、政策性措施	建立系統標準	●
	科學與技術開發、法規與管制	技術引進及移轉機制	
	教育與訓練、資訊服務	產業群聚所產生知識外溢效果	
	教育與訓練、資訊服務	技術資訊中心	
市場資訊	資訊服務	先進與專業的資訊流通與取得	●
	資訊服務	產業標準及資訊的取得	
市場情勢	政策性措施、貿易管制、海外機構	需求量大的市場	●
	政策性措施、貿易管制、海外機構	多元需求的市場	●
	政策性措施、貿易管制、海外機構	自由競爭的市場	

創新需求類型	政策工具	環境配合度不足之創新需求要素	附註
市場環境	政策性措施、法規與管制、公共服務	國家基礎建設	●
	政策性措施、法規與管制	政府優惠制度	●
	公共服務	顧客導向的建立與經營能力	
	政策性措施	綠色電價制度	●
人力資源	科學與技術開發、教育與訓練	專門領域的研究人員	
	科學與技術開發、教育與訓練	研發人力	
	科學與技術開發、教育與訓練	國際市場拓展人員	
財務資源	法規及管制、財務金融	完善的資本市場機制	
	政策性措施、公營事業、財務金融	提供長期資金的銀行或金融體系	
	政策性措施、財務金融	研究經費	●

●：專家認為極重要之產業創新需求要素（重要性問卷平均值 > 1.5）
資料來源：本研究整理

因此，根據前述之分析，本研究可歸納出太陽光電產業目前與未來發展時政府應投入之重點政策工具，這些政策工具可用以加強發展對此產業重要但環境配合度不足之創新資源，協助既有廠商進行創新與產業升級。

8-4 結論與策略建議

本研究透過問卷調查、專家訪談及統計方法的分析，針對台灣太陽光電產業創新需求資源、產業創新需求要素、產業定位及產業環境支持度，提出目前及未來五年政府在協助發展太陽光電產業時，所能夠相對應之政策。

8-4-1 目前狀況

以目前台灣太陽光電產業的狀況來看，經過統計結果分析，得出產業創新需求資源配合度顯著不足之產業創新需求資源有研究發展、研究環境、技術知識、市場資訊、市場情勢、市場環境、人力資源及財務資源共八項；本研究亦歸納出台灣太陽光電產業中配合度顯著不足之產業創新需求要素共有三十二項，分別爲「國家基礎研究能力」、「國家整體對創新的支持」、「技術合作網路」、「產官學研的合作」、「政府對產業政策的訂定」、「同業間的技術合作」、「產業間的技術整合」、「政府對產業創新的支持」、「具整合能力的研究單位」、「創新育成體制」、「專門領域的研究機構」、「再生能源發展條例的立法」、「技術資訊中心」、「技術引進與移轉機制」、「產業群聚所產生知識外溢效果」、「分散型能源整合」、「產業標準及資訊的取得」、「需求量大的市場」、「多元需求的市場」、「自由競爭的市場」、「國家基礎建設」、「政府優惠制度」、「顧客導向的建立與經營能力」、「綠色電價制度」、「專門領域研究人員」、「研發人力」、「國際市場拓展人員」、「完善的資本市場機制」、「提供長期資金的銀行或金融體系」、「研究經費」。本研究顯示，對於發展太陽光電產業，台灣在許多方面的創新要素上的資源配合度皆顯不足。

政府如欲發展太陽光電產業，應針對國家整體對創新的支持之政策性措施、公營事業、租稅優惠；政府對產業創新的支持之科學與技術開發、教育與訓練、法規與管制；培養研發人力之教育與訓練、科學與技術開發；提供研究經費之政策性措施、公營事業、財務金融等進行重點加強，這些細項爲目前產業定位中專家認爲非常重要但國家配合極爲缺乏之政策工具。

由統計結果顯示，台灣太陽光電產業中配合度顯著不足之產業創新需求要素共有三十二項，其中專家認爲目前產業非常需要且重要的有「國家基礎研究能力」、「國家整體對創新的支持」、「政府對產業政策的制定」、「產業間的技術合作」、「政府對產業創新的支持」、「具整合能力之研究單位」、「再生能源發展條例的立法」、「上下游產業整合能力」、「建立系統標準」、「產業標準及資訊的取得」、「需求量大的市場」、「多元需求的市場」、「國家基礎建設」、「政府優惠制度」、「顧客導向的建立與經營能力」、「綠色電價制度」、「研究人力」、「研究經費」 十七項，充分顯示了太陽光電產業不僅對全球而言是一個新興的能源架構，對台灣而言更是產業發展的開端，儘管未來對太陽光電系統的需求要素仍嚴重不足，就目前而言仍應以國家對產業的支持爲主，藉由明確制訂發展計畫領導整體產業發展；並培養研發人力以及足夠的研究經費，對產業的基礎技術研發打好根基。而後，根據未來五年需要，而目前配合度嚴重不足的要素進行規劃，以因應未來產業需求。

8-4-2 未來五年

台灣太陽光電產業在未來五年發展中，經過統計結果分析，得出產業創新需求資源配合度顯著不足之產業創新需求資源有研究發展、技術知識、市場情勢、市場環境、人力資源及財務資源共六項；而配合度顯著不足的創新需求要素則有十六項，分別是「國家基礎研究能力」、「國家整體對創新的支持」、「技術合作網路」、「政府對產業政策的制定」、「產業間的技術合作」、「政府對產業創新的支持」、「具整合能力之研究單位」、「再生能源發展條例的立法」、「建立系統標準」、「先進與專業的資訊流通與取得」、「需求量大的市場」、「多元需求的市場」、「國家基礎建設」、「政府優惠制度」、「綠色電價制度」、「研究經費」。

政府如欲在未來五年強化太陽光電系統的發展，須針對產業間的技術整合之科學與技術開發、政策性措施；提供研究經費之政策性措施、公營事業、財務金融等項目進行重點加強，這些細項爲未來五年產業定位中專家認爲非常重要但國家配合極爲缺乏之政策工具。

8-4-3 具體政策建議

台灣太陽光電產業現在處於生產成長期特別要重視的是研究發展、研究環境、市場資訊、市場情勢、市場環境和財務資源。在研究發展主要的創新需求要素爲國家基礎研究能力、國家整體對創新的支持以及政府對產業政策的訂定。在研究環境上的需求要素爲政府對產業創新的支持、專門領域的研究機構與再生能源發展條例的立法；產業標準及資訊的取得是市場資訊項目最急迫的；在財務資源上則需要研究經費。因此，具體的政策建議包括：

針對「國家基礎研究能力」，政府可實行的政策有：

- 對於太陽光電的材料研究建立長期前瞻之核心設計技術
- 鼓勵基礎研究獎勵相關領域優秀學生出國學習最新技術
- 針對「國家整體對創新的支持」，政府可實行的政策有
- 放寬學界與研究人員參與企業營運之限制
- 定期依不同需求層面舉辦產業與政府共識之座談會

- 學研各單位開闢綜合性訓練課程，讓技術人才進行交流

針對「政府對產業政策的訂定」，政府可實行的政策有:

- 加強與產業界溝通，以利產業方向務實可行（政策性措施）
- 加強學術界與產業界共用資源，相互交流（科學與技術開發）

針對「政府對產業創新的支持」，政府可實行的政策有:

- 針對太陽光電的各關鍵技術成立應用開發中心，透過小規模的應用計畫將技術提升並加以整合
- 政府明定產業發展時程，具體落實建設計畫，並限定重點技術及設備由國內自行開發

針對「專門領域的研究機構」，政府可實行的政策有:

- 由工研院以及經濟部技術處主導，運用國家經費建立專門研究機構
- 由國科會統籌撥放經費支持並定期審核研究成果
- 延攬國外人才並成立研究團隊

針對「建立系統標準」：

- 規劃成立國內之太陽光電模組國際驗證實驗室
- 推動太陽光電模組標準與驗證機制之建構

針對「需求量大的市場」：

- 制定海外市場策略與產品競爭策略機構（海外機構）
- 與國外簽訂貿易協定（貿易管制）
- 拓展應用市場，依附大市場以尋求成長（政策性措施）
- 提供金融稅制優惠、法制標準等激勵措施，促使消費者使用

針對「再生能源發展條例的立法」，政府可實行的政策有:

- 加速再生能源發展條例的立法

針對「先進與專業的資訊流通與取得」，政府可實行的政策有:

- 與歐美各國之研究機構技術合作
- 充實資料庫內容並強化資料的聯結（資訊服務）

針對「研究經費」，政府可實行的政策有:

- 針對相關研究提供長期且穩定的經費補助（政策性措施）

從以上的歸納可以見到台灣在發展太陽光電產業不管是目前或是未來五年創新需求因素重要性之項目及產業環境配合程度均顯示項目多而不足。

台灣在太陽光電產業產業由於有既定的限制，例如規格制定是由歐美等先進國家主導，市場需求太小。以及無法短期克服的技術障礙，例如材料的基礎研究，設備製造能力;因此，對於太陽光電產業上游產業進入難度較高，太陽電池的新技術開發及生產設備的製造較難，但可朝向系統整合、利用購併促成產業上下游整合、或是直接切入系統端以掌握終端市場爲主要目標。

政府應該扮演產業的領導者，結合產官學研各方的意見，制定產業發展的建設計畫及時程；提供投資減免方法以提高產業投入的驅動力；編列研究經費以促進長期的基礎研發技術，聘任國內外專業人才，將技術引進以培養專業領域的研究人員，以補助政策來支持產業成長。台灣必須加強技術上的研發，縮小差距，才有機會在太陽光電產業上占有一席之地。整體來看，台灣在太陽光電產業的規格與方向上勢必成爲歐美等國的跟隨者，應建立健全的產業標準與資訊取得的平台，隨時取得即時資訊並以內部開發來做爲整體技術以及經驗的累積。

問題與討論

習題一

問題：請舉出任一太陽光電產業在「研究發展」中的產業創新需求要素。

習題二

問題：請舉出任一太陽光電產業在「市場情勢」中的產業創新需求要素。

習題三

問題：請簡單繪出太陽光電產業鏈。

習題四

問題：本章利用產業組合分析台灣太陽光電產業於目前與未來的策略定位分別為何？

習題五

問題：本章針對台灣未來如果要發展太陽光電產業所建議採取之政策為何，請簡單敘述。

參考文獻

英文部分

1. Kim, L.（1997）. Imitation to Innovation: The Dynamics of Korea’s Technological Learning. Boston: Harvard Business School Press.
2. Porter, M.E.（2000）. Location. Competition and economic development: local clusters in a global economy. Economic Development Quarterly, 14, 15-34.
3. Rothwell, R., & Zegveld, W.（1981）. Industrial Innovation and Public Policy: preparing for the 1980s and the 1990s. Frances Pinter Publishers.
4. Treacy, M. & Wiersema, F.（1995）. The Discipline of Market Leaders: Choose Your Customers, Narrow Your Focus, Dominate Your Market. New York: Perseus Books.

中文部分

1. 王毓廷（2010）。以DEMATEL方法探討台灣太陽能光電產業發展之因素。國立交通大學管理學院科技管理研究所碩士論文，未出版，新竹市。
2. 光電科技工業協進會（2012）。全球太陽光電產業分析。http://www.pida.org.tw/report/html/member/2012_pv_ch01.pdf
3. 李光斌（2010）。台灣矽晶太陽能光電產業發展策略之研究。國立交通大學管理學院科技管理研究所博士論文，未出版，新竹市。
4. 邱芳（2012）。太陽能光電製造業之現況與展望。台北：台灣經濟研究院產經資料庫。
5. 徐作聖（1999）。科技政策與國家創新系統。台北：華泰書局。
6. 徐作聖、王仁聖、彭志強（2010）。新興能源產業及發展策略。台北：華泰文化。
7. 康志堅（2009）。全球太陽能光電產業鏈主要廠商分析。新竹竹東：工業技術研究院產業經濟與資訊服務中心。
8. 黃志本（2011）。台灣企業投資太陽能產業的策略分析。國立交通大學管理學院碩士在職專班管理科學學程碩士論文，未出版，新竹市。
9. 經濟部投資業務處（2008）。太陽光電產業分析與投資機會。http://www.fcu.edu.tw/wSite/publicfile/Attachment/f1264145463013.pdf
10. 經濟部能源局（2012）。綠能產業因應世界經濟情勢衰退之策略分析。http://idac.tier.org.tw/DFiles/20120410164158.pdf

11.資訊工業策進會（2008）。綠色能源當道-全球太陽能電池市場與產業發展趨勢分析。台北：資訊工業策進會。

12.鍾春枝（2011）。藍海還是紅海：太陽能產業分析以德國爲例。國立交通大學管理學院高階主管管理碩士學程碩士論文，未出版，新竹市。

13.羅運俊、何梓年、王長貴（2007）。太陽能發電技術與應用。台北：新文京。

網站部分

1. AISP情報顧問網站 http://mic.iii.org.tw/intelligence/
2. National Renewable Energy Laboratory http://www.nrel.gov/csp
3. PHOTON International http://www.photon-magazine.com/
4. Solarbuzz http://www.solarbuzz.com/
5. The solarserver http://www.solarserver.de/solarmagazin/solar_news_archive.html
6. 太陽光電資訊網 http://www.solarpv.org.tw//industry/tpvia.asp
7. 台經院產經資料庫 http://tie.tier.org.tw/tie/index.jsp
8. 國家政策研究基金會 http://www.npf.org.tw/
9. 經濟部工業局 http://www.moeaidb.gov.tw/
10.電子時報 http://www.digitimes.com.tw/

LED 照明產業之策略研究

學習目標

- ★ 探討 LED 照明產業的現況
- ★ 透過 LED 個案理解產業組合分析方法與應用
- ★ 探討創新政策與產業創新需求要素綜效

9-1 LED照明產業介紹

9-1-1 前言

照明是人類文明產生的基本需求，因爲有「光」所以世界變得亮麗。人造光源經過幾世紀的轉換，終將進入高技術含量之LED照明，LED除有體積小、效率高之優點外，更可隨環境或使用者需求，裝置在不同的載具上或利用光學設計或系統控制產生比傳統光源更豐富的效果。加上近年來，全球節能環保意識抬頭，同時面臨能源、產業、環保政策間的協調與統合等問題，研發乾淨能源，使用環保的能源，減低碳排放量，是全球趨勢，也是綠能產業崛起的開始。在台灣能源的消費中，照明所佔電力消耗極大比重，爲了紓緩電力需求壓力外，減低全球碳排放量，如何發展出消費者心目中理想的新產品，讓消費者願意使用，更加推升LED照明產業未來的無限想像，也因此，吸引衆多企業紛紛進入此一產業之中（黃孟嬌，2011）。

其次，省電、環保且安全的白光LED，在世界各國對節約能源以及防止地球溫室化等議題的重視下，已成爲21世紀的新光源。LED燈泡比傳統燈泡至少節省40%的能源，若全面更換爲LED光源，地球一年可節省1,460億美元的能源費用，以及減少6億3千萬噸二氧化碳排放量。日本政府自1998年開始的「21世紀光計畫」，以及美國能源部白皮書內規劃自2000年推動的「國家半導體照明研究計畫」中，均希望採用白光LED照明產品來達到節省能源的目的（黃孟嬌，2010；黃雅琳，2010；李芷氤，2011）。

若是從消費市場的觀點來看，LED照明在節能減碳上的顯著效益和超越傳統照明的優秀性能，使得LED照明的卓越貢獻與後續發展，已成爲全球注目焦點，然而現階段LED照明的價格仍然過高，高製造生產成本及發光效能的提升率低，對LED照明產業的市場擴大及普及來說是關鍵問題，在全球節約能源的趨勢下，目前各國政府紛紛開始立法扶植LED照明產業並且提供高額補助與獎勵措施，期望藉助這些有效的激勵政策以提供消費者評估LED照明成本效益，進而達成LED照明市場擴散的目標（彭登宏，2013）。在此發展趨勢之下，消費者在選購LED照明產品之評估因素爲此新產品發展的重要課題（林德政，2010）。

隨著LED燈日漸滲透普及，LED應用領域從簡單的電器指示燈，LCD背光源，到了景觀照明、農業用照明，室內外裝飾燈等領域。而在企業層面，LED照明產業的發展隨著LED技術演進日趨激烈，相關業者營運方向如果要作有效的整合運用，策略行銷的考量與執行便顯得更具關鍵性（孫慶城，2011）。

LED由於應用日漸廣泛，相關的客製化服務也蓬勃發展，然而，文獻研究大都圍繞在LED晶片製程，封裝切割或電路設計，管理文獻中也多針對LED上中游的產業策略，供應鏈管理，進行研究討論。針對LED產業鏈中照明應用端的產業分析，尚屬缺乏，希望能藉由本次研究分析，了解目前國內LED照明產業結構以及LED照明應用端產業需求要素（見圖9-1）。

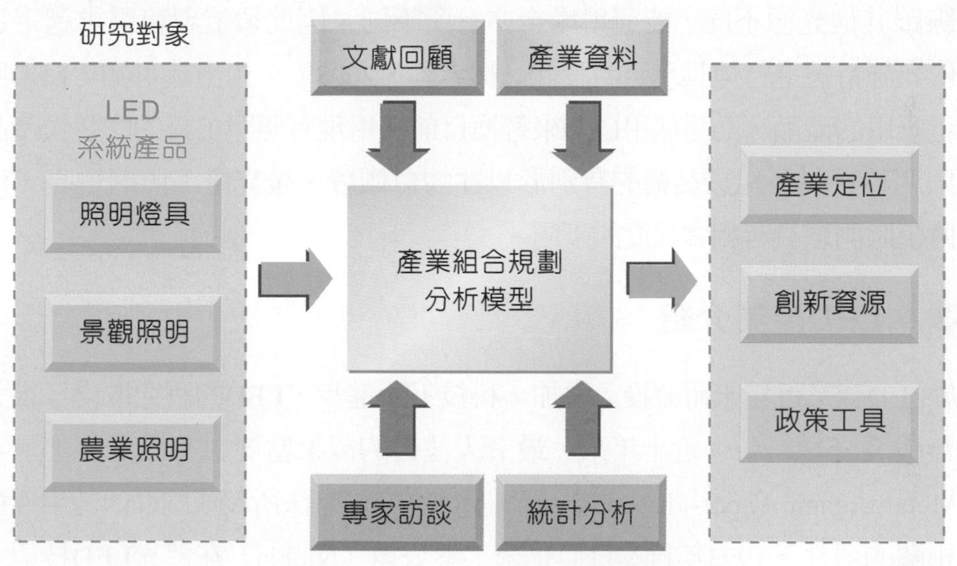

＊ 圖 9-1　LED 照明產業之策略研究架構

資料來源：本研究整理

9-1-2　LED照明定義

自60年代，第一個GaAsP紅色發光二級管誕生以來，經歷了四十年的開發進展，LED的研究發展取得了重大突破。早期，LED的發光效率很低，低於0.11 lm/w，且LED顏色種類只有單一紅色，主要應用在指示燈，或不可見光的信號原。70年代起，LED發展開始出現突破，利用氣相外延（Vaper Phase Epitaxy，VPE）和液態外延（Liquid Phase Epitaxy，LPE）製作的外延材料，把LED發光效率提升到11 lm/w，LED的發光光譜也從紅光延伸到了黃綠色（565nm-940nm）。至於LED的亮度有所突破，則是在1985年，發光強度突破了LCD，一般認爲發光強度超過1 cd後成爲高亮度

LED製造的開端。1993年日亞公司成功的製造了以氮化物爲代表的的高亮度藍綠光LED，效率突破了101 lm/w，LED三原色發光體係開始完備，從而使得白光LED的成爲可能。90年代是白光LED的年代，日亞成功推出高亮度藍光LED後，僅僅經過三年，在1996成功推出世界上第一只白光LED，並且在1998年推入市場當中（光電科技工業協進會（PIDA），2006）。

LED照明並非一個全新的發明產物，而是在照明原有的應用基礎上，替換成更有能源消耗效率的LED產品。美國照明工程協會（Illuminating Engineering Society，IES）定義照明設計服務爲：「使用可行的照明技術，爲安全有效和愉快地享用既成環境所產生之照明方法或解決方案的一種創造性過程」。則認爲由於LED發光原理和配光曲線跟其他光源不同，能運用場合亦有所不同，因此須依環境需求選定適合光源，再依光源特性進行燈具及照明設計（林志勳，2008）。由上述可知，LED照明並非一全新應用的產品，乃是使用LED來替換目前使用現有照明工具的的替換產品，但由於其照明特性以及組成結構的有別於以往的白熾燈、螢光燈等照明燈具，使其產業鏈與傳統照明燈具有相當程度的不同。

9-1-3 LED產業介紹

由於LED產業近年來研發投入增加，科技不斷進步，LED的研究取得了很大的成果。在無機發光材料中，近十年來，最令人注目的成果當屬由有機金屬化學氣相沈積法（Metal-organic Vapor-Phase Epitaxy，MOCVD）方法所製成的GaN基半導體發光材料及相關的器件。1993年日本日亞化學工業公司（Nichia）在藍光LED技術上取得突破並很快導入市場應用，1996年推出了白光LED，其具有固體化、壽命長、體積小、抗震、不易破損、啓動響應快、驅動電路設計較簡單、生產容易、耗電量低和成本低等的優點。此突破發現得到了產業界和國內外科學界的廣泛重視。在短短的幾年時間內，高功率藍色發光二極管（LED）、綠色LED、白色LED、藍紫色LED及雷射機等均已相繼實現了批量生產，走入商業市場應用。它們在資訊顯示與儲存，信號和各種高技術產品中均有廣泛的應用，是目前國際間致力於產業化開發的重點技術領域（經濟部投資業務處，2008）。

其次，由於LED具有的長壽命、無汙染、低功耗的特性，以及可以滿足高效能、無汞化、多元化和藝術化等當今世界照明領域的發展需要，使得LED有望在未來將逐步替代熒光燈、白熾燈成爲下一代綠色照明光源。伴隨著LED研發的迅速更新，LED

的應用領域不僅從最初簡單的電器指示燈、LED顯示螢幕發展到了LED背光源、醫療照明、景觀照明、室內裝飾燈、農業照明等其他領域；而且其市場規模快速提升，爲此，美國、韓國、歐盟、中國大陸以及台灣都製定了適合各國（地區）實情的LED照明計劃，大力推進LED燈進入普通照明燈具市場（黃孟嬌，2008）。而與此相應的是許多著名的公司都相繼投入巨資從事這一領域的研究和產品開發，如：荷蘭菲利浦公司、美國GE和Gelcov公司、德國Osram-photo半導體公司、日本日亞株式會社和住友株式會社、韓國三星電子、LG等等。

根據研究機構指出，在2008年時，LED照明滲透率才1.5%，2009年已達到1.9%，到了2012年底，LED照明滲透率可以達到8.5%，相當於121億美元的市場規模。LED的產品技術已被公認爲最具發展潛力的高技術之一，其將成爲LED照明行業的一個具有代表性，目前LED照明正在滲透應用照明產業，各種依據終端需求，大量客製化的設計開發服務也因應而生。可以預見，在其發光效率的優勢下，未來若價格達到普及臨界點，則可以有相當程度的滲透以及普及（楊雲鎮，2012）。

LED產業基本上可以區分爲上游磊晶片，中游晶粒，下游封裝應用所組成，圖9-2中之照明應用端業者即爲本研究的研究對象，但除了探討應用端業者之外，也會涉及到應用端業者與上游業者之間的關聯及互動。

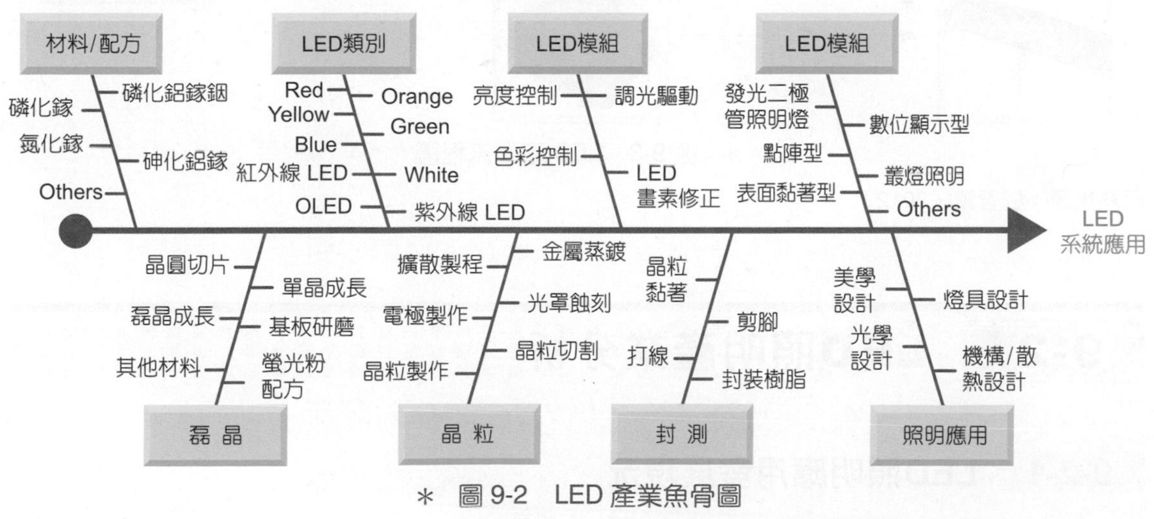

＊ 圖 9-2 LED 產業魚骨圖

資料來源：楊雲鎮 （2012）

一般而言，LED產業當中，流程上一般可以從原材料氧化鋁開始，經由長晶及切晶製程之後形成藍寶石基版，基版經過產品製程後做成磊晶片，再經過顯影，切割之後形成晶粒。晶粒經過封裝測試，形成LED成品，而LED照明商在導入燈具機構，組裝後而成爲LED照明或經由Surface Mounting Technology（SMT）製程之後而成爲SMD LED。如圖9-3 LED產業流程圖所示：

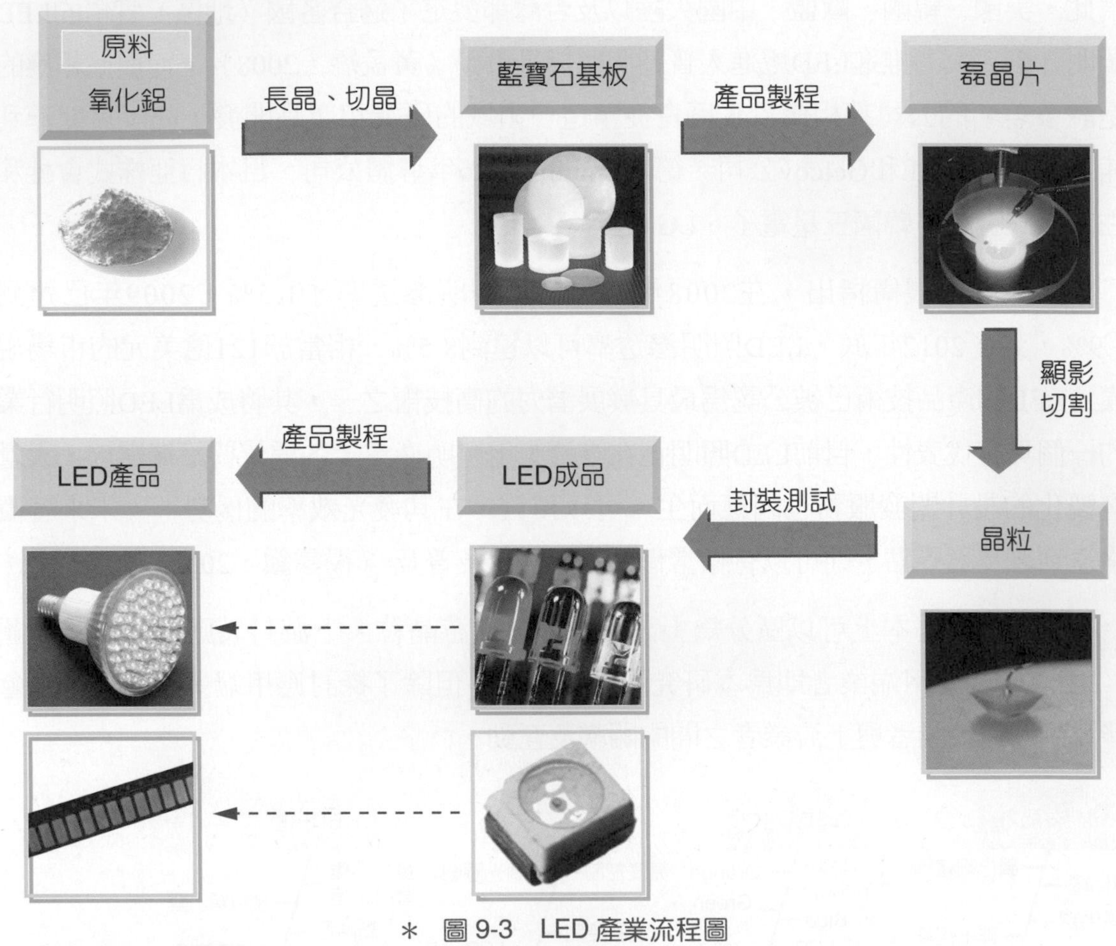

＊ 圖9-3　LED產業流程圖

資料來源：楊雲鎮（2012）

9-2　LED照明產業分析

9-2-1　LED照明應用發展現況

全球LED技術發展動向是從紅光→藍光與純綠光→白光，白光LED的出現也讓LED照明往前邁向了一大步。由於白光LED專利瓶頸在德國Osram Opto以及美國Intermatix、日本Nemoto等螢光粉授權之下市場逐漸打開。而在2007年以前仍以藍光LED＋黃光螢光粉爲主流，也有一些LED廠已經可以生產UV LED（380nm）晶片下，未來將是用UV LED（254nm）＋RGB現行日光燈螢光粉的低價白光LED（徐作聖等，2010）。

照明對於人類的活動非常重要，所以在照明方面的用電量也因而相當驚人，以台灣爲例，若所有照明改採用白光LED，則每年至少省下120億度的用電量，相當於一座核能發電廠一年的發電量。在日本，依照官方的報導，使用白光LED照明，每年可節省相當於五座核能發電廠的發電量。由此可知，白光LED光源的省電效能遠比其他照明燈具來的好，其詳細比較如表9-1。

＊ 表 9-1 LED 照明產業之產業定位與未來發展方向

		白熾燈	螢光燈	LED	OLED
技術特性分析	發光效率（Lumens/watt）	18	100	110	102（研發數據）
	演色性（CRI）	100	80	80～90	80～90
	壽命	1,000 hrs	10,000 hrs	100,000 hrs	10,000 hrs
	耗電量	高	中	低	低
	製程技術	高溫熔煉	高溫熔煉	真空鍍膜	噴墨印刷
應用特性分析	成本	低（已量產化）	中（已量產化）	高（已量產化）	最高（研發中）量產後可降至最低
	彎折程度	無	無	無	可彎曲 / 捲曲
	易碎程度	易碎	易碎	不易碎	不易碎
	光源	點	線	點	面

資料來源：林志勳（2008）

LED 發光效率提升、製造成本與LED燈具單價下滑，使得LED照明燈具對於消費者的接受程度日漸提昇。LED科技進步直接影響到終端使用者的意願，現將LED科技近期發展整理如下：

一、LED發光效率提昇：

LED元件技術發展速度快，短短幾年已成爲最受期待的下一世代光源。高發光效率爲LED元件擴張應用市場的重要切入點，如圖9-4所示，LED元件發光效率持續快速提升中。當LED元件技術增進，產品更迭速度將更爲快速，技術落後即被市場淘汰，元件成本下滑，將帶動LED照明燈具終端價格降低，在LED照明走向終端通路且面臨市場上價格競爭激烈挑戰下，LED照明燈具市場滲透率可望持續提升。如圖9-5所示，LED照明燈具將在2017年時，超越過省電螢光燈泡，更在2020年時，滲透率突破40%。

二、LED研發方向從高效率化轉為低成本化

LED元件發光效率提升，帶動每千流明價格下滑。參考美國DOE於2011年5月公佈之固態照明發展年度計劃，如圖9-6所示，DOE擬定2015年冷白光LED元件發光效率提升至224 lm/w，價格下滑至每千流明2美元，暖白光則爲發光效率提升至202 lm/w，價格下滑至每千流明2.2美元。未來LED照明產品除了發光效率持續的提升，將更著重在低成本化的技術研發。

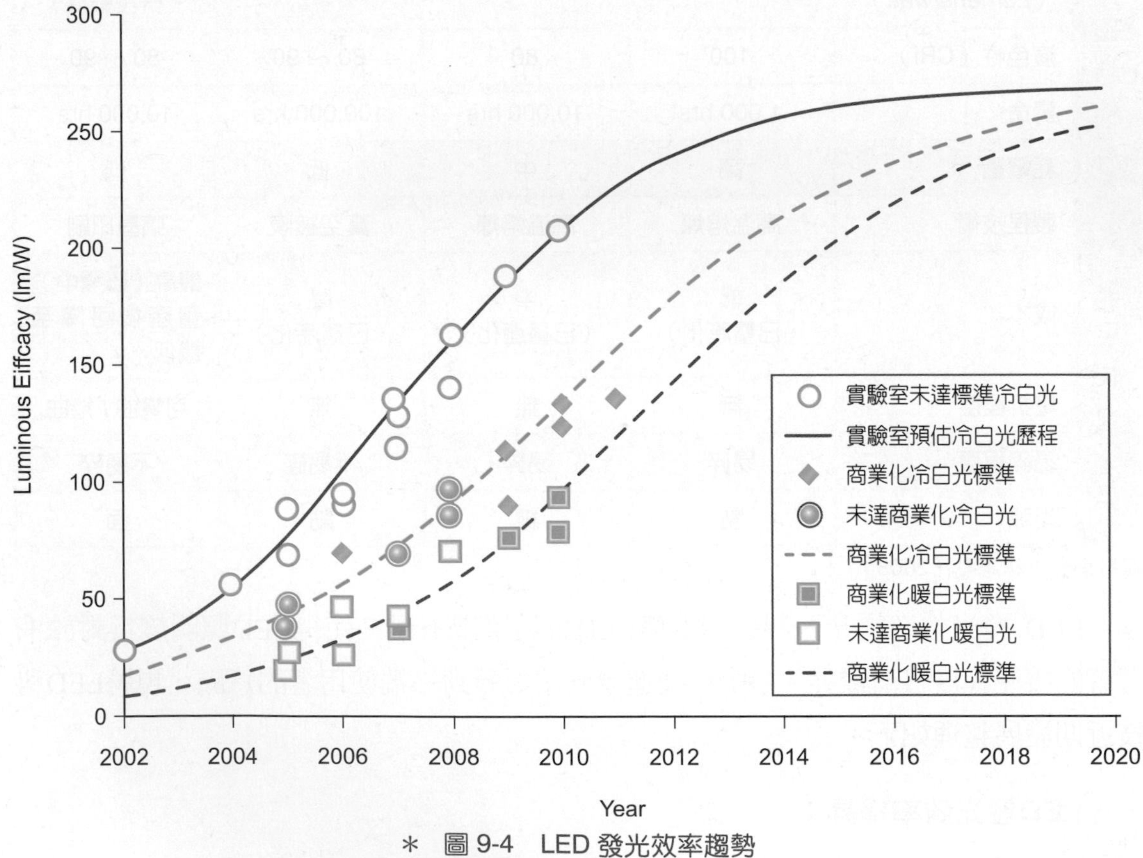

＊ 圖 9-4 LED 發光效率趨勢

資料來源：U.S. Department of Energy（2012）

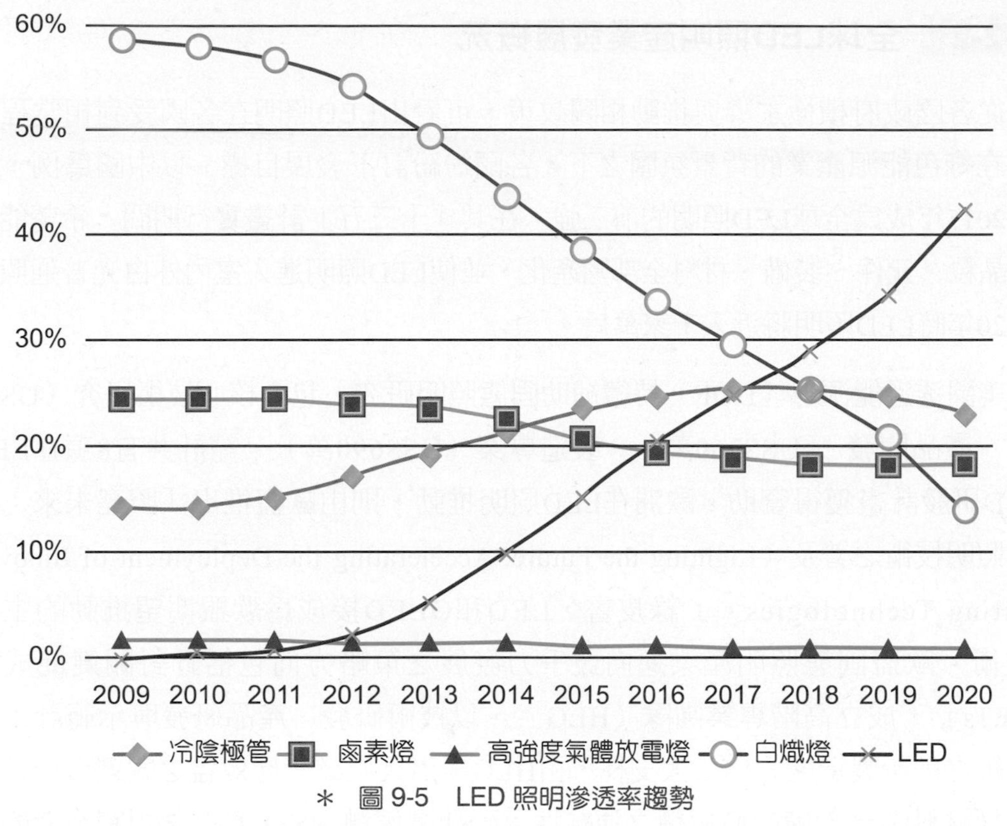

＊ 圖 9-5　LED 照明滲透率趨勢

資料來源：IMS Research（2012）

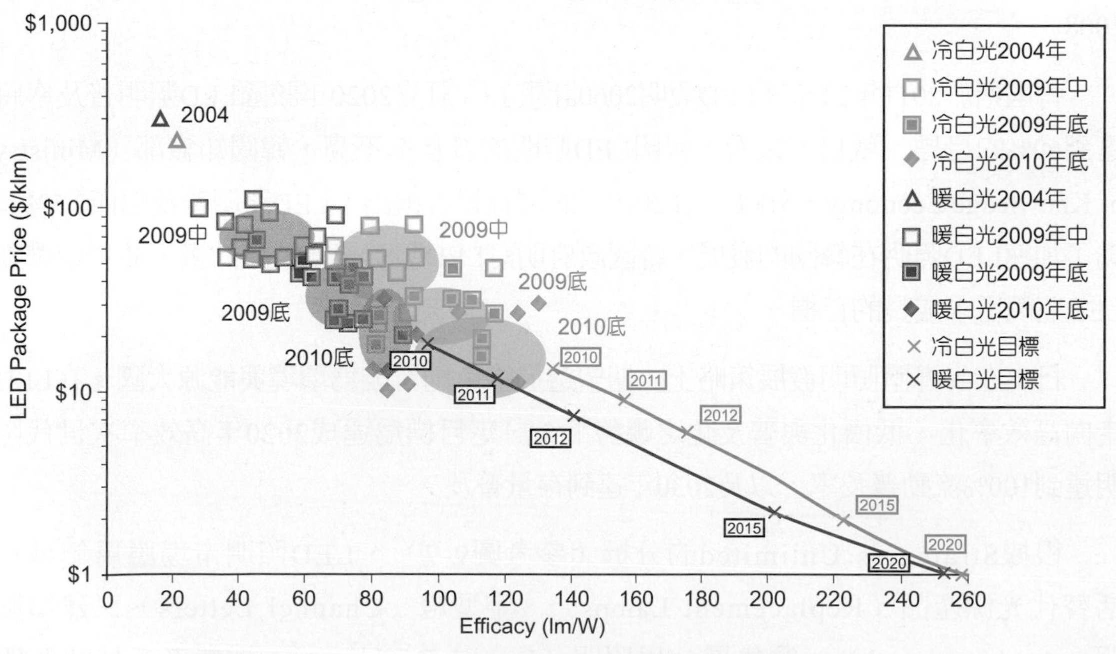

＊ 圖 9-6　LED 發光效率與價格之間的關係

資料來源：U.S. Department of Energy（2012）

9-2-2 全球LED照明產業發展概況

從各國政府積極主導與推動相關政策，可看出LED照明在各國受到相當程度重視，在綠色能源產業的背景氛圍之下，各國紛紛訂下發展目標。以中國爲例，其期望在2015年成爲全球LED照明的前三強，在其「十三五」計畫實行期間，希望能實現LED晶粒、元件、裝備、材料全部國產化，並使LED照明進入室內外白光普通照明，至2020年時LED照明將近入千家萬戶。

美國透過能源部（DOE）持續補助固態照明研究，包含核心技術研究（US$430萬）、產品開發 （US$360萬）、製造專案（US$690萬），總計共有8項在LED和OLED研發計畫獲得資助。歐洲在LED照明推動，則由歐盟推出「照亮未來：加速創新照明技術之普及（Lighting the Future: Accelerating the Deployment of Innovative Lighting Technologies）」綠皮書，LED和OLED接成爲歐盟期望推動的主要照明技術。歐盟固態照明產業邁向競爭力發展之策略方向包括針對關鍵促成技術（KETs），成立高階專業團隊（HLG），以技術研發、產品研發與示範計畫、世界等級之創新製造能力爲三大支柱，由HLG提出具產業發展效益之關鍵促成技術；強化從材料端至設備端價值鏈之連結性；延伸價值鏈內SSL產業之相關業者的合作關係，從產品、系統到服務，開創新的營運模式（West & Sanders, 2011；Goetzeler, 2008）。

韓國則於2011年公布「LED照明2060計畫」，訂立2020年該國LED照明普及率將達到60%的目標。就目前來看，韓國LED照明的普及率不高，韓國知識部（Ministry of Knowledge Economy，MKE）在2010年的調查報告指出，LED照明普及率僅2.5%。爲了加速LED照明在韓國的發展，韓國政府明訂LED照明普及時程計畫，並希望帶動LED照明需求成長的目標。

日本在半導體照明發展策略上，期望透過綠色創新成爲環境與能源大國。在LED走向高效率化、低價化與普及化之趨勢下，訂定目標爲達成2020年高效率次世代照明達到100%流動普及率，以及2030年達到存量普及。

根據Strategies Unlimited的分析（參考圖9-7），LED照明市場應用領域包括替代光源產品（Replacement Lamps）、字型燈（Channel Letters）、建築照明（Architectural）、零售展示用照明（Retail Display）、消費者手持式照明（Consumer Portable）、居住用照明（Residential）、娛樂用照明（Entertainment）、

機械影像/檢查（Machine Vision）、安全和保全照明（Safety/Security）、屋外用照明（Outdoor Area）、商業/工業照明（Commercial/Industrial）、離網型照明（Off-Grid）等十二大應用，其中以建築照明應用爲最大宗，2010年佔整體市場約45%左右，其次爲字型燈及消費者手持式照明，分別佔整體市場14%及13%，其餘應用比重不大，僅0%～6%左右（工研院產資中心（IEK），2010）。下列將針對十二大應用領域作簡單介紹。

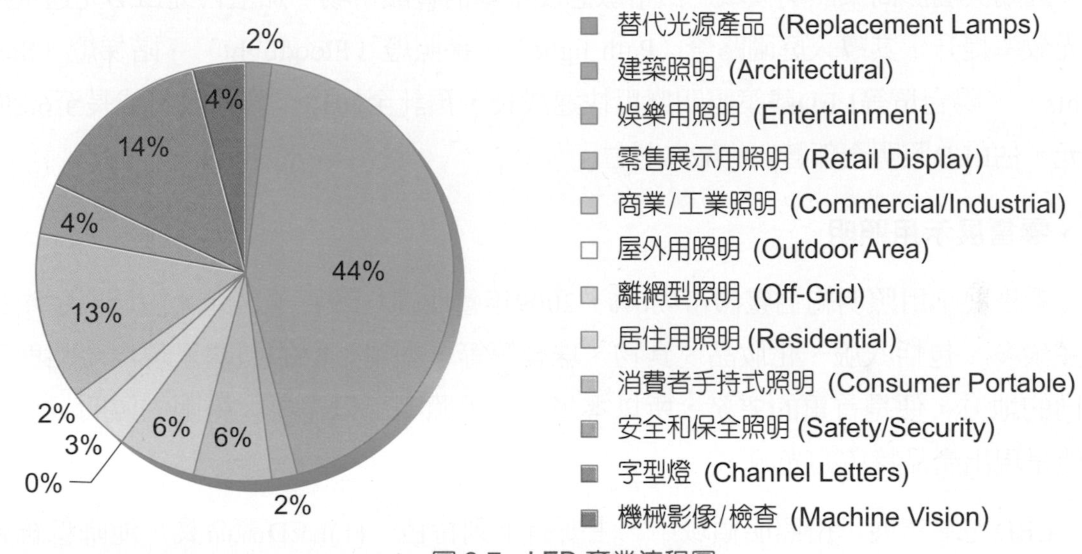

＊ 圖 9-7 LED 產業流程圖

資料來源：本研究整理自 Strategies Unlimited，IEK（2010）

一、替代光源產品

替代光源產品爲將白光LED光源設計成與傳統照明光源同樣外型、燈頭的產品，使用者能在不更換原先燈具前提下，更換光源。2009年替代光源產品銷售額不如預期。廠商可以透過LED替代光源產品提高產品銷售及快速滲透市場，以替代市場爲發展目標，設計出外型與燈頭與傳統光源可以接軌的產品，以LED電燈泡爲代表。一般消費者可以使用來替代傳統光源，避免消費者導入使用的障礙，其產品單價雖較傳統光源爲高，但整體累計節能效果扣除裝設成本將可以超過傳統光源。不過受制於傳統光源與LED發光特性不同，要研發出光形與傳統光源完全一致LED電燈泡有其困難度，另外若外型與傳統光源一致，LED電燈泡的辨識度低。

二、字型燈/輪廓照明

字型燈/輪廓照明在2009年的營收約4千6百萬美元，占整體市場14%，爲LED照明第二大應用產品。此應用市場多是小型專案性質，全球性的大型連鎖企業爲其主要客戶，如BP、McDonald's和Wal-Mark。另外，字型燈/輪廓照明廠商絕大部分都為小型公司而且在地化。在美國，字型燈/輪廓照明廠商約有6千多家，但是其市場僅0.05億美元。預測到2013年字型燈/輪廓照明營收有機會成長至1億美元。

三、建築照明

建築照明為LED照明最大應用領域，佔整體市場45%，2009年營收約1.5億美元，因為其屬於商業照明領域，價格敏感度不像消費品市場，加上白光LED光通量及發光效率提升，其導入庭園路燈（Path light）、探照燈（Floodlight）、階梯燈（Step lights）、陽台燈等LED建築照明應用快速成長，預計至2013年其營收將成長至6.8億美元，佔LED照明全部營收的42%左右。

四、零售展示用照明

零售展示用照明約佔整體市場6%，2009年營收約1千9百萬美元。由於展示產品種類衆多，包括衣服、化妝品、食物、珠寶等等，利用不同的照明呈現出產品與衆不同的地方，便是首重的要務，所以零售展示用照明不但需要大範圍的照明，更需要能呈現出產品特色的光源。

LED在零售展示用照明領域中，主要有下列特色：(1)LED壽命長，能降低維護成本；(2)LED光色、色溫、演色性可變，能夠依被照體不同，選擇不同的光源，使展示的美學效果大幅提升；(3)LED光線中缺少紅外光及紫外光，能夠避免產品本身受到破壞；(4)LED成本較光纖低、效率較白熾燈高、演色性較螢光燈好。挾上述諸多優點，LED預計至2013年零售展示用照明營收將達1.9億美元，2007～2013年複合成長率為59%。如美國零售業領導廠Wal-Mark，亦積極將LED照明導入其業務流程，首先將500多家店面的冷凍櫃及冷藏櫃光源改為LED，預估每年可省超過260萬美元能源成本，較現有螢光燈少66%。其他美國零售業廠商如Kroger's、Whole Foods與Target等，於2008年開始計畫導入使用LED為光源的冷凍櫃。

五、消費者手持式照明

消費者手持式照明佔整體市場13%，200年營收約4千3百萬美元，為LED照明第三大應用。手電筒、閱讀燈及礦工燈等等，皆是消費者手持式照明。消費者手持式照明市場約10億美元，其中最大市場份額為手電筒，特別是在特殊及專業的手電筒滲透率將近30%，主要是因為此類手電筒使用者的價格敏感度相對較低，未來LED技術及價格的改進，將有機會擴大一般照明用手電筒的市佔率。預估至2013年消費者手持式照明營收將達8千6百萬美元。

六、居住用照明

居住用照明包括嵌燈（Recessed cans）、投射燈（Track lights）、吊燈（Pendants）等，不過因LED價格、產業標準未定，與光形、壽命、可靠度等技術仍有瓶頸，侷限LED在此市場的發展潛力。另外，在居住用照明上，消費者對於價格敏感度較高，使得LED於居住用照明滲透率仍低，於2009年營收僅爲680萬美元，佔LED照明市場僅2%。預計LED價格將在未來不斷降低以及技術持續成長，2013年LED居住用照明市場規模可望達到1.2億元左右，2007～2013年複合成長率達77%。

七、娛樂用照明

娛樂用照明主要是指在戲院、電視、現場音樂會、魔術秀，以及舞廳、俱樂部、招待所等地方，應用LED在聚焦燈、舞台的天幕燈或LED光條等，皆屬於娛樂用照明。在娛樂用照明領域，相較於傳統燈源；LED燈源的優勢在於LED光色、色溫、演色性可變以及壽命長等特性。2009年娛樂用照明營收約630萬美元，僅佔整體市場2%，預估至2013年營收將成長至6千9百萬美元，年複合成長率達61%。

八、機械影像/檢查

2009年機械影像/檢查照明佔整體市場4%，營收約1千3百萬美元。LED應用於機器影像/檢查主要優勢在於壽命長，此外LED可變化不同形狀，適合各種使用條件。預計2013年營收將成長至2千6百萬美元。

九、安全和保全照明

安全和保全照明佔整體市場4%，2009年安全和保全照明營收約1千5百萬美元，主要包括緊急照明及出口指示。由於此類應用照明已趨於成熟，美國與歐洲廠商轉爲負責設計，產品則移至成本較低的中國生產。所以中國已成爲最大製造國，然而出口指示燈市場已經趨近於飽和，因此未來LED出口指示燈市場將以取代及新的裝置市場爲主，預計至2013年LED安全和保全照明僅會小幅成長至1千8百萬美元。

十、離網型照明

LED離網型照明包括以風力、太陽能等獨立型（不併網）發電，也包括在船隻上的使用。2007年LED離網型照明營收僅880萬美元，而超過9成的營收來自於與太陽能結合的產品，發展較快的地區則是在美國及歐洲。另外值得注意的是，因爲發展中國家電網涵蓋率低且設置網絡成本較高，使用太陽能等獨立型發電系統可以省去鋪設線路的成本及困難，再結合節能的LED照明將可以改善偏遠落後地區照明使用。預估至2013年LED離網型照明營收可達5千8百萬美元，2007～2013年複合成長率爲46%。

十一、戶外照明

LED戶外照明泛指高速公路、道路和隧道等區域照明設備，包括路燈、街燈、停車場燈、公園燈等等。由於道路照明有駕駛安全的考量，需符合道路安全法規要求，LED目前光通量、發光效率與價格仍與高壓鈉燈有一段落差，因此2007年LED戶外照明市場規模僅0.8百萬美元，然而LED技術不斷成長、價格不斷下滑，且有長壽命的特色。加上2009 年全球大吹節能減碳風潮，2010～2014 年爲全球各國白熾燈禁產及禁用政策落實的高峰期，因此各國政府爲了響應後續政策落實，積極更換戶外傳統燈源，LED戶外照明未來發展極具潛力。

就區域別來看，目前中國爲LED戶外照明最大應用市場，主要是因中國爲扶植其LED產業，除在「十一計畫」中將LED照明產品名列爲第一重點發展領域，促使中央政府擴大新建LED 路燈的需求，更在2009年提出「十城萬盞」計畫大規模推廣LED路燈設置，以宣示其環保節能政策，中國LED戶外照明佔全球市場份額將持續攀升。

十二、商業/工業照明

商業/工業照明指的是應用於辦公室、飯店、餐廳及工廠等區域的照明設備，雖然此應用市場規模很大，但LED在此市場仍屬於早期發展階段，2009年LED商業/工業照明營收僅2千1百萬美元。此外，商業/工業照明已多數使用價格低且效率高的傳統光源，如螢光燈管等，LED在此應用市場，價格和發光效率並無競爭優勢，市場發展空間受到侷限。

9-2-3 台灣LED照明產業發展狀況

LED是台灣光電業中具有相當競爭力的產品，其產業鏈具有完整之垂直分工體系，從最上游的基板、磊晶、晶粒製程、封裝、模組到最下游的燈具照明均有發展成熟的產業體系，如圖9-8所示。由於進入時程早與產業分工體系大而完整，因此近年來在量產上常高居全球第一，但是因爲無法有效掌握基礎專利及關鍵技術而使得企業獲利空間被壓縮。

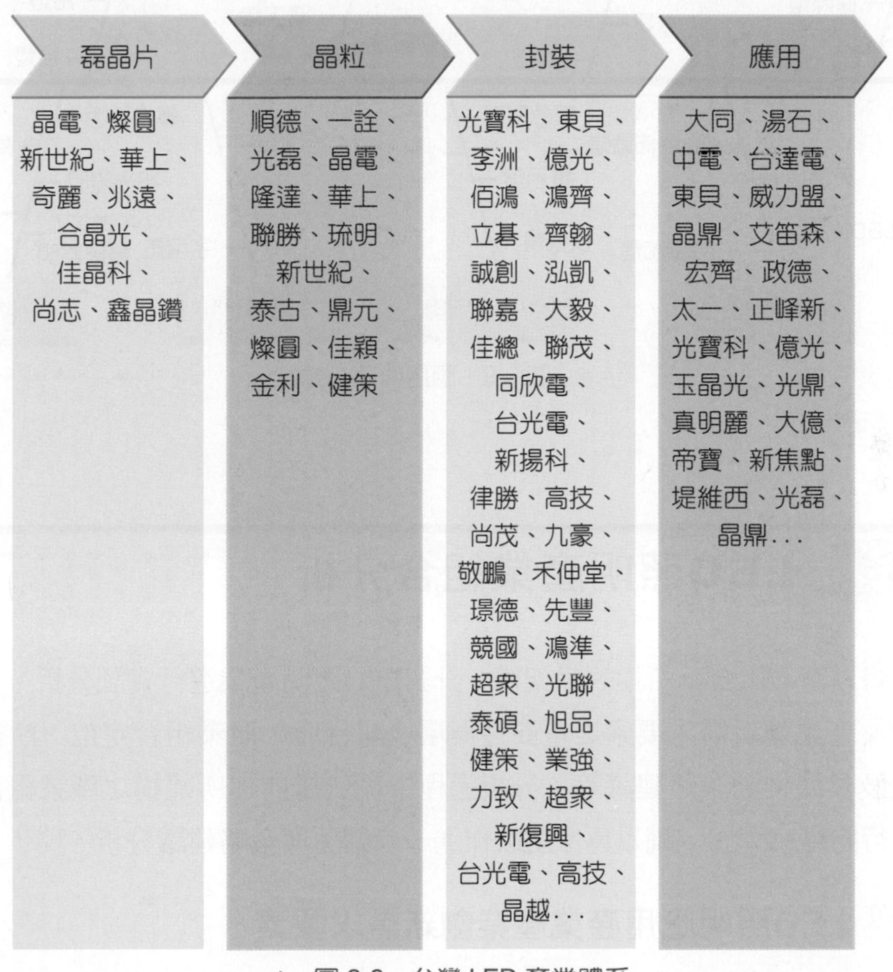

＊ 圖 9-8 台灣 LED 產業體系

資料來源：本研究整理

台灣在LED的技術以及產業上面的佈局是相當積極的，應用上面主要分爲建築照明、零售展示照明、消費者手持照明、居住用照明、娛樂用照明、安全保全照明、輪廓裝飾照明以及其他應用等，如圖9-9所示：而根據國際半導體設備暨材料協會（SEMI）表示，2011年全年台灣LED產值已經突破45億美元，今年可上看新台幣67億美元。放眼對岸在十二五推動照明和電視背光需求的驅動之下，台灣近200多家廠商完整產業鏈的LED產業，需要準備將到來的發展契機。

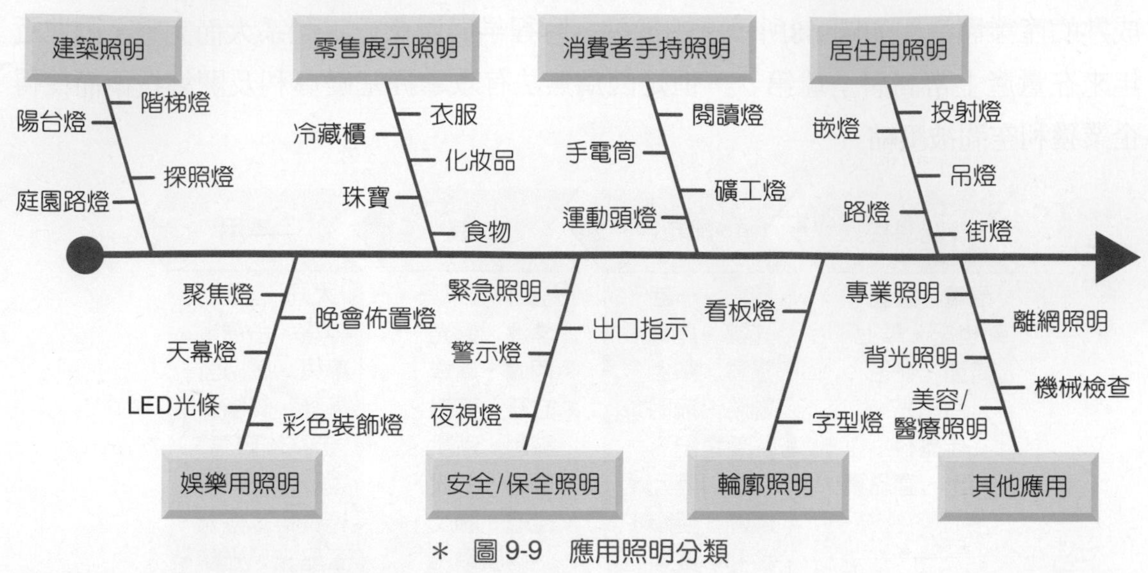

＊ 圖 9-9　應用照明分類

資料來源：本研究整理

9-3 LED照明產業組合分析

本章將以產業組合分析模式為架構，針對LED照明產業進行實証分析。分析內容主要包含：產業創新需求要素之重要性與環境配合度、產業組合定位、所需搭配之政策工具及具體推動策略建議等；分析過程中係依據前述所建構之產業組合分析矩陣與所進行的專家問卷，輔以專家訪談作進一步確認與策略建議分析。

9-3-1 LED照明應用產業產業創新需求要素

由問卷調查中可發現，目前LED照明產業發展中重要且產業環境配合不足的創新需求共有3個項目不足，包括有：

- 研究發展中之國家基礎研究能力。
- 研究環境中之具整合能力之研究單位及專利制度。
- 市場情勢中之策略聯盟的靈活運作能力。

至於目前LED照明產業中需要（1.5 > 要素重要性平均值 > 0.5 ），且產業環境配合度不足的創新需求資源則包括：

- 研究環境中專門領域的研究機構。
- 技術知識中之健全的設計資料庫系統。
- 市場情勢中之多元需求的市場。

以上之問卷結果圖所示；該雷達圖之外圈菱形圖樣表示產業創新需求資源之要素重要性，內圈方形圖樣表示產業創新需求資源之環境配合程度，而方框中所列舉之要素即前述LED照明目前顯著發展重要且環境配合度不足的創新需求資源。

由圖9-10可看出，目前LED照明業發展以財務資源與人力資訊配合較為充足，其餘的資源需求大多仍不足夠，因此相關產業環境配合程度仍有可加強提升之處；此外，現階段由於尚處產品與技術領導階段，因此在技術知識與市場環境兩項，亦明顯較為缺乏，需待持續加強。

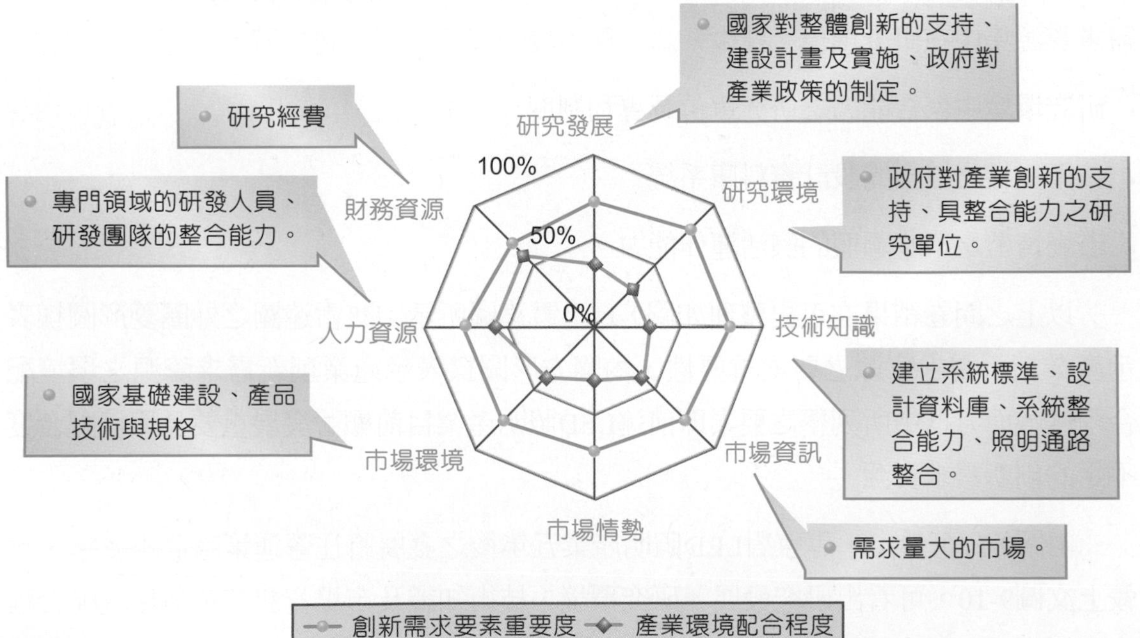

＊　圖 9-10　LED 照明產業目前創新需求要素重要度及其配合程度

資料來源：本研究整理

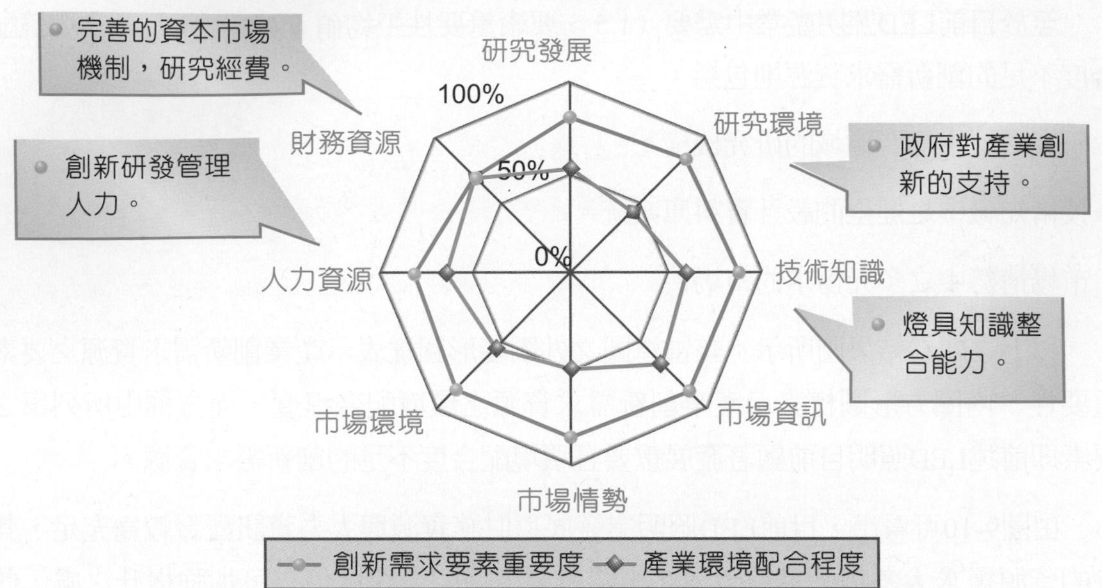

＊ 圖 9-11　LED 照明產業未來創新需求要素重要度及其配合程度

資料來源：本研究整理

由問卷調查可發現，未來LED照明產業發展中重要且產業環境配合度不足的創新需求資源集中在研究環境、技術知識、與市場情勢三大類，包括有：

- 研究環境中聚合能力之研究單位及專利制度。
- 技術知識之健全的設計資料庫系統
- 市場情勢之策略聯盟的靈活運作能力。

以上之問卷結果亦可再整理如圖9-11之雷達圖所示；該雷達圖之外圈菱形圖樣表示產業創新需求資源之要素重要性，內圈方形圖樣表示產業創新需求資源之環境配合程度，而方框中所列舉之要素即前述LED照明產業目前顯著發展重要且環境配合度不足的創新需求資源。

由圖9-11可看出，專家對LED照明產業五年後之發展將往營運策略群組邁進，比較上文圖9-10，可看出研究發展、研究環境、技術知識及市場資訊四項與環境配合程度大幅提高，惟由圖中亦可看出，對五年後的LED照明產業而言，研究環境、研究發展及技術知識三項發展將是一大關鍵，因此相關創新需求要素雖有所提升，但仍可列爲未來產業從業者重點提升之對象。

9-3-2 LED照明產業組合定位與策略方向

本節根據質性文獻研究與專家訪談之結論，於產業組合分析矩陣中定位LED照明產業目前與未來之產業定位如圖9-12。依此定位，根據前述章節所定位之產業創新需求要素矩陣分布，可分析各產業區隔的策略發展方向與所需資源如下。

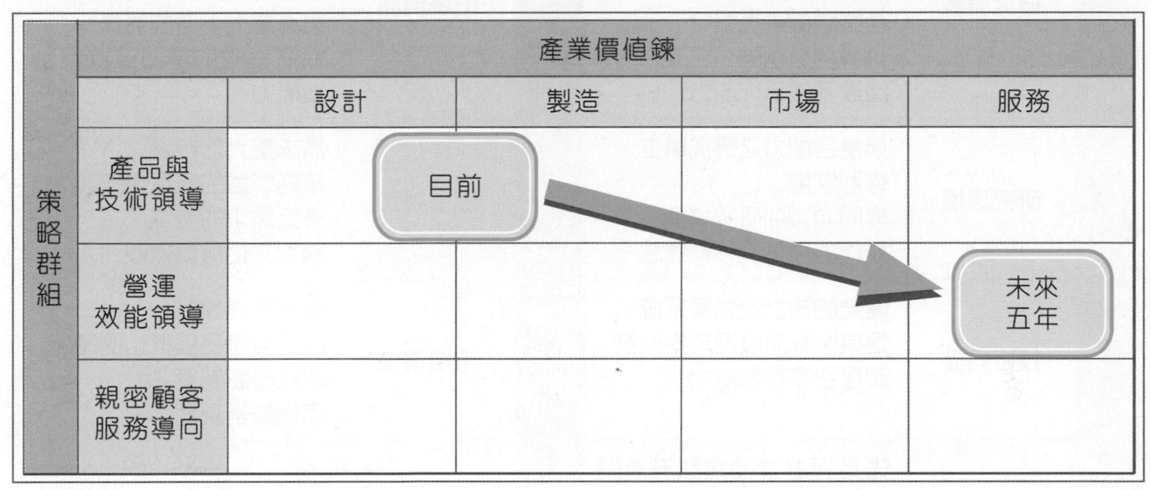

＊ 圖 9-12 LED 照明產業之產業定位與未來發展方向

資料來源：本研究整理

圖9-12中箭頭代表LED照明產業未來之發展趨勢，根據文獻調查結合專家意見，LED照明產業仰賴大量的市場需求，而台灣產業中，台灣LED照明產業目前處於「產品與技術領導」策略群組，預計未來五年逐漸往「營運效能領導」發展；在產業價值鏈的部分，台灣產業定位目前處於「設計」與「製造」兩階段之間，而專家認位未來五年的台灣產業發展方向則是定位往「服務」階段發展。

由於每個定位所需的創新需求要素也有所差異，加上各發展階段亦有不同之資源需求，因此利用前述第三章產業組合分析矩陣與產業創新需求要素之分布，可找出LED照明產業區隔於目前與未來五年發展所需的創新需求要素。見表9-2塗色部分表示由問卷分析所得重要且環境配合度不足之要素。

＊ 表 9-2 LED 照明目前定位與未來五年發展所需之 IIRs

	創新需求資源要素類型	創新需求資源要素		創新需求資源要素類型	創新需求資源要素
目前	研究發展	國家整體對創新的支持 製程創新能力 產官學研的合作 產業鏈的垂直整合 企業創新精神 國家基礎研究能力	未來	市場資訊	先進與專業的資訊流通與取得 專業顧問諮詢與服務 與產業上下游的關係 顧客導向的產品設計與製造能力
	研究環境	具整合能力之研究單位 專利制度 專門領域的研究機構 技術的引進及移轉機制		市場情勢	需求量大的市場 策略聯盟的靈活運作能力 多元需求的市場 國家文化與價值觀
	技術知識	健全的設計資料庫系統 燈具製程研發及成本監控 製程良率控制能力		市場環境	國家基礎建設 國家對產品標準化的制定 政府優惠制度 市場競爭規範
	市場資訊	先進與專業的資訊流通與取得 專業顧問諮詢與服務 與產業上下游的關係 顧客導向的產品設計與製造能力		財務資源	完善的資本市場機制 提供資金的融資體系 投資減免
	人力資源	國際市場拓展人員 研發團隊的整合能力 生產製造人員 品管人員		人力資源	國際市場拓展人員 研發團隊的整合能力 生產製造人員 品管人員
	財務資源	完善的資本市場機制 提供資金的融資體系 投資減免			

資料來源：本研究整理

9-3-3 LED產業政策組合分析

在調整產業走向的過程中，特別是整體產業目標大方向的轉變，政府的力量具有舉足輕重的角色，若在轉型期中政府的配套措施能恰如其份的彌補民間企業力量之不足，轉型不但容易成功，難以避免的損失及延遲也可以控制在最低的水準。若是政府的力量配合不足或是方向錯誤，不但可能錯失轉型的最佳時機，更往往造成產業持續萎縮等等更爲嚴重後果。

＊ 表 9-3 LED 照明產業環境配合顯著不足之政府政策工具（目前狀況）

創新需求類型	配合度不足之創新需求要素	政策工具	附註
研究發展	國家基礎研究能力	科學技術與開發、教育與訓練	●
研究環境	具整合能力之研究單位	科學與技術開發、教育與訓練	●
	專門領域的研究機構	科學與技術開發、法規與管制	
技術知識	健全的設計資料庫系統	科學與技術開發、資訊服務	
市場情勢	策略聯盟的靈活運作能力	政策性措施、貿易管制、海外機構	●
	多元需求的市場	政策性措施、貿易管制、海外機構	

資料來源：本研究整理

＊ 表 9-4 LED 照明產業環境配合顯著不足之政府政策工具（未來五年）

創新需求類型	環境配合度不足之創新需求要素	政策工具	附註
研究環境	具整合能力之研究單位	科學技術與開發、教育與訓練	●
	專利制度	法規與管制	●
技術知識	健全的設計資料庫系統	科學與技術開發、資訊服務	●
市場情勢	策略聯盟的靈活運作能力	政策性措施、貿易管制、海外機構	●

資料來源：本研究整理

本研究在進行專家問卷統計檢定後發現，專家們認為重要的產業創新需求要素，其重要的程度與所對應的政策類型的配合程度往往並不對稱，亦即重要的產業創新需求要素政府並不重視，或是雖想配合但餘力不足。因此本研究根據LED照明產業環境配合程度及政策組合分析結果，歸納出LED照明產業環境配合顯著不足之政府政策工具。以表9-3 LED照明產業環境配合顯著不足之政府政策工具（目前）、表9-4 LED照明產業環境配合顯著不足之政府政策工具（未來五年）來表示。

因此，根據前述之分析，本研究可歸納出LED照明產業目前與未來發展時政府應投入之重點政策工具，此些政策工具可用以加強發展對此產業重要但環境配合度不足之創新資源，協助既有廠商進行創新與產業升級。

9-3-4 產業管理意涵分析

前面小節中指出台灣LED照明產業在策略群組中的定位，目前是處於「產品與技術領導」階段，在產業供應鏈上則是介於「設計」及「製造階段」，根據專家問卷結果，發現在產品與技術領導策略群組中，研究發展中之國家基礎研究能力；研究環境中之具整合能力之研究單位及專利制度；技術知識中之健全的設計資料庫系統；市場情勢中之策略聯盟的靈活運作能力等五項將是產業發展管理重點。下列將四項創新需求要素結合第四章產業分析內容加以闡述：

(一) 國家基礎能力：爲了要推行LED照明的普及，政府可以建立前瞻之核心技術研究單位，掌握電極材料，光學或散熱等核心技術。 定期分不同需求層面，舉辦凝聚產業與政府共識之座談會，或由學研各單位開闢綜合性訓練課程，讓技術人才進行交流。

(二) 具整合能力之研究單位：成立應用開發中心；整合學術界及產業界資源並推廣應用、技術移轉 重點支持具有競爭優勢的實驗室與研究機構

(三) 專利制度：提高專利審查人員素質與加速專利審批速度並建立專利地圖，修訂我國專利法，使其與國際標準接軌。培養LED道路照明系統整合驗證測試、計價應用推廣、專利申請等後端之技術服務人員。

(四) 健全的設計資料庫系統：鼓勵產學界投入相關技術資料庫的研究及資料庫建立。專業光機電技術資訊取得管道的建立以及增加資訊流通性。

9-4 結論與策略建議

本研究透過問卷調查、專家訪談及統計方法的分析，針對台灣LED照明之產業創新需求資源、產業創新需求要素、產業定位及產業環境支持度，提出目前及未來五年政府在協助發展LED照明產業時，所能夠相對應之政策。

9-4-1 結論

一、目前狀況

目前台灣LED照明產業的狀況來看，經過統計結果分析，得出目前產業定位中創新需求資源配合度顯著不足之產業創新需求資源有下列幾項：

(一) 研究發展；

－國家基礎研究能力

(二) 研究環境

－具整合能力之研究單位

－專門領域的研究機構

(三) 技術知識

－健全的設計資料庫系統

(四) 市場情勢

－策略聯盟的靈活運作能力

－多元需求的市場

因此本研究顯示，對於發展LED照明產業，台灣在許多方面的創新要素上的資源配合度略顯不足。政府若欲持續發展LED照明產業，應針對國家基礎研究能力之科學與技術開發、教育與訓練；具整合能力之研究單位之科學與技術開發；專門領域的研究機構之科學與技術開發、教育與訓練；健全的設計資料庫系統的科學與技術開發、資訊服務；策略聯盟的靈活運作能力的政策性措施、貿易管制、海外機構；多元需求的市場之政策性措施、貿易管制、海外機構這些細項爲目前產業定位中專家認爲非常重要但國家配合極爲缺乏之政策工具。

由統計結果顯示，可看出台灣LED照明產業以研究發展與技術知識尤其缺乏，根據專家的判斷，充分顯示出LED照明產業鏈，雖然在台灣垂直產業結構成熟，但是環境面對於核心照明技術科技之研究發展與技術知識仍然嫌不足。就目前而言應該透過政府產業的制定及對技術研發的鼓勵，培養產業基礎技術實力來帶動台灣整體LED照明產業的發展；而後根據未來五年需要，且目前配合度不足的要素進行規劃，以因應未來產業發展需求。

二、未來五年狀況

未來台灣LED照明產業的狀況來看，經過統計結果分析，得出未來定位中產業創新需求資源配合度顯著不足之產業創新需求資源有下列幾項：

(一) 研究環境

－政府對產業政策的制定

－專利制度

(二) 技術知識

－健全的設計資料庫系統

(三) 市場情勢

－策略聯盟的靈活運作能力

根據上述資料，我們可以發現LED照明產業在未來定位中產業創新需求資源配合度顯著不足之產業創新需求資源，與目前產業定位中創新需求資源配合度顯著不足之產業創新需求資源相比較相對充足許多，這是因為台灣半導體產業原本就高度具備LED相關技術，但若往燈具本身而言，則需要更多的技術含量投入，若是政府能提出相關技術整合機制、擴大市場需求、協助制定產業標準與規格，擴大燈具設計資料庫，台灣廠商將有機會在終端燈具的市場中取得發展機會。而國內電費的調整以及增加LED照明採用的補助可以帶動LED照明的更換滲透，這將對國內燈具廠商投入技術研發並推出足夠性價比的LED照明來進入鄰近的開發中國家，取得需求面要素及LED照明產業的整體發展。

9-4-2 產業創新要素所需之政策策略

根據前節所歸納分析之重要政策工具，本節可依此結果進一步分析此些政策工具背後的對應推動策略；因前述政策工具均屬一般性之定義，當政府面對不同產業之特性時，將有不同之具體作法與政策設計細節，因此，本研究根據前述研究結果，進行進一步專家訪談，探討此些政策工具於LED照明產業中所對應的推動細節，建構不同政策工具對應的具體政府推動策略。

表9-5即本研究專家訪談之整理結果，此表係選擇前節所分析環境配合度不足之產業創新需求要素，根據發展此些要素所需的政策工具，詳列與其相關的具體推動策略或政策設計內容；此些推動策略是根據LED照明產業之特性而列，其中部份已屬政府投入中之政策細項，另有部份則為尚未投入、可列為未來優先選項之推動策略。同時，由於政策之投入屬政府長期之資源規劃，亦無法於短期內窺得成效，因此表9-5係綜合前述目前與未來之需求情形，不再區分目前與未來兩不同情境討論。

＊ 表 9-5 LED 照明產業所需之具體政府推動策略

創新需求資源類型	產業創新需求要素	具體政府推動政策
研究發展	國家基礎研究能力	• 建立前瞻之核心技術研究單位，掌握光學、機械、電學等核心技術（科學技術與開發） • 定期舉辦各需求層面，產業界與政府溝通共識之座談會（科學技術與開發） • 由各研究及學術單位開闢綜合性訓練課程，讓技術人才進行交流（教育與訓練） • 鼓勵基礎研究，獎勵相關領域優秀學生出國學習高新技術（教育與訓練）
研究環境	具整合能力之研究單位	• 成立應用開發中心，整合學術界與產業界共同資源，透過各種應用開發計畫將技術提昇並加以整合（科學與技術開發）
	專門領域的研究機構	• 建立產學合作顧問機制。如：開放國內外教授與中科院、中研院研究人員至科技產業兼職顧問（科學與技術開發） • 獎勵學術單位的研究計畫，專注國家產業政策與發展核心。 • 鼓勵研究機構與國際大廠合作，運用台灣產業鏈優勢，獲取最新業界技術。
	專利制度	• 國內專利機構需瞭解 LED 照明的創新程度、國際間的趨勢及競爭情形。
技術知識	健全的設計資料庫系統	• 產學合作，開發符合 LED 光源需求的光機電的資料庫。
市場情勢	策略聯盟的靈活運作能力	• 推動國內廠商與國外大廠簽訂專利交互授權，以突破產品開發專利技術限制。 • 提供與國外大廠合資時技術移轉的租稅優惠。
	多元需求的市場	• 與國外簽訂貿易協定，如 TIFA 等。（貿易管制） • 設立 LED 相關機構協助海外市場的開發。（海外機構） • 拓展應用市場，依附大市場以尋求成長（政策性措施） • 鼓勵並協助中小型企業合併或聯盟，來創造綜效。（政策性措施）

資料來源：本研究整理

問題與討論

習題一

問題：請簡單繪出 LED 產業流程圖。

習題二

問題：讓 LED 照明應用得以普及的兩個主要因素為何？

習題三

問題：LED 照明應用前三名分別是哪三種，並簡單介紹。

習題四

問題：台灣 LED 照明產品大概可以分為哪幾類？

習題五

問題：本章利用產業組合分析 LED 照明產業於目前與未來的策略定位分別為何？

參考文獻

英文部分

1. Goetzeler, M.（2008）. Images of the Future of Lighting. Munich: Osram.

2. West, J & Sanders, M.（2011）. Product Snapshot: LED Replacement Lamps. Lighting Facts a program of the U.S. DOE, Prepared by: D&R International, Ltd. http://www.lightingfacts.com/downloads/LF_Product_Snapshot_May_2011.PDF

3. U.S. Department of Energy.（2012）. Solid-State Lighting Research and Development: Multi Year Program Plan.
http://apps1.eere.energy.gov/buildings/publications/pdfs/ssl/ssl_mypp2012_web.pdf

中文部分

1. 工研院產資中心（IEK）（2010）。高亮度LED市場現況。新竹縣：工研院產經中心。

2. 光電科技工業協進會（PIDA）（2006）。次世代LED光源產業科技與市場戰略2006。台北市：光電科技工業協進會（PIDA）。

3. 李芷氤（2011）。LED成為日本照明產業明日之星。新竹縣：工研院產經中心，產業服務－產業情報網。

4. 林志勳（2008）。白光LED發展現況與展望。新竹縣：工研院產經中心。

5. 林德政（2010）。消費者選購LED室內照明燈之關鍵評估因素。中華大學經營管理研究所碩士論文，未出版，新竹市。

6. 孫慶城（2011）。LED的發展與照明技術應用趨勢。前瞻科技與管理 1卷2期，1-23頁。

7. 徐作聖、王仁聖、彭志強（2010）。新興能源產業及發展策略。台北市：華泰。

8. 彭登宏（2013）。LED白光照明需求之動態擴散分析。國立成功大學工業與資訊管理學系專班碩士論文，未出版，台南市。

9. 黃孟嬌（2008）。LED照明市場發展動向與挑戰。新竹縣：工研院產經中心。

10. 黃孟嬌（2010）。日本LED燈泡熱賣因素分析。新竹縣：工研院產經中心，產業服務－產業情報網。

11. 黃孟嬌（2011）。LED照明市場發展動向與挑戰。新竹縣：工研院產經中心。

12. 黃雅琳（2010）。掌握全球LED照明發展動向及契機。拓墣產業研究所。

13.楊雲鎮（2012）。LED照明應用產業之策略研究。國立交通大學科技管理研究所碩士論文，未出版，新竹市。

14.經濟部投資業務處（2008）。LED產業分析及投資機會。台北市：經濟部。

網站部分

1. IMS research. http://www.imsresearch.com/index.php

物聯網服務聯盟策略

學習目標

★ 分析歸納物聯網服務產業創新的觀點
★ 尋找物聯網系統服務產業的服務價值活動與外部性資源
★ 提出各種服務模式未來發展的經營策略

10-1 物聯網介紹

10-1-1 前言

未來網際網路的發展趨勢不再是上億條信息的發送與接收，而是上億件物品之間在其所有者和其他服務方的協助下彼此之間相互連接和交流的「物聯網」（通信世界網，2013）。物聯網是繼電腦、網際網路與行動通訊網之後的世界資訊產業第三次浪潮。據研調機構預測，到2020年，物聯網業務與互聯網業務之比將達到30比1（Aigner, 2008）。在中國，據預測，2013年物聯網整體市場規模將達到近5000億元；至2015年，達到7500億元，至十二五末，年複合增長率將超過30%（工研院，2011）。物聯網將成爲全球資通訊行業的萬億元級新興產業。其巨大的市場潛力不容小覷（通信信息報，2013）。

物聯網的創新是應用集成性的創新，需要一個通用性強的技術服務平臺。藉由傳感技術研發商、電信營運商、系統整合商、軟硬體設備及內容供應商等協同合作來構成一個完整的服務解決方案（中國科學報，2013）。隨著產業趨向成熟，一個通用性強的技術服務平臺能解決不同設備接口、不同互聯協議。集合多種服務的通用性技術平臺將是物聯網產業發展成熟的結果（屈軍鎖，2010）。一個商業模式記述了一個產業本身用來更好地理解或用來開發一個新的或設計一個新的模型。服務模式亦然，一個成熟的服務模式有等同於商業模式的投入、產出和組成架構，並以某種合作方式組合提供價值服務（通信資訊，2013）。物聯網產業更需如此，將原有傳統單一服務模式更新升級、規模化、快速化、驅動跨領域的多元應用，關鍵就是建立一個多方共贏的服務模式。這也是推動物聯網長遠有效發展的核心動力；也是讓建設物聯網產業鏈的系統服務企業資源共享、互補有無，實現多方共贏的競合模式（中國工控網，2012）。

不管從政策面、環境面和市場面來看，發展物聯網是必然的趨勢。儘管全球各先進國家推動物聯網相關產業發展的早，但至今仍偏向由大規模的電信營運商主導的局面（經濟參考報，2010）；而亞洲市場如中國大陸、日本、韓國、台灣等皆處起步階段，產業鏈資源較分散、各環節廠商僅止於該專業領域孤軍奮戰，無法形成建全的物聯網產業體系（中國億指通物聯商務管理平台，2011）。其中，在發展過程中面臨主要需要解決的現實問題如下：(1)安全和隱私問題；(2)規模化和標準化未形成；(3)技術應用成本高；(4)營運模式不明朗。

特別是在產業鏈的各個環節上所涉及到的各層面標準不統一，如從製造業到軟體業再到運營業、從感測器到平臺介面再到數據傳輸的格式等，物聯網標準的缺失形成各層領域壁壘的存在，阻礙創新多元應用的發展，以致整個產業難以規模化（尹立莉、胡偉成，2010）。另外，基礎系統服務廠商如傳感技術研發商、電信營運商、系統整合商、軟硬體設備及內容供應商等也未形成成熟穩定和有利可圖的合作模式，不僅制約發展也提高了產業上下游受益的相當不確定性（中國產經新聞，2009）。雖然物聯網有可能在近幾年呈現跳躍性發展的新興產業，但要實現全球規模化應用，本研究認爲在政府政策的驅動下，應建立一有效、創新的物聯網產業鏈通用性服務平台的合作模式來作爲物聯網應用發展的主要支撐關鍵。藉由基礎系統服務企業建立一個多方共贏的合作模式，是推動物聯網發展的核心問題（中國網，2012；Jonninen, 2011）。

因此，本研究將針對此方向，藉由國外主要國家現行及相關文獻提出的物聯網產業各環節相關系統服務企業之合作模式，來探討要形成一個物聯網系統服務企業結盟的共贏模式，其目前與未來的企業策略定位，和建構物聯網各大主要系統服務企業發展合作模式所需具備的企業內部服務價值活動與外部資源。以期能對物聯網相關系統服務企業建立一跨領域資源共享、互補有無的服務生態體系及在推動物聯網應用規模發展上盡一微薄之力。

10-1-2 物聯網定義

物聯網（Internet of Things，IOT）一詞，最早由國際電信聯盟（International Telecommunication Union，ITU）於2005年所發布的報告「The Internet of Things」中提出，係指在網路化的時代下，除了人跟人之間可以透過網路相互聯繫、人也可透過網路取得物件的資訊外，物件與物件之間可以互通的網路環境（Hase, 2012）。換而言之，物聯網時代代表著未來資訊技術在運算與溝通上的演進趨勢，而這樣的演進過程中將會需要各式各樣領域的技術及科技創新來帶動，小從奈米科技、大至城市無線網路的佈建，其影響範圍相當廣泛（Michahelles, 2012）。物聯網概念這幾年可謂是炙手可熱，以物聯網家電爲例，從狹義上看，物聯網家電是指應用了物聯網技術的家電產品。從廣義上講，是指能夠與互聯網聯接，通過互聯網對其進行控制、管理的家電產品，並且家電產品本身與電網、使用者、處置的物品等能夠實現物物相聯，通過智慧的方式，達成人們追求的低碳、健康、舒適、便捷的生活方式（電子時報，2012）。

從發展趨勢來看，物聯網的發展可分爲「時間」（Time）、「地點」（Place）與「物件」（Thing）三個維度，隨著物聯網發展的趨於成熟將創造出所有物件皆可在任何時間、任何地點相互溝通的環境（資策會產業情報研究所，2009；Smith, 2012）。其涵蓋了「感知層」、「網路層」及「應用層」三大層次架構，如圖10-1所示。

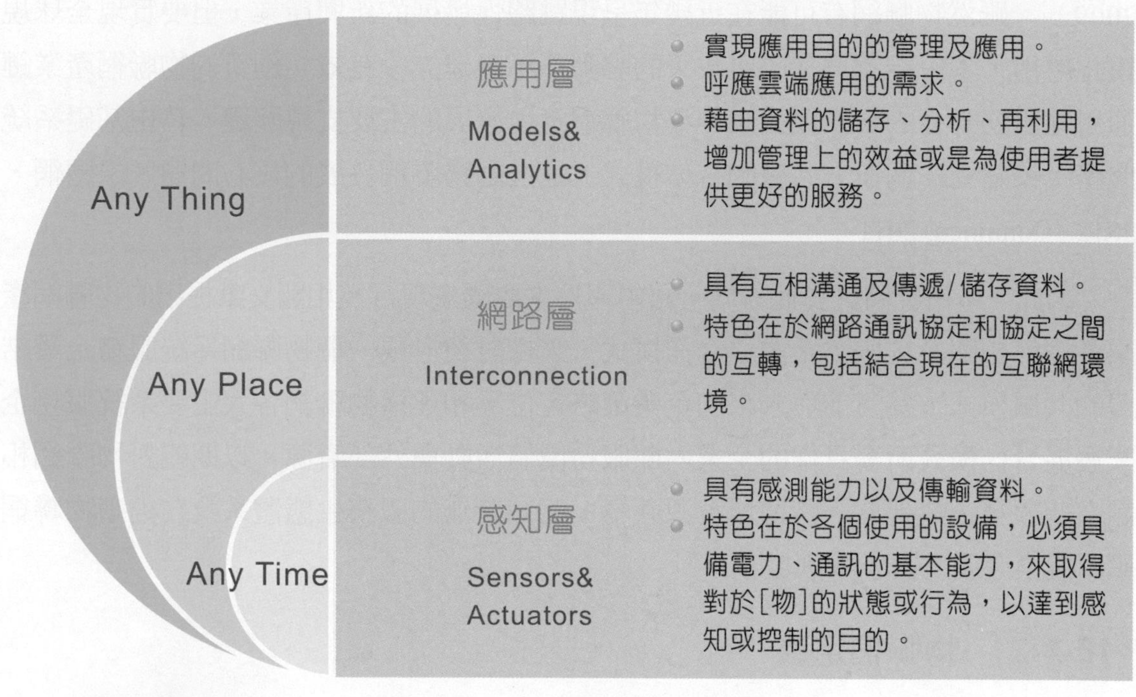

＊ 圖 10-1　物聯網架構三大層次

資料來源：李達生等（2012）

一、物聯網（IOT）定義：

物聯網（IOT）文獻定義整理如表10-1所示。

＊ 表 10-1 物聯網定義文獻整理

出處	年份	定義
國際電信聯盟（ITU）	2005	物聯網主要解決物品與物品（Thing to Thing,T2T）、人與物品（Human to Thing,H2T）、人與人（Human to Human,H2H）之間的互連。
Gartner	2012	物聯網是指如何將傳感器和信息加到消費者裝置或實體資產等連於網絡的實體對像上來擴大網絡範圍的概念。
物聯網核心技術、原理與應用，李達生等	2012	物聯網是讓所有物品都能連上網際網路，以物體資訊為主，利用網際網路功能，達成即時查詢、遠端控制、遠端監控以及智慧管理等等功能，達成多項加值應用，達成「全面感知、可靠傳遞、智慧處理」三大特徵的智慧生活境界。包括感知層、網路層和應用層三大層次。
中國物聯網校企聯盟	2013	當下幾乎所有技術與計算機、互聯網技術的結合，實現物體與物體之間：環境以及狀態信息即時的共享以及智能化的收集、傳遞、處理、執行。廣義上說，當下涉及到信息技術的應用，都可以納入物聯網的範疇。

資料來源：本研究整理

二、物聯網主要成因包括（張鐸，2010）：

(一) 嵌入式的傳感器：行動裝置和愈來愈多的地點與對像被嵌入用來偵測和通知異動的傳感器。

(二) 影像辨識：影像辨識技術是用來辨識對消費者和企業具有價值意義的對象、人物、建築物、地理標示與其他事物。智能型手機和平板計算機安裝相機的趨勢，將此技術從原本主要用於產業的應用程序轉爲針對龐大消費者與企業的應用程序。

(三) 近距離無線通信（Near Field Communication或NFC）付費：NFC技術讓用戶只要將手機在兼容的卡片閱讀機前面搖晃一下即能付費。一旦NFC被嵌入臻於臨界量的手機內新增付費功能，公共運輸、航空業、零售業及醫療保健等產業會跟進開發可運用NFC的其他領域，以提高效率和客服質量。

10-2 物聯網系統與物聯網策略聯盟模式

10-2-1 物聯網系統商業模式

物聯網是一個非常大的概念，必定是一場大的技術和商業模式的革命，將會產生許多適應商業模式革命的技術創新（電子時報，2011）。所謂的服務模式，是指在一定的外部政策、技術、市場需求環境下，於不同發展階段所體現出的一種系統體系，體系中的主要內容包括各個主體在系統當中的定位，主體自身的價值活動（產品、服務、渠道策略、商業活動等），各個主體之間的關係以及其中價值流、資金流、信息流和物流的作用情況（台灣區電機電子工業同業工會，2011）。

參照國外發展物聯網主要國家現行及目前新興國家發展之特點，將發展物聯網系統服務模式的構成要素依目標客戶、網路結構及應用定位、產業鏈、收入分配機制和成本管理4個部分作分析（台灣區電機電子工業同業工會，2011；范鵬飛等，2011）。

一、目標客戶

依行業應用角度來看，物聯網的目標客戶分類如表10-2所示。

＊ 表10-2 物聯網的目標客戶分類

類型	具體領域
公共服務	政府、海關、消防、水電、天燃氣等公共設施。
社會服務	廣播影視、醫療救助、體育場館、文化團體等
商業服務	旅遊、娛樂、餐飲、物流、銀行、保險、證券等
企業集團	油田、礦井、農林、牧漁、房地產等
貿易運輸	公車、租賃、郵政快遞、倉儲物流、水運、航空等
大型活動	展覽會、運動會、大型會議、博覽會等
個人用戶	大眾社團家庭成員私人俱樂部等

資料來源：台灣區電機電子工業同業工會（2011）；范鵬飛等（2011）

二、網路結構及應用定位

從應用的角度可對物聯網進行如下定位：它利用互聯網、無線通信網絡資源對所採集的信息進行傳送和處理，是智能化管理、自動化控制、信息化應用的綜合體現。物聯網的主要應用類型如表10-3所示。

＊ 表 10-3　物聯網的主要應用類型

應用分類	用戶	典型應用
數據採集	公共基礎設施 機械製造業 零售連鎖行業 質量監管行業	水電行業的遠程抄錶 公共停車場 環境監控、倉儲管理 產品質量監管、貨物信息跟踪
環境監控	醫療行業 機械製造業 建築業 公共基礎設施 家庭	醫療監控 危險源監控 數字城市 智慧校園 家居監控、智能電網
日常便利	個人	手機支付、智能家居
定位監控	交通 物流	出租車輛定位監控 物流車輪定位監控

資料來源：台灣區電機電子工業同業工會（2011）；范鵬飛等（2011）

三、物聯網產業鏈

物聯網產業的基本構成如圖10-2，進一步整理出價值鏈如圖10-3。物聯網發展初期，終端設備提供商確認目標客戶需求後便尋求應用開發商，並開發差異化應用，二者共同組成最終設備提供商，共同擔當系統集成商的角色；通信運營商則負責提供配套的運營平台。這種由最終設備提供商主導的結構，雖然能滿足客戶對終端的個性化需求，但產業內部的市場較零散，業務功能較單一，尚處於培育階段，系統的可靠性及安全性很難得到有效保障。因此，未來產業鏈中的主導者將逐漸向其他成員傾斜，並且產業鏈各方要既競爭又合作，才能實現整個產業持續穩定發展（Vermesan, 2009）。

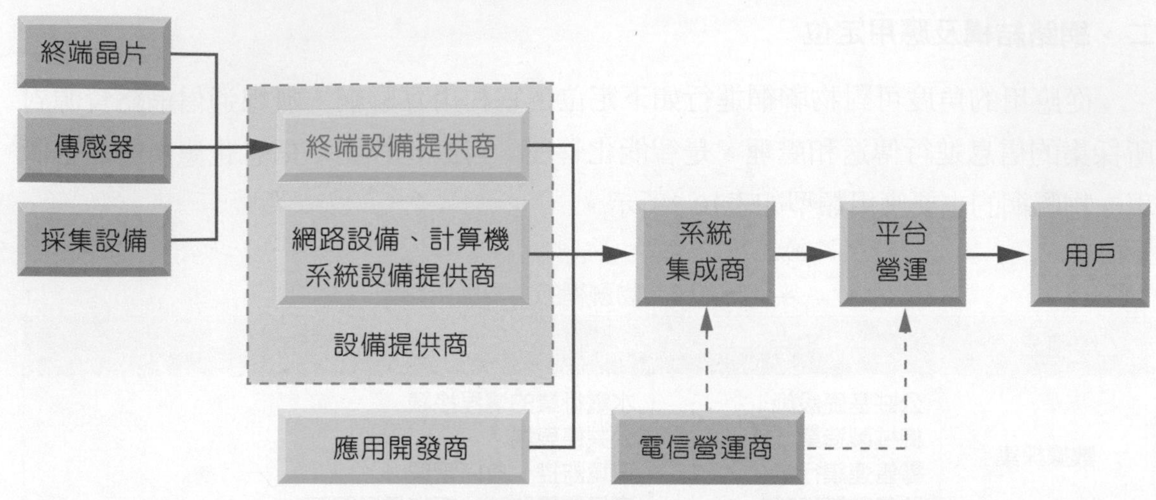

＊ 圖 10-2　物聯網產業鏈的基本構成

資料來源：15. 劉多（2012）；范鵬飛等（2011）

上游（基礎建設）			中游（平台）		下游（應用服務）
標準研究	元件製造	設備與集成	網路營運	終端產品	應用服務
技術研究 政策研究 應用研究	RFID 通訊晶片 傳感器 GPS 通訊軟體 其他設備	系統設備 系統集成 平台與軟體	無線網路 電信網路 物聯營運	家用終端 個人終端 邊緣終端 終端設計	城市管理 環境監制 農業控制 遠程醫療 智慧家庭

傳感器/晶片廠商 → 通信模塊提供商 → 電信營運商 → 中間件及應用 → 系統集成商 → 軟硬件提供商 → 應用集成商

＊ 圖 10-3　物聯網產業鏈的基本構成

資料來源：本研究整理自 Fleisch（2010）

四、商業模式

商業模式要指明各參與者及其角色、潛在利益和收入的來源。商業模式必須明確向顧客提供什麼樣的價值，向哪些客戶提供價值，如何為提供的價值定價，如何提供價值以及如何在提供的價值中保持優勢（陶冶，2010）。

實際上，商務模式是連接技術開發和經濟價值創造的一種媒介。其功能包括：明確價值主張、確定市場分割、定義價值鏈結構、估計成本結構和利潤潛力、描述其在價值網絡中的位置、闡明競爭戰略。商業模式調和價值創造過程的構造，闡明價值以合適的成本交付給顧客的經濟邏輯。由衆多構成要素組成，包括：價值體現，公司通過其產品和服務向消費者提供的價值；市場機會，公司鎖定的目標市場，消費者目標群體市場的容量；贏利模式，公司通過各種收入流，來創造財富的途徑；營銷渠道，公司接觸消費者的各種途徑，市場的開拓；客戶關係，公司同其消費者群體之間所建立的聯繫；價值配置，公司資源和活動的配置；核心能力，公司執行其商業模式所需的能力和資格；管理團隊等。

10-2-2 物聯網主要參與者及合作關係

承續前一小節，茲將全球物聯網產業各環節的主要參與企業整理，如表10-4所示。

＊ 表 10-4 全球物聯網產業各環節的主要參與企業

產業鏈環節	主要參與者
測試證證商	7Layer, CETECOM
晶片製造商	德州儀器，高通，意法半導體，飛思卡爾，Jennic
通信模組商	摩托羅拉，Telit, Sierra Wireless, Warecom, Enfore, Opto 22, CalAmp
網絡運營商	Orange, Vodafone, AT&T, Telenor, NTT DoCoMo, SK 電信，T-Mobile, Telefonica O2, Verizon Wireless
方案提供商	Palantiri System, M2MV, LogiSync, Tata Consultancy Services
系統集成商	IBM, Accenture, Atos Origin, Airbiquity, Sensicast, Capgeini, CSC, Deloitte, HP, Logica
應用服務商	Jasper Wireless, Aeris, Numerex, KORE, Wyless, Maingate, CrossBridge
應用設備／軟體商	Tridium, M2M DATA, Axeda, Red Bend, Vianet

資料來源：本研究整理自國脈物聯網技術研究中心（2011）；資策會產業情報研究所（2011）

物聯網水平整合素求在於各行業和部門間的協調合作，滿足跨行業、跨地區的應用；垂直鏈整合則要確保網絡架構層面的互聯互通，信息獲取、傳輸、處理、服務等環節標準的配套（如圖10-4所示）。

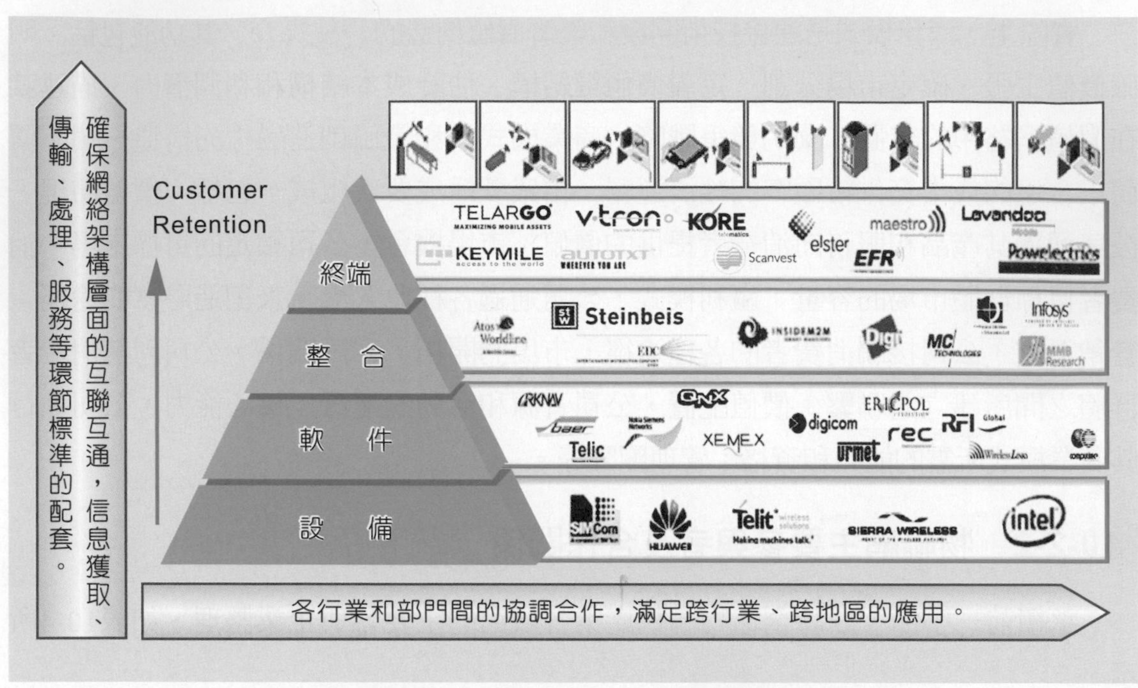

＊ 圖 10-4 物聯網垂直和水平合作關係企業

資料來源：本研究整理自資策會產業情報研究所（2011）；台灣經濟研究院（2010）

10-2-3 物聯網主要策略聯盟模式

本研究專注在物聯網產業與生產鏈各環節系統服務企業彼此間合作服務模式，因此將未來物聯網感知層、網絡層、應用層中主導系統服務企業彼此合作的主要類型歸納出下列四大主要服務模式，將以此四大服務模式爲本研究主架構：

一、模式A—政府BOT：

即項目運營商在政府特許下自建傳感終端、標誌及開發業務應用，特許期滿後移交給政府並由政府指定專門的機構負責運營，或者繼續指派給項目運營商全權負責，通信運營商則提供相應的平台支持其推廣業務應用（如圖10-6所示）。政府獲得社會效益，運營商則賺取相應的利潤。例如：貝爾信天津公司與當地政府合作天津信息化建設及與株洲高新區簽訂項目進區合同，和株洲政府打造「株洲智慧城市」。

	感知層	網路層	應用層			
	傳感器集成商	運營商	系統集成商	軟硬體集成商	軟體內容集成商	應用領域
A. 政府BOT模式		V				交通、民生等公共事業
B. 運營商合作推廣模式	V	V	V			所有行業
C. 廣告模式		V	V		V	定位類智能家居、車載GPS
D. 軟硬體集成模式		V		V		位置服務、智能物流、智能家居

＊ 圖 10-5 物聯網企業結盟四大主要模式

資料來源：本研究整理自周洪波等（2012）、鄭欣（2011）、陶冶（2010）

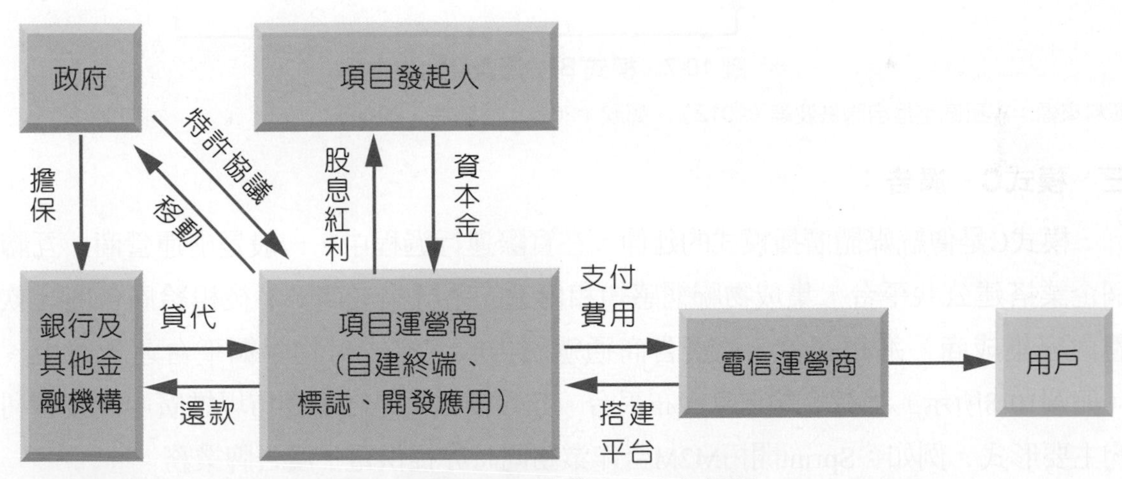

＊ 圖 10-6 模式 A —政府 BOT

資料來源：本研究整理自周洪波等（2012）、鄭欣（2011）、陶冶（2010）

二、模式B—運營商合作推廣：

這類商業模式體現爲雙主體，即運營商與系統集成商或相關的服務提供商合作。（如圖10-7）系統集成商開發業務，電信運營商負責業務平台建設、網絡運行、業務推廣及收費。電信運營商一般占主導地位，同時也是其進入物聯網市場的主流模式。例如：北歐電力輸送公司Fortum Distribution和Telenor電信運營商合作的家用電錶管理方案。

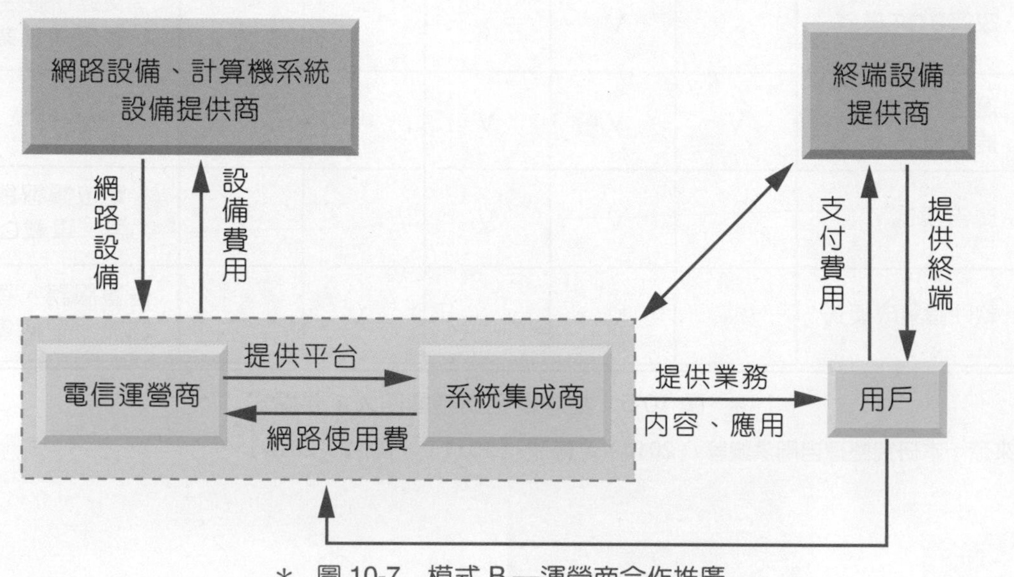

＊ 圖 10-7 模式 B —運營商合作推廣

資料來源：本研究整理自周洪波等（2012）、鄭欣（2011）、陶冶（2010）

三、模式C—廣告：

模式C是傳統媒體廣播模式的延伸，在實際運行過程中，一般是由運營商、互聯網企業搭建公共平台，集成物聯網感知和傳遞的系統集成商，然後租給廣告商（軟體內容集成商）進行運營，而廣告商通過廣告收入來支付物聯網平台運營費用。（如圖10-8所示）爲綜合類信息發布平台。該類模式，是物聯網市場推廣中間接獲利的主要形式。例如：Sprint開拓M2M合作業務同時亦提供電子廣告牌業務。

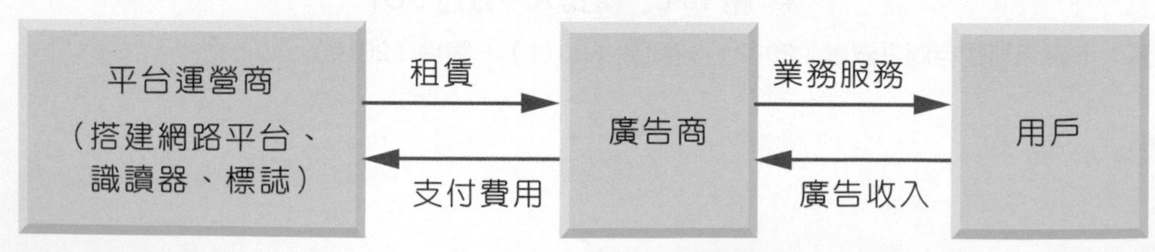

＊ 圖 10-8 模式 C —廣告

資料來源：本研究整理自周洪波等（2012）、鄭欣（2011）、陶冶（2010）

四、模式D—軟硬體集成：

該模式主要來源於蘋果的iPhone商業模式，即蘋果公司（軟硬體集成商）通過與運營商合作，在分得運營商相關收入30%以上的同時，還通過智能終端系統iOS、應用程序商店APP STORE，成功促使廣大的應用開發者爲系統開發各種類型、各種價位的應用。（如圖10-9所示）由在硬體製造或者軟體開發等領域具有優勢的廠商如能將優勢整合，形成一個綜合個體主導生態系統。適用於與個人用戶市場相關的便利類和控制類領域，通過在已有智能手機終端系統或者未來可能出現的專有物聯網終端上開發相關行業應用下載，讓用戶自行選擇和使用符合自身需求的物聯網軟體平台和應用，同時創立一個新的物聯網系統生態環境。

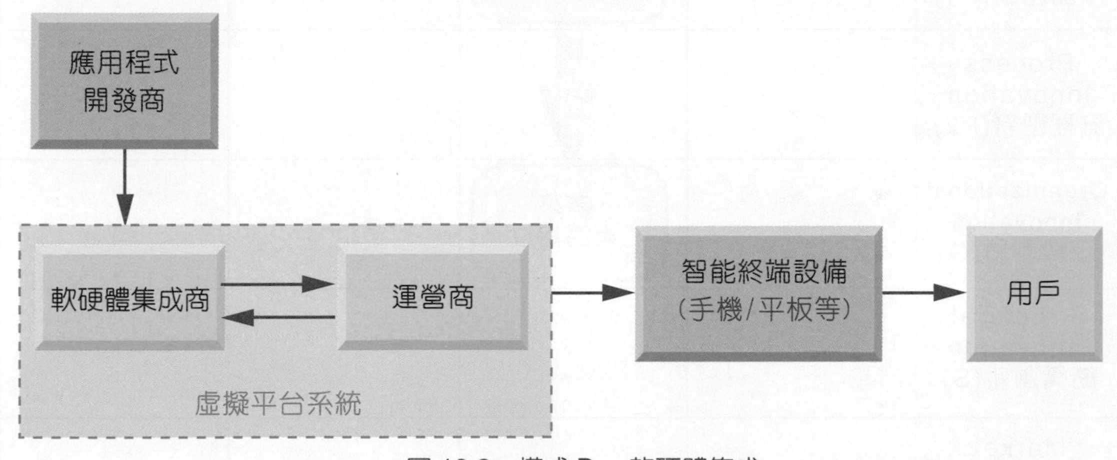

＊ 圖 10-9 模式 D—軟硬體集成

資料來源：本研究整理自周洪波等（2012）、鄭欣（2011）、陶冶（2010）

10-3 物聯網系統服務聯盟實證分析

本研究透過產、學、研（物聯網系統服務廠和運營商、學術研究與研發單位）三大領域專家深度訪談，藉由矩陣兩軸之定義與解釋，得出專家針對物聯網系統服務企業於目前與未來的策略定位，分別於下面各小節說明。

10-3-1 物聯網系統服務聯盟模式A定位分析

相關產、學、研專家認爲，物聯網系統服務企業模式A目前的營運模式與定位主要爲產品創新（即強調開發創新的產品予以顧客），提供選擇型服務（即屬於客製化程度依應用客戶層屬性不同，客製化服務選擇性偏高的服務型態）；未來策略走向則朝向以組織創新（即企業依相關問題，調整其內部組織架構創新因應）來提供選擇型服務（即屬於客製化程度依應用客戶層屬性不同，客製化服務選擇性偏高的服務型態）。此一產業策略定位與發展方向如創新密集服務矩陣定位，如圖10-10所示。

	Unique Service 專屬服務(U)	Selective Service 選擇服務(S)	Restricted Service 特定服務(R)	Generic Service 一般服務(G)
Product Innovation 產品創新(P1)		目前策略定位		
Process Innovation 流程創新(P2)		↓		
Organizational Innovation 組織創新(O)		未來策略定位		
Structural Innovation 結構創新(S)				
Market Innovation 市場創新(M)				

＊ 圖 10-10 模式 A 物聯網系統服務企業之創新密集服務矩陣定位

資料來源：本研究整理

目前的定位為產品創新（P1）/ 選擇服務（S），根據創新密集服務分析模式，企業在此定位下，服務價值活動以「服務設計」、「行銷」兩大構面為重要核心；外部資源以「研發/科學」、「技術」、「製造」、「服務」、「其他使用者」五大構面為重要關鍵構面。未來在組織創新（O）/ 選擇服務（S）的定位下，服務價值活動則是「設計」、「測試認證」、「行銷」、「配銷」、「售後服務」、「支援活動」六大構面為重要核心；外部資源同目前定位，仍以「研發/科學」、「技術」、「製造」、「服務」、「其他使用者」五大構面為重要關鍵構面。

合作模式A物聯網系統服務企業定位，業界專家認為目前階段都是屬於產品創新提供顧客選擇型服務，強調開發創新的產品，提供客製化程度選擇性偏高的服務型態；未來定位則是著重在企業調整其內部組織架構創新服務，再依客戶屬性需求不同，彈性調整服務型態。本研究將專家觀點意涵分析及建議整理於表10-5。

＊ 表 10-5　物聯網系統服務企業合作模式 A 管理分析與建議

<table>
<tr><th colspan="3">產業觀點</th><th rowspan="2">管理意涵</th><th rowspan="2">研究建議</th></tr>
<tr><th colspan="2">矩陣定位</th><th>關鍵構面</th></tr>
<tr><td rowspan="2">現在</td><td rowspan="2">產品創新之選擇型服務</td><td>1. 服務設計
2. 行銷</td><td rowspan="2">•強調開發創新的產品予顧客；
•應用客戶層屬性不同，提供客製化程度選擇性偏高的服務型態。</td><td rowspan="4">政府：
•物聯網屬新興產業，政府具發起引導的角色；
•初期階段，需仰賴政府力量投入先進研發與基礎技術，採行獎勵措施以便推廣於製造及一般服務業。
•相關產業漸具規模後，政府扮演制定相關法令及維持產業秩序的角色。

運營商：
•系統服務廠除完成政府指定項目外，亦應積極投入挑選最具潛力之特定行業，以利後續的行銷推廣和服務設計。
•未來能依客戶屬性需求不同，彈性調整服務型態。</td></tr>
<tr><td>1. 研發 / 科學
2. 技術
3. 製造
4. 服務
5. 其他使用者</td></tr>
<tr><td rowspan="2">未來</td><td rowspan="2">組織創新之選擇型服務</td><td>1. 設計
2. 測試認證
3. 行銷
4. 配銷
5. 售後服務
6. 支援活動</td><td rowspan="2">•企業依相關問題，調整其內部組織架構創新因應；
•依應用客戶層屬性不同，提供客製化程度選擇性偏高的服務型態。</td></tr>
<tr><td>1. 研發 / 科學
2. 技術
3. 製造
4. 服務
5. 其他使用者</td></tr>
</table>

資料來源：本研究整理

10-3-2 物聯網系統服務聯盟模式B定位分析

相關產、學、研專家認為，物聯網系統服務企業模式B目前的營運模式與定位主要為產品創新（即強調開發創新的產品予以顧客），提供選擇型服務（即屬於客製化程度依應用客戶層屬性不同，客製化服務選擇性偏高的服務型態）；未來策略走向則朝向以結構創新（即經營模式上的創新，重視策略產生與環境反應的能力）以提供特定型服務（即屬於客製化程度為次低的服務型態，絕大部分的服務型皆固定，顧客只有少數選擇部分）。此一產業策略定位與發展方向如創新密集服務矩陣定位，如圖10-11所示。

目前的定位為產品創新（P1）/ 選擇服務（S），根據創新密集服務分析模式，企業在此定位下，服務價值活動以「服務設計」、「行銷」兩大構面為重要核心；

外部資源以「研發/科學」、「技術」、「製造」、「服務」、「其他使用者」五大構面爲重要關鍵構面。未來在結構創新（S）/ 特定服務（R）的定位下，服務價值活動則是「設計」、「測試認證」、「行銷」、「配銷」、「售後服務」、「支援活動」六大構面爲重要核心；外部資源則以「互補資源提供者」、「服務」、「市場」、「其他使用者」四大構面爲重要關鍵構面。

	Unique Service 專屬服務(U)	Selective Service 選擇服務(S)	Restricted Service 特定服務(R)	Generic Service 一般服務(G)
Product Innovation 產品創新(P1)		目前策略定位		
Process Innovation 流程創新(P2)				
Organizational Innovation 組織創新(O)				
Structural Innovation 結構創新(S)			未來策略定位	
Market Innovation 市場創新(M)				

＊ 圖 10-11　模式 B 物聯網系統服務企業之創新密集服務矩陣定位

資料來源：本研究整理

合作模式B物聯網系統服務企業定位，業界專家亦認爲目前定位爲產品創新提供選擇型服務給顧客，強調開發創新的產品，提供客製化程度選擇性偏高的服務型態；而未來發展定位爲結構創新提供特定型服務，企業強調經營模式上的創新，重視策略產生與環境反應的能力並提供客製化程度爲次低的服務型態，絕大部分的服務型皆固定，顧客只有少數選擇部分。將專家觀點意涵分析及建議整理於表10-6。

＊ 表 10-6　物聯網系統服務企業合作模式 B 管理分析與建議

<table>
<tr><th colspan="3">產業觀點</th><th rowspan="2">管理意涵</th><th rowspan="2">研究建議</th></tr>
<tr><th colspan="2">矩陣定位</th><th>關鍵構面</th></tr>
<tr><td rowspan="2">現在</td><td rowspan="2">產品創新之選擇型服務</td><td>1. 服務設計
2. 行銷</td><td rowspan="2">•強調開發創新的產品予顧客。
•依應用客戶層屬性不同，提供客製化程度選擇性偏高的服務型態。</td><td rowspan="4">運營商：
•電信運營商負責系統服務平台的建構。
•適時導入先進技術。
•開發更便利的服務設計及行銷策略。

系統集成商或服務提供商：
•依客戶屬性需求不同，選擇最適當的技術搭配。
•彈性開發不同的業務或服務平台。</td></tr>
<tr><td>1. 研發 / 科學
2. 技術
3. 製造
4. 服務
5. 其他使用者</td></tr>
<tr><td rowspan="2">未來</td><td rowspan="2">結構創新之特定型服務</td><td>1. 設計
2. 測試認證
3. 行銷
4. 配銷
5. 售後服務
6. 支援活動</td><td rowspan="2">•經營模式上的創新，重視策略產生與環境反應的能力。
•提供客製化程度為次低的服務型態，絕大部分的服務型態皆固定，顧客只有少數選擇部分。</td></tr>
<tr><td>1. 互補資源提供者
2. 服務
3. 市場
4. 其他使用者</td></tr>
</table>

資料來源：本研究整理

10-3-3　物聯網系統服務聯盟模式C定位分析

相關產、學、研專家認為，物聯網系統服務企業模式C目前的營運模式與定位主要為組織創新（即企業依相關問題，調整其內部組織架構創新因應）提供特定型服務（即屬於客製化程度為次低的服務型態，絕大部分的服務型皆固定，顧客只有少數選擇部分）；未來策略走向則朝向仍以組織創新（即企業依相關問題，調整其內部組織架構創新因應）來提供專屬型服務（即屬於客製化程度為最高的服務型態，絕大部分的服務型皆是客製化）。此一產業策略定位與發展方向如創新密集服務矩陣定位，如圖10-12所示。

目前的定位為組織創新（O）/ 特定服務（R），根據創新密集服務分析模式，企業在此定位下，服務價值活動以「設計」、「測試認證」、「行銷」、「配銷」、

「售後服務」、「支援活動」六大構面為重要核心；外部資源以「服務」、「市場」二大構面為重要關鍵構面。未來同樣在組織創新（O）/但專屬服務（U）的定位下，服務價值活動則是「設計」、「測試認證」、「行銷」、「配銷」、「售後服務」、「支援活動」六大構面為重要核心；外部資源則以「研發/科學」、「技術」、「製造」、「服務」、「市場」、「其他使用者」六大構面為重要關鍵構面。

	Unique Service 專屬服務(U)	Selective Service 選擇服務(S)	Restricted Service 特定服務(R)	Generic Service 一般服務(G)
Product Innovation 產品創新(P1)				
Process Innovation 流程創新(P2)				
Organizational Innovation 組織創新(O)	未來策略定位	←	目前策略定位	
Structural Innovation 結構創新(S)				
Market Innovation 市場創新(M)				

＊ 圖 10-12　模式 C 物聯網系統服務企業之創新密集服務矩陣定位

資料來源：本研究整理

合作模式C物聯網系統服務企業定位，業界專家對於現在合作模式定位為組織創新提供特定型服務，著重在企業調整其內部組織架構創新，以提供客製化程度為次低的服務型態，絕大部分的服務型皆固定，顧客只有少數選擇部分；未來定位及研究建議整理於表10-7。

＊ 表 10-7　物聯網系統服務企業合作模式 C 管理分析與建議

產業觀點			管理意涵	研究建議
矩陣定位		關鍵構面		
現在	組織創新之特定型服務	1. 設計 2. 測試認證 3. 行銷 4. 配銷 5. 售後服務 6. 支援活動	• 企業依相關問題，調整其內部組織架構創新因應 • 提供客製化程度為次低的服務型態，絕大部分的服務型皆固定，顧客只有少數選擇部分。	運營商： • 電信運營商負責系統服務平台的建構。 • 適時導入先進技術以利開發更便利的服務設計及行銷策略。 系統集成商： • 初期為客製化程度次低的服務型態。 • 掌握客戶需求後，依需求提供完全客製化的服務型態，以建構感知和傳遞層的系統服務。 軟體內容集成商（廣告商）： • 提供設計快捷便利加值型的高效益廣告服務，如：消費行為之掌握。 • 為客戶提供最有效的行銷服務，創造最大的廣告效益。
		1. 服務 2. 市場		
未來	組織創新之專屬型服務	1. 設計 2. 測試認證 3. 行銷 4. 配銷 5. 售後服務 6. 支援活動	• 企業依相關問題，調整其內部組織架構創新因素。 • 提供客製化程度為最高的服務型態，絕大部分的服務型態皆是客製化。	
		1. 研發 / 科學 2. 技術 3. 製造 4. 服務 5. 市場 6. 其他使用者		

資料來源：本研究整理

10-3-4　物聯網系統服務聯盟模式D定位分析

相關產、學、研專家認爲，物聯網系統服務企業目前的營運模式與定位主要爲產品創新（即強調開發創新的產品予以顧客）提供特定型服務（即屬於客製化程度爲次低的服務型態，絕大部分的服務型皆是固定，顧客只有少數部分選擇）；未來策略走向則朝向以市場創新（即開發新市場或重新定義市場的創新）來提供選擇型服務（即屬於客製化程度依應用客戶層屬性不同，客製化服務選擇性偏高的服務型態）。此一產業策略定位與發展方向如創新密集服務矩陣定位，如圖10-13所示。

目前的定位爲產品創新（P1）/ 特定服務（R），根據創新密集服務分析模式，企業在此定位下，服務價值活動以「設計」、「行銷」兩大構面爲重要核心；外部資源以「互補資源提供者」、「研發/科學」、「技術」、「製造」、「服務」、「其他使用者」六大構面爲重要關鍵構面。未來在市場創新（M）/ 選擇服務（S）的定位下，服務價值活動則是「行銷」、「配銷」、「售後服務」三大構面爲重要核心；外部資源則以「服務」、「市場」、「其他使用者」三大構面爲重要關鍵構面。

	Unique Service 專屬服務(U)	Selective Service 選擇服務(S)	Restricted Service 特定服務(R)	Generic Service 一般服務(G)
Product Innovation 產品創新(P1)			目前策略定位	
Process Innovation 流程創新(P2)				
Organizational Innovation 組織創新(O)				
Structural Innovation 結構創新(S)				
Market Innovation 市場創新(M)		未來策略定位		

＊ 圖 10-13　模式 D 物聯網系統服務企業之創新密集服務矩陣定位

資料來源：本研究整理

合作模式D物聯網系統服務企業定位，整合各領域專家結果，對於現在合作模式定位爲產品創新並提供特定型服務，而未來定位看法則偏向市場創新提供選擇型服務，茲將管理分析及本研究建議整理於表10-8。

＊表 10-8 物聯網系統服務企業合作模式 D 管理分析與建議

<table>
<tr><th colspan="3">產業觀點</th><th rowspan="2">管理意涵</th><th rowspan="2">研究建議</th></tr>
<tr><th colspan="2">矩陣定位</th><th>關鍵構面</th></tr>
<tr><td rowspan="2">現在</td><td rowspan="2">產品創新之特定型服務</td><td>1. 設計
2. 行銷</td><td rowspan="2">•強調開發創新的產品予顧客。
•提供客製化程度為次低的服務型態，絕大部分的服務型態皆固定，顧客只有少數選擇部分。</td><td rowspan="4">運營商：
•負責系統服務平台的建構並適時導入先進技術以利開發更便利的服務設計及行銷策略。
•主動提供具潛力及創新的先進技術服務平台。

軟硬體集成商：
•通過與運營商合作，搭建智能終端系統、建構虛擬平台及應用程式商店（如 Google store, APP store）。
•促使廣大的應用開發者為系統開發相關行業應用下載，讓用戶自行選擇和使用符合自身需求的物聯網軟體平台和應用。
•可開創出滿足不同需求的消費行為，提供最適切的市場區隔，同時創立一個高效益的行銷配銷系統。</td></tr>
<tr><td>1. 互補資源提供者
2. 研發 / 科學
3. 技術
4. 製造
5. 服務
6. 其他使用者</td></tr>
<tr><td rowspan="2">未來</td><td rowspan="2">市場創新之選擇型服務</td><td>1. 行銷
2. 配銷
3. 售後服務</td><td rowspan="2">•開發新市場或重新定義市場的創新。
•依應用客戶層屬性不同，提供客製化程度選擇性偏高的服務型態。</td></tr>
<tr><td>1. 服務
2. 市場
3. 其他使用者</td></tr>
</table>

資料來源：本研究整理

10-4 結論與建議

本研究以創新密集服務矩陣分析之專家定位，根據物聯網系統服務企業四大合作模式與三大領域觀點，整理出各模式現在與未來之服務創新定位，每種定位配合創新密集服務平台之關鍵性服務活動與外部資源因子，針對各模式主要研究對象提出策略建議如下：

一、物聯網系統服務企業合作模式A

(一) 政府：物聯網屬新興產業，政府具發起引導的角色，因此在初期階段，需仰賴政府力量投入先進研發與基礎技術，採行獎勵措施以便推廣於製造及一般服務業。待相關產業漸具規模後，政府扮演制定相關法令及維持產業秩序的角色。

(二) 運營商：系統服務廠除完成政府指定項目外，亦應積極投入挑選最具潛力之特定行業，以利後續的行銷推廣和服務設計，並能依客戶屬性需求不同，彈性調整服務型態。

二、物聯網系統服務企業合作模式B

(一) 運營商：電信運營商負責系統服務平台的建構並適時導入先進技術以利開發更便利的服務設計及行銷策略。

(二) 系統集成商或服務提供商：依客戶屬性需求不同，選擇最適當的技術搭配，彈性開發不同的業務或服務平台。

三、物聯網系統服務企業合作模式C

(一) 運營商：電信運營商負責系統服務平台的建構並適時導入先進技術以利開發更便利的服務設計及行銷策略。

(二) 系統集成商：初期由客製化程度次低的服務型態，經掌握客戶需求後，依需求提供完全客製化的服務型態，以建構感知和傳遞層的系統服務。

(三) 軟體內容集成商（廣告商）：提供設計快捷便利加值型的高效益廣告服務，如：消費行爲之掌握，爲客戶提供最有效的行銷服務，創造最大的廣告效益。

四、物聯網系統服務企業合作模式D

(一) 運營商：電信運營商負責系統服務平台的建構並適時導入先進技術以利開發更便利的服務設計及行銷策略，並主動提供具潛力及創新的先進技術服務平台。

(二) 軟硬體集成商：通過與運營商合作，搭建智能終端系統、建構虛擬平台及應用程式商店（如Google store, APP store），促使廣大的應用開發者爲系統開發相關行業應用下載，讓用戶自行選擇和使用符合自身需求的物聯網軟體平台和應用，可開創出滿足不同需求的消費行爲，提供最適切的市場區隔，同時創立一個高效益的行銷配銷系統。

問題與討論

習題一

問題：請說明物聯網三大架構層次。

習題二

問題：請說明物聯網三個主要成因。

習題三

問題：物聯網系統服務模式的構成要素可以依 4 個部分來進行分析？

習題四

問題：物聯網主要有哪 4 種策略聯盟模式？

習題五

問題：本文針對運營商在物聯網主要 4 種策略聯盟合作模式下個別的建議為何？

參考文獻

英文部分

1. Aigner, M.（2008）. Internet of Things 2020- A Roadmap for the Future Version 1.1. European Commission. http://www.caba.org/resources/Documents/IS-2008-93.pdf
2. Fleisch, E.（2010）. What is the internet of things - an economic perspective. Auto-ID Labs White Paper WP-BIZAPP-053: Information and Technology Management- University of St. Gallen.
3. Hase, J.（2012）. The Internet of Things. Alternative business models and best practices. IoT Economics Workshop.

   http://iotforum.files.wordpress.com/2013/07/alternative-business-models-and-best-practices.pdf
4. Jonninen, J.（2011）. IOT in China: Finpro China.

   http://www.finpro.fi/c/document_library/get_file?uuid=fa681ec8-607a-4a3b-8354-f914795e0ab0&groupId=10304
5. Michahelles, F.（2012）. Business Aspects of the Internet of Things.
   http://www.im.ethz.ch/education/FS12/slides/BIZIoT_opinions.pdf
6. Smith, G. I.（2012）. The Internet of Things 2012 New Horizen. IERC-Internet of Things European Research Cluster. http://www.internet-of-things-research.eu/pdf/IERC_Cluster_Book_2012_WEB.pdf.
7. Vermesan, O.（2009）. Internet of Things Strategic Research Roadmap. European Commission. http://www.internet-of-things-research.eu/pdf/IoT_Cluster_Strategic_Research_Agenda_2011.pdf

中文部分

1. 工研院（2011）。中國大陸新一代信息技術產業十二五規劃之展望。台北：台灣區電機電子工業同業工會。
2. 尹立莉、胡偉成（2010）。發展物聯網產業問題淺析。經濟研究導刊，第23期，頁186-187。
3. 台灣區電機電子工業同業工會（2011）。全球物聯網市場與應用發展趨勢。台北。
4. 台灣經濟研究院（2010）。未來科技想像的智慧應用－物聯網的全球浪潮與台灣發展契機。http://www.tier.org.tw/comment/tiermon201008.asp

5. 李達生、翁仲銘、彭永新（2012）。物聯網核心技術、原理與應用。台北：前程文化。

6. 周洪波、李吉生、趙曉波（2010）。輕鬆讀懂物聯網 技術、應用、標準和商業模式。台北：博碩文化。

7. 屈軍鎖（2010）。可運營管理的通用物聯網體系結構研究。西安郵電學院學報，第15卷第6期，頁68-72。

8. 范鵬飛、朱蕊、黃衛東（2011）。我國物聯網四類商業模式選擇與分析。北京：國脈物聯網。

9. 國脈物聯網技術研究中心（2011）。國內外物聯網發展概況、趨勢及典型應用。http://doc.mbalib.com/view/ab4e8cd08064452113c744e90bf5b56e.html

10. 張鐸（2010）。物聯網大趨勢。北京：清華大學出版社。

11. 陶冶（2010）。物聯網產業商業模式的探索與創新。南京理工大學學報，2010年第04期[Online]。

12. 資策會產業情報研究所（2009）。尋找下一波網路商機- 網路創新服務模式剖析。台北：財團法人資訊工業策進會。

13. 資策會產業情報研究所（2011）。物聯網專題研究精選。台北：財團法人資訊工業策進會。

14. 劉多（2012）。物聯網標準化進展。中興通訊技術，第18期第2卷[Online]。

15. 鄭欣（2011）。物聯網未來十類商業模式探析。移動通信，第35期第7卷[Online]。

網站部分

1. 中國工控網（2012）。創新商業模式：物聯網迅速發展的關卡。http://www.zuitech.com/19564.html

2. 中國科學報（2013）。物聯網的硬問題。http://big5.gmw.cn/g2b/tech.gmw.cn/2013-02/27/content_6834147.htm

3. 中國產經新聞（2009）。讓物聯網從概念走向市場。http://finance.jrj.com.cn/biz/2009/10/2320296316277.shtml

4. 中國網（2012）。物聯網十二五發展規劃（全文）。http://www.china.com.cn/policy/txt/2012-02/14/content_24632205.htm

5. 中國億指通物聯商務管理平台（2011）。世界各國的物聯網發展戰略。http://www.nwnu.edu.cn/Article.do_id=9843.html

6. 通信世界網（2013）。解讀物聯網現狀市場巨大模式尷尬。http://www.eefocus.com/communication/317557
7. 通信信息報（2013）。行業應用成運營商掘金物聯網突破口。http://www.smarterchina.cn/NewsHeadlines/20130226/09100217249.html
8. 通信資訊（2013）。物聯網孕育通信業增長空間 明確商業模式驅動規模應用。http://finance.jrj.com.cn/tech/2013/02/07090915049624.shtml
9. 經濟參考報（2010）。物聯網：美歐日搶佔國際競爭制高點。http://news.xinhuanet.com/tech/2010-06/25/c_12261057.htm
10. 電子時報（2011）。快速起飛中的物聯網產業。http://www.digitimes.com.tw/tw/dt/n/shwnws.asp?cnlid=13&packageid=5466&id=0000265146_PO327EAC3HTIGW7F7YRZG&cat=
11. 電子時報（2012）。智慧城市從萬物相連開始。http://www.digitimes.com.tw/tw/dt/n/shwnws.asp?CnlID=13&id=0000311438_U2Q3O8WK4KMIE07L4D1W7&ct=1&OneNewsPage=2&Page=1

筆記本

筆記本

筆記本

國家圖書館出版品預行編目資料

產業分析與創新 / 徐作聖,林葳均,王仁聖　編著.
-- 初版. -- 新北市：全華圖書,2015.05
面　；　公分
ISBN 978-957-21-9845-2(平裝)
1.產業分析
555　　104007189

產業分析與創新

作者 / 徐作聖、林葳均、王仁聖
發行人 / 陳本源
執行編輯 / 楊斯淳
封面設計 / 楊昭琅
出版者 / 全華圖書股份有限公司
郵政帳號 / 0100836-1 號
印刷者 / 宏懋打字印刷股份有限公司
圖書編號 / 08196
初版三刷 / 2022 年 09 月
定價 / 新台幣 450 元
ISBN / 978-957-21-9845-2 (平裝)
全華圖書 / www.chwa.com.tw
全華網路書店 Open Tech / www.opentech.com.tw
若您對本書有任何問題，歡迎來信指導 book@chwa.com.tw

臺北總公司(北區營業處)
地址：23671 新北市土城區忠義路 21 號
電話：(02) 2262-5666
傳真：(02) 6637-3695、6637-3696

南區營業處
地址：80769 高雄市三民區應安街 12 號
電話：(07) 381-1377
傳真：(07) 862-5562

中區營業處
地址：40256 臺中市南區樹義一巷 26 號
電話：(04) 2261-8485
傳真：(04) 3600-9806(高中職)
(04) 3601-8600(大專)

歡迎加入 全華會員

● 會員獨享

會員享購書折扣、紅利積點、生日禮金、不定期優惠活動…等。

● 如何加入會員

掃 QRcode 或填妥讀者回函卡直接傳真（02）2262-0900 或寄回，將由專人協助登入會員資料，待收到 E-MAIL 通知後即可成為會員。

如何購買 全華書籍

1. 網路購書

全華網路書店「http://www.opentech.com.tw」，加入會員購書更便利，並享有紅利積點回饋等各式優惠。

2. 實體門市

歡迎至全華門市（新北市土城區忠義路 21 號）或各大書局選購。

3. 來電訂購

(1) 訂購專線：(02)2262-5666 轉 321-324
(2) 傳真專線：(02)6637-3696
(3) 郵局劃撥（帳號：0100836-1　戶名：全華圖書股份有限公司）
※ 購書未滿 990 元者，酌收運費 80 元。

全華網路書店 www.opentech.com.tw
E-mail: service@chwa.com.tw

※ 本會員制如有變更則以最新修訂制度為準，造成不便請見諒。

廣 告 回 信
板橋郵局登記證
板橋廣字第540號

行銷企劃部 收

23671 新北市土城區忠義路21號
全華圖書股份有限公司

（請由此線剪下）

讀者回函卡

掃 QRcode 線上填寫 ▶▶▶

姓名：＿＿＿＿　生日：西元＿＿年＿＿月＿＿日　性別：□男 □女

電話：（　）＿＿＿＿　手機：＿＿＿＿

e-mail：（必填）＿＿＿＿

註：數字零，請用 Φ 表示，數字 1 與英文 L 請另註明並書寫端正，謝謝。

通訊處：□□□□□＿＿＿＿

學歷：□高中・職　□專科　□大學　□碩士　□博士

職業：□工程師　□教師　□學生　□軍・公　□其他

學校／公司：＿＿＿＿　科系／部門：＿＿＿＿

・需求書類：

□ A. 電子 □ B. 電機 □ C. 資訊 □ D. 機械 □ E. 汽車 □ F. 工管 □ G. 土木 □ H. 化工 □ I. 設計

□ J. 商管 □ K. 日文 □ L. 美容 □ M. 休閒 □ N. 餐飲 □ O. 其他

・本次購買圖書為：＿＿＿＿　書號：＿＿＿＿

・您對本書的評價：

封面設計：□非常滿意　□滿意　□尚可　□需改善，請說明＿＿＿＿

內容表達：□非常滿意　□滿意　□尚可　□需改善，請說明＿＿＿＿

版面編排：□非常滿意　□滿意　□尚可　□需改善，請說明＿＿＿＿

印刷品質：□非常滿意　□滿意　□尚可　□需改善，請說明＿＿＿＿

書籍定價：□非常滿意　□滿意　□尚可　□需改善，請說明＿＿＿＿

整體評價：請說明＿＿＿＿

・您在何處購買本書？

□書局　□網路書店　□書展　□團購　□其他＿＿＿＿

・您購買本書的原因？（可複選）

□個人需要　□公司採購　□親友推薦　□老師指定用書　□其他＿＿＿＿

・您希望全華以何種方式提供出版訊息及特惠活動？

□電子報　□ DM　□廣告（媒體名稱＿＿＿＿）

・您是否上過全華網路書店？（www.opentech.com.tw）

□是　□否　您的建議＿＿＿＿

・您希望全華出版哪方面書籍？＿＿＿＿

・您希望全華加強哪些服務？＿＿＿＿

感謝您提供寶貴意見，全華將秉持服務的熱忱，出版更多好書，以饗讀者。

填寫日期：　/　/

2020.09 修訂

親愛的讀者：

感謝您對全華圖書的支持與愛護，雖然我們很慎重的處理每一本書，但恐仍有疏漏之處，若您發現本書有任何錯誤，請填寫於勘誤表內寄回，我們將於再版時修正，您的批評與指教是我們進步的原動力，謝謝！

全華圖書　敬上

勘誤表

書號		書名		作者	
頁數	行數	錯誤或不當之詞句		建議修改之詞句	

我有話要說：（其它之批評與建議，如封面、編排、內容、印刷品質等・・・）